當代台灣地區青少年兒童福利展望

中國文化大學社會福利學系◎主編

作者介紹

方顯璇	空中大學教授
王　方	中國文化大學勞工研究所助理教授兼勞資關係組主任
王順民	中國文化大學社會福利學系副教授
史柏年	中國青年政治學院社會工作與管理學系系主任
全國成	台灣世界展望會中區主任
李明政	東吳大學社工系副教授兼系主任
沈俊賢	中華兒童暨家庭扶助基金會高級專員
林武雄	中華兒童暨家庭扶助基金會高級專員
邱汝娜	行政院原住民委員會社會福利處處長
娃丹・巴色爾	公共電視媒體工作者
胡中宜	東海大學社會工作學系講師
胡慧嫈	中國文化大學社會福利學系副教授
郭靜晃	中國文化大學社會福利學系教授
陳榮昌	內政部統計處審編
曾華源	東海大學社會工作學系教授
湯允一	中國文化大學大傳系主任
黃志成	中國文化大學社會福利學系教授
黃瓊妙	中國文化大學兒童福利研究所研究生
劉邦富	內政部兒童局局長
蔡宏昭	中國文化大學社會福利學系副教授

（以上姓名係按照筆劃順序排列）

主編序

　　兒童及青少年之照顧爲文明社會及福利國家的一項重要指標，也是當前社會所共同追求的願景。有感於台灣地區青少年兒童福利的重要性及在揚智文化事業股份有限公司葉總經理忠賢熱情邀約之下，並希望由本系可以主導撰寫一本重視實務之應用與本土化的教材。因此，本書從兒童及青少年本位出發，並從兒童及青少年二大方向爲主軸作深入的解析。

　　本系（中國文化大學社會福利學系）、本校推廣教育部，以及中華民國青少年兒童福利學會和台北市青少年兒童福利學會，在民生報、財團法人台北市私立中山國民小學董事會、創造力文化事業有限公司、長德有線電視股份有限公司、萬象有線電視股份有限公司，以及麗冠有線電視股份有限公司共同協助之下，舉辦新世紀、新人類、新希望：「展望二十一世紀青少年兒童福利研討會」，並出版論文集，而本書就是以本研討會之論文集爲主軸加以籌劃並匯集成冊。

　　本書共二十二章，在針對兒童研討部分，分別爲第一章：〈我國整體兒童照顧方案之政策規劃〉（劉邦富著）、第二章：〈福利津貼之社會背景：對兒童津貼發展的省思〉（王方著）、第三章：〈兒童托育與福利服務照顧方案〉（郭靜晃著）、第四章：〈兒童經濟照顧政策〉（蔡宏昭著）、第五章：〈兒童保護與安置政策〉（王順民著）、第六章：〈兒童教育與休閒政策〉（黃志成著）、第七章：〈兒童健康照顧政策藍圖〉（曾華源著）、第八章：〈原住民兒童福利需求調查〉（李明政著）、第九章：〈原住民兒童福利照顧之現況與規劃〉（邱汝娜著）、第十章：〈電

腦與兒童〉(方顥璇著)、第十一章:〈城市流動兒童少年就學問題政策分析〉(史柏年著)。

另一方面,在針對青少年研討部分,分別為第十二章:〈台閩地區少年身心發展狀況〉(陳榮昌著)、第十三章:〈台灣少年的社會生活經驗與身心發展〉(曾華源著)、第十四章:〈中途輟學少年對家庭生活認知與感受之分析〉(郭靜晃著)、第十五章:〈台灣中輟生之處置與輔導〉(林武雄著)、第十六章:〈不同休閒參與類型之少年在刺激尋求動機、休閒阻礙對其心理社會幸福感之探討〉(黃瓊妙著)、第十七章:〈台灣青少年外展工作現況、轉折與展望〉(胡中宜著)、第十八章:〈台灣不幸少女安置輔導措施與檢討〉(沈俊賢著)、第十九章:〈社工處遇對青少年自殺防治之探討〉(胡慧嫈著)、第二十章:〈原住民青少年福利需求與措施〉(全國成著)、第二十一章:〈舊媒體、新媒體、新新人類——多媒體環境下台灣青少年媒體使用現況〉(湯允一著)、第二十二章:〈原住民新聞的「主體性」〉(娃丹‧巴色爾著)。

另外,本書之完成要感謝行政院原住民委員會、內政部兒童局、內政部統計處,以及台北市政府社會局共同指導。

中國文化大學社會福利學系 系主任

郭靜晃　謹識

陽明山　華崗

目錄

1. 我國整體兒童照顧方案之政策規劃

劉邦富

內政部兒童局局長

前言

兒童福利政策是一謀求兒童幸福的方針或行動準則，旨在增進所有兒童福祉。內政部兒童局依據兒童福利法之規定成立後，為我國最高之兒童福利專責單位，職司兒童福利政策之擬定、法規之修訂、行政之督導、政令之宣導等任務，因此兒童局成立後之首要工作，亟待規劃建構整體兒童照顧方案，以整合現階段兒童福利資源及執行相關單位，塑造一個健康、安全、快樂優質的成長空間。

「兒童福祉與照顧」為文明社會與福利國家的一項發展性指標，如受虐保護、重病醫治、危機處理、緊急安置及孤兒照顧等等。以問題取向為主的弱勢兒童福利工作，固然有其迫切執行的優先考量，但是，以正常兒童為主體所提供發展取向的一般兒童福利工作，則也是同樣地不可偏廢，如兒童的人權、休閒、安全與托育服務等。終極來看，如何塑造出一個免於恐懼、人身安全以及經濟困頓的兒童照顧服務的生活環境，是為當前兒童福利工作者努力的目標，更是整體社會共同追求的願景！

台灣地區兒童福利問題與需求

　　台灣社會隨著經濟自由化、社會多元化以及政治民主化所帶動邁向福利國家的發展目標，政府及民間部門亦嘗試著將對於兒童照顧的工作落實成為一種生活態度、價值共識及制度措施，有關兒童人身權益相關議題的思索是一種雙重進路的探究策略。亦即，以兒童照顧來鋪陳作為一項發展模式的蛻變，一方面，強調兒童照顧本身有其共有的發展脈絡意涵，對此，我們有必要將對於兒童照顧的各種福利實務，置放於台灣社會變遷下之考量。

　　兒童問題與需求隨著年齡及其成長而日新月異。截至1999年底止，台閩地區未滿十二歲之兒童有三百七十八萬五千六百四十人，約占總人口的17.13%，○至五歲之學齡前兒童約占總人口的8.28%，六至十一歲學齡兒童約占總人口的8.85%。依兒童發展特性、社會環境及家庭功能之變遷，綜觀我國兒童需求所衍生之問題分析如下：

一、學齡前幼兒照顧

　　因應工商社會發展後，家庭結構及功能隨之變遷，全國約一百八十二萬餘學齡前幼童，最大的需求是能享有優質的托育服務；許多家庭因而對保母及兒童托育的需求愈來愈高；也期待政府能增設各種托育機構，以協助家庭分擔托育的責任。因此，建立制度化及多元化的托育服務網絡，以滿足日益增多的托育服務需求。

二、學齡期兒童照顧

　　近一百九十五萬餘的學齡期兒童，則亟需安全的課後安親服務，學

童放學回家有大人照顧的比例已在下降中，參加課後輔導或才藝班的比例反而提高，顯示出「課後托育」的需求愈來愈高，其中以寒、暑假的學童托育服務需求更為迫切；然而，課後托育的品質和管理，因限於主管機關職權不明，而成為被疏忽的一環；監督管理工作嚴重失調，專業工作人力不足等因素，影響兒童身心發展及人身安全問題。

三、單親家庭兒童照顧

台灣地區單親家庭的兒童約占有兒童家庭總數3.29%，其中女性單親家庭約占單親家庭總數之62%；約有70%的單親家庭覺得稍微沈重或負擔沈重，顯而易見，單親家庭在經濟上有較大的困難，特別是女性單親家庭更有可能成為立即性的弱勢，亟需社會支持系統的扶助。

四、受虐兒童保護安置

我們無法確實知道有多少兒童在其家庭或其他的生活環境中，遭受到嚴重的傷害或虐待，兒童往往也缺乏對其所遭遇的情境，有表達的權力或機會。自從1995年12月台灣地區兒少保護熱線開辦後，兒童受虐的通報量有遽增現象。研究發現兒童虐待往往是婚姻暴力的延伸、家庭功能失常的後遺症，施虐者的經濟壓力、失業，以及親職教育的缺乏，也是重要的原因。

五、身心障礙兒童照顧

1996年進行的特殊兒童調查顯示，台灣地區約有七萬名特殊兒童，其中智能不足兒童與學習障礙兒童即占其總數的三分之二，這些兒童如果能被及早發現其發展遲緩的跡象，並給予適當之療育服務，除可避免惡化，輕度身心障礙者兒童甚至能經過義務教育階段而能學習自理生

活，對家庭將可減輕家長在照顧上的負擔，對社會將可減低醫療成本，如何提升兒童早期療育功能，也是一項重點工作。

六、休閒育樂與親職教育

（一）兒童選擇生活模式

兒童休閒場地不足，父母與子女相處的時間不夠、不知如何培養孩子的才能，以及兒童文化活動不足。這些現象使得兒童可選擇的生活模式很少，對兒童身心的健全發展有相當負面的影響。

（二）親職教育

父母對親職教育的推廣需求有日愈增多的趨勢。為提高我國國民生活素質，為兒童規劃創辦休閒設施、文化活動，並鼓勵父母重視與子女相處的時間與方式，儘管目前政府單位及民間從事親職教育推廣工作者頗多，但往往因缺乏統整與規劃，以致有資源重複浪費之虞。為促進親職教育的實效，提高兒童參與社會的機會，建立親職間尊重兒童為獨立的個體、享有獨立的生命自主觀念。

七、失依兒童扶助與照顧

九二一大地震造成一百三十四位兒童少年頓失依靠目前雖已暫獲安置，但需給予長期的追蹤輔導與關懷，以協助其早日走出陰霾，平安健康的成長，建立以兒童最佳利益為原則之服務，如建置失依兒童監護及信託制度等都是目前兒童福利之重點工作。

八、兒童權益保護

我國政府對於兒童福利工作雖以採取建立通報制度、補助設置兒童福利服務中心、落實社區化兒童保護工作、加強對遭受性侵害兒童及施虐者之心理治療與後續追蹤輔導工作，惟對兒童權益保護之事前預防，績效仍屬不彰；1997年至1999年連續三年進行的兒童人權調查結果發現，我國社會對於兒童人權保障仍屬於不及格狀況，亟待加強努力。

（一）保障兒童平等參與社會機會

兒童有免於恐懼與接受教育的權利，兒童人身安全指標顯示兒童的危機重重，不但在社會中不安全，在學校不安全，連在家也不安全，除身心安全的憂慮外，我國兒童平等對待權益仍需改善，其中身心障礙兒童之福利與保護之評估有些許的進步，但教育資源分配卻呈現下降，且身心障礙兒童受到同儕歧視情形仍是相當普遍。如何保障兒童人身安全即令身心障礙之兒童獲得平等、合理、充足的資源分配，讓他們能在免於歧視的無障礙空間中，平等享有社會參與、健康安全的成長，是兒童福利工作者應予反省的。

（二）整合法源保障兒童人權

我國現有法規中對兒童「福利與保護」之相關法規已相當完備，但相較於目前已通過立法之兒童人權指標項目，仍需加強整合以落實立法精神，如與「菸害防治法」有關之菸、酒、麻醉品或有害兒童身心藥品之管制情形、與「特殊教育法」有關之特殊兒童之教育資源等，以及與「少年事件處理法」有關對於觸法兒童給予尊重、隱私權之保護及公平審議等法雖有訂定，但如何落實執行才能顯現立法之精髓？兒童人權指標包括兒童基本人權、社會權、健康權及教育權等不同測量項目，同時意涵著維護、關心兒童權益乃是國家整體之政策，如何整合各部會、落

實兒童權益之保障等都值得檢討。

現階段兒童福利措施

　　兒童局成立以來，致力建構整體兒童福利輸送體系，統籌辦理兒童福利政策規劃、評估、法令修訂等試圖從學理探討我國兒童發展狀況與需求和兒童政策執行時，政府與民間的分工，以中央、地方分權的建構，或從法治面落實兒童福利法，從實務面回應民間的需求，解決兒童人口之需求與問題，創造良好的成長空間，以落實兒童福利。

一、兒童福利法規之研訂與宣導

（一）辦理研修兒童及少年福利法合併修法

　　我國對未滿十八歲之人福祉，係分別制定兒童福利法及少年福利法，加予規範，雖兩者有所差異，即兒童重保育，少年重輔導及發展，然在權益保障上均屬雷同，為避免資源重複浪費，以及兒童福利法於1993年修正、少年福利法於1989年公布迄今已歷多年，為因應時代變遷需求，有必要將兒童及少年福利法合併修法，目前已邀集縣市及相關單位會商研修完成，將循法規作業程序送內政部法規會審議。

（二）編印兒童福利叢書

　　兒童局成立迄今已印製英譯兒童福利法、兒童安全手冊、兒童權力公約及兒童福利法規彙編等書，以宣導兒童福利業務，並積極規劃小朋友的兒童權力公約漫畫版及兒童福利業務宣導錄影帶。

(三) 辦理兒童福利業務之宣導工作

兒童局於1999年11月20日成立，爲讓民眾知道兒童局之成立及喚起大眾對兒童關懷與重視，辦理兒童局局徽徵選及結合民間團體如中華兒童暨家庭扶助基金會、麥當勞公司、台灣大聯盟及東森幼幼台等辦理千禧兒童與局長有約、小鬼當家日球場樂翻天、「邁向千禧、美夢成眞」新世紀未來之星及「新世紀兒童運動」等活動。

二、兒童托育服務

兒童托育服務之目的在於補充家庭照顧不足，然隨著社會結構轉型及價值觀念變遷，導致親職任務的重新界定與分工，爲協助轉型中的家庭及婦女的多元角色擴展，使其在家庭與職場間能取得平衡，積極辦理托育服務工作：

(一) 建構社區化、普及化托育服務

目前全國現有托兒所共計二千七百四十所，受托幼童二十五萬九千餘人，積極輔助地方政府籌設示範托兒所及公立托兒所，配合營建署訂定「建築法第七十三條」，簡化業者辦理建築物使用執照之變更問題，放寬土地分區使用，鼓勵民間興辦托兒所及輔導未立案機構，如台灣省都市計畫之農業區、保護區均已容許興建托兒所；此項措施除了讓托兒所在「量」的擴增之餘，更帶動質的同步提升。

(二) 提升專業人員素養

爲提升托育品質，一句「兒童福利專業人員訓練實施方案」，實施托兒所教保人員訓練，強化教保人員專業知能，目前接受訓練之教保人員計有六千六百餘人次；辦理保母專業證照制度，實施保母人員技術士技能檢定，其廣爲培育專業保母人員，提升托育品質的質與量，迄今已

有一萬三千零四十一人取得保母證照。

（三）安親班定型化契約

研訂「安親班定型化契約範本（草案）」，並於1999年12月底送消費者保護委員會審議，以提供幼童家長與托兒機構之溝通參考，減少爭議事件。

（四）發放托育津貼

開辦托育津貼措施，自1995年度起凡政府列冊有案之低收入戶及家庭寄養幼童就托於各級政府辦理之公立托兒所、政府核准之社區托兒所、立案許可之私立托兒所者，均補助每名幼童每月新台幣一千五百元。

三、兒童保護服務

為落實兒童福利法限時處理兒童保護案件之規定，結合公、私部門力量處理諮詢、通報、緊急安置、輔導、轉介等服務措施，並提供施虐者矯治教育等工作：

（一）辦理兒童福利法保護實務工作研討會

協調政府相關部門及民間社會福利機構合作辦理兒童保護工作，以提升服務品質。

（二）宣導兒童保護觀念

加強宣導兒童保護觀念及辦理親職教育，以落實兒童保護基石。

（三）設置保護專線

結合政府與民間力量，設置二十四小時免付費保護專線提供諮詢及救援服務；兒童少年及婦女保護專線為〇八〇四二二一一〇；性侵害及家庭暴力防治專線為〇八〇〇〇〇六〇〇，以提供迅速有效的及時救援服務。

（四）輔導地方政府建構電腦保護資訊網路

1999年度已補助縣市政府新台幣七百五十三萬四千餘元設置電腦資訊網路，已有效管理保護個案資料，2000年下半年及2001年度持續推廣開發兒童保護網站。

四、早期療育服務

建立早期發現、早期預防的觀念，結合社會福利、衛生、教育等專業人員，以團隊合作方式，提供發展遲緩兒童早期療育服務：

（一）設立早期療育服務推動小組

成立早期療育服務推動小組協調衛生及教育單位、專家學者及民間專業團體，整合及運用民間資源，協助地方政府規劃辦理城、鄉早期療育服務工作之參考。

（二）提供未滿六歲發展遲緩兒童療育服務

為依兒童福利法針對未滿六歲之發展遲緩兒童提供早期療育服務，目前已完成之工作有：獎助民間專業團體於台北、花蓮及高雄地區進行兩種服務模式，及「發展遲緩兒童早期療育轉介中心」與「個案管理實驗計畫」，評估做為地方政府規劃辦理城、鄉早期療育服務工作之參考。

（三）發展遲緩兒童早期療育服務實施方案

函頒「發展遲緩兒童早期療育服務實施方案」，確定早期通報、轉介、鑑定暨安置流程及權責分工包括社政、衛生及教育主管機關。

（四）輔導縣市成立通報轉介中心

截至目前為止全國已有十八縣市成立通報轉介中心。

（五）發展遲緩兒童早期療育研究

完成「發展遲緩兒童早期療育之研究」，以奠定理論基礎及進行模式探討。

（六）製作短片及手冊

拍攝宣導短片及製作家長手冊，加強早期療育宣導工作。

（七）訂定表格格式、內容

訂定早期療育服務通報轉介表格之格式及內容，以利全國通報、轉介作業。

五、一般兒童福利服務

（一）兒童福利服務中心

為因應兒童需求及福利服務的地區性及多元化，輔導地方政府興設綜合性兒童福利服務中心，規劃並推動各項諮詢、諮商服務，設置兒童保護專線，處理緊急安置，提供親職教育、寄養、收養轉介、兒童休閒娛樂、課後托育等服務工作為各縣市兒童提供全方位的福利服務工作，目前共有二十所兒童福利服務中心。

（二）出生通報

結合民間與兒童福利相關的團體、基金會、機構等，共同建立區域性兒童福利供給網路，其中出生通報為目前兒童福利的重點工作之一，目的在於配合早期鑑定、健康檢查的方式，對新生兒做篩檢的工作，以其提早發現有問題的兒童並施以療育服務。此外透過出生通報制度的建立，亦可避免嬰兒被遺棄與賣嬰牟利的不法情事。

（三）補助兒童生活扶助費用

為能協助照顧低收入家庭撫育之兒童度過困境，促進健康成長，自1991年度起辦理補助兒童生活扶助費用，1999年7月至2000年6月底止，計核發補助各縣市政府新台幣九千二百餘萬元。

六、九二一震災兒童照顧服務

（一）補助失依兒童設立信託

向財團法人九二一震災重建基金會爭取經費，並獲同意撥款補助九二一震災災區失依兒童設立信託，每一個案由該會補助新台幣五十萬元併入信託基金。

（二）積極重建毀損公立托兒所

為重建因震災毀損之公立托兒所，內政部兒童局正輔導縣市政府彙集受災托兒所之申請補助重建計畫，儘速審核後彙轉財團法人九二一震災重建基金會，已獲核定補助四十所，總經費計新台幣一億五千三百一十四萬五千餘元。

（三）訂定申請設立信託補助暨作業準則

為積極輔導災區失依兒童設立信託，經邀集受災縣市政府及相關民間團體代表共同研商訂定「九二一震災地區失依兒童少年申請設立信託補助暨作業原則」，各受災縣市政府依所訂補助及作業原則輔導各失依兒童少年與財政部許可辦理信託業務之金融單位簽訂契約，設立信託。截至2000年3月底止，以加入信託個案計有一百一十五位，占所有失依兒童個案85%。

（四）訂定九二一地震災區未成年人財產管理及信託辦法

為保障九二一震災災區未成年人財產安全，內政部兒童局參酌信託法並會商法務部及財政部訂定「九二一地震災區未成年人財產管理及信託辦法」草案，明訂災區失依兒童申請改訂財產管理方法或設立信託時之處理方法，以保障失依兒童財產及生活安全。另依九二一震災重建暫行條例第二十七條第二項規定：「因震災致父、母死亡之未成年人應得之政府救助款項、社會捐助款項及其繼承之財產，扣除當地社會福利主管機關之必要費用後，其財產管理人或持有人應為該未成年人設立信託基金，存放於指定之金融機構設立專戶。」目前各受災縣市政府自該條例公布後，除積極輔導失依兒童將慰助金設立信託外，對於其社會捐款及繼承之財產設立信託部分，仍儘量以協調方式，鼓勵失依兒童財產管理人或持有人提出財產清冊並設立信託基金。

（五）訂定九二一震災兒童生活照顧實施方案

未能妥善照顧九二一震災之失依兒童，內政部兒童局經訂定九二一震災兒童生活照顧實施方案，運用個案、團體及社區發展等社區工作方法，訂定保護安置、福利服務、特殊個案扶助、個案管理及其他等五大項工作項目，由受災縣市政府結合民間單位透過服務方案為九二一震災兒童提供妥善的福利服務與生活照顧，使其走出傷痛，重建家園。

未來整體兒童照顧方案之內容概述

對於兒童的照顧應該是整體連續性的服務，如何整合現有法規、善用資源，積極規劃達到滿足兒童的基本需要、保護兒童免於遭受虐待及剝削、享有最優惠照顧、確保兒童能有適當的機會在社會中扮演積極的角色及對自己生活有發言權。就此而言，在蘊涵著我們期待對這一群民族的幼苗能夠在未來的日子裡，帶給我們以及這整個社會更多的生機與驚奇，展望未來跨世紀兒童福利新的轉機，整體兒童照顧方案的規劃自有其正當性以及現實的迫切性。兒童整體照顧方案係跨部會整合工作，企圖從兒童本位出發，建構連結縱向與橫向的服務系統，提供兒童全方位照顧，主要內容分述如下：

一、經濟安全

兒童經濟安全包括社會保險與社會扶助兩個體系，前者有兒童健康保險、國民年金保險中的遺囑年金、孤兒年金和兒童家給等給付、育兒修業給付等；後者則有各種兒童津貼、優惠稅制、教育補助、營養補助等，我國的兒童經濟安全制度是以社會扶助體系為主。規劃中的經濟安全措施包括一般兒童津貼、特殊兒童津貼、托育津貼制度、兒童委託收容安置、兒童寄養家庭補助及托育費租稅減免制度等。

二、托育與福利

發展以家庭為本位的福利措施，以提供各種支持性的政策與策略來增強家庭功能，協助家庭在照顧子女上強化權能，包括落實整體托育照顧體系及充實各種兒童福利服務，以滿足兒童基本人權需求兩大類。

三、保護與安置

兒童的保護與安置照顧，攸關戶政、社政、勞工、警政、醫療、諮商、心理治療、衛生、司法、教育、新聞等不同單位之業務內涵，隱含著從制度層次到社會及文化的全面改造。從兒童是公共財的社會教育倡導，架構周延的兒童保護服務網路及多元化的保護與安置措施。

四、教育與休閒

兒童的教育是多元的可以是學校教育，也可以是社會教育，學校教育比較制式化，社會教育應更有彈性；育樂休閒活動可以消耗體力、發洩情緒、紓解壓力、獲得自由與自主，熟練並增進所學的技巧。建構兒童教育與休閒體系與相關措施包括特殊教育與補救教學、社會教育宣導及圖書、廣電節目製作、兒童育樂及休閒場所等。

五、健康與照顧

為滿足兒童發展階段的各種健康照顧需求面向，其規劃目標為保障兒童基本健康權益，照顧特殊兒童基本需要，並促使一般兒童獲得身心健全發展。建構兒童健康照顧體系相關措施包括落實優生與成長照顧保健政策、兒童健康醫療照顧、落實兒童心理衛生工作等。

整體兒童照顧方案建構完成後，應可達成預期目標：一、提供兒童醫療、教育、社會安全、休閒與娛樂，營造一個安全、健康的成長環境；二、提供身心障礙、少數民族、原住民、受虐、疏忽等兒童之特殊照顧；三、增強家庭救援工作，善盡保護、照顧兒童的權利與義務、確保父母尊重兒童的發展、提供適當的生活水準，並提升照顧兒童的設施；四、保護兒童免於性剝削、誘拐、販賣、濫用藥物及非法居留等；

五、准許兒童依據其年齡及成熟度，表達個人意見、參與藝文活動、聚會等。

上述整體兒童照顧方案，尚屬規劃階段，仍有待結合政府相關部門、學術界及實務界的專家、學者們共同擬訂完成，並經提報行政院核定後公布實施，整體兒童照顧方案之政策制訂始告完成。

結論

兒童福利工作在社會變遷及國際潮流影響衝擊下，已從救濟性兒童福利擴向為兒童身心健全發展；從個人扶助轉為社會保護；從愛心的關懷到專業性的服務；從消極性對不幸兒童的基本生活扶助、收容、寄養及受虐兒童之保護等，轉為積極性對一般兒童的托育教保、健全人格的培育、文康育樂的拓展、親職教育的推廣等都予以兼顧。兒童福利工作是開創的，保護是及時的、專業的、多元的福利服務，也是一涵蓋教育、衛生與福利等綜合性的整合工作，我們期盼在政府與民間團體共同努力之下，於既有的基礎上精益求精，創新發展，讓每一兒童均能在安全無虞、快樂的環境中成長茁壯。

2. 福利津貼之社會背景：對兒童津貼發展的省思

王　方

中國文化大學勞工研究所助理教授兼勞資關係組主任

兒童津貼或家庭津貼

　　兒童津貼或家庭津貼（children's allowance or family allowance）是給予有兒童的家庭現金給付，以幫助其養育兒童。Pampel及Adams（1992）在對於十八個先進工業民主國所做的比較研究中發現，影響兒童津貼方案發展的最重要的因素是：大量的老年人口、統合主義結構（corporatism structures）、天主教教義及左派執政當時的政治結構。他們指出，老年人口結構在統合主義式國家中對兒童津貼支出的影響力，較其在左派執政國家中之影響力大。此外，兒童津貼方案可能有強化傳統家庭制度的功能。在統合主義式國家中，整體來說，宗教有時扮演了一個比市場更重要的角色。對於這些國家而言，兒童津貼有助於傳統家庭的維持。在某些父權家長傳統（patriarchal tradition）較具影響力的國家（如台灣），關於兒童福利的改革仍相當的困難。本章運用各種相關的理論對兒童津貼在台灣的發展提出分析。

　　先進國家對兒童津貼的年齡限制，通常定於十五至十九歲，配合基礎教育、就學時間與最低的工作年齡。先進國家發放兒童津貼，一般沒有排富的規定，換言之，不論資產與所得，只要家中有未成年的兒童，

一律發放。

依Esping-Andersen（1990）的分類，自由主義式國家（如美國）強調工作倫理，並傾向採用社會救濟方案而非普遍性方案。這個事實有助於解釋，為什麼大部分的西歐國家有兒童津貼，而美國過去只有一些針對低收入家庭的方案，如Aid to Families with Dependent Children（AFDC）。與自由主義式國家相較，統合主義式國家通常較注重兒童津貼。至於社會民主式國家（如瑞典），因為其較不可能將福利方案與市場或工作倫理聯想在一起，所以較傾向採用普遍性原則的兒童津貼。

兒童與婦女福利在許多國家的發展較慢，與以下的想法有關：兒童與婦女應待在家中，婦女應照顧好兒童，因而國家並無必要再予以現金給付。兒童與婦女常被視為相關聯的，他們被視為是私領域、家庭領域的一部分，且皆被認為不適合公領域之工作。為何照顧兒童通常被視為是婦女的職責呢？至少有以下幾個原因：一、兒童是由婦女懷胎生出的；二、一般認為，婦女比男性擅長照顧兒童，女性在社會化的過程裡，一般被期待較具有耐心、愛心、犧牲、奉獻、安分、溫順、靈巧等特性，而這些正符合社會對照顧者的期望（劉梅君，1997）。

因此兒童與婦女被視為有高度的關聯性。當然女性適合擔任照顧者的想法，可能是父權社會所建構出來，以合理化男性優勢的一種意識形態或文化霸權（呂寶靜、陳景寧，1997）。

在此情形之下，相關社會福利政策的制訂，通常是基於以下的假定：婦女應該在家照顧兒童或其他家人。因而相關政策往往有一項潛在的作用：建立一障礙，使婦女不易離開家庭出外工作，或使婦女缺少出去工作的動機。在此情形下，相關政策可能強化了其依賴性（Miller, 1987）。兒童津貼與針對婦女之照顧者津貼的一個潛在作用，正在幫助兒童與相關婦女並部分修正國家政策，而較不威脅到父權社會的基本假定。因為此一津貼提供，基本上不易增加婦女外出工作之誘因（Miller, 1987）。

由於照顧家中的兒童，通常沒有任何酬勞，而且長期的在家照顧，

使女性不易出外工作賺錢，女性長期擔任照顧兒童的角色，可能影響女性的經濟安全。更何況我國以往的社會福利與保險政策往往是根據職業來劃分的，女性擔任照顧兒童的角色，缺乏正式的職業，可能因而較缺少社會保障。對照顧者的福利措施，大致可提供以下幾種：勞務性、心理性、就業性與經濟性支持方案（呂寶靜、陳景寧，1997）。其中經濟性支持方案的一種可能作法，就是提供津貼（allowances）：由政府給予照顧者定額的給付，芬蘭有所謂的家庭照顧津貼 （home care allowance），做為照顧家人的津貼。照顧者津貼的重要社會意義，正在其不再視照顧家人，為家庭獨自的責任與無償的工作，而由國家負擔起更積極的角色。

台灣的發展

行政院勞委會對女性勞工的一項調查發現，在沒有工作的婦女中，有超過三成的女性，因需照顧孩子而在一年內不願出外工作 （行政院勞工委員會，1995），主計處的一項調查顯示，已婚而離職的女性中，有超過八成是為了照顧孩子（行政院主計處，1994），王麗容（1992）對台北市職業婦女的調查也發現，托嬰的需求極為嚴重。

1991年國民大會選舉，陳清卯（中華社會民主黨籍）在選戰中，提出養老金與家庭補助金的構想。其中養老金是給予六十五歲以上的老人，每月五千元，這似乎是選戰中最早出現的「敬老津貼」版本。而家庭補助金則是給予十五歲以下的兒童每月一千元，這可能是選戰中最早出現的兒童津貼版本，不過當時陳清卯並未當選（孫健忠，1997）。

1992年民進黨籍蘇煥智在台南參選立委時，提出「老人年金」的構想。結果蘇煥智在原本選情並不看好的情形下，竟以十萬五千多票的該選區最高票當選。緊接著1993年初，澎湖縣選縣長補選。與蘇煥智同屬民進黨新潮流系的高植澎，也打出老人年金的訴求：主張給予老人每人

每月三千元的年金。結果出乎意料的，歷年來從未有反對黨執政的澎湖縣，竟出現了首位民進黨縣長。究竟老人年金對蘇煥智與高植澎的選票，有多少貢獻？恐怕很難估計。不過，民進黨在1993年底的縣市長選舉與1994年底的省長選舉，皆決定以老人年金為重要的訴求。當年國民黨雖強烈批評民進黨版的老人年金，卻不得不提出因應的措施，並一再表示要擴大發放中低收入老人生活津貼。甚至部分國民黨候選人不顧黨中央的意見，而推出類似民進黨版老人年金的政見。

在1993至1994年的選舉中，民進黨以老人年金（敬老津貼）為競選之重要訴求。在1994年的台北市長選舉中，民進黨亦曾提及兒童津貼的構想，而國民黨當時皆抨擊民進黨的主張。當時媒體輿論似多認為朝野兩大黨的支持者，在社會福利方案（如津貼）的態度上有顯著的不同。在1993年出版的民進黨政策白皮書《公平正義的福利國——民主進步黨的社會福利政策》（民主進步黨，1993b）中，曾提出家庭津貼的主張：為了保證未成年子女得到適當的照顧、教養、健康發展，並且鼓勵適婚青年結婚生育，應給予有養育未成年或成年但無工作能力的子女家庭生活津貼，家庭津貼的給付水準應能維持子女的基本健康營養、教育所需，且不以所得調查為給付的資格審查要件，而是以有無未成年子女為發放要件。民進黨贏得台北市長選舉後，再度提出兒童津貼的主張，又一次引發各方的熱烈爭議。

1996年4月26日，台北市議會通過了由賈毅然議員（新黨）提出的兒童津貼提案，要求市政府針對市內中低收入家庭的學齡前兒童，發放每人每月三千元的津貼。此提案並經三黨議員之連署，提案中設有排富條款。台北市議會通過的版本對發放對象有幾項限制：除了需設籍台北市滿兩年與子女未進公立托兒所，每戶每人所得亦必須低於一定標準。

1997年8月12日上午，台北市長陳水扁於市政會議中表示，為了進一步提升台北市的兒童福利品質，並有效減輕家長養育子女之負擔，台北市政府擬實施兒童津貼政策。陳水扁市長並未詳細說明細節，市政會議結束之後，社會局表示，依據初步的規劃，每位兒童每月將發放三千

至五千元。就讀於公立幼稚園或托兒所的兒童，因其已得到政府的補助，故不在兒童津貼發放之列。另外兒童津貼沒有排富條款，不以資產調查爲發放依據，這是與1996年市議會通過的版本最主要的不同處。台北市政府對兒童津貼的構想曝光後，引起各界廣泛的迴響。不少市議員持反對的態度，媒體與民眾亦質疑其沒有排富條款，不分貧富一律發放的作法。後來台北市政府調整了原先的作法（中國時報1997年8月13日）。

當時主要的爭議包括：

財源何處來？是否會導致財政排擠效應？是否應設排富條款？還是不分貧富皆予發放？應照普遍性原則或選擇性原則❶？應否資產調查？如何才符合社會公平與世代正義？西方福利國的經驗究竟是否成功？台灣是否應走上福利國之路？

兒童津貼與兒童福利之發展

爲何兒童津貼與相關的兒童福利多年來發展有限，近年雖部分政治人物提及兒童津貼，但突破始終有限？ 以下綜合各種社會福利理論來加以分析：

一、工業主義邏輯

工業主義邏輯（logic of industrialism）認爲，工業化經濟發展的結果將使各國趨向同一方向，不同的國家隨著其經濟發展，應會走上類似的社會福利道路，工業化、都市化與經濟發展是影響社會福利的主要因素（Wilensky, 1958, 1975）。工業主義邏輯認爲社會福利有助於社會平等，社會福利將使社會成員受益，窮人可說是最直接的受益者（Wilensky, 1975）。Chan（1979）與彭懷眞（1983）發現經濟發展或工

業化對台灣的社會福利發展，有其一定的解釋力。王 方（2000a）也認為工業主義邏輯雖有限制，但有助於解釋某些西方國家與東亞新興工業國的福利差異。Lin（1991）則對工業主義邏輯提出質疑，並指出經濟指標與工業化相關變項對台灣在福利方面有影響，但卻非決定性因素。

工業主義邏輯雖可解釋兒童福利逐漸進步的部分現象，卻不易充分說明為何我國在兒童津貼問題上，遲遲未見真正具體的政策規劃出現。這恐怕不是純粹由工業化經濟發展與社會需求所能解釋，而需加上政治等其他因素才較能解釋清楚。按照工業主義邏輯，社會福利主要在是基於社會需求而來的，這種看法帶有功能論的色彩。因而工業主義邏輯也有功能論的一些問題，如難以解釋為何當社會需求（育兒托兒）早已存在時，而兒童津貼或完善的育兒托兒制度始終未落實？ 功能論通常只注意權力的第一面向（Bachrach & Baratz, 1962），而忽略了權力的第二面向與第三面向。所謂的「權力的第一面向」，即指決策權，傳統上認為有機會決策的人，才有權力。而「權力的第二面向」則指「非決策」（nondecision-making power），亦即在社會福利政策的形成與制定的過程中，當權者可經由對政治制度、社會價值觀或程序的操縱方法，而將政策議題範圍局限在對其安全有利安全之處。如我國過去多將其社會福利集中在有利生產的健康保險上，而對兒童等非勞動人口的保障則較少關注（王 方，2000a）。而「權力的第三面向」則是當權者可能主動去影響形塑他人的偏好，如不少政治人物每逢選舉，即強調兒童福利，告訴選民兒童福利與相關津貼是多麼重要，是選民應有的權利，然而選後往往不再提了，或是草草結束。至於社會福利是否有助於社會平等，功能論往往假定每個人的政治影響力差不多，實際上，不同的人和團體之間的影響力可能有很大的差異。此外，工業主義邏輯以往的研究過於集中於先進國家，忽略了各國間的差異，而假定不同的國家應會走上類似的道路，其實先進國家的福利制度之間即有所不同（Esping-Andersen, 1990），東亞與拉丁美洲的經驗，亦顯示發展中國家未必會隨著經濟發展，而走上類似的福利發展（王 方，2000a）。

二、國家價值觀或文化決定論

根據國家價值觀或文化決定論（national value）的論點，工業主義邏輯不能充分解釋國家之間社會福利的差異，雖然工業化和經濟發展有助於各國發展社會福利，然而各國的國家價值觀與主流意識形態對其社會福利發展仍有重要的影響。舉例來說，工業主義邏輯無法充分解釋美國與西歐的社會福利發展。美國的工業化發展程度雖高，但社會福利發展卻落後於不少西歐國家（Orloff & Skocpol, 1984; Skocpol, 1992）。國家價值觀即有助於解釋美國的異例，美國的國家價值觀與大多數歐洲國家相比，有相當的自由主義色彩，因而較不傾向由國家提供大規模的制度性社會福利（Gronbjerg, Street & Suttles, 1978; Orloff & Skocpol, 1984）。Tsai和Cheng（1985）指出，政治精英的經濟掛帥意識形態對台灣的社會福利發展有重要的影響。不過，以往的研究對台灣的國家價值觀或國家意識形態，究竟是如何形成的，瞭解仍嫌不足，王　方（2001）曾初步探討台灣民眾福利意識形態之影響因素，不過福利態度與民眾對兒童津貼的支持程度之間有何關係，仍待後續研究。

過去的研究指出，有關福利的意識形態主要可以區分為經濟個人主義（economic individualism）、社會公平意識形態（social equality）與中國的「傳統慈善」意識形態。經濟個人主義源於古典自由主義（classical liberalism），經濟個人主義認為個人應為其自身之福利負責，經濟上的成就決定於勤勉與節儉。貧窮被視為是懶惰或個人缺陷所造成的。經濟個人主義重視工作倫理，認為政府提供福利將造成窮人的依賴性與惰性。因此，經濟個人主義較強的人較不會支持津貼等社會福利方案（Friedman & Friedman, 1980; Gilder, 1980; Bobo, 1991）。「社會公平」意識形態則是較支持制度性社會福利的意識形態，社會公平意識形態認為政府有責任保障每一國民基本的生活水準。國家干預被視為是有助於改善社會不公的重要方法。因此，有較強社會公平意識形態的人，較傾

向支持津貼等社會福利方案（Feldman, 1983; Kluegel & Smith, 1983; Hasenfeld & Rafferty, 1989）。林萬億（1995）指出，國人除了西方經濟個人主義與社會公平兩種福利意識形態之外，還有第三種，即所謂的「傳統慈善」意識形態。中國人「傳統慈善」認為慈善是志願的、個人的，且是以家族為中心的。行善救濟是從自己的家族、鄉里開始的，有親疏遠近之別的。這種想法與中國仕紳觀念相關，尤其受到新儒學之影響（Lin, 1990; 林萬億，1995）。傳統慈善意識形態不主張制度性的社會福利，而常將政府的救濟當成是德政（非人民之權利）。「傳統慈善」與經濟個人主義皆不鼓勵制度性之社會福利，不過「傳統慈善」並未將個人的成就與其工作倫理（或個人缺陷）緊緊相扣，這點與經濟個人主義不同。以台灣來說，傳統文化與價值觀強調孝道與家庭倫理，使得推動兒童津貼政策時，可能會受到質疑：是否會影響家庭倫理，使父母不願盡責？

在台灣發展規劃中扮演關鍵性角色的李國鼎，於1987年舉辦的「福利國家——經驗與借鏡」國際研討會中，曾公開提出發展社會福利之四項基本原則（詹火生，1987）：一、個人享有的社會福利權，應與個人所盡的責任相當；二、社會福利制度不應取代家庭的社會功能；三、社會福利措施不應傷害自由市場的運作；四、社會福利應為家庭、企業與政府三位一體的共同運作制度。

李氏的看法，相當程度地代表了台灣決策精英的意識形態。可以看出，其強調工作倫理、工作價值、自由市場、家庭與企業的角色，其意識形態較接近經濟個人主義福利思想。

民主進步黨多半在政治議題上與其他政黨競爭，在社會福利方面，卻未能堅持一套整合而鮮明的意識形態。民進黨雖一再批判國民黨的福利政策，但在其政策白皮書《解放經濟發展活力——民主進步黨的經濟發展藍圖》（民主進步黨，1993a）中，在「福利政策適當的作法」單元裡，卻提出與國民黨傳統論點類似的意識形態：「政府不應該浮誇地要做補貼多數人的工作以求收買人心，而應該集中力量做好最貧困階層及

受到特殊意外災難者的救濟。」（頁93～94）。又主張「以經濟發展來提高低技術人力之所得。」、「眞正能提高低技術工人所得的方法，是以增加投資及技術人力數量的方法來促進經濟發展。」（頁94）、「各種社會保險的負擔已成爲一些先進國家嚴重的財政問題。」、「健康保險制度應力求自給自足。」（頁92），以上論點皆與國民黨傳統的意識形態接近，基本上將財政經濟考量列爲優先，主張以經濟發展來改善低所得者之福利。以上論點與民進黨同一時間出版的另一本政策白皮書《公平正義的福利國——民主進步黨的社會福利政策》（民主進步黨，1993b），論點大異其趣。朝野主要政黨都缺乏鮮明的社會公平意識形態，有助於解釋爲何兒童津貼與相關的兒童福利多年來發展有限。

三、新馬克思主義

按部分學者的觀點，國家機關往往基於社會控制的目的，而發展其社會福利政策（Piven & Cloward, 1971; Steinmetz, 1993）。從兒童福利的發展來看，其政策的重要目的之一是在於爭取人民的支持，或進行社會控制，以維持社會的和諧與政權的正當性。然而資本家普遍認爲各種津貼，都可能增加企業的成本，而不利於資本累積與經濟發展，這可說明爲何企業界普遍反對老人年金與兒童津貼。傳統的馬克思主義認爲國家機關爲資本家所控制，因而國家機關的主要功能在爲資本家的利益服務，工具主義學者（instrumental Marxist）甚至認爲國家好似資本家的工具一般（Carnoy, 1984）。然而，新派的馬克思主義（neo-Marxist theories of the capitalist state）學者認爲國家機關未必受到資本家的直接控制（Block, 1977; Poulantzas, 1978; Przeworski & Wallerstein, 1988）。結構主義即指出，不能把國家機關當成資產階級掌握的工具來看待，關鍵不在資產階級的直接參政，而在於資產階級與國家機關之間的關係，亦即國家機關的功能受到資本主義結構所制約。部分學者（如Poulantzas, 1978）並指出國家機關有其相對自主性（relative autonomy）。

新馬克思主義認爲，國家在資本主義中扮演的角色較傳統馬克思主

義者所主張的角色更爲主動。新馬克思主義認爲國家機關要表現兩種重要而又相互矛盾的功能：資本積累（capital accumulation）與正當化（legitimization）（O’Connor, 1973）。換言之，國家一方面要促進經濟發展以累積資本，一方面則可能需要透過社會福利政策來換取人民的支持，以維持社會的和諧與政權的正當性。Offe（1984）提出了一個類似的論點，認爲資本主義可能發生的矛盾：資本主義體制爲了經濟的成長，而維持勞動的「商品化」（commodification），但在此同時，又爲了減少私有市場的弊病，而須對勞動進行「去商品化」（decommodification）（Offe, 1984; Pampel & Williamson, 1989）。「去商品化」，在減少個人對薪資之依賴，使個人能維持一定的生活水準而不致淪爲市場上的商品，這往往有賴於國家機關的介入。因此福利國可說是對資本主義矛盾的一種反應，雖然福利國能略微減緩資本主義的矛盾，但矛盾與壓力不易完全化解，社會福利對減少社會不公平也影響有限。

新馬克思主義的觀點，因缺乏明確可驗證的命題，而顯得較抽象。這個理論將焦點集中在資本家、勞工之類的因素，而忽視了其他利益團體對福利的影響（Pampel & Williamson, 1989）。此外新馬克思主義被批評有套套邏輯的問題（Pampel & Williamson, 1989）。此外，不能充分說明福利國家間的差異。

四、社會民主理論

依據社會民主理論（social democracy theory），福利國家是被以階級爲基礎的政治鬥爭所形塑（Korpi & Shalev, 1980; Castles, 1982）。有些學者甚至將福利國家視爲勞工力量成長的產物（Stephens, 1979: 89）。社會福利可說是強有力的勞工階級在政治上的反映，社會福利主要受到政治因素與階級力量的影響，工人階級與工會的成長是社會福利發展的關鍵性因素，工人階級的成長與動員，對其產生有利於勞工階級的福利制

度，有決定性的影響（Korpi & Shalev, 1980）。以此論點，社會福利應對社會公平有正面的影響。不過，勞工階級力量並不易明顯測出，尤其是在我國這種缺乏強大勞工政黨或左派政黨的國家。工會化（unionization）程度是一可能的測量方法，不過Deyo（1989）的研究顯示，台灣在東亞新興工業國家中，工會化的程度相當高，以1985年爲例，台灣的工會化程度，高於南韓與新加坡，然而台灣同期的社會福利並未比南韓、新加坡有明顯的進步。社會民主理論被評爲過重階級因素，而較忽略其他因素。以台灣爲例，階級因素可能並非最主要的社會分歧（social cleavage）所在，至少在選舉時，省籍往往有更大的影響力。正如Scott（1972）所指出的，階級因素在對第三世界，解釋力有限。Clark（1994: 25）亦指出階級已逐漸減少影響力，隨著社會與經濟發展，社會團體的異質性已逐漸增加。

五、利益團體政治

利益團體理論（interest group theory）主要有兩個命題：一、經濟與人口上的變化影響了團體資源結構與對福利支出的要求；二、民主政治的機制促進了團體利益之實現。傳統的利益團體理論，較重視均衡（equilibrium），認爲社會福利是各利益團體間妥協的結果。晚近的利益團體理論注意到利益團體間的競爭及其引發的各種結果（Pampel & Williamson, 1989）。如前述，功能論往往假定每個人的政治影響力差不多，其實，不同的人和利益團體之間的影響力可能有很大的差異。根據利益團體理論，社會福利對社會公平未必有正面的影響。在各種利益團體之中，老年人口逐漸受到重視（Myles, 1984）。老年人口雖逐步從勞動市場上退出，但其在政治市場上可能仍有相當的影響力（如透過投票的影響力），而受到各界重視。近年來，年金與津貼議題在台灣成爲選戰時的重要訴求，即爲一例。不過，利益團體論點是否能充分解釋老年福利的發展，究竟老年人口的比例，是否會影響一國的社會福利？仍有

爭議。以人口結構來看，老年人口比例雖有助於解釋歐美福利爲何較亞洲開發中國家進步，然而台灣近年的老年人口比例較南美的巴西爲高（見表2-1），台灣的社會福利發展卻未優於巴西，在社會福利占政府總支出的比例上，台灣還不如巴西。在老人福利方面，台灣對老人的保障更遜於巴西。因而，以老年人口比例來解釋社會福利的發展，可能仍有其局限性。此外，部分學者批評利益團體理論過度強調福利國家的負面影響，如財政危機（Mishra, 1984; Pampel & Williamson, 1989）。兒童與老年人爲許多國家的兩個主要依賴人口群，可是兒童福利通常較不受政治人物的重視。以台灣爲例，老人年金（敬老津貼）議題自1992年立委選舉開始，經常成爲選戰中的焦點。而兒童津貼則較少成爲選戰的主要議題（王　方，2000b）。這要如何解釋呢？　首先老人雖然離開職場，但其在政治影響力透過投票仍可能持續。兒童則無投票權，而且隨著破

表2-1　東亞、歐美與中南美部分國家人口結構比較

國家	年代	人口比例 （%）		
		15歲以下	15～64歲	65歲以上
（東亞）				
台灣	1994	24.8	68.0	7.2
南韓	1990	25.4	69.5	5.1
新加坡	1992	23.1	70.6	6.3
香港	1990	20.9	70.4	8.7
日本	1990	17.7	69.8	12.6
（歐美）				
美國	1990	21.9	65.5	12.6
加拿大	1992	20.9	67.3	11.8
法國	1993	19.9	65.5	14.5
德國	1989	14.9	69.7	15.4
（中南美）				
阿根廷	1991	29.9	61.0	9.1
巴西	1990	35.2	60.1	4.7
墨西哥	1989	40.3	56.2	3.5

資料來源：DGBAS（1996）

碎家庭與單親家庭的增加，兒童福利可能帶來的選票影響也有限。再從人口的變化來看，壽命的延長與生育率的降低，皆有助於說明爲何兒童較不受政治人物的重視。

六、國家中心論

依國家中心論（state-centered approach），國家機關不只是社會團體鬥爭互動的場域，也不必然回應社會需求，國家機關是有其自主性、有其意志的。國家機關與政治精英的特徵，都會影響社會福利的發展（Orloff & Skocpol, 1984; Weir & Skocpol, 1985; Skocpol, 1992）。至於國家機關對社會公平的影響，則未有定論，主要需看國家機關的特性。過去的研究顯示，國家機關在社會福利的發展中可能扮演多種角色（Flora & Heidenheimer, 1990）。一些歐洲小國經常需要面對經濟上的變動，基於本身的條件與國際經濟因素，不便採行保護主義，也不便採行長期的轉型計畫，因而選擇社會政策以減少其面對的問題（Katzenstein, 1985）。有時國家機關可能選擇社會福利政策使其能在困境中生存（Gourevitch, 1986），有時國家機關基於選舉競爭的需要而採行社會福利措施（Calder, 1988）。過去的國家中心論研究多集中在歐美的福利發展，而且對國家機關性質與策略如何影響一國或一地區的社會福利體系，仍缺乏瞭解。我國的國家機關過去較傾向以發展經濟來改善民衆的福利，對制度性的福利規劃較不積極，近年來則因政治競爭的影響，往往以未經深入評估的津貼方案替代長程的福利規劃。國家中心論受質疑之處，主要在其過於著重國家機關本身，而較忽略其他非國家的因素。此外，過去對台灣國家機關的研究，往往混淆某些概念，像自主的國家機關（autonomous state）、強有力的國家機關（strong state），甚至威權主義的國家機關（authoritarian state）（如Kuo, 1990）。事實上，一個強有力或是威權主義的國家機關不必然是一個自主的國家機關。如菲律賓的馬可仕政權在排除異己方面，比台灣的國民黨政權更威權主義、更強

有力，然而馬可仕政權的自主性卻低的多（Wang, 1994）。另一方面，過去常過度高估國家機關內部的一致性（state coherence），其實近年來，經常可見國家機關內部的歧見。如在社會福利的規劃上，社會政策與財經部門間即常有爭議（王　方，1999、2000b）。隨著2000年總統大選民進黨獲勝，過去對國家機關內部的一致性的看法，更值得重新思考。

　　再者，過去的研究過於低估民意對福利政策的影響，民眾對兒童津貼的態度究竟如何？中央研究院「中山人文社會科學研究所」所做的〈台灣地區社會意向調查八十三年二月定期調查報告〉，是近年來有關社會福利的最深入的調查之一❷。該次調查之抽樣，採取抽取率與抽取單位大小成比例（Probabilities Proportional to Size, PPS）的方式，「雖然各階段之抽取率不同，但樣本單位中的個人被包含在樣本中的機率仍相等」（伊慶春、林萬億，1995：10），該次調查以台灣地區六十四歲以下之成年為調查對象（除去離島及三十個山地鄉居民）。有效樣本為一千五百五十七份，其中男性占49.4%，女性占50.6%。在年齡分布上以三十到三十九歲最多，占35.6%，其次為二十到二十九歲，占24.0%，四十到四十九歲占22.7%，五十到六十四歲者占17.8%。該調查是少數問及兒童津貼的研究，該調查問受訪者：如果家庭中每一個十五歲以下的子女，每個月都可以向政府領到一筆津貼，請問您贊不贊成？結果「很贊成」的占受訪人數的21.6%，「還算贊成」的占22.4%，「無意見」的占14.3%，「不太贊成」的占受訪人數的26%，「很不贊成」的占13.9%。基本上，贊成的人（含「很贊成」與「還算贊成」）共占44%，超過不贊成（含「不太贊成」與「很不贊成」）的39.9%。不過差距有限，何況還有14.3%人表示「無意見」。民眾並非一面倒的贊成發放兒童津貼，這有助於說明為何當1997年8月台北市政府提出兒童津貼的構想時，民意的反應並不熱烈。

結論及討論

　　基本上，傳統的福利理論皆有助於解釋兒童津貼之發展，不過各理論都有一定的限制，如綜合其論點，即較可避免單一理論的問題，也能對兒童津貼的發展做更清楚的分析。大體說來，台灣的兒童津貼發展與政治有密切的關係。朝野主要政黨都缺乏鮮明的社會公平意識形態，使相關的兒童福利多年來發展有限。同時，傳統文化與價值觀強調孝道與家庭倫理，使得推動兒童津貼政策時，容易會受到質疑：是否會影響家庭倫理，使父母不願盡責？再者，兒童無投票權，而且隨著壽命的延長、生育率的降低、破碎家庭與單親家庭的增加，兒童福利可能帶來的選票影響也有限，這使兒童福利較不受政治人物的重視。另一方面，我國的國家機關較傾向以發展經濟來改善民眾的福利，對制度性的福利規劃較不積極，近年來則因政治競爭的影響，往往以未經深入評估的津貼方案替代長程規劃。從兒童福利的發展來看，其政策的重要目的之一是在於爭取人民的支持，或進行社會控制，以維持社會的和諧與政權的正當性。然而資本家普遍認為各種津貼，都可能增加企業的成本，而不利於資本累積與經濟發展，這可說明為何企業界普遍反對各種福利津貼。結果，我國過去多將社會福利集中在有利生產的健康保險上，而對兒童等非勞動人口的保障較少關注。

　　過去各政黨與各級政府在規劃津貼方案之時，常產生以下的迷思。如果能透視這些問題，將有助於提出更具前瞻性的政策。首先，過去往往誤認為福利津貼方案愈多，民眾的支持度會愈高，其實這恐怕是未必的。如前述，1997年台北市政府曾提出兒童津貼的構想，結果民意的反應似出乎市府預料，輿論多所質疑。後來市府順應民意，而將原構想做了相當的修正。而1997年底的縣市長選舉提供了鮮明的例證，部分以「老人年金」（老人津貼）方案來吸引民眾的候選人（如苗栗縣與台北

縣），皆落敗，反而是部分在選舉中未強調發放津貼的人士高票當選。這顯示，一般民眾反應愈來愈複雜，有關部門已不能再持有數年前的思考模式，誤認為福利津貼愈多必將帶來愈多選票；其次，福利津貼愈多，未必社會就會愈公平。正如Esping-Andersen（1990）所指出，福利政策原本目的之一為消滅社會不公，然而任何福利政策都可能造成新的不公：福利政策可能會形成新的階層化（stratification）體系，而使某些人在此體系之下獲益明顯不同於其他人。另一方面，也可能形成心理上的不公平感，人們對公平的感覺是相當微妙的，當一個人感到其他的人福利有所增加，而其自己的福利未增加或增加有限之時，往往會產生「相對剝奪感」（relative deprivation）。兒童津貼方案如規劃得當，確實有助於兒童福利的保障，但如朝野為了政治目的而流於短線操作，則對國家社會將帶來不利的影響，津貼方案應以長程深入的研究評估為根據。

注釋

❶ 在部分西方國家中，「普遍性原則與選擇性原則」、「資產調查與非資產調查」曾引發重要的辯論。選擇性原則只提供給那些通過資產調查，收入或資產低於某個水準的窮人。如根據普遍性原則，福利方案不是依收入或資產的準則提供的。

❷ 由於此次調查進行時，台北市政府的兒童津貼構想尚未正式提出。所以此處所謂的「兒童津貼」純以中研院的調查為準，與後來台北市政府提出的兒童津貼構想，稍有不同。不過由於兩個方案有類似之處，故仍有相當的參考價值。

參考書目

一、中文部分

王　方（1999），政治精英與民眾對社會福利的態度，國科會專題研究
計畫成果報告（NSC-88-2412-H-034-001）。

王　方（2000a），發展、勞動與福利：東亞與拉丁美洲經驗的省思，發
表於「市場經濟條件下的勞資關係與勞工政策」學術研討會，香港
城市大學當代中國研究中心主辦，二月十八日至十九日，香港：城
市大學。

王　方（2000b），國民年金之發展與影響：政治社會學的觀點，《社區
發展季刊》，97，94～107。

王　方（2001），台灣民眾社會福利態度之決定因素初探，《東吳社會
學報》，11，137～162。

王麗容（1992），〈台北市婦女就業與兒童福利需求之研究〉，台北市政
府社會局。

民主進步黨（1993a），《解放經濟發展活力——民主進步黨的經濟發展
藍圖》（政策白皮書）。台北：民主進步黨中央黨部。

民主進步黨（1993b），《公平正義的福利國——民主進步黨的社會福利
政策》（政策白皮書）。台北：民主進步黨中央黨部。

行政院主計處（1994），〈中華民國八十二年台灣地區婦女婚育與就業
調查報告〉。

行政院勞工委員會（1995），〈1994年台灣地區婦女勞工統計〉。

伊慶春、林萬億（1995），前言，〈台灣地區社會意向調查八十三年二
月定期調查報告〉，1～16，中央研究院中山人文社會科學研究所。

呂寶靜、陳景寧（1997），女性家屬照顧者的處境與福利建構，刊於劉
　　毓秀主編，《女性、國家、照顧工作》，57～92，女書文化。

林萬億（1995），影響台灣民眾社會福利態度的因素，台灣地區社會意
　　向調查八十三年二月定期調查報告，17～41，中央研究院中山人文
　　社會科學研究所。

孫健忠（1997），社會津貼實施經驗的反省：以敬老津貼為例，《社會
　　政策與社會工作學刊》，一卷一期，73～98。

彭懷真（1983），我國工業化與社會福利的演變（1963～1982），台灣大
　　學社會學研究所碩士論文。

楊孝濚（1993），《福利社會學》。台北：黎明文化。

詹火生（1987），福利國家的經驗與借鏡——兼述我國發展社會福利制
　　度的原則，中央日報國際版（1987年3月18日）。

劉梅君（1997），建構「性別敏感」的公民權，刊於劉毓秀主編，《女
　　性、國家、照顧工作》，187～226，女書文化。

二、英文部分

Bachrach, Peter, and Baratz, Morton （1962）. The Two Faces of Power, *American Political Science Review*, 56, 947-52.

Block, Fred （1977）. The Ruling Class Does not Rule: Notes on the Marxist Theory of the State, *Socialist Revolution*, 33, 6-27.

Calder, Kent E. （1988）. Crisis and Compensation: Public Policy and Political Stability in Japan. *Princeton University Press.*

Carnoy, Martin （1984）. *The State and Political Theory.* New Jersey: Princeton University Press.

Chan, Hou-sheng （1979）. The Relationship of Social Security System to Economic Development with Special Reference to Hong Kong, Singapore and Taiwan, *National Taiwan University Journal of*

Sociology, 13.

Clark, Terry N.（1994）. Race and Class Versus the New Political Culture,
in Urban Innovation: Creative Strategies for Turbulent Times. *Thousand
Oaks*, California: SAGE Publications, Inc.

Deyo, Frederic C.（1989）. Beneath the Miracle: Labor Subordination in
the New Asian Industrialism. Berkeley: University of California Press.

DGBAS（Directorate-General of Budget, Accounting and Statistics）
（1996）, *Taiwan Statistical Data Book*. Taipei, Taiwan: DGBAS,
Executive Yuan.

Esping-Andersen, Gosta（1990）. The Three Worlds of Welfare Capitalism,
Princeton. NJ: Princeton University Press.

Feldman, Stanley（1983）. Economic Individualism and American Public
Opinion, *American Politics Quarterly* 11:3-29.

Flora, Peter and Arnold Heidenheimer（1990）. *The Development of
Welfare States in Europe and America*. New Jersey: New Brunswick.

Friedman, Milton and Rose Friedman（1980）. Free to Choose: A Personal
Statement. *Harcourt Brace Jovanovich*.

Gilder, George（1980）. Wealth and Poverty, *Basic Books*.

Gourevitch, Peter（1986）. Politics in Hard Times. *Cornell University
Press*.

Gronbjerg, Kirsten, David Street and Gerald D. Suttles（1978）. *Poverty
and Social Change*. Chicago: the University of Chicago.

Hasenfeld, Yeheskel and Jane A. Rafferty（1989）. The Determinants of
Public Attitude Toward the Welfare State, *Social Forces*, 67, 1027-48.

Katzenstein, Peter J.（1985）. Small States in World Markets. *Cornell
University Press*.

Kluegel, James R. and Eliot R. Smith（1983）. Affirmative Action
Attitudes: Effects of Self-Interest, Racial Affect, and Stratification

Beliefs on Whites' Views, *Social Forces*, 61, 797-824.

Korpi, Walter and Michael Shalev （1980）. Strikes, Power and Politics in the Western Nations, 1900-1976, *Political Power and Social Theory*, 1, 301-34.

Lin, Wan-I. （1991）. The Structural Determinants of Welfare Effort in Post-War Taiwan, *International Social Work*, 34, 171-190.

Marsland, David （1996）.*Welfare of Welfare State ? Contradictions and Dilemmas in Social Policy*. New York.

Miller, Dorthy C. （1987）. Children's Policy and Women's Policy: Congruence or Conflict ? *Social Work,* Jaly-August.

Mishra, Ramesh （1984）. The Welfare State in Crisis: Social Thought and Social Change. *St. Matin's*.

Myles, John （1984）. *Old Age in the Welfare State: The Political Economy of Public Pensions*. Canada: Little, Brown & Company Press.

O'Connor, James （1973）. The Fiscal Crisis of the State. *St. Martin's*.

Offe （1984）. *Claus. Contradictions of the Welfare State*. Cambridge, Mass: MIT Press.

Orloff, Ann Shola and Theda Skocpol （1984）. Why Not Equal Protection ? Explaining The Politics of Public Social Spending in Britain, 1900-1911, and the United States, 1880s-1920. *American Sociological Review*. Vol 49: 726-750.

Pampel, Fred C. and Adams, Paul （1992）"The Effects of Demographic Change and Political Structural on Family Allowance Expenditures." *Social Service Review*.

Pampel, Fred C. and Williamson, John B. （1989）. Age, Class, Politics and the Welfare State. New York: Cambridge University Press.

Piven, Frances Fox and Richard A. Cloward （1971）. Regulating the Poor: The Functions of Public Welfare. New York: Vintage Books.

Poulantzas, Nicos （1978）. *State, Power and Socialism*. London: NLB.

Przeworski, Adam and Michael Wallerstein （1988）. Structural
Dependence of the State on Capital, *American Political Science Review*,
82, 11-29.

Scott, J.C. （1972）. *Comparative Political Corruption*. Englewood Cliffs:
Prentice-Hall.

Skocpol, Theda （1992）. *Protecting Mothers and Soldiers*. Cambridge: The
Belknap Press of Harvard University Press.

Steinmetz, George （1993）. *Regulating the Social*. New Jersey: Princeton
University Press.

Stephens, John D. （1979）. *The Transition from Capitalism to Socialism*.
London: Macmillan.

Tsai, Wen-hui and Chang Ly-yun （1985）. Politics, Ideology and Social
Welfare Programs: A Critical Evaluation of Social Welfare Legislation
in Taiwan, *National Taiwan University of Sociology*, 17: 133-162.

Wang, Fang （1994）. The Political Economy of Authoritarian Clientelism
in Taiwan, in Luis Roniger and Ayse Gunes-Ayata （eds）, *Democracy,
Clientelism and Civil Society*, 181-205. Lynne Rinner Publishers.

Wang, Fang （1997）. Support for a New Welfare State in Taiwan: Social
Change, Political Dynamics and Public Opinion. Ph. D. Dissertation,
Chicago: University of Chicago.

Weir, Margaret and Theda Skocpol （1985）. State Structures and the
Possibilities for 'Keynesian' Responses to the Great Depression in
Sweden, Britain, and the United States. in Peter B. Evans, Dietrich
Ruescemeyer, and Teda Skocpol （eds）, Bringing the State Back In.
NY: Cambridge University Press.

Wilensky, Harold （1958）. *Industrial Society and Social Welfare*. NY:
Russell Sage Foundation.

Wilensky, Harold （1975）. The Welfare State and Equality: Structural and
Ideological Roots of Public Expenditures. Berkeley: University of
California Press.

3.兒童托育與福利服務照顧方案

郭靜晃

中國文化大學社會福利學系教授

前言

　　兒童福利已不再是單純的人道主義問題,至少目前世界潮流對兒童福利努力的目標,不再是消極地針對特別需要救濟和保護的不幸兒童,而是更進一步地積極針對每位兒童權益的保護,包括:兒童的托育、教育、衛生及社會各方面的福利事業,甚至也是一個當作一個國家之文明的重要指標。所以說來,兒童福祉與兒童照顧攸關國家的永續發展。相當多的先進國家,如美國、加拿大、英國、紐西蘭等國家開始撥出大筆預算,一方面減輕家庭照顧幼兒的負擔,一方面提供最好的支持育兒措施與照顧方案,讓國家的新巨輪能在最關鍵的時刻獲得最好的照顧。投資兒童就是投資未來,今日不做,明日就會後悔,為了培養下一世紀優質的人口,規劃整體的兒童照顧政策與服務方案有其必要性(天下雜誌,1999;郭靜晃,1999:120)。兒童福利政策可以說是運用一切有效之社會資源,滿足兒童時期生理、心理、社會環境之特殊需求,促使兒童得以充分發揮其潛能,達成均衡且健全發展之目的的計畫與方案。

　　近年來,我國由於經濟與社會發展快速,國民所得已超過一萬二千美元,並且政治結構也日趨民主化,然社會的長期成長卻未能同步跟

進，導致家庭和社會不論在結構層面、功能內涵均起了相當的變化（郭靜晃，1999：199）。這些轉變造成家庭兒童照顧負擔愈加沉重，婦女轉至就業市場更使照顧的功能遭到嚴重挑戰，因此，台灣有愈來愈多的幼童不再是由母親或家人留在家中照顧，而是接受政府或民間團體所提供的托育服務（余多年，1999）。然而，從傳統的理念而言，除了父母雙亡或是不適任時，母親留在家中照顧幼兒乃是天經地義的事，兒童照顧根本不是問題，也沒有所謂的兒童照顧需求（余多年，1999）。

但是，廿世紀之末期，由於社會與經濟發展快速，導致家庭與社會不論在結構層面、功能內涵均起了相當之變化，這些改變，對兒童照顧也產生一些轉變方向，茲分述如下：

一、兒童人口減少

台灣地區由於人口政策及家庭計畫工作之推展有成，出生率逐年降低。1984年，十二歲以下兒童人口數共計4,629,185人，至1993年減為4,059,387人（內政部，1984-1993），至1995年減為3,885,267人（內政部統計處，1996），至1997年的3,837,000人及1998年的382萬人左右，十二年中，兒童人口數減少19.15％；在總人口所占的比例中，則由1984年的24.35％下降至1993年的19.33％，以及1997年的17.65％及1998年的17.64％，呈穩定減少之趨勢。兒童出生人數雖減少，但由於今日公共衛生及醫藥的進步、有效的避孕方法，使兒童在父母的愛與期望中誕生；因此，今日之兒童較諸以往更加受到家庭與社會之關注。再加上台灣社會已呈現老人化社會，老年人口逐年增加，平均壽命亦增加，未來的人口依賴比率也逐年增加，而未來兒童及少年成年後之負擔比例也將加重，是以社會及政府愈來愈重視兒童福利「質」的提升。

二、家庭結構與功能的改變

　　家庭是人類生活中最初的社會化團體，雖然家庭在經歷生命週期（life cycle）的不同階段時，會引起結構上的改變，包括：家庭形成（結婚、同居）、家庭擴大（收養、養育子女）及家庭解組（家庭成員離家、離婚）等。除此之外，家庭環境、結構、功能及生存方式等方面的變化往往是家庭因應外在壓力及需求，或自行選擇新生活方式的結果，家庭的任何變動，都將對依附家庭而生長的兒童，產生巨大之影響。

　　現代社會至少要保存下列五種家庭功能：生育的功能、照顧兒童的功能、提供社會化之教育功能、規範性行為的功能及提供親情資源之功能（Zastrow, 1994：146-147）。然社會變遷也使得美國之家庭產生巨大之變化，如離婚率上升、促使單親家庭增加、家庭之親情功能瓦解、促使兒童受虐或婚暴事件增多，也使得空殼婚姻（empty shell marriage）增加。

　　台灣根據內政部統計處（1997）編印的〈中華民國八十四年台灣地區兒童生活狀況調查報告〉指出，我國之家庭結構以核心家庭（占59.79%）為主要之家庭型態。由於家庭組織規模的縮小與社會生活步調的快速，過去傳統農業社會對家庭養兒育女的家庭支持，也在現在社會中逐漸式微。這些社會變遷反映出離婚率上升、單親家庭驟增（在1995年台灣地區兒童生活狀況調查中，約占3.28%），由於漸增的離婚率促使單親家庭數穩定成長，也使兒童面臨生長在單親家庭，單親母親大都需要外出工作（約達90%），以維持家庭經濟收入，這更加顯現兒童照顧的重要性。此外，我國已婚婦女勞動率也有逐年增加的趨勢，其中育有六歲以下子女的婦女勞動參與率則平均在40%以上（行政院主計處，1984-1996），再加上兩性工作不平權，同工不同酬，婦女平均工資為男性的71.6%，這也顯現婦女就業率提增對家庭的經濟貢獻，但也顯現同時家庭需要以家庭為取向之兒童照顧政策來支持他們因家庭與工作所帶

來的角色壓力（郭靜晃，1999：119）。而在一般的家庭，尤其是育有學齡前兒童，他們仍是以「在家由母親帶」的托育方式為最高（占52.06%），且最期待政府辦理「增設各種公立托育機構」（重要度為31.46%）之兒童福利措施（內政部統計處，1997）。這些轉變皆明白顯示我國現代家庭對兒童照顧需求的殷切。

三、經濟成長

我國近十年來，國民所得已超過一萬二千美元，年平均漲幅為9.75%，富裕的經濟生活，使得一般國民希求更精緻的生活品質。此種現象就如同Kadushin and Martin（1988）所提及：經濟的高度成長，將促使社會更有能力支持，照顧生理、心智上殘障以及父母無力養育的兒童。尤其我國社會因應工商發展、社會快速變遷、家庭組織結構的演變、核心家庭及雙薪家庭的形成，衝擊著傳統價值觀與家庭照顧兒童功能，導致兒童被疏忽、虐待，也使得我國父母需要以兒童福利之服務來支持父母照顧子女及輔導與保護孩子（劉邦富，1999：97）。

因此，較諸以往，兒童權益受到重視，乃是一必然的潮流，政府的責任，便是順應民意的需求，提供適當的服務。我國在1993年修正兒童福利法，除了明訂中央成立專責單位——兒童局，各級政府並陸續配合訂頒各項福利措施，以建構國內兒童福利之輸送服務，並以兒童權益、照顧、保護等福利工作為首要任務。

四、社會大眾對兒童福利觀念的轉變

由於兩性觀念日趨平權，加上通貨膨脹的壓力，使得婦女投入工作職場，再加上工作機會增加，而且也不需要太多勞力之工作，諸此種種造成家庭角色功能面臨重新調整，養兒育女不再是女性一個人之責任。這也使得原來家庭教養小孩相同之議題一直被定位為私領域（private sphere）的概念，屬於家庭的責任；相對地，男性的角色是公領域（public sphere）的領域，男性主外，在外負責賺取薪資（breadwinners），而女性主內，則是皆在家中扮演照顧者、支持者的角色（housekeepers）（余多年，1999）。

五、兒童權益擴張，落實國家親權

兒童雖是獨立的個體，但因沒有足夠的能力及社會地位，所以導致在社會資源的分配是受到忽視，甚至更定義為「無聲音的群體」（group with no voice）。儘管社會對兒童的觀念及賦予地位不斷地有提升與進步的現象，但相對於成人而言兒童還是不當地被認為是父母的擁有物或私產（馮燕，1999：104-105）。另一方面，從兒童利益的觀點，過去由於兒童從被視為是家長的資產，雖然早在廿世紀初期，許多先進國家就開始介入家庭兒童照顧領域，但是政府介入的角度、關懷點是在支持家庭與婦女。雖然1924年聯合國發表兒童權利宣言，在1959年更有第二次兒童福利宣言，不過，這些議題的定位是僅限於補充家庭功能之不足。反觀於台灣，鑑於舊有兒童福利法之部分條文內容，難符社會需求，尤其在保護及處置方面及兒童福利機構之管理等規定，實有修正及充實之必要，因此，內政部於1993年二月修正通過兒童福利法，其中對於兒童權益及價值觀念轉為更為積極之規範，如將兒童認為是準公共財（quasi-public goods），並以兒童福利法規定國家親職，規定政府對於未受保護及受侵害之兒童可以剝奪父母之監督權，並轉移監護權至國家；並將早期以問題取向，針對特殊需求之兒童提供救助、保護、矯正、輔導及養護等措施轉至以發展取向為主，針對至一般對象之兒童健全活動所需之服務、福利措施包括：衛生保健、兒童托育教育及司法保護等領域，發展脈絡是由消極扶助到積極關懷，從特殊性到普遍性，從機構收容到以家庭為基礎的服務方案。

此外，因鑑於自1993年兒童福利法修正，少年福利法1989年公布

以來，也已歷經七年或十一年，隨著社會環境與家庭結構的變遷，兒少福利需求日新月異，在輔導工作上也面臨另一新的挑戰。加上兩法除了年齡之差異，在業務也互有重疊，內政部於1998年9月10日邀集中央及省市、縣市機關及民間團體共同會商決議，以「合併修法」為原則，研修兒童少年法。研修內容除了將兒童年齡擴大至十八歲，也新增落實保障無國籍之兒童人權，加強各目的事業主管機關之橫向分工，加強原生家庭功能，對兒童個案之保密工作及人權保護、兒童財產信託、媒體分級以保護兒童、增列兒童遊戲場之管理等法規。

　　為了因應社會快速變遷，導致家庭結構的演變，核心及雙薪家庭的形成衝擊著傳統價值觀與家庭照顧幼兒功能，致兒童被疏忽、虐待事件時有所聞，兼以兒童福利服務、輔導與保護工作需求日殷，社會大眾期盼中央能有一專責機構以提供多元的、及時的專業服務，此種殷盼也一併在1993年的兒童福利法修正條文中明訂（第六條）。長達六年多的期盼中，兒童局終於在聯合國的「兒童權利宣言」公告四十年後的1999年11月20日「國際兒童人權日」正式掛牌運作。兒童局的成立，除了落實兒童福利法立法精神，對全國兒童而言，更是有了一個中央專責單位，掌管兒童權益，更能有接納無聲音團體（兒童之聲）的功能，這也象徵我國兒童福利工作邁向廿一新世紀的開端及新紀元，更能展現政府想辦好兒童福利工作的強烈企圖心，也凸顯政府積極參與兒童福利工作之推展與維護兒童權益的決心（內政部，2000）。

兒童托育服務

一、台灣托育服務執行現況

　　托育服務是一種「補充而非替代父母親對孩子照顧」的兒童照顧方

案（聯合國，1965）；而Kadushin及Martin（1988）則認為是一種補充性的兒童福利服務，主要是幫助暫時欠缺母親角色的家庭，並增強與支持正向的親職角色的功能。由此來看，托育服務時具有補充父母角色暫時缺位的功能，「照顧」和「保護」為托育服務之首要工作，「教育」則為托育服務的附帶功能。

基本上，無論是主觀的個人感受抑或客觀的事實反映，在在都說明了：托兒服務已經是台灣一項重要的社會事實（social facts）（內政部，1997）。事實上，從1991年及1995年內政部統計處所做的有關學齡前兒童托育之調查報告中顯現：在家由母親帶育幼兒是理想也是實際的最大優先順序，但這種相對地位的重要性卻日漸減緩；相對地，將幼兒送往幼稚園以及托兒所的比例反而有逐漸上升的趨勢。

俞筱鈞、郭靜晃（1996）針對我國學齡前兒童進行實徵調查，結果發現：我國幼兒家長對托育機構普及率、多元性有殷切的需求，其餘如托育費用偏高、需要政府給予補助費用或減免稅金。政府應提升托育人員之專業倫理、教保技能，訂定明確的法規與政策（如托嬰／兒假、托兒費用減免、托育補助、提升保育人員之待遇福利、幼托整合等），以建構托育品質。

馮燕（1993）針對台北市未立案托兒所及課育中心曾展開全面性的清查，結果發現：家長送幼兒至托兒所的動機相當多元化，有些較偏重價格、方便而不重視托育品質，即使是未立案的托育設施，其環境設施及教保人員素質不堪，都仍有家長願意把子女送托，顯現家長對托育品質認識不清；因此，政府再增加托兒機構之數量的同時，更不能推卸責任，要將品質把關。換言之，政府必須和家長共同分擔監督托育品質的責任。

相對地，在托育服務之提供方面，王麗容（1994）研究中指出：台灣地區幼稚園有2,505家，收托兒童237,285人；而托兒所共有1,887家，收托幼兒為230,726人，加上公、民營事業單位附設托兒服務的有64家，收托幼兒約為4,006人，總收托人數為468,011人，占台灣地區○

至六歲兒童一百九十六萬人約24%左右，加上家庭保母保守估計收托率約5%，充其量我國學齡前兒童收托率約為30%；與先進國家相比，台灣地區兒童的受托率有明顯的不足。這也表示我國幼兒有很多是由親友照顧或無照的保母、教保人員來承擔照顧的責任。此現象對女性人力資源的開發與運用以及對兒童的發展與成長產生影響。

俞筱鈞、郭靜晃（1996）亦發現當前我國托育服務提供之品質及內容亟待改善，包括：法令、制度不合時宜、未立案機構充斥，卻又無法可管。另外，托兒人才大量流失、培訓不足、托教不能流通及相互承認年資，整體兒童照顧政策，如育嬰（兒）假、雙親假、兒童津貼制度、教育代券、城鄉差距大且也沒有明顯制定，使得托育問題無法徹底解決。

幼教品質一直以來良莠不齊，加上幼兒教育在國家政策上定位不明，如缺乏幼稚教育之專責單位，幼教相關法令未能明確幼教經費之來源及比例，公私立幼稚園因分配失衡，私立幼稚園學費昂貴，造成家長負擔沉重（heavy affordability）。托育機構之主要機構──幼稚園與托兒所，分別隸屬於不同主管機關，因管理法規、師資培育管道不同，造成不能在幼稚園立案及取得資格之幼稚園及教師轉向到社政單位立案為托兒所，並取得保育員資格。長期以來，由於幼托工作人員薪資偏低，福利差又無工作保障等因素，造成工作人員流動率高，也造成幼教師資供需之間嚴重不平衡，也衝擊整個幼教生態及輸送品質，加上公立托育機構因數量有限、城鄉及地區分布不均，而且托育之需求又有可近性（accessibility）之需求，所以造成幼兒入園所比例低，並且轉移到私資源之親自照顧或委託親人照顧。諸如種種之問題的未能解決皆是攸關托育服務品質之提升的首要條件以及未能紓解國家育兒及兒童照顧之壓力。

然而，從公資源的角度來看，政府辦理兒童托育服務之目的在於補充家庭照顧之不足，然隨著社會結構轉型及價值觀念變遷，導致親職任務的重新界定與分工，為協助轉型中的家庭及婦女的多元角色擴展，使

其在家庭與職場間能取得平衡，自1955年起即積極推展托兒服務，1991年度起更擴大補助各縣市政府興設「示範托兒所」，在1991年度至1995年度間，計補助二十個縣市設立五十六所示範托兒所，1996年度起補助項目修正爲一般性「公立托兒所」，以擴大範圍，並續編相關經費補助辦理至今，迄今（1999年度）計補助興建一百一十三所公立托兒所（劉邦富，1999）。此項措施除了讓托兒所在「量」的擴增之餘，更帶動「質」的同步提升。除此之外，政府也積極參照兒童福利法之規範，給予私立托兒所獎勵及補助，共計有公、私立托兒所二千五百一十五所，收托兒童約有二十六萬三千餘人。

爲提升收托品質，並導引托育福利朝向專業領域發展，訂頒「兒童福利專業人員資格要點訓練實施方案」，並委託大專院校積極辦理專業訓練，對提升托兒所體系之專業素質有莫大的助益。另除督導各地方政府辦理家庭保母培訓工作外，並於1998年3月正式實施保母人員技術士技能檢定，其能廣爲培訓專業保母人員，迄今已有一萬三千零四十一人取得保母證照，提升托育品質的質與量。

爲保障課後托育安親班之托育品質及有效監督，兒童局業於1999年12月底研訂「安親班定型化契約範本（草案）」，正由行政院消保會審核中，擬藉以提供幼童家長及托兒機構之溝通參考，減少爭議事件。爲嘉惠照顧更多幼童就托福祉，政府自1995年度開辦托育津貼，凡政府列冊有案之低收入戶及家庭寄養幼童就托於各級政府辦理之公立托兒所、政府核准之社區托兒所、立案許可之私立托兒所者，均補助每名幼童每月新台幣一千五百元整。內政部兒童局爲減輕家境清寒者之育兒負擔，責成各地方政府加強督導所轄各托兒所落實對列冊有案之低收入戶幼兒優先並免費收托之照顧，清寒家庭子女亦可享有減半收費之福祉（劉邦富，1999）。此外，兒童局爲配合教育部，擬於2000學年度起發放幼兒教育券，補助就托於私立托兒所之五歲幼童每年一萬元，以減輕家長負擔。

整體看來，我國對於兒童照顧的方式除了健保給付低收入戶的生活

扶助之外，就是提供托兒照顧。而托兒照顧不但機構數量不夠，還有品質有待提升。兒童的照顧不只反映兒童是否受到良好的照顧的兒童福利需求，也是反映婦女就業問題的福利需求。由於家庭結構的改變，婦女就業人口的增加，尤其是家庭育有學齡前兒童的婦女，使得托兒服務成為國家擬定家庭政策中必須考慮的要項。依先進國家的做法，兒童照顧的提供應朝向多元化的發展模式，所提供的內容應足以提供不同類型家庭彈性的選擇，同時尚須和政府其它體系，如教育、衛生、戶政等行政系統充分的配合，將兒童照顧建立為支持家庭的兒童福利服務。支持家庭本位的兒童照顧乃是建構一個支持性的體系或環境（supportive environment），來協助家庭達成各種家庭的功能，如社會性、教育性、保護性和經濟性等功能。而有關此種支持兒童照顧的家庭政策乃包括：兒童照顧、家庭諮商、親職教育、收入維持、就業服務及兒童保護等相關福利服務措施。

二、我國托育服務走向之建議

台灣地區家庭結構趨向「家庭核心化」、「雙薪家庭增多」、「單親家庭增加」等三種趨勢，加上家庭平均人口逐漸減少，兩性工作不平等，兒童托育照顧方案與品質不夠支持現有家庭的需求。我國目前的家庭與兒童托育照顧的政策還是以隱含性及殘補性為原則，比較欠缺明顯的家庭政策與統一立法明訂政府的角色與定位，並且立法上缺乏各種體系的平行協調。整體來看，立法之精神以宣示性大於實質上的意義，此種家庭政策與美國的福利制度較為雷同。相對於其他歐洲工業國家自1990年代起，對於兒童照顧政策能加以整合，從制定政策，一方面提供支持家庭的產假、親職假以保障父母的工作權以及親自照顧子女；另一方面也廣增托育設施以提增替代性照顧的量，另外也鼓勵企業參與，提供優惠抵稅的誘因，也提撥預算來充實幼兒照顧人員的專業品質，以提增兒童照顧的品質。

爲了建構完整的兒童照顧的策略，政府未來除了給予三歲以下兒童醫療冤費，二歲以下育兒津貼，五歲以上的幼兒教育券以分擔育兒之重擔的「三三三」安家福利政策之一的育兒政策與方向以外，仍可扮演更積極性角色來發展以家庭爲本位的福利策略，以提供各種支持性的政策與策略來增強家庭環境功能，以協助家庭在照顧子女上強化權能（empowerment）。爲使兒童照顧的政策更能落實家庭的支持功能，以提供家長更多彈性的選擇，政府在選擇兒童照顧的策略及行動方案可能爲（見表3-1）：

（一）家庭給付制度

　　工業國家爲鼓勵婦女生育，避免養兒育女造成家庭負擔而給予現金給付（child allowance），除此之外，也可再針對低收入家庭兒童給予生活扶助，解決其家庭開支。這種現金給付方式的缺點，則可能因家庭開支受排擠效應，使低收入家庭受惠有限（Kahn & Kamerman, 1987）。我國除了低收入戶的家庭給付之外，就是少數縣市有提供教育券或托育津貼。雖然教育部宣稱最快在2001年度會對四歲以上六歲以下之幼兒實施一萬元的幼兒教育津貼，但是未能普及到托兒所幼兒以及四歲以下幼兒照顧的津貼。

（二）優惠家庭之財稅福利制度

　　家庭政策與財稅政策所協調之福利制度，可減輕家庭因養兒育女之經濟負擔，如扶養親屬寬減額即是，或增加育兒冤稅額（tax exemption）或育兒退稅額（refundable child care tax credit）。然而，這種制度可能的缺點是在美國賦稅寬減額的津貼方式被認爲具有優惠高收入家庭，使低收入家庭受排擠的效應（Kagan, 1989）。

（三）規劃托育津貼及教育券的教育代金或補助專案

　　由於公立托育機構數量有限，而私立托育機構學費昂貴，使得家長

表3-1 兒童托育與福利制度的提案

採行措施	主辦機關	協辦機關	時程
1.調整及規劃未來公立托育機構，顧及城鄉普遍性原則，以優先照顧弱勢人口及特殊兒童需求的托育服務，縣市政府或補貼私立機構提供此方面的需求	直轄市及縣市政府	內政部兒童局	立即辦理
2.針對家長的需求，提供多樣化的托育服務方式（如夜間托兒、臨托、褓母、機構式托兒及安親等課後托育中心）以供家庭做彈性的選擇，並掌握可近性、方便性及托育費用之合理性	直轄市及縣市政府	內政部兒童局教育部	立即辦理
3.整合托兒與學前教育，建立完整兒童托育服務體系，澄清托兒所與托教合一之幼兒學校之功能，以提升教保人員之專業素質，建立幼教同流發展，福利待遇公平制度化及避免造成行政上的多頭馬車、資源重疊	內政部兒童局教育部	勞委會	協調研議
4.積極開闢及鼓勵企業參與兒童托育，訂定獎勵辦法，鼓勵公民營機構設置育嬰室、托兒所等各類兒童福利設施、孕婦措施之辦法	直轄市及縣市政府	勞委會內政部兒童局	立即辦理
5.加強對托育機構的督導與聯繫，結合衛生、消防、社政、營建署、地政司對於土地使用，分區使用辦法、建築物管理、消防設備、衛生保健設備做一通盤檢討修正。一方面輔導未立案托育機構加以合法立案，另一方面淘汰不適宜及不合格之托育機構，以提升托教機構之安全及托育品質	直轄市及縣市政府	內政部兒童局教育部內政部營建署地政司行政院衛生署內政部消防署	立即辦理
6.建立托育人員證照制度，充實托育人員之專業倫理與能力，檢討及修訂兒童福利專業人員資格要點及兒童福利專業人員之訓練要點。提供托育人員進修管道及提升托育人員之合理薪資與福利待遇	內政部兒童局勞委會	立即辦理	
7.鼓勵增設三歲以下之嬰幼兒托育機構、修訂托育機構設置辦法，以家庭式、小型收托單位為發展方向，並區分家庭托育機構與家庭保母之功能與定位	直轄市及縣市政府內政部兒童局勞委會	立即辦理	
8.建立各種托育資訊網路，並公布評鑑結果以供家長參考	直轄市及各縣市政府	內政部兒童局	立即辦理

負擔過重，甚至導致幼兒入園比例偏低。為求公私立幼教機構之家長能公平享用幼教資源，提升幼兒入園所之比例，對就讀私立立案之幼托機構之幼兒家長，發放幼兒教育券或托育津貼，並視預算之編列逐年提供幼兒教育券及托育津貼之全額及放寬年齡至三歲或四歲，以建構完整之托育代金或補助方案。

（四）兼顧家庭與工作福利制度

婦女參與工作對家庭生活品質、個人幸福感、企業生產力及社會的安定繁榮皆有影響。所以政府或企業可以加以考量以家庭為取向的人事政策來支持員工對兒童照顧需求的滿足。這些人事政策可以考量：

1. 彈性工時：除了朝九晚五的上班工時，可以配合彈性工時及非全職工作來幫助員工（尤其是女性），協助工作／家庭的角色。

2. 親職假：我國對於勞工除了六至八週（公務員六週、勞工八週）的產假之外，少數企業提供三個月無薪給付的親職假，並保證回來給予與原來請假前相同職位的工作。近來，美商公司如IBM也提供家中有三歲之前的幼兒，可以請育嬰／兒假。此種支持家長有多一種選擇育兒模式以減輕工作與家庭衝突的策略，並增加員工工作效率及對公司的向心力。

3. 興辦兒童托育工作：據內政部（1993）的兒童生活狀況調查統計顯示：台灣地區有將近七成之學齡前兒童是由未立案之托兒所、家庭保母、親戚或父母自己照顧，僅有30%是在已立案的托兒所／幼稚園或保母所提供的托育服務中。而內政部（1997）的兒童生活狀況調查有七成學齡兒童放學後，可以直接回家，或當鑰匙兒，或有大人照顧。換句話說，有三成左右國小學童是要到安親班或其他地方等待父母下班來接才能回家。上班父母生活壓力的來源之一是兒童的照顧問題，包括學齡前及學齡兒童的托育問題。因此，政府除了擴大增加托育機構以增加收托率及量的增

加，還要確保托育品質，另外還要有鼓勵企業加入興辦托育的行列（目前只有五十五家企業有興辦企業托兒）。除了鼓勵企業興辦托育機構，其餘可以鼓勵提出優惠員工托兒方案、照顧生病子女、提供托育資訊、補貼托育費用。

4.彈性福利方案：員工福利是個人所得的一部分，而員工福利對於雇主及員工皆有很大的影響，尤其雙生涯家庭常享用傳統的員工福利，如工／勞保、健保、退休金、病假及有給假期。然而彈性福利方案乃是讓員工依自己需求選擇福利方案，以迎合不同家庭型態之員工及幫助企業節省成本。

5.諮商及教育方案：企業可以提供一些教育方案幫助女性員工應付工作／家庭之問題，如減少因工作不確定之因素所影響、增加自己的專業能力、幫助親職功能、協調工作和家庭責任、工作壓力和財務管理技巧，以經濟方式來協調員工之雙重角色。

（五）補償家務勞動制度

重新評價家務勞動的價值，使家務勞動成為一實質的經濟貢獻如家務有給制。鼓勵兩性平等工作權、同工同酬以及減少兩性的職業區隔以鼓勵兩性公平分擔家務。有必要時，利用以工代酬的補助來提供照顧者津貼及必要之家庭福利服務。

（六）提升質優量足托育服務

普及式托育就是普設托育機構，尤其是偏遠地區或分布不均的地區或普遍補貼托育機構，讓每一個兒童都能在政府補貼的托育設施內受照顧，它的好處是公平，沒有福利烙印，可促進婦女的勞動參與率（馮燕、薛承泰，1998）。但是在擴大托育機構的數量時，品質標準訂定，並且要確實執行品質監督時，甚至可以補助各種不同型態的托育設施及方式來增加選擇性。提升幼兒機構的安全及品質更是政府責無旁貸的責

任。

（七）優先照顧弱勢人口及特殊需求的兒童

優先利用公立托育機構補貼及收托低收入戶、原住民等弱勢團體。此外，開辦收托身心障礙及特殊需求兒童的服務，並藉由補貼方式（如補貼機構）來增加托育服務量，以促進托育服務公平性。

（八）推動幼托合一或整合方案

幼兒教育一直是指出生到六足歲入小學的教育，包括：「幼稚園」與「托兒所」的教育與保育。我國對於教育與保育一直未能區分其功能，故造成隸屬不同主管機關、年齡重疊、資源也重疊的情形發生。故政府應積極釐清幼兒學齡（指五到八歲），並創設幼兒學校及整合○至五歲的托教合一政策，修訂幼稚教育法、兒童福利法及相關法令，以幼兒為中心，整合幼保機構之設施、措施，力求師資齊一水準，福利、待遇、環境設施、課程教學、行政運作能有統合標準，以提升幼兒教保品質。

兒童福利服務

Kadushin 及 Martin（1988）以服務輸送提供與家庭功能間的關係，也就是說利用兒童福利服務輸送以其和家庭系統互動的目的及所產生的家庭功能，將兒童福利服務分為三類：支持性、補充性及替代性的兒童福利服務（見圖3-1）。本節係整個兒童福利照顧方案的一部分，本兒童照顧方案除了教育與休閒、經濟安全制度、保護與安置、健康與醫療及托育服務等輸送服務外，還包括有一般的兒童福利服務，本節特將兒童福利服務討論之重點聚焦在兒童家庭諮詢服務、兒童休閒服務及兒童權益，以求與其他類之兒童輸送服務做個區別，並彌補在其它單元在一般

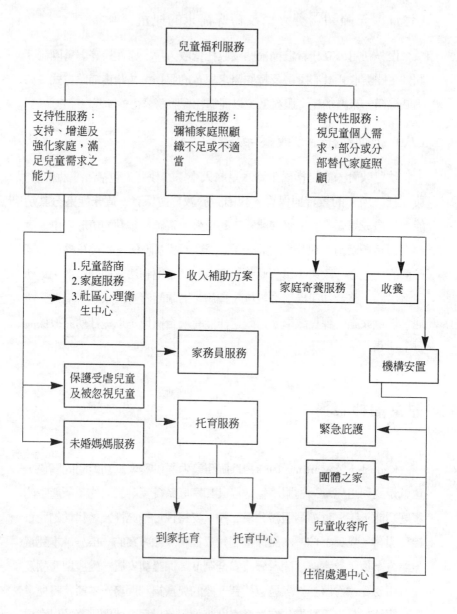

圖3-1　兒童福利服務系統

資料來源：郭靜晃等著（1995）。

兒童福利服務討論的不足。

一、兒童家庭諮詢

　　馮燕（1994）受內政部委託所做的「兒童福利需求初步評估之研究」發現：由於家庭照顧與保護功能受損、衰退或喪失之後，導致兒童福利需求日趨殷切需求，故維護家庭功能是最預防兒童遭遇不幸之基本計策，又投資預防防線之一元經費可比事後矯治、安置的七元治療費用。王麗容（1993）受台北市政府社會局所委託之「台北市婦女就業與兒童福利需求之研究」發現：台北市兒童之家長對於支持性兒童福利之需求順位相當高，包括：親職教育、諮詢服務、兒童問題諮詢服務、婚姻問題諮詢服務、家人關係諮詢服務等家庭諮詢服務等，占了五成以上。

　　此外，內政部統計處（1997）在1995年所做的「兒童生活狀況調查」資料中也發現：台灣地區家長之育兒知識來源絕大多數是來自「傳統育兒經驗（長輩親友傳授）」、「同輩親友討論」為居多，絕少是來自「參與婦女、親子、育女有關座談、演講活動」或「參與保育方面的訓練課程」。而《天下雜誌》在1999年11月特以0～6歲學齡前教育為主題做了一系列的專刊報導，其中更以十月間（1999）針對台灣學齡前兒童之家長進行「兒童養育與親子關係調查」，其發現：現代父母都希望當個好父母，有69.0%之父母認為孩子是三歲看大、六歲看老，0～6歲是一生最重要的發展關鍵期。有31.6%認為培養孩子健全人格發展是首要責任，但是他們卻也表示不知如何教養兒童，可以顯現現今家長在養育子女之認知與行為是存有一段落差。

　　環顧今日台灣社會的家庭，面臨各種變遷，衍生各種問題，如壓力日增、離婚率不斷提升，而使得破碎家庭數目漸增，單親家庭、再婚家庭問題也隨之而來，此種情形造成兒童及少年產生問題行為甚至造成犯罪事件。

　　兒童家庭福利服務在實行方面大至可分為兩類：一為家庭服務機

構，其功能在解決個人與家庭的問題，舉凡父母管教子女的問題、家中手足關係緊張、夫妻婚姻關係失調、失業、住屋、工作壓力使得父母扮演親職角色的困難都可以藉由家庭諮商服務獲得改善；另一為兒童輔導中心，亦為兒童諮詢輔導，主要在於解決兒童適應及行為問題，舉凡兒童發展的問題、人格問題、反社會行為、精神病變問題、心身症、兒童在家庭或學校中與同儕團體關係不佳、學業表現低落、學習困難、情緒困擾等，都可藉由對兒童本身進行輔導諮商來改善兒童的適應問題。兒童家庭福利服務，即為針對兒童本身及其所處的家庭環境兩方面，提供適當諮詢，雙管齊下，直接及間接促進兒童福祉。

家庭服務，源起於慈善組織（charity organization），以美國為例，係在1880年逐漸形成，1930年代，因「經濟大恐慌」（the Great Depression），除對受助者提供經濟上的支持以外，更因服務方式的演進，與受助者為友，透過個人的影響力及社工員的興趣，協助案主運用具體資源以自助，服務功能也從賑濟定位至解決人際關係的困擾、情緒問題、家人關係問題、親子問題、婚姻適應問題。直至1950年代，此服務之重點的轉變為社會大眾所接受，美國家庭服務協會（The Family Service Association, 1953）宣示，機構主要宗旨為「增進家人和諧關係、強化家庭生活的正面價值、促進健康的人格發展及各家庭成員滿足的社會功能。」（鄭瑞隆，1991）

而兒童諮詢服務則最早源於對青少年犯罪問題的研究。從四個方面來瞭解兒童及青少年，包括：以醫學檢查兒童生理特質與能力；以心理測驗評量兒童智慧能力；以精神科面談來評估兒童的態度與心理狀況；探討兒童生命發展史及社會環境。從生理、心理及社會來探討兒童問題行為之原因，為今日兒童諮商輔導的主要診斷方法（鄭瑞隆，1991）。

我國目前的兒童家庭福利服務在家庭諮詢服務部分多由社政單位配合教育單位以及部分民間團體，如「救國團張老師」、社會福利機構實施。依據行政院1986年3月核定「加強家庭教育促進社會和諧五年計畫實施方案暨修正計畫」所成立之「家庭教育服務中心」，在全省共有二

十三個縣市提供家庭諮詢服務工作服務，加強家庭倫理觀念，強化親職教育功能，協助父母扮演正確角色，引導青少年身心之健全發展，協助全省民眾建立幸福家庭，促進社會整體和諧。家庭教育服務中心是我國專責推廣家庭教育機構，兒童及家庭諮詢為其工作項目之一。此外，省政府社會處指示台北、台中及高雄等三所省立育幼院，設置兒童諮詢中心，截至1990年7月止，三所累計接案次數達四千二百一十六件，且彙編個案資料編印成書，拓展兒童福利宣導。台北市政府社會局亦於1975年十月即成立兒童福利諮詢中心，提供有關兒童福利措施之解答。民間一般社會機構（如信誼基金會、家扶中心、友緣基金會）及諮商輔導機構（如救國團張老師）亦常附設「家庭諮詢專線」提供民眾有關子女教育、管教問題、親子關係失調的電話諮詢，或是定期舉行開放式的親職教育座談、演講，或是透過與廣電基金合作製播探討及解決家庭問題（如愛的進行式）之戲劇節目以推廣家庭服務。

兒童問題輔導方面，則以台大兒童心理衛生中心、北區心理衛生中心以及各醫院提供的兒童心理健康門診，提供有關兒童精神疾病、問題行為、身心障礙等復建及治療服務。一般兒童福利機構亦提供家長及兒童有關學業輔導、人際問題、問題行為以及發展特質等諮詢服務。

前面所述，我國目前部分機構所提供兒童與家庭諮詢服務，但就王麗容（1993）的研究推估顯示，僅台北市一處便有十萬名以上的家長需要支持性兒童福利服務。〈中華民國八十一年及八十四年台灣地區兒童生活狀況調查〉亦顯示，家長認為在面對養育子女時所面臨的困難有兒童休閒場地及規劃化活動不夠、父母時間不夠、不知如何培養孩子的才能或如何帶孩子、課後托育及送托的問題等等，且在管教子女的過程中亦曾遭遇子女愛吵鬧、脾氣壞、說謊、對子女學業表現不滿意、情緒不穩、打架、父母間或父母與祖父母間意見不一致甚至不知如何管教子女等難題，而處理這些難題的方式家長通常是採取自己設法解決，或者是向學校老師、親朋好友求教，而向專業的政府機構或是民間機構求教者未達3%（內政部，1997：54）。

除此之外，家長對於政府所辦理的兒童福利機構或措施的利用及瞭解情形，除了公立托兒所、兒童教育及休閒設施等福利機構較為知道且利用外，其餘的兒童福利服務措施包括有：兒童生活補助、親職教育活動、個案輔導、寄養家庭、醫療補助、低收入兒童在宅服務、保護專線、兒童養護機構均顯示不知道而未利用。在王麗容（1993）的調查研究中亦有結果顯示家長認為目前政府應加強辦理的兒童福利措施包括有：兒童健康保險、增設公立托兒所托嬰所及課後托育中心、增設兒童專科醫療所、醫療補助、籌設兒童福利服務中心、推廣親職教育、增加兒童心理衛生服務等項目，每一項目均有超過9%以上（最高的有50%以上）的兒童家長人口表示應加強該項福利服務措施。若以1992年及1995年台灣地區兒童生活狀況調查結果來推算，因應上述需求的綜合性家庭福利服務機構在我國實為數不多，甚至缺乏，相對地，我國從事兒童及家庭諮詢的專業人員目前亦缺乏整合（內政部，1997）。

　　反觀國外，以日本與美國為例。在日本，兒童相談所（即兒童諮商所）為一根據日本兒童福利法所設置主要專門行政機關兼具有兒童福利服務機關以及行政機關的雙重角色。而且兒童諮商所設置，乃斟酌該區域兒童人口及其他社會環境以決定管轄區域之範圍，切實提供日本家長與兒童諮商服務。另外，在美國亦有社區心理衛生中心及兒童諮詢機構深入社區以服務民眾，對於僅需協談與諮詢即可加強其功能的家庭而言，成效頗佳。

　　兒童福利服務的提供有三道防線，家庭與兒童諮商服務乃屬第一道防線，若能在兒童與家庭出現問題時，立即提供輔導與支持，防微杜漸，或許可預防因為發現問題而使兒童遭受不可磨滅的傷害。

　　因此，我國未來制訂兒童與家庭諮詢福利服務之家庭照顧政策時，或許可參考的因素有：

1.人口因素：不同發展年齡之兒童人口數量。

2.行政機構：規定設立一定比例之兒童與家庭福利服務之行政專責

機關，並提供綜合服務。

3.研發工作：鼓勵相關研究，包括：兒童發展、社會個案工作、家族治療、調查兒童生活狀況等研究工作。

4.專業社工：專業人員的養成教育及訓練工作。

5.行政配合落實社區：社政單位應與教育部門配合，以社區為中心，以家庭為單位實施，如於各級學校內增設家長與學生輔導室或於衛生所區公所設立家庭諮詢中心以及社區內設立兒童心理衛生中心。

6.立法明令：界定兒童心理衛生中心以及兒童與家庭諮詢服務中心的設立範圍與標準。

二、兒童休閒娛樂

根據我國勞動基準法，規定勞工每週工作總時數不得超過四十八小時。過去人民的工作態度是寧可增加勞動時間，以賺取更多收入，而近來的趨勢是：與其增加收入，毋寧減少工作時間（李玉瑾，1991）。工作時間的縮短意味著生活中可供支配的時間相對增多，使之得於今日社會經濟生活較寬裕之際，行有餘力從事多元化的休閒活動，休閒的重要性便逐漸凸顯出來。

家庭是影響兒童最深的初級團體，也是其社會化過程中的重要據點，現代父母對子女的重視與期望，不難由四處林立的兒童才藝班、安親班窺知一二。因此，兒童休閒的需求必然隨著父母工作時數的縮短而呈現日益增多的負向關係。

而遊戲活動需有某些設施，兒童在學校生活之外亦需有遊戲場、遊戲中心、社區公園、運動場，如此看來，休閒的多樣性亦是兒童休閒育樂的需求之一。此外，社會變遷衍生了工業化、都市化造成都市人口擁擠，在寸土寸金的都市計畫中，安全的遊戲空間遂成兒童休閒娛樂之另一需求。這次兒童少年福利法之修訂，特以兒童休閒安全列為考量重點

之一。

（一）「休閒」的意涵

休閒活動──Recreation 一詞源自希臘字 Recreatio 而來，其原意為 Re-creation，意即「再創造」之義，藉由參與活動，使自己情緒及健康回復到最佳狀態，而能精神煥發地在自己的工作崗位上迎接任務、努力工作（殷正言，1975）。

休閒的定義，至今由於各派學者立論不同，各執一說：Meyer 與 Brightbill 主張休閒的定義乃「自由、不被占據的時間，一個人可以隨其所好，任意地休息、娛樂、遊戲或從事其他有益身心的活動」（張春興，1983）；Gist 與 Fava 二人對休閒活動提出更為詳盡的定義，認為休閒是除了工作與其他必要的責任外，可自由運用以達到鬆弛（release）、社會成就（social achievement）及個人發展（personal development）等目的的活動（轉引自黃定國，1991：3）；無怪乎古典學派認為，休閒活動是個人心靈高等價值的培養（曾晨，1989）。

黃定國（1992：7-9）依據各派學者不同的角度，將「休閒」一詞的定義歸納為下列四類：

1. 從「剩餘」的觀點而言：狹義的休閒時間是指不受拘束的時間，但以整個生活層面看，廣義的休閒生活，則涵蓋約束時間（工作、家事或就學所需的時間）、必須時間（睡眠、飲食及處理身邊事物所需的時間）與自由時間。

2. 從休閒的功能及內容而言：休閒是指最不令人有壓迫感的時間，這段時間可依個人的自由意志加以選擇，由此在心態上是志願而非強迫性的，休閒活動的從事不是為生計，而在於獲得真正的娛樂。

3. 從「規範」的觀點而言：這類的定義強調休閒活動的品質（quality），除了促進個人認知領域外，休閒活動更應具有促進社

會和諧的積極意義。

4.從工作的認知而言：工作主義中心的人，將休閒定義為：藉由休息，儲存精力以便明天再繼續工作，職是，貯存工作精力所使用的時間、空間及所進行的活動，就是休閒。在「生產第一」的前提下，餘暇絕非只是單純的遊樂，而是二個工作日之間的一個暫歇。

由是觀之，可以歸納出休閒具有二個層面的意義：從時間上來看，休閒是工作和其他社會任務以外的時間；從活動性質來看，必須是放鬆、紓解和按照個人之所好而為之的一種活動。換言之，休閒係指個體自由運用其勞動之餘的時間，進行其自由選擇的活動，而且此活動沒有特定的工具性的目的，反之帶給個體紓解身心、增進社交、擴展認知與見識，並促進個人之社會與情感的功用。除此之外，也兼對家屬與社會起積極之作用，如增加生活素質及改善社會風氣。對兒童而言，休閒是遊戲的延續，兒童得以利用遊戲擺脫社會規範和限制，尋求自由發揮的性質。唯有透過「玩」的過程，兒童可以消耗精力、發洩情緒、紓解壓力、獲得自由與自主，並從中得到成長（王小瀅，1993：3）。

（二）休閒娛樂與兒童發展的關係

「遊戲學習化」、「學習遊戲化」一直是推廣學前教育的一種口號，也反映遊戲與兒童發展的關係。此外，根據心理學的研究，遊戲是兒童發展智慧的一種方法，換言之，遊戲是兒童的學習方法之一（李明宗，1993：3）。遊戲與休閒活動所受重視的程度深受教育及社會的關心所影響，然而，遊戲與休閒對兒童發展之影響是受人肯定且深信不疑的。一般而言，遊戲、休閒與兒童發展之關係可從情緒、認知、語言、社會與身體動作來加以探討：

1.遊戲、休閒與情緒發展：在人的社會化過程，兒童追求自主性的發展與成長，與其迎合社會規範所約束及要求是相互衝突的，因

此，在成長的過程，兒童承受相當大的壓力。而兒童的因應之道便是遊戲。如果兒童被剝奪這種遊戲經驗，那他就難以適應於社會。而如果兒童所成長的家庭與社會不允許，也不能提供足夠空間、時間、玩物以及良好遊戲、休閒的媒介，那孩子很難發展自我及對他人產生健康的態度。就兒童生命週期（life cycle）來看，嬰兒要是從人與玩物的刺激來引發反應以獲得安全的依戀（secured attachment）。到了幼兒時期，遊戲成爲表達性情感的媒介，並從遊戲學習有建設性控制情緒。到了兒童期的發展，最重要是學習語文，如讀寫能力。當兒童參與休閒活動或遊戲（games）可增加自我尊重及情緒的穩定性。遊戲因此可提供兒童發展領導、與人合作、競爭、團隊合作、持續力、彈力、堅毅力、利他品質，而這些品質皆有助於兒童正性的自我概念。

2. 遊戲休閒與認知發展：1960年代，Piaget和Vygotsky的認知理論興起並刺激日後認知學派的蓬勃發展，探究其原因，主要是由認知發展理論中發現：遊戲除了幫助兒童情緒的調節，並且激發兒童各項智能技功，如智力、保留概念、問題解決能力、創造力等的發展。就兒童發展的階段來看，在嬰兒期，嬰兒天生即具有能接近環境中的新物體，且對於某些物體有特別的喜好，如鮮明刺激、三度空間、能發出音響的物體，尤其是動態的物體。在幼兒期，幼兒由於語言及邏輯分類能力大增，更有助於幼兒類化（generalization）的發展，而這些能力的發展更有助幼兒形成高層次的抽象能力，如假設推理、問題解決或創造力。

在兒童期，尤其小學之後，兒童的遊戲活動漸減，取而代之是邏輯及數學概念的演繹能力活動。這個時期是在Piaget所認爲具體操作期。兒童透過具體操作而得到形式思考。這種思考是較不受正式的物體操作而獲得的，而是由最少的暗示而獲得較多的訊息。

3. 遊戲休閒與語言發展：語言發展如同認知發展一樣，與遊戲是相

輔相成的。遊戲本身就一種語言的方式，因此，兒童透過遊戲能有助於語言的發展，如兒童玩假裝或扮演的遊戲。

在嬰兒期，發音、發聲（babbling）是嬰兒最早的語言遊戲。嬰兒的發聲是一種重複、無目的及自發性的滿足。成人在此時對嬰兒有所反應，或透過躲貓貓，不但可以增強嬰兒發聲，而且也可影響其日常生活使用聲音的選擇以及表徵聲音。

一歲以後，孩子開始喜歡語言、音調，特別是他們所熟悉的物體或事件的本質。孩子在此時喜歡說一些字詞順序或語言遊戲，可增加孩子語形結構的能力。

在幼兒期，孩子為了能在社會遊戲溝通，他們必須使用大量的語言。當兒童的語言能力不是足夠之時，他們常會用一些聲音或音調來與人溝通。尤其孩子上了幼兒園，與同儕和老師的互動下，其語言發展有快速的成長。而兒童乃是藉由遊戲，孩子得以瞭解字形，獲得表達的語意關係以及聲韻的操練來瞭解其周遭的物理與社會環境。

在兒童期，孩子雖對語形發展已漸成熟，但是他們仍藉著不同的語言遊戲，如相聲、繞口令、脫口秀來瞭解各語文及文字的意義，並且也愈來愈有幽默感。

4.遊戲休閒與社會發展：兒童最早的社會場所是家庭與學校，其次才是與同儕等非結構式的接觸，社會發展是延續一生而持續發展的，但在兒童期，遊戲的角色才愈明顯。

在嬰兒期，最早的社會互動是微笑（smile）。父母一般對嬰兒高興的回應（微笑）更是喚起兒童微笑互動的有效行為。在幼兒期，各人玩各人的遊戲，或兩人或兩人以上可以玩各樣的活動，也就是說他們可以平行地玩遊戲，之後，他們可以一起玩一些扮演的社會戲劇活動或遊戲。幼兒的社會遊戲，很少由立即環境的特性所引發的，大都是由同儕們共同計畫及勾勒出來的情節，而且分派角色並要有分享、溝通的能力。在學齡兒童期，戲劇遊戲

減少，而是由幻想遊戲來取代，相對的，團隊比賽或運動也提供了一些社會關係的學習。

5. 遊戲休閒與動作發展：遊戲與兒童的動作發展有其絕對的關係，嬰兒在遊戲中有身體的活動，如手腳的蹬、移動。在幼兒時，幼兒大量的大肌肉活動，如爬、跑、跳及快速移動，騎三輪車，而且也有精細的小肌肉活動，如剪東西。到了學齡兒童期，他們的運動競賽需要大量的肌肉及運動系統的練習。因此，遊戲幫助兒童精細了身體動作能力。以上之論述，可以表3-2示之。

遊戲是兒童全部的生活，也是兒童的工作，因此，兒童的休閒育樂活動更是離不開「遊戲」。教育學家杜威說：「教育即生活」，克伯屈則認為：「教育即遊戲」，此外，蒙特梭利、皮亞傑等亦主張以自由開放的態度讓幼兒發展天性並重視遊戲的教育功能，由上列的論點就可以說：「教育即遊戲」。基於兒童天性對遊戲的需求，休閒活動也是國民教育中重要的一環（鍾騰，1989：11）。而兒童遊戲的教育功能，也可從兒童發展的歷程看出。

一歲以上的幼兒，就會在有人陪伴之下獨自地玩或與別人一起玩，在簡單的遊戲與娛樂中，利用器官的探索逐漸瞭解這個世界，因此，在這段時期的兒童，不論是社會性或單獨的遊戲，都是他學習的主要方式。

進入兒童早期，由於幼兒動作技巧的精熟及經驗的擴增，遊戲漸趨複雜，這個時期兒童最主要的認知遊戲為功能性（functional）及建構性（constructive）兩種；前者又稱操作性遊戲，利用固定玩物；後者意指有組織之目標導引遊戲（郭靜晃譯，1992）。

到了兒童晚期，同儕團體在生活領域中地位逐漸加重，兒童在團體中受歡迎的程度決定了他參加遊戲的形式，這段時間最常作的遊戲有建構性遊戲、蒐集東西、競賽等，在兒童遊戲中，兒童慢慢建立起自我概念、性別認識，並發展出社會化行為（黃秀瑄，1981）。從此之後，當

表3-2 遊戲與兒童發展的關係

	情緒發展	認知發展	社會發展	語言發展	動作發展
嬰兒期 (0～2歲)	玩物的刺激;關心、照顧	物體的刺激(如照明刺激、三度空間)	親子互動 手足互動	發聲練習;親子共讀	大肌肉活動,如跳、跑及快速移動
幼兒期 (2～6歲)	玩物、情境等透過遊戲表達情感;學習控制情緒	分類能力之提增;假裝戲劇遊戲	同儕互動	兒童圖畫書賞析	感覺統合
學齡 兒童期 (6～12歲)	利用休閒活動滿足情緒;透過休閒或遊戲增加自我尊重之情緒穩定	加重邏輯及數學之演繹性活動	團隊比賽及運動	語言遊戲,如相聲、脫口秀、繞口令;瞭解不同族群及文化語言	運動技巧:體能:知覺—動作發展

　　兒童步入青少年期,除了上課休息及習作功課之外,休閒活動遂變成其生活的重心。

(三) 我國兒童休閒娛樂需求分析

　　一直以來,我國對於兒童休閒娛樂的需求情況未能有官方正式或學術界大規模的徹底調查,正因為長久以來受到大眾的忽視,因此,近年來在各期刊文獻或研究報告中所發表與「兒童休閒娛樂」相關的調查研究,屈指可數,許多學者仍舊將「關愛」的眼光放在青少年身上,不過由於青少年和兒童因著生理、心理發展上的殊異性,適用之休閒活動必然不盡相同,因之,對於後進學者在兒童休閒娛樂供需研究上,勢必造成一定程度上的偏頗,然而,既有之調查結果仍可提供一具體之訊息,作為導引吾人進一步檢證之依憑。

　　近年來,我國有關兒童休閒娛樂的調查報告,有「台北市國民小學兒童休閒活動之調查研究——讀物及玩具」(趙文藝等人,1984)、「台北市國小學生休閒活動調查報告」(財團法人金車教育基金會,1988)

「一項問卷調查告訴你：國小學生喜歡作何休閒？」（侯世昌，1989）、「兒童休閒面面觀」（鍾騰，1989）、「國小高年級一般學童與聽障學童休閒活動探討－台北市立文林國小與啓聰學校之研究」（王麗美，1989）、「國小學童休閒閱讀現況之研究」（高蓮雲，1992）等。

　　1988年6月中，財團法人金車教育基金會花了三個月的時間，做成一份台北市國小學生休閒活動調查報告統計結果顯示：國小學生以觀賞電視、錄影帶及閱讀課外書籍爲主，其次分別爲幫忙做家事、玩耍遊戲、玩電動玩具；而在寒暑假裡，小朋友的休閒活則呈現了較高的變化，其中最常做的項目依序是：做功課、看電視、閱讀課外讀物、幫爸媽做事、打球、游泳；此外參加夏令營和才藝營的小朋友也大爲增加。而如果讓小朋友選擇他們喜愛的活動，超過半數的小朋友就覺得烤肉、抓魚蝦、游泳、露營、參觀旅遊、騎越野車、撿貝殼、烤蕃薯、玩躲避球、玩遙控模型、摘水果等十一項「很喜歡」，從這個統計結果發現，小朋友喜歡從事和大自然有關的活動（國語日報，1990）。

　　侯世昌（1989）對台北市志清國小六十七名高年級學生放學後主要的休閒活動進行問卷調查，結果發現其主要活動集中於看電視、錄影帶、閱讀課外讀物及運動四項，其中看電視之比率更達58.24%，顯示電視對兒童影響甚大。

　　同年，鍾騰針對台南縣關廟鄉文和國小作調查，根據鍾騰的調查結果，家庭中有錄放影機之家庭約占總家庭數的五分之三（城市應當會更高），而週日必看錄影帶的學生占總學生人數的五分之二；此外，有30%的學生家庭或同儕團體，常利用假日作郊遊活動；家庭訂閱報紙書刊而學生能利用者，約占60%；假日時，常邀三五好友打球或作遊戲者，占90%以上；固定在假日幫忙家事，如燒飯、洗衣者，占30%；利用假日做手工藝，幫助家庭生計或賺取零用錢者，占15%（本地以藤工居多）；此外，常利用假日去打電動玩具者，約占15%；而假日安排有才藝補習的學生，占20%；在個人嗜好方面：喜歡集郵者占15%，喜歡剪貼收集者占15%，喜歡下棋者占30%（鍾騰，1989）。王麗美（1989）

以台北市立文林國小為對象進行研究,結果發現國小休閒活動內容與前幾位學者的研究結果雷同。

趙文藝等人(1984)則以全體台北市立國民小學的小學生為研究群體,提出「有70%～90%以上的各年級兒童認為課外讀物對功課有幫助及很有幫助」的看法。此研究同時也指出,兒童們最常使用玩具及課外讀物的地點是家裡,這種情況在各年級皆然,顯示出公共閱讀場所(圖書館)及共遊戲場所(公園、空地)使用不高,也許是這類場所缺乏所致(趙文藝等,1984)。

檢視上述六項調查研究可以歸納出,我國國小兒童最常從事的五項休閒活動分別為:

1.看電視、錄影帶。
2.打球或運動。
3.閱讀課外讀物。
4.打電動玩具。
5.從事戶外活動。

幾乎各項調查報告指向一共同的趨勢,那就是:所有小朋友在放學後的休閒生活似乎都離不開電視,鍾騰(1989)的調查結果更顯示兒童於星期假日看電視的時間,在三至四小時之間;而國小學童於課暇所租之錄影帶竟以「豬哥亮餐廳秀」之類為最多,其次是卡通片及武俠劇。這些型態與內容的節目對兒童的人格發展似乎多正向導引的功能有限。這種趨勢也可在以青少年為樣本的報告中得知:大眾傳播媒體成為青少年的重要他人(羅子濬,1995)。

在閱讀課外讀物方面,兒童在休閒閱讀中,可體會充滿驚險的旅程,進入其所不曾瞭解的境地,有探索其他地方與時代的機會,使他們發揮想像、創意,同時也建立並堅定其對普通及熟悉事物的肯定(Barbara, 1983),學童在休閒閱讀的同時,可以獲得廣泛學習的機會,對其建立信心、肯定自我有積極而正面的助益(Dianne, 1989)。

（四）我國兒童休閒娛樂服務提供之現況

1.在運動休閒方面：我國推展休閒運動的全國性計畫，當屬教育部
所負責推展的「國家體育建設中程計畫」。在此計畫中，除制定
國家體育的發展外，對休閒運動的提倡也有許多規劃，其中與推
展休閒運動有關的計畫有：補助籌設縣、市區鄉鎮運動公園、簡
易運動場及青少年休閒運動場所；輔導社區充實運動場所增添照
明設備，以利推展社區全民運動。這些硬體設施的設立，將成為
休閒運動發展的重要基礎（陳玉婕，1990）。

而台灣省政府教育廳配合此計畫所預計實行的措施計有（尚華，
1990）：

（1）在全省各縣市開闢「運動公園」，此為配合教育部推行的
「發展國家體育建設中程計畫」而設，將利用公共設施保留
地興建，預定開闢為多用途的場所，如供民眾晨跑、打太極
拳、作體操等休閒用途。

（2）推展興建社區體育場，由社區自行管理、任用。

（3）省教育廳規劃由學校在假日辦理「體育活動營」，利用學校
現有設備、師資辦理體育活動，提供學生在暑假的休閒生
活。

此外，依照目前都市計畫，都市兒童、青少年的主要遊戲場所與休
閒場為社區公園及體育場，然而以台北市為例，計畫中的公園保留地只
占全市總面積的4%（周美惠，1993）；而台北市人享有綠地面積3.1平
方公尺，高雄市2.1平方公尺，遠比世界先進國家都市享有綠地面積來
得少（郊爾敏，1993）。儘管都市計畫通盤檢討辦法中規定，兒童遊戲
場的用地規劃標準每千人設0.08公頃，每處最小面積0.2公頃，然而設
計者往往只是本能地鋪上草皮，放鞦韆、翹翹板、鐵架，甚或只是成為
公園設計中的小角落（鄭文瑞，1993）。

中華民國消費者文教基金會，1988、1989及1992年三次對台北市

公園及學校之兒童遊戲設施調查，結果有74%的受訪者認為設施不夠、綠地少（謝園，1993）。婦兒會亦曾針對學校、公園的遊戲設施進行調查，結果與消基會一致：即一般鄰里公園設施數量不足、綠地少，少有幼兒可玩的項目（謝園，1993）。

2.在藝文休閒方面

（1）教育部所頒布之「生活教育實施方案」，其實施要點中，關於國民小學的部分有：國民小學實施休閒的生活教育，應組織歌詠隊、田徑隊及各種球隊，並與「音樂」、「體育」、「國語」等課程相配合（徐永能，1989）。

（2）國民小學課程標準總綱中規定：國民小學教育需輔導兒童達成「養成善用休閒時間的觀念及習性」、「養成欣賞能力、陶冶生活情趣」。

提供兒童休閒娛樂相關機構如下：

（1）高雄市立兒童福利服務中心

　　・使用資格：凡設藉高雄市未滿十二歲之兒童均可使用中心設備，惟欲使用電腦遊戲室、康樂室、桌球室時，必須辦理使用證。

　　・福利內容：內部規劃兒童圖書室、視聽室、電腦遊戲室、自然教室、幼兒圖書室、學前教育資料室、諮商室、天文氣象室、教保人員研習室、美術室、體能室、康樂室、工藝室、桌球室，提供綜合性服務。

（2）科學博物館教育活動：國內科學博物館教育活動的舉辦單位，包括：台灣省立博物館、國立台灣科學博物館及台灣省立台中圖書館科教中心，其辦理的主要方式有以下十類（張鑒騰，1987：139）：

　　・參觀導覽。

　　・科學演講。

　　・視聽教育。

· 巡迴展覽。

· 野外活動。

· 科學研習。

· 電腦課程。

· 科學演示。

· 諮詢服務。

· 科學櫥窗。

此外，國內根據十二項國家建設中的文化建設，教育部積極進行「社會教育中程發展計畫」（1987年至1991年），籌辦三座科學性質的博物館，即國立科學工藝博物館（位於高雄市）、國立科學自然博物館（位於台中市）、國立海洋博物館（位基隆市）。其中等備最早的是國立自然科學博物館，第一期教育活動業已於1986年元旦開館，第二期教育活動在1989年開館，第三、第四期教育活動於1991年開館。其第一期的教育活動之辦理方式，列舉如下（張鑒騰，1987：146-147；177-178）：

· 科學演講（在地下演講廳辦理通俗科學演講）。

· 視聽教育（科學錄影帶欣賞及影片放映）。

· 科學研習。

· 安排團體參觀與導覽。

· 諮詢服務（包括圖書借閱）。

· 科學演示（包括三、四樓展示廳展示台及五樓戶外活動
區之演示活動）。

· 兒童室。

· 野外活動。

· 電腦教育（電腦益智展示系統劇本徵求活動）。

第二期教育活動除延續第一期的項目外，增辦學術性科學演講及巡迴展服務，利用展示車到偏遠地區之學校、社區舉辦科學展示及科學演示。第三期教育活動又增加兩種新的服務項目，即：獨立研究及教材教

具租借服務；前者包括：業餘博物學家、教師、家其之自然物研究與諮詢中心，後者則包含館內自行進行教材發展及教具製作。

（3）美術館教育活動：台北市美術館在推廣服務方面所辦理的教育活動有（邱兆偉，1991：33）：

・舉辦學術演講，有些是配合展覽而辦理者。

・配展覽舉辦大型座談會、假日廣場、專業導覽等活動。

・設置美術圖書館，並出版美術期刊、美術論叢，以傳播推廣美術與美育知識。

・舉辦推廣美術教育研習班。

・視聽教育活動辦理放映藝術錄音帶欣賞。

・辦理藝術之旅活動，在旅遊中實際接觸美術如陶藝之旅、建築之旅、奇石採集之旅等。

除此之外，尚有中華兒童少年服務社、宜蘭縣私立蘭陽少年兒童育樂活動中心、中華兒童育樂福利促進會等為兒童提供服務之機構。

綜合上述，一般說來，國家（公共部門資本）影響休閒機會分配的方式有下列幾種（林本炫，1989）：

1.由國家直接提供，如各種公立的圖書館、社區公園、風景特定區，乃至國家公園的設置。

2.對休閒產業的補助與獎勵，如我國「獎勵投資條例」中對旅館業之興建採取獎勵，以刺激私人資本之投入休閒產業。但同時也透過法律規定來保護休閒產業的消費。

3.對某些休閒活動的管制，如我國以往因戒嚴而實施山防海禁，造成對休閒活動的限制等。

如果以此架構來考察我國之休閒政政策，可以發現政府部門所提供的休閒機會一向占了絕大的比重。而行政院內政部於1983年10月27日修正頒布「除配合國家及地方重大建設外，原則上應暫緩辦理擴大及新

訂都市計畫」執行要點，乃使得民間投資旅遊事業開始轉向一般風景區或遊憩用地發展，致使私人投資的休閒產業逐漸占了一定的比重。不過，在我國長久以來「菁英文化」為主導的休閒政策下，一般民眾的「大眾文化」（popular culture）方面之需求與設施不足的情況受到相當程度的忽略（林本炫，1989），提供兒童青少年符合其年齡的休閒設施與機會的不足更是不在話下。

除了「量」方面的不足，今日兒童的休閒娛樂活動在品質及特性上的發展，有以下的偏差傾向（李明宗，1993；謝政諭，1994）：

1. 學校「休閒活動教育」未受學校主政人員及家長的正確認知與貫徹。校園中，一般仍以「智育」為教育的第一位，因而使得五育並重的教學理想未能落實，當然各種休閒活的藝能、設備的缺乏，也是原因之一。在學校教育中應落實「五育」，並重申「休閒教育」，唯有以往教育中「我們都是這樣長大」的缺陷得到彌補與充實，才是發展「正當」休閒活動的要道之一。

2. 休閒活動的日趨商品化：受泛物質化的影響，經濟活動與社會文化活動發展不平衡時，社會上高價位的休閒活動，在商人哄價上，大眾趨之若鶩；兒童、青少年以電動玩具、看MTV為其休閒的熱門活動，不花錢自做性的休閒活動，反而乏人問津。

3. 休閒文化趨向低俗化：我國兒童最常從事的休閒活動是「看電視」，然而根據行政院主計處多次的調查顯示，三十歲以下的年輕人，對連續劇或綜藝節目感到滿意的，占不到30%，在大眾傳播文化日漸低俗的傾向下，休閒生活品質受到波及，因而有「大家樂」、「六合彩」、「賭馬文化」、「柏青哥」等不當的低品味休閒充斥整個社會，嚴重影響到兒童的生活環境。

4. 遊戲活動單一化：對於遊戲場的遊戲器具常以好維修的滑梯、蹺蹺版、攀爬架、鞦韆為主，並以肌肉型活動為主，缺乏與認知型和社會型活動加以整合。

5.遊戲、休閒環境的靜態化及固定化：遊戲空間常因缺乏全盤環境考量的設計，造成設施的不安全，又缺乏遊戲空間的整合，俾使遊戲與遊憩功能不能彰顯。

三、兒童權益

「兒童是國家的主人翁，未來的棟樑」。如果國家不能保護他們，使兒童或少年遭遇不幸或虐待（child maltreat），抑或是未提供機會使其發揮應有的潛能，而導致其犯罪，家庭流離失散，更造成沉痛又複雜的社會問題。而兒童不像成人，在生理、思想及行為上業臻成熟，可以獨立自主的生活，因此，他們被合法賦予負擔成人責任的一個「依賴」階段（余漢儀，1995：8），也唯有兒童受到良好的保護，兒童權益受到尊重，兒童福利服務效能，才能落實兒童照顧避免他們身心受到傷害。

隨著社會的開放與進步，基於人性尊嚴、人道主義，及自由平等的精神，人權的問題廣泛受到世界各國，甚至是聯合國的重視；而國人對於人權的重視，相較於從前，也較有更普遍的認知和覺醒。然而，大人為自己權利在爭奪的同時，更忘卻了在水深火熱及缺乏能力為自己權利打拼的兒童，甚至更遭受到不公平、不尊重的對待（謝友文，1991：22-27）。

近年來，報章雜誌聳動的標題，電視公益廣告中所刊登有關兒童綁架撕票、虐待、強暴、猥褻、兒童青少年自殺、兒童適應不良，乞丐兒、深夜賣花兒、色情傳播，校園傷害、兒童買賣、強迫兒童為妓等情形層出不窮，可見兒童生長的權益受到剝削和忽視，甚至導致身心傷害及凌虐致死，這些事件實令人觸目驚心。雖然我國經濟成長，兒童在物質上的生活條件並不匱乏，但隨之而來的是，社會忽視了兒童的權益，傷害兒童身心安全的危機，以及不利兒童健全成長的誘因潛伏在生活環境中，在號稱「兒童是家庭珍寶」，的現代社會中，實是一大諷刺（郭靜晃，1999：146）。

兒童福利聯盟文教基金會從1997至1999連續三年針對台灣地區約一百位的兒童福利學者、機構主管、社政主管、社工實務者、醫療、教育、法律、媒體及立委等瞭解兒童之專業人士，調查相關兒童人權，包括：基本人權、社會權、教育權、健康權等四個兒童人權指標，其結果皆是令人不甚滿意（馮燕，1999：105）。顯然地，台灣地區兒童從兒童福利專業人士眼中是沒有享受到平等主義取向下所強調的被尊重及社會參與權，也沒有得到保護主義取向下應提供充分的安全與福利等保護措施。

此外，從孩子的角度觀點，兒童福利聯盟文教基金會也於1999年4月針對北、中、高三市抽取3,590位五、六年級學童所做的「跨世紀兒童生活狀況調查」問卷，以孩童基本權利、受保護的權利、正常成長的權利以及孩童對權利的認知爲指標，結果發現：近九成學童表達經常或偶然對「功課壓力沈重」、「遊戲空間、時間不足」、「未具足夠的人格尊重」、「缺乏足夠的安全保障」等煩惱及困擾存在。

兒童福利法開宗明義地在第一條闡釋：爲維護兒童身心健康、促進兒童正常發育、保障兒童福利，特制定兒童福利法。第五條：兒童之權益受到不法侵害時，政府應予適當的協助與保護。從立法之精神看來，兒童有免於恐懼與接受教育的權利。可是近年來，相關兒童權益之調查報告及兒童覺知其生活狀況調查報告皆指陳兒童人身安全指標不及格，顯示兒童生活危機重重，不但在社會上不安定、在學校不安全，甚至在家也不安全。而兒童被遺棄、虐待、遭性侵害、被強迫從事不法行爲等案件在社會新聞中也時有所聞，資料顯示更有逐年增加之趨勢，這也顯現我國社會對於兒童人權保障仍不及格。

我國對於兒童福利服務的推廣，政府與民間雖不遺餘力來進行，除了兒童福利法之頒訂，也陸續建立通報制度，補助設置兒童福利服務中心，落實社區化兒童保護工作，加強對遭受性侵害兒童及施虐者心理治療與後續追蹤輔導工作，並落實兒童之「福利與保護」之立法精神，有訂定相關法規，如「菸害防治法」、「特殊教育法」、「少年事件處理法」

之對菸、酒、麻醉藥品之管制、有關之特殊兒童之教育資源及對觸法兒童給予尊重、隱私權之保護與公平審議等法也加以制定配合，但是缺乏平行協調以導致無法保障兒童權益及落實立法精神。諸此種種皆表示我國要達到聯合國兒童權利公約之標準及讓兒童能在免於歧視的無障礙空間中，平等享有社會參與、健康安全的成長，是有待兒童福利工作者應努力的方向（劉邦富，1999：100-101）。

聯合國兒童權利公約（U. N. Convention on the Rights of the Child）的訂定起源於1959年的聯合國兒童權利宣言（U. N. Declaration of the Rights of the Child）和1924年國際聯盟所通過的兒童權利宣言（日內瓦宣言），並於1989年11月20日通過實施（李園會，2000：10），此公約於1990年9月2日正式生效，成為一項國際法，並訂每年11月20日為「國際兒童人權日」。

兒童權利憲章從1946年起草，至1959年完成實施，共歷經十三年的時間。「兒童權利宣言」將「日內瓦宣言」時期視兒童為保護對象的兒童觀，進一步提升到把兒童定位為人權的主體，意即期望將獲得國際認同的世界人權宣言條款，積極地反映在「兒童權利宣言」上。圖3-2是社會委員會制定宣言草案的過程。有此圖可看出日內瓦宣言在第二次世界大戰後將屬於兒童的權利正式納入兒童權利宣言的過程。

聯合國的各國國民再次肯定基於聯合國憲章的基本人權和人性尊嚴的重要性，決心促使人類在自由的環境中，獲得提升生活水準，並使社會更加進步。

聯合國在世界人權宣言中強調，所有的人類不應該由於種族、膚色、性別、語言、宗教、政治或其他理念、國籍、出身、財富、家世及其他與地位等相類似的事由受到差別的待遇，使每個人均能共同享受本宣言所列舉的各項權利和自由。

由於兒童的身心未臻成熟階段，因此無論在出生之前或出生之後，均應受到包括法律的各種適當的特別保護。

此種特殊保護的需要，早在1924年的日內瓦兒童權利宣言就有規

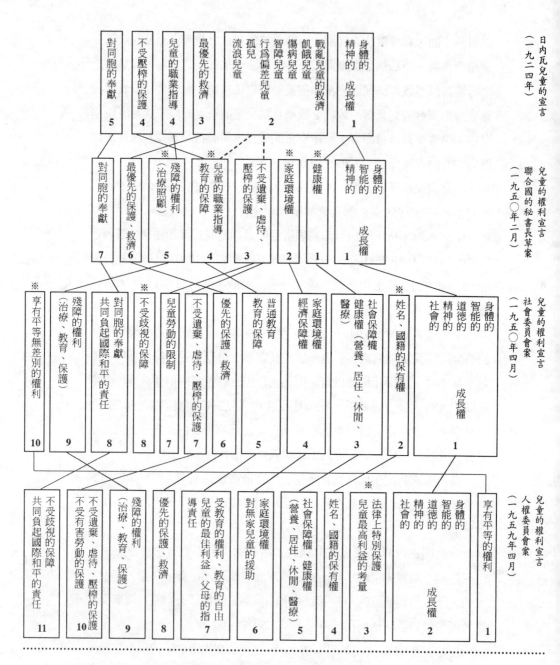

圖3-2　兒童權利的體系發展

註：阿拉伯數字表示各條款。實線表示有直接關係者，虛線表示有間接關係者，※表示新設內容。

資料來源：李園會，2000。

定，而世界人權宣言以及與兒童福利有關的專門機構和國際機構的規約中，也承認此種保護的必要。同時更應瞭解人類有給兒童最佳利益之義務。

　　因此，聯合國大會為使兒童能夠有幸福的生活，並顧及個人與社會的福利，以及兒童能夠享受本宣言所列舉的權利與自由，公布兒童福利宣言。務期各國的父母親、每個男女、各慈善團體、地方行政機關和政府均應承認這些權利，遵行下列原則，並以漸進的立法程序以及其他措施，努力使兒童的權利獲得保障。所以說來，兒童權利宣言更規定兒童應為權利之本體，不但與世界人權宣言相呼應，而且更具體以十條條款來保障兒童在法律上的權益，茲分述如下：

第一條　　　兒童擁有本宣言所列舉的一切權利。所有兒童，沒有任何例外，不能因自己或家族的種族、膚色、性別、語言、宗教、政治或其他理念、國籍、出身、財富或其他身分的不同而有所差別。一律享有本宣言所揭示的一切權利。

第二條　　　兒童必須受到特別的保護，並應用健康的正常的方式以及自由、尊嚴的狀況下，獲得身體上、知能上、道德上、精神上以及社會上的成長機會。為保障此機會應以法律以及其他手段來訂定。為達成此目的所制定的法律，必須以兒童的最佳利益為前題做適當的考量。

第三條　　　兒童從出生後，即有取得姓名及國籍的權利。

第四條　　　兒童有獲得社會保障之恩惠的權利。兒童有獲得健康地發育成長的權利。為了達成此目的，兒童以及其母親在生產前後，應得到適當的特別的保護和照顧。此外，兒童有獲得適當的營養、居住、娛樂活動與醫療的權利。

第五條　　　對在身體上、精神上或社會方面有障礙的兒童，應依特殊狀況的需要獲得特別的治療、教育和保護。

第六條　　　為使兒童在人格上得到完全的和諧的成長，需要給予愛情

和理解，並儘可能使在父母親負責任的保護下，使他無論遇到什麼樣的狀況，都能在具有愛情、道德及物質的環境保障下獲得養育。除了特殊的情況下，幼兒不得使其和母親分離。社會及公共機關對無家可歸的兒童與無法維持適當生活的兒童，有給予特別養護的義務。對子女眾多的家庭、國家以及其他有關機關，應該提供經費負擔，做適當的援助。

第七條　　　兒童有受教育的權利，至少在初等教育階段應該是免費的、義務的。提供兒童接受教育應該是基於提高其教養與教育機會均等為原則，使兒童的能力、判斷力以及道德的與社會的責任感獲得發展，成為社會上有用的一員。富有輔導、教育兒童的責任的人，必須以兒童的最佳利益為其輔導原則。其中兒童的父母是負有最重要的責任者。

兒童有權利獲得充分的遊戲和娛樂活動的機會。而遊戲和娛樂活動必須以具有教育目的為原則。社會及政府機關必須努力促進兒童享有這些權利。

第八條　　　不論在任何狀況下，兒童應獲得最優先的照顧與救助。

第九條　　　保護兒童不受任何形式的遺棄、虐待或剝削，亦不得以任何方式買賣兒童。兒童在未達到適當的最低年齡前，不得被僱用。亦不得僱用兒童從事危及其健康、教育或有礙其身心、精神、道德等正常發展的工作。

第十條　　　保護兒童避免受到種族、宗教或其它形式的差別待遇。讓兒童能夠在理解、寬容、國際間的友愛、和平與世界大同的精神下，獲得正常的發展，並培養他將來願將自己的力量和才能奉獻給全體人類社會的崇高理念。

　　國內兒童福利學者謝友文根據聯合國大會所通過的「世界人權宣言」、「兒童權利宣言」、「兒童權利公約」理念，以及參考我國的「憲

法」、「民法」、「刑法」、「兒童福利法」、「國民教育法」及「勞動基準法」等多項法令中之相關規定，並針對兒童身心發展及其所需要的特質，將兒童權利依性質分為兩類：（謝友文，1991）

1. 基本權利：如生存權、姓名權、國籍權、人身自由權、平等權、人格權、健康權、受教育權、隱私權、消費權、財產權、環境權、繼承權等。
2. 特殊權利：如受撫育權、父母保護權、家庭成長權、優先受助權、遊戲權、減免刑責權、童工工作權等。

再依內容來看，兒童權利可分為三類：

1. 生存的權利：如充足的食物、居所、清潔的飲水及基本的健康照顧。
2. 受保護的權利：如受到虐待、疏忽、剝削及有危難，戰爭中獲得保護。
3. 發展的權利：如擁有安全的環境，藉由教育、遊戲，良好的健康照顧及社會、宗教、文化參與的機會，使兒童獲得健全均衡的發展。

四、充實各種兒童福利服務以滿足兒童基本人權的需求

兒童人權的保障除了政府與社會有明白的政策宣示，還要透過立法來保障兒童的基本人權，除此之外，還要有精實的兒童福利服務來充實兒童需求的滿足及人權的保障（見表3-3）

表3-3　兒童托育與福利制度的提案

採行措施	主辦機關	協辦機關	時程
1.成立兒童資料庫網路以建立兒童身心發展及生長資料,及設置各種兒童福利育樂機構,提供諮詢服務	直轄市及各縣市政府	內政部兒童局 教育部	立即辦理
2.協助身心障礙兒童就學,不得因其障礙類別、程度或尚未設置特殊班(學校)而拒絕其入學	直轄市及各縣市政府	內政部兒童局 教育部	立即辦理
3.輔導設置兒童福利服務中心,提供家庭與兒童生、心理發展之諮詢	直轄市及各縣市政府	內政部兒童局	立即辦理
4.加強媒體監督管制,增進兒童身心發展之兒童節目,並倡導媒體自律,以保障兒童基本人權	直轄市及各縣市政府	內政部兒童局 行政院新聞局	立即辦理
5.結合社區力量認養文化及休閒設施及場所,舉辦社區性的志願服務活動	直轄市及各縣市政府	內政部兒童局 行政院文建會	立即辦理
6.定期進行兒童生活狀況之調查、統計與分析,以瞭解兒童及其家庭之需求	直轄市及各縣市政府	內政部兒童局 內政部統計處	立即辦理
7.倡言兒童是準公共財,及國家親權觀念,以保障兒童被保育的權益	內政部兒童局	新聞局 教育部	立即辦理
8.開創行政資源、擴充人力與經費,以保障兒童質優量足的輸送服務	直轄市及各縣市政府	內政部兒童局 行政院主計處	立即辦理

資料來源:本書整理。

當代台灣地區兒童托育與福利的相關文獻（1980 ～2000）

Herrera , Ernesto F. （邱方晞譯）（1995），菲律賓之青少年兒童福利問題—孩子，你的名字叫做「今天」，《社區發展季刊》第七二期：259-261。

Karger, Howard J. & Stoesz, Darid （翁毓秀譯）（1991），九十年代美國兒童福利政策取向，《社會福利》第八九期：19-21。

Mayhew, Pat （洪文惠譯）（1998），婦女、兒童受害之預防與保護，《人力發展》第五三期：16-20。

丁雪茵（1998），從幼稚園到小學—讓孩子走得更穩健！，《國教世紀》第一七九期：21-25。

毛萬儀（1990），幼兒性好奇、性與興趣及家長、教保人員對幼兒性教育看法之調查研究，中國文化大學兒童福利研究所碩士論文。

王明仁（1996）， 我國兒童福利推展的省思，《社會建設》第九四期：53-56。

王珮玲（1991），兒童氣質、父母教養方式與兒童社會能力關係之研究。國立政治大學教育研究所博士論文。

王珮玲（1993），肯定訓練模式在幼稚園教學上的應用，《國教月刊》第三九卷第九期：28- 31。

王茜瑩（1998），Rudolf Steiner 幼兒教育思想之研究。國立政治大學教育學系碩士論文。

王莉玲（1993），幼稚園實習教師發問技巧的分析，《幼兒教育學報》第二期：35-60。

王清峰（1993），試評新修正之兒童福利法，《律師通訊》第一六四期：23-27。

王淑清（1991），蒙特梭利實驗教學法與單元設計教學法對幼兒身體發

展影響之比較研究，國立台灣師範大學家政教育研究所碩士論文。

王順民（1998），兒童福利的另類思考—以縣市長選舉兒童福利政見為例，《社區發展》季刊第八一期：130-147。

王順民（1999），我國托育服務的轉型與賡續—以台北市公立托兒所為例，《華岡社科學報》第一三期：123-137。

王靜珠（1992），幼稚園園務及教學評鑑芻議—寫在台灣省縣市幼稚園園務及教學評鑑之前，《幼兒教育年刊》第四期：153-170。

王靜珠（1993），正視幼稚園園舍建築與管理，《國教輔導》第三二卷第三期：2-7。

王靜珠（1994），幼稚園實施生活教育落實生活輔導之我見，《幼兒教育年刊》第七期：1-14。

王戀雯（1998），兒童性保護，《研習資訊》第一五卷第四期：36-39。

方燕菲（1998），家庭第一—美國兒童福利政策，《家庭教育》第二期：23-25。

田育芬（1986），幼稚園活動室的空間安排與幼兒社會互動關係之研究。國立台灣師範大學家政教育研究所碩士論文。

古明峰（1992），致力於兒童福利的「桃園家庭扶助中心」，《諮商與輔導》第八三期：20-22。

白乃文（1998），台北市私立托兒所之輔導與管理，《福利社會》第六九期：30-35。

江怡旻（1997），幼稚園方案教學之研究。國立師範大學家政教育學系碩士論文。

江淑惠（1984），父母教養態度與幼兒焦慮之相關研究。國立政治大學教育研究所碩士論文。

江道生（1995），本利而道生—道生幼稚園，《國教月刊》第四二卷第一／二期：31-37。

江綺雯（1998），歡樂、童年、親子情—高雄市兒童福利工作現況與展望，《社區發展季刊》第八一期：21-25。

任秀媚（1985），家長參與幼兒學校學習活動對幼兒社會行爲之影響。
　　國立台灣師範大學家政教育研究所碩士論文。

任秀媚（1992），從幼稚園評鑑談幼稚園教保活動之問題，《國教世
　　紀》，第二八卷第一期：34-40。

朱沛亭（1995），幼稚園空間因應幼教理念轉變之研究，《南亞學報》
　　第一五期：219-246。

朱美珍（1991），機構教養的兒童福利，《社會福利》第九十期：17-
　　21。

朱進財（1993），幼稚園創造性遊戲的理論基礎與設計實例，《國教天
　　地》第九七期：9-19。

朱貽莊（1997），單親家庭兒童福利需求之探討，《社會建設》第九八
　　期：91-107。

呂錘卿（1986），我國兒童認同對象之研究。國立台灣師範大學教育研
　　究所碩士論文。

余漢儀（1995），《兒童虐待—現象檢視與問題反思》。台北：巨流書
　　局。

李子春（1997），爲兒童、少年福利法的修正進一言，《律師雜誌》第
　　二一六期：35-40。

李明中（1996），台北市幼稚園園長對幼稚園評鑑觀點之研究。中國文
　　化大學兒童福利研究所碩士論文。

李佩元（1997），幼兒工作材料使用及實施方法之探討—以私利中山幼
　　稚園、大同托兒所爲例，《育達學報第》一一期：231-240。

李易駿（1993），社會工作專業人員於兒童福利法修正後應有的認識，
　　《社會福利》第一○八期：48-51。

李桂芬（1999），義大利瑞吉歐幼稚園—生活是最大的教室，《天下雜
　　誌特刊》第二七期：218-220。

李素滋（1995），幼稚園創造思考教學實務報告，《教育資料與研究》
　　第二期：45-48。

李淑芬（1988），團體遊戲治療對學前兒童社會關係及社會能力之影響。國立政治大學教育研究所碩士論文。

李淑華（1997），幼稚園校園佈道活動設計（幼兒手冊），《市師環教》第二八期：22-32。

李淑惠（1994），幼稚園活動室互動行為之研究—角落與學習區之觀察。中國文化大學兒童福利學系碩士論文。

李慧娟等（1999），托兒所教保人員對教保工作角色的個人建構分析初探，《德育學報》第一五期：220-244。

李鍾元（1995），社區與兒童福利，《社會建設》第九十期：26-27。

余巧芸（1993），兒童福利對象的內涵之探討，《中國社會工作教育學刊》第一期：67-90。

余漢儀（1994），兒童福利之績效評估—以台北市社會局為例，《國立台灣大學社會學刊》第二三期：97-142。

宋海蘭等（1994），談幼稚園教師與幼兒的溝通，《國教月刊第》四十卷第九期：23-31。

何慧敏（1994）德國學前教育初探—幼稚園現況分析，《家政教育》第一二卷第五期：10-25。

何慧敏等（1997），中美托育服務現況之比較，《兒童福利論叢》第一期：75-105。

林月娟（1991），幼稚園廁所面面觀，《傳習》第九期：213-220。

林文雄（1992），香港家庭與兒童福利服務之見聞，《社會福利》第一○三期：19-22。

林育瑋（1995），幼稚園教師的兒童發展觀，《教育資料與研究》第四期：31-32。

林志嘉（1995），兒童福利法修正及實施建議，《政策月刊》第五期：8-9。

林秀芬（1989），兒童虐待與疏忽問題之研究—由家庭結構之觀點探討。中國文化大學兒童福利研究所碩士論文。

林玫君（1997），戲劇主題課程對四歲幼兒遊戲模式之改變研究，《台南師院學報》第三一期：371-384。

林雨清等（1996），以學科為基礎的藝術教育理論對幼稚園工作科課程之啟示，《家政教育》第一三卷第三期：68-79。

林永喜（1993），簡述幼稚園科學教育之觀點，《初等教育學刊》第二期：239-259。

林佩蓉（1995），幼稚園教學實務中反映的兒童發展觀點，《教育資料與研究》第四期：33-35。

林佳慧（1993），由兒童福利修正草案談兒童虐待事件，《國教輔導》第三二卷第四期：56-61。

林秀慧（1995），蒙特梭利教學法實施之探討—以兩所台北市幼稚園為例。國立台灣師範大學家政教育學系碩士論文。

林昭慧等（1998），外國兒童津貼之比較—兼論我國兒童津貼之實施，《兒童福利論叢》第二期：114-143。

林淑英（1993），灌注生命活水談新修正兒童福利法的因應與展望，《社會福利》第一〇五期：20-24。

林惠芳（1992），智障兒童家庭福利服務供需性研究—以台北市為例。中國文化大學兒童福利學系碩士論文。

林惠娟（1997），幼稚園教師的角色（上），《師友》第三五五期：29-33。

林惠娟（1997），幼稚園教師的角色（下），《師友》第三五六期：36-40。

林瑞發（1987），學前兒童行為與主要照顧者氣質特徵之相關研究。中國文化大學兒童福利研究所碩士論文。

林慈瑋（1991），不變的愛：比較當前幼稚園與托兒所之異同並抒說其未來發展趨勢，《台灣教育輔導月刊》第四一卷第十期：4-5。

邱志鵬（1996），「追求高品質的幼兒教育」之評論，《教改通訊》第一九期：13-15。

邱花妹（1998），企業辦托兒所－孩子，跟爸媽上班去！，《天下雜誌》
　　第二○三期：84-88-91-93。

邱麗瑛（1991），幼稚園如何實施「兒童圖書館利用教育」，《育達學報》
　　第五期：173-180。

吳亦麗（1998），台北縣市幼兒園實施親職教育之發展研究。國立台灣
　　師範大學家政教育研究所碩士論文。

吳美慧等（1995），幼稚園教師對特殊教育之態度及相關知識之需求調
　　查研究，《台東特教》第二期：25-36。

吳嫈華（1997），開學前的準備－高效能班級經營，《新幼教》第一三
　　期：4-8。

吳德邦等（1998），台灣中部地區幼稚園教師對電腦經驗與態度之研
　　究，《幼兒教育年刊》第十期：53-79。

吳麗君（1991），從課程決定談幼稚園課程品質的提升，《國立編譯館
　　通訊》第四卷第四期：22-29。

吳麗君等（1991），幼稚園課程材料評鑑計畫，《國民教育》第三二卷
　　第三／四期：19-23。

吳麗芬（1996），「設身處地」的能力及其在幼稚園教育實施上的意
　　義，《幼教學刊》第四期：32-39。

周俊良（1994），兒童哲學與教育關係之研究。國立高雄師範大學教育
　　學系碩士論文。

周海娟（1998），紐西蘭兒童福利服務新趨勢，《社區發展季刊》第八
　　一期：250-258。

官有垣（1995），台灣的非營利組織與政府的互動關係：以台灣基督教
　　兒童福利基金會為例（1964-1977），《公共政策學報》第一六期：
　　147-226。

官有垣（1997），台灣民間社會福利機構與政府的競爭關係：以台灣基
　　督教兒童福利基金會為例（1977-1985），《空大行政學報》第五
　　期：125-175。

柯慧貞（1993），談幼稚園的戲劇扮演活動，《國教月刊》第三九卷第九／十期：68-74。

洪耕燦（1994），幼稚園園長經營理念之探討。中國文化大學兒童福利學系碩士論文。

洪智萍（1994），幼稚園大班教師教學行為與幼兒社會行為之關係研究。國立師範大學家政教育學系碩士論文。

洪福財（1997），幼稚園教學的因應與變革—從多元智力論談起，《國民教育》第三八卷第一期：68-72。

俞筱鈞（1995），主導性兒童福利，《華岡法科學報》第一一期：93-107。

紀惠容（1997），檢視國內婦幼福利政策，《國家政策（動態分析）雙週刊》第一六五期：2-4。

施慧玲（1999），論我國兒童少年性剝削防治立法—以兒童少年福利保護為中心理念之法律社會學觀點，《國立中正大學法學集刊》第二期：45-75。

徐明珠（1993），好，還要更好—談如何落實兒童福利政策，《中央月刊》第二六卷第四期：98-103。

徐素霞（1992），淺談素材教學的內涵與延伸—參觀法國幼稚園素材教學展有感，《國教世紀》第二八卷第三期：10-15。

徐貴蓮（1993），台北市幼兒父母對親職教育需求之研究。國立師範大學社會教育學系碩士論文。

徐諶（1998），讓孩子受最好的教育—為幼兒量身打造的麥美倫幼稚園，《師友》第三七二期：22-24。

徐錦興（1990），不同指導者參與運動遊戲課程對幼兒體能發展的影響。國立台灣師範大學體育研究所碩士論文。

晏涵文等（1992），幼稚園至國小六年級學生、家長及教師對實施性教育內容之需求研究，《衛生教育雜誌》第一三期：1-17。

翁慧圓等（1996），中華兒童福利基金會之兒童暨少年社會工作概述，

《社區發展季刊》第七六期：79-90。

翁麗芳（1992），張雪門的中國幼稚園課程，《台北師院學報》第五期：885-919。

翁麗芳（1995），「幼稚園」探源，《台北師院學報》第八期：451-469。

翁麗芳（1999），日本幼稚園課程的發展過程及其對我國的啓示，《國立台北師範學院學報》第一二期：489-491-511-513。

翁麗芳等（1995），台灣幼兒教育發展之研究—托兒所的演變在台灣幼兒教育發展上的意義，《史聯雜誌》第二五期：9-38。

孫世珍（1998），幼稚園開放教育下的課程統整化教學，《教育資料與研究》第二五期：7-8。

孫碧霞（1994），兒童福利法與少年福利法政策執行力之檢討，《社區發展季刊》第六七期：146-153。

孫曉萍（1999），日本托兒所—比父母更用心，《天下雜誌特刊》第二七期：224-226。

高士傑（1997），情境領導之概念分析，《國教月刊》第四三卷第九／十期：13-18。

高士傑（1997），情境領導在幼稚園行政上之運用，《台北師院學報》第十期：643-645-674。

高傳正（1996），幼稚園教師運用教學媒體之調查研究，《教學科技與媒體》第三十期：43-47。

高翠嶺等（1997），中美智能不足兒童福利政策之研究，《兒童福利論叢》第一期：136-162。

高麗芷（1997），身心障礙者保護法之省思—邁向優質的特殊嬰幼兒照顧，《福利社會》第六一期：10-11。

馬家祉（1997），開啓教育中的幼稚園—幼兒快樂學習的園中園，《台灣教育》第五六四期：77-81。

唐啓明（1998），台灣省兒童福利的回顧與展望，《社區發展季刊》第

八一期：7-13。

袁志君等（1998），美國印地安兒童福利法案介紹，《兒童福利論叢》
第二期：249-267。

涂晴慧（1998），台灣地區幼稚園教育中國家角色之分析。國立政治大
學中山人文社會科學研究所碩士論文。

張貝萍等（1999）中美對中輟學生因應措施之比較一從青少年兒童福利
觀點探討，《兒童福利論叢》第三期：185-1+186-224。

張秀玉（1985），幼稚園創造性課程之研究。國立政治大學教育研究所
碩士論文。

張英陣（1998），兒童福利組織的財物來源分析，《社區發展季刊》第
八一期：102-114。

張紉（1997），台灣兒童保護服務現況一以中華兒童福利基金會個案為
例，《實踐學報》第二八期：269-292。

張盈堃（1998），從福利國家到基進民主（Radical Democracy）一談兒
童福利的新思考，《社區發展季刊》第八一期：221-233。

陳菊（1998），台北市兒童福利工作之概況報告與未來展望，《社區發
展季刊》第八一期：14-20。

張惠芬（1993），幼兒母親對親職教育的態度、參與情形與滿意程度之
關係研究一以台北市立托兒所為例，《青少年兒童福利學報》第二
期：59-84。

張惠玲（1991），在幼稚園影響孩子創造力的因素獲作法，《創造思考
教育》第三期：43。

張惠蓉（1994）從園務發展談幼稚園之辦學特色，《教師之友第三五卷》
第一期：25-28。

張菡育（1998），幼稚園設園需求之評估一實例探討，《幼兒教育年刊》
第十期：153-168。

許英傑（1998），建構社區網路一另類新保母：網路幼稚園，《網路資
訊》第八三期：156-158。

許彩禪（1998），中美幼兒教育師資培育制度之比較研究。暨南國際大
　　學比較教育研究所碩士論文。

許榮宗（1991），從兒童福利法修正草案談台灣省兒童福利服務未來發
　　展重點，《社會福利》第九二期：6-9。

陳世垣（1996），台北市普設公立幼稚園政策執行之評估研究。中國文
　　化大學兒童福利研究所碩士論文。

陳玉佩（1991），幼稚園圖書角與幼兒的關係，《傳習》第九期：187-
　　192。

陳玉娟（1992），幼稚園之健康教育，《傳習》第十期：215-225。

陳守正（1993），談幼稚園的民主法治教育，《國教月刊）第三九卷第
　　九／十期：39-41。

陳秀才（1997），家長如何評鑑幼稚園，《國教輔導》第三六卷第三
　　期：10-12。

陳若雲等（1996），幼稚園的民生大事—飲食面面觀，《新幼教》第一
　　一期：4-24。

陳孟瑩（1993），自法律層面談兒童福利法對兒童之保護，《社會福利》
　　第一〇五期：12-16。

陳美秀（1993），兒童福利法執行成效之評估，《研考雙月刊》第一七
　　卷第一期：92-93。

陳美珠等（1999）中美貧窮家庭兒童福利服務之比較，《兒童福利論叢》
　　第三期：35-1，36-79。

陳悅平（1992），美國幼稚園的安全教育，《教育資料文摘》第一七四
　　期：77-81。

陳師孟（1995），台北市國小學童托育服務公聽會會議記錄，《師說》
　　第八三期：20-25。

陳純純（1997），幼稚園輔助教材評析，國教月刊第四三卷第九／十
　　期：35-40。

陳淑芳等（1993），幼稚園課程研究—蒙特梭利教學模式和一般單元教

學模式之實證比較，《家政教育》第一二卷第四期：65-73。

陳雅美（1994），談台灣地區幼稚園環境教育的實施現況—謹獻給默默
　　辛勤的幼教老師，《國民教育》第三四卷第五／六期：12-20。

陳雅美（1994），幼稚園環境教育活動實施現況調查研究，《台北師院
　　學報》第七期：917-966。

陳雅美（1995），幼稚園實習教師團體活動秩序管理技巧分析研究，
　　《台北師院學報》第八期：471-502。

陳雅美（1997），幼稚園教師對於實習教師音樂遊戲類秩序管理技巧之
　　評估，《幼教學刊》第五期：48-68。

陳雅美（1997），幼稚園教師對於實習教師團體活動秩序管理技巧之評
　　估研究，《台北師院學報》第十期：675-725，727-728。

陳雅美（1999），幼稚園方案教學團體討論之分析研究：二個不同教室
　　之比較，《國立台北師範學院學報》：535，537-569。

陳雅倫等（1996），新世紀的幼兒園經營，《新幼教》第一二期：4-
　　30。

陳琇惠（1998），迎接二十一世紀的兒童福利，《社區發展季刊》第八
　　一期：27-28。

陳開農（1992），台灣省村里托兒所應往何處去？，《社會福利》第一
　　○一期：13-15。

陳鈺菁（1993），從蒙特梭里教師談幼稚園教師應有的涵養與認識，
　　《幼兒教育年刊》第六期：95-108。

陳碧蓮（1998），談幼稚園的環保教育，《台灣教育》第五七四期：23-
　　24。

陳薇名（1996），「小蝌蚪變青蛙」—談幼稚園與小學銜接問題，《社
　　教資料雜誌》第二一四期：4-7。

陳鴻霞（1996），美國公共圖書館兒童服務之見聞及啓思，《書苑》第
　　三十期：56-63。

陳麗鳳（1997），兒童權利與兒童圖書館服務，《書苑》第三二期：9-

16。

陳麗霞（1998），發展幼兒創造力─幼稚園裡的指導，《親子教育雜誌》
　　第七八期：6-8。

敖韻玲（1991），幼稚園混齡編班的教學實施，《國民教育》第三二卷
　　第三／四期：27-31。

曹常仁（1992），幼稚園教師與家長溝通之途徑，《國教之聲》第二六
　　卷第一期：10-16。

郭巧俐（1992），幼教服務市場與行銷策略之實證研究─以大台南地區
　　為例。國立成功大學企業管理研究所碩士論文。

郭靜晃（1991），玩出智慧─從遊戲開發幼兒智能，《寶寶媽媽》，十
　　月：159-163。

郭靜晃（1992），幼兒園生理症候群，《學前教育學刊》，14（12）：
　　28-29。

郭靜晃（1992），開創單親家庭生活的嶄新天空，《媽媽寶寶》，七月：
　　70-73。

郭靜晃（1993），就兒童安全論兒童福利之隱憂，《理論與政策》，7
　　（4）：103-112。

郭靜晃（1993），兒童福利法與你，《精湛雜誌》，三月：54-55。

郭靜晃（1995），兒童福利政策執行力之提升，《社區發展季刊》第七
　　二期：4-24。

郭靜晃（1995），台灣地區托兒服務需求評估，《中國文化大學華岡法
　　科學報》，第一一期，109-114。

郭靜晃（1996），同心協力，家運順吉，《青少年兒童福利學刊》第一
　　八期：23-27。

郭靜晃（1998），兒童福利政策之研訂，《社區發展季刊》第八一期：
　　65-83。

郭靜晃（1998），養不教父母之過，《國魂》，628：15-21。

郭靜晃（1999），托育服務工作專業及專業倫理，《社區發展季刊》第

八六期：143-148。

郭靜晃（1999），托育人員合流之分級制度可行之探討，《社區發展季刊》第八六期：280-298。

郭靜晃（1999），婦女參與家庭休閒之限制及因應策略，《社會福利》第一四二期：4-17。

郭靜晃（2000），邁向廿一世紀兒童福利的願景—以家庭爲本位，落實整體兒童照顧政策，《社區發展季刊》第八八期：118-131。

郭靜晃、曾華源（2000），建構社會福利資源網絡策略之探討—以兒少福利輸送服務爲例，《社區發展季刊》第八九期：107-118。

郭騰淵（1996），參與新竹市私立幼稚園『行政與理念』評鑑後的省思，《竹市文教》第一四期：30-33。

莊貞銀（1997），史丹納教育之教具探討，《國教月刊》第四三卷第九／十期：19-24。

黃了白（1991），社區托兒所面面觀，《社會福利》第九二期：13-14+。

黃木添等（1998），非營利組織的角色與定位—以中華兒童福利基金會爲例，《社區發展季刊》第八一期：148-156。

黃文樹（1997），科層體制與專業組織—以幼稚園爲例，高市文教第六十期：51-53。

黃玉惠（1995），慈心幼稚園的風格—「方案」的經營，《國教月刊》第四二卷第一／二期：16-30。

黃字（1997），給少年兒童一個寬敞的心靈空間，《書苑》第三二期：29-33。

黃永結（1995），幼、小銜接適應準備教育—幼大班結業前應有的輔導措施，《研習資訊》第一二卷第一期：52-53。

黃秀鳳（1990），幼稚園教師教學關注之研究。國立台灣師範大學家政教育研究所碩士論文。

黃怡貌（1994），光復以來台灣幼兒教育發展之研究（1945-1981）。國

立師範大學歷史學系碩士論文。

黃孟儀（1996），幼稚園與家庭的關係—中山科學院附設逸光幼稚園的
　　親師關係探討，《傳習》第一四期：1-11。

黃國禎（1993），兒童福利法對身心障礙兒童的意義，《特教園丁》第
　　九卷第一期：34-37。

黃惠玲等（1991），幼稚園與小學十期懼學症的相關因素，《中華心理
　　衛生學刊》第五卷第一期：11-22。

黃瑞琴（1985），幼稚園教育目標理論與實際之研究。國立台灣師範大
　　學家政教育研究所碩士論文。

黃瑞琴（1991），幼稚園園長的教室觀點之研究，《台北師院學報》第
　　四期：681-715。

黃瑞琴（1993），幼稚園的遊戲，《教師天地》第六二期：47-54。

黃瑞琴（1993），幼稚園環境教育活動的實地研究，《幼兒教育學報》
　　第二期：167-186。

黃瑞琴（1994），論幼稚園遊戲課程的取向，《台北師院學報》第七
　　期：881-915。

黃意舒（1991），幼稚園教師角色行為難抑的探索性因素分析，《台北
　　市立師範學院學報》第二二期：139-154。

黃意舒（1993），幼稚園教師的課程計畫角色，《國教月刊》第三九卷
　　第九／十期：8-14。

黃意舒（1995），幼稚園教師之課程專業決定，《教育研究》第四二
　　期：20-29。

黃意舒（1995），幼稚園教師教學角色踐行模式之驗證研究，《台北市
　　立師範學院學報》第二六期：245-266。

黃意舒（1995），幼稚園課程規劃，《國教月刊》第四二卷第三／四
　　期：22-26。

黃意舒（1996），幼稚園教師角色社會化之探討，《台北市立師範學院
　　學報》第二七期：331-352。

黃意舒（1997），幼稚園教師與幼兒之認知互動，《國教月刊》第四三卷第九／十期：41-50。

黃意舒（1998），幼稚園教師開放教育課程決定與師生互動的分析研究，《台北市立師範學院學報》第二九期：353-368。

黃韶顏（1997），台北市托育中心與托兒所餐飲衛生評鑑，《輔仁民生學誌》第三卷第一期：43-55。

楊孝榮（1994），托兒所與幼稚園的功能與角色（座談會），《青少年兒童福利學刊》第一四期：43-49。

楊孝榮（1995），兒童福利法罰則的貫徹執行，《社會建設》第九一期：7-13。

楊孝榮（1998），中央兒童局與兒童福利資源之整合，《社區發展季刊》第八一期：115-122。

楊淑珠（1995），美國 High／Scope 高瞻學齡前教育課程在台灣地區的實驗探討——個幼稚園的實施經驗，《幼兒教育年刊》第八期：1-20。

楊淑珠（1996），雲嘉地區幼稚園戶外遊戲場之評估研究，《嘉義師院學報》第十期：545-590。

楊淑眞（1996），台灣省桃園育幼院日間托育服務之研究，《社會福利》第一二三期：54-56。

楊筱雲等（1994），影響台北市托兒所教保人員工作倦怠之相關因素，《家政教育》第一二卷第六期：73-80。

楊瑩（1991），台北市醫院托育服務滿意程度與影響因素之研究。中國文化大學兒童福利研究所碩士論文。

馮燕（1992），讓兒福制度更具體可行！一「兒童福利法修正草案」一讀評議，《法律與你》第五一期：12-14。

馮燕（1992），關懷成長幼苗一對修訂兒童福利法落實兒童福利之期待，《社會福利》第九九期：14-17。

馮燕（1993），修訂兒童福利法的意義，《研考雙月刊》第一七卷第三

期：17-22。

馮燕（1994），兒童福利服務需求探討及政策建議，《社區發展季刊》
　　第六七期：110-127。

馮燕（1994），新修訂的兒童福利法，《學生輔導通訊》第三五期：22-
　　29。

馮燕（1997），制度化兒童少年福利政策之探討，《社會政策與社會工
　　作學刊》第一卷第二期：73-98。

馮燕（1998），托育政策與托育服務網絡的建立，《社會政策與社會工
　　作學刊》第二卷第一期：87-126。

馮燕（1998），生存權的捍衛—台灣地區的棄兒保護，《人口學刊》第
　　一九期：161-194。

馮燕（1999），托育服務的社會福利定位—生態系統觀點的分析，《社
　　會工作學刊》第五期：1+3-35。

馮燕（1999），新世紀兒童福利的願景與新作法，《社區發展季刊》第
　　八八期：104-117。

彭淑華（1995），影響父母二十四小時兒童托育決策相關因素之探討，
　　《東吳社會工作學報》第一期：275-305。

彭淑華（1995），我國兒童福利法政策取向之評析，《社區發展季刊》
　　第七二期：25-40。

彭淑華（1997），人口結構變遷與兒童照顧政策—瑞典兒童照顧政策的
　　啓示，《政策月刊》第二八期：18-19+17。

彭淑華（1998），兒童福利政策立法過程之探討—以我國兒童福利法修
　　正案爲例，《社區發展季刊》第八一期：84-101。

游淑燕（1995），幼稚園教師課程決定類型分析，《嘉義師院學報》第
　　九期：641-665。

游齡玉（1996），台北市國小一年級學童運用托育情形之回溯調查—以
　　士林區爲例。中國文化大學兒童福利研究所碩士論文。

萬育維（1998），社會工作專業與兒童福利，《社區發展季刊》第八一

期：49-64。

萬家春（1996），追求高品質的幼兒教育，《教改通訊》第一七／一八
　　期：22-26。

焦興如（1996），由兒童福利法談我國發展遲緩兒童早期療育服務之推
　　展，《社會建設》第九四期：84-85。

曾琴蓮（1998），成人，你的名字是被告？－兒童權利座談會，《蒙特
　　梭利雙月刊》第一九期：6-14。

賈美琳（1991），幼稚園教師角色之研究。國立台灣師範大學家政教育
　　研究所碩士論文。

葉秀玉（1993），教學活動（幼稚園）設計的原則，《國教月刊》第三
　　九卷第九／十期：50-52。

葉肅科（1998），澳洲兒童福利新趨勢，《社區發展季刊》第八一期：
　　234-249。

廖素珍（1992），創造思考教學方案對幼稚園幼兒創造思考能力之影
　　響。中國文化大學兒童福利學系碩士論文。

廖鳳瑞（1995），重歷程的評量在台灣幼稚園的應用－國立台灣師範大
　　學附設幼稚園之例，《家政教育》第一三卷第二期：50-71。

廖鳳瑞（1996），觀察與教學的綜合：以幼稚園中的評量為例，《教育
　　資料與研究》第一三期：48-49。

趙文志（1996），誰的責任－台灣幼兒教育的經濟分析。國立台灣大學
　　經濟學系碩士論文。

蔡宏昭（1992），我國兒童福利法制修正芻議，《社區發展季刊》第五
　　八期：97-102。

蔡秋桃（1996），在遊戲中成長－發展適宜的幼稚園遊戲器材，《國教
　　之友》第四八卷第三期：5-10。

蔡春美（1992），從教學評量的功能與類別談幼稚園的教學評量，《科
　　學啓蒙學報》：120-132。

蔡春美（1993），幼稚園與小學銜接問題調查研究，《台北師院學報》

第六期：665-729。

蔡春美（1994），幼稚園學習區的本質與實施原則—兼談輔導幼稚園改
　　進教學型態經驗，《國民教育》第三四卷第五／六期：2-5。

蔡美卿（1989），台北市公私立幼稚園節奏教學研究。國立台灣師範大
　　學家政教育學系碩士論文。

蔡敏玲（1996），眾聲喧嘩中，看誰在說話？—幼稚園及小學教室互動
　　方式的節奏與變奏，《教育資料與研究》第一二期：2-20。

蔡漢賢（1995），肩負塑造兒童未來人格重責大任的托兒所—教保人員
　　如何在托育工作中撒播溫情撒播愛，《社會建設》第九一期：3-
　　6。

蔡曉玲（1999），幼兒園中親師互動之探討研究—多元文化下的思考。
　　中國文化大學兒童福利研究所碩士論文。

劉方萍（1991），幼稚園戶外運動場所的設計與設備，《傳習》第九
　　期：203-212。

劉邦富（1998），內政部兒童福利推展概要，《社區發展季刊》第八一
　　期：4-6。

劉邦富（1999），迎接千禧年兒童福利之展望，《社區發展季刊》第八
　　八期：97-103。

劉育仁（1993），台北市托兒所幼兒家長對親職教育的認知與期望之研
　　究，《青少年兒童福利學報》第二期：85-103。

劉秀娟（1997），由兒童福利保母人員專業訓練方案論方案評鑑對福利
　　社區化之必要性，《社區發展季刊》第七七期：70-82。

劉雅心（1997），台中地區幼稚園教師課程決定之相關研究，國立台中
　　師範學院國民教育研究所碩士論文。

劉瑞菁（1994），最佳幼稚園課程模式？，《國教天地》第一〇三期：
　　27-31。

劉慈惠（1993），台灣省幼稚園對幼兒教育輔導工作滿意度及期望，
　　《新竹師院學報》第七期：59-106。

劉穎（1993），幼稚園環境教育課程初探，《國教月刊》第三九卷第九／十期：21-27。

鄭東瀛等（1992），當前台北市幼稚園發展現況與問題之探討，《教育研究》第二五期：7-9。

鄭基慧（1994），現代日本兒童福利機構中幼兒教師訓練所面臨的境遇與問題，《社區發展季刊》第六五期：105-109。

鄭淑燕（1995），關愛就是情 保護更是愛—兒童福利政策與措施的發展取向，《社區發展季刊》第五八期：103-107。

鄭淑燕（1993），對新修正兒童福利法應有的規劃，《社會福利》第一○五期：25-28。

鄭淑燕（1994），健全家庭功能以落實兒童福利，《社會建設》第八七期：9-14。

鄭淑燕（1995），兒童福利服務輸送體系架構之芻議，《社會建設》第九一期：42-46。

盧以敏（1996），單親家庭社會支持與托育服務需求之研究—以台北市托兒所送託家長爲例，《實踐學報》第二七期：153-231。

盧美貴等（1992），幼稚園教師教學關注之研究，《台北市立師範學院學報》第二三期：235-263。

盧美貴（1993），幼稚園與小學課程銜接問題之研究，《幼兒教育學報》第二期：215-246。

盧美貴（1993），邁向未來的幼稚園課程活動設計—從幼稚園與小學教學銜接談起，《國教月刊》第三九卷第九／十期：1-7。

盧美貴（1996），幼稚園小學銜接與開放教育—教育在提供學習的饗宴，《教師天地》第八一期：20-25。

盧美貴（1997），幼稚園與托兒所定位問題分析，《國教月刊》第四三卷第九／十期：59-67。

盧美貴（1999），幼稚園的真實性評量—常被忽略的家長參與，《教師天地》第九九期：46-53。

蕭新（1993），淺談幼稚園單元活動設計的內容，國教月刊第三九卷第九／十期：53-63。

賴自強等（1997），中、日兒童福利法之研究，《兒童福利論叢》第一期：106-135。

謝友文（1991），修正我國兒童福利法之芻議，《教育資料文摘》第二七卷第四期：130-147。

謝友文（1992），托育服務法令問題之探討，《教育資料文摘》第二九卷第二期：130-140。

謝玉新（1996），托育服務之推廣概況與前瞻規劃，《社會建設》第九四期：74-76。

謝玉新（1998），我國當前托育服務推展概況簡介，《家庭教育》第二期：19-22。

魏隆盛（1993），兒童福利法修正內容簡介，《社會福利》第一〇五期：17-19。

薛婷芳等（1999），從幼稚園參與評鑑之經驗看幼稚園在教保轉變的歷程一個案研究，《國立台北師範學院學報》第一二期：571+573-602。

顏冬榮（1997），兒童少年保護工作之理念及現況，《福利社會》第五八期：16-20。

簡宏光等（1997），中美單親家庭兒童福利服務之比較，《兒童福利論叢》第一期：53-74。

簡楚瑛等（1998），幼稚園課程轉型之相關因素探討，教育與心理研究第二一卷下期：251-274。

羅探姝（1997），幼兒園師生互動歷程分析一從一個老師的觀點。中國文化大學兒童福利研究所碩士論文。

羅瑩雪（1993），兒童福利法修正之回顧與展望，《社會福利》第一〇六期：29-35。

羅瑩雪（1993），兒童福利法之新貌及檢討，《研考雙月刊》第一七卷

第三期：39-46。

羅豐良等（1999），中美家庭結構變遷與兒童福利服務之比較，《兒童
　　福利論叢》第三期：a4-1+1-35。

蘇育任（1996），幼稚園自然領域教學策略的研究與建議，《幼兒教育
　　年刊》第九期：307-334。

蘇玲瑤（1997），竹塹啓蒙教育的百年縮影—新竹市立幼稚園的一紙滄
　　桑，《竹塹文獻》第五期：6-19。

蘇雪玉等（1997），台北市托兒所與托育中心評鑑—理念、行政與教
　　保，《輔仁民生學誌》第三卷第一期：69-89。

蘇楓琪（1995），幼教教師在幼稚園實施性教育之研究—以台北市立國
　　民小學附設幼稚園大班教師爲例。中國文化大學兒童福利學系碩士
　　論文。

蘇楓琪（1996），幼教教師在幼稚園實施性教育之研究，《台灣性學學
　　刊》第二卷第二期：18-25。

鍾梅菁等（1998），幼稚園初任教師對師院課程、師院教師、幼稚園及
　　教育局之期望，《新竹師院學報》第一一期：263-280。

4. 兒童經濟照顧政策

蔡宏昭

中國文化大學社會福利學系副教授

兒童的經濟風險

　　兒童不僅是民族生命的延續，也是國家發展的基礎。由於兒童在身心上不夠健全；在經濟上無法自立；在法律上不具行爲能力，如果不善加保護，身心發展就容易被侵犯，社會權益就容易被剝奪。早在1923年，世界兒童福利聯盟就提出了兒童權利宣言，而聯合國卻遲至1959年才正式通過兒童權利宣言，並遲至1981年才制定兒童權利條約，兒童權利才獲得具體的保障。兒童權利條約對兒童的尊嚴權、生存權、保護權和發展權都應有具體的保障措施。基於此一條約的精神，兒童已非國家主義者所主張的公共財，也不是自由主義者所堅持的私有財，而是介於兩者之間的準公共財（quasi-public goods）。易言之，父母雖有扶養權、教育權和懲戒權，但是，因貧窮而無力扶養時，或兒童達到義務教育年齡時，或兒童權益遭受到侵犯時，國家就有權進行干預，提供必要的援助。因此，對兒童的扶助與保護不僅是兒童的權利，也是國家的責任。

　　人生而不平等，有些人一出生即能享受榮華富貴；有些人則會遭逢飢寒交迫。爲了縮小這種自然的不平等，必須以人爲的方法加以調整，

也就是應以所得重分配（income redistribution）的手段，對弱勢兒童提供必要的援助。這不僅是國家的責任，也是社會的正義。至於一般家庭的兒童，雖然可以溫飽卻不能享有良好的生長環境，國家在財政能力許可下，亦應對其提供必要的援助。對現代家庭而言，養育兒童日趨困難，兒童家庭（family with dependent children）的經濟風險（economic risks）日益升高，這就是少子化現象的主要原因。造成兒童家庭經濟風險的因素，至少可從下列六個方面加以探討：

一、市場化的普及

現代家庭的消費功能（consumption function）已完全取代生產功能（production function）。家庭生活幾乎全部仰賴市場，連最基本的家事勞動亦逐漸由市場提供，而養育兒童的工作也逐漸由市場所取代。仰賴市場的結果，必會造成家庭經濟的負擔，構成家庭的經濟風險。

二、工作母親的增加

男主外女主內的傳統家庭已日趨沒落，有工作的母親日漸增加，大多數的母親（working mothers）已經無法在家照顧自己的子女，甚至已經喪失了照顧兒童的能力，不得不仰賴專業人員加以照顧。由於專業人員報酬的遞增，兒童的照顧費用也是遞增的，所以兒童家庭的經濟負擔也是遞增的，經濟風險也隨之提高。

三、兒童教育投資的增加

在科技主義和能力主義掛帥的現代社會裡，兒童的教育投資已成為兒童家庭的最主要支出。父母均不希望自己的子女輸在起跑點上，人人都想讓自己的子女接受最好的教育，以便將來高人一等。兒童教育投資

增加的結果，促進了教育市場的價格水準，而兒童教育費用的增加則加重了兒童家庭的經濟負擔，提高了兒童家庭的經濟風險。

四、兒童教育期間（年數）的延長

國家的義務教育由小學延長到國中，再由國中延長到高中；大學的錄取率也由20～30%遷升至60～70%；研究所的招收名額也大幅增加，而出國留學的人數也直線上升。因此，子女的教育期間已由初等教育延長至中等教育，再延長至高等教育。兒童教育期間的延長不僅減少了家庭的所得，更增加了家庭的支出，提高了家庭經濟的風險。

五、物價膨脹

現代經濟正由高成長高物價的成長型經濟進入低成長高物價的不穩定型經濟。物價膨脹仍是現代經濟難以克服的問題，也是威脅家庭經濟的主要因素，在家庭的養育工作市場化之後，家庭經濟受物價膨脹的影響更為顯著。如果政府沒有有效的物價政策，兒童家庭的經濟風險就會不穩定。

六、相對貧窮意識形態的高漲

由於所得水準、消費水準和儲蓄水準（三者合稱為家庭生活水準）的提高，凸顯了相對貧窮（relative poverty）的意識形態。如果別人的年所得是一百萬元，自己卻只有八十萬元，自己就會覺得比別人貧窮；如果別人開賓士車，自己卻開福特車，自己就覺得不如人；如果別人的孩子學才藝，自己的孩子卻不學才藝，自己就臉上無光。這種相對貧窮的意識形態，造成了經濟的不安全感（feeling of economic insecurity），而要求國家給予協助改善。

根據內政部統計處的〈兒童生活狀況調查報告〉,1995年度,台灣地區有未滿十二歲兒童的家戶中,有一位兒童的家戶占36.33%;有二位兒童的家戶占44.79%(兩者合計占81.12%);有三位兒童的家戶占16.55%;有四位兒童的家戶占2.13%;有五位以上兒童的家戶占0.20%。相較於1990年度的相同資料,有一位兒童的家戶比率增加了,而有二位以上兒童的家戶比率則降低了(前者由34.52%增至36.33%;後者由65.48%降至63.67%)。這個資料顯示,台灣地區家戶內的平均兒童人數已降至二位數以下,而且有逐年下降的趨勢。如果不考慮人口移入的因素,台灣地區的人口數將會呈現負成長。因此,少子化現象已日趨顯著,頗值政府有關單位的重視。

內政部統計處的相同報告顯示,1995年度,台灣地區兒童家庭平均每戶每月平均消費支出在二萬元以下者占6.67%;二至三萬元者占20.06%;三至四萬元者占30.37%;四至五萬元者占19.00%;五至六萬元者占12.05%;六至七萬元者占5.57%;七至八萬元者占2.21%;八萬元以上者占4.07%。兒童家庭的每月收支情形,收入大於支出者占23.10%;收支平衡者占59.08%;支出大於收入者占17.81%。至於每月用在兒童支出負擔的感受情形,有20.54%感覺負擔沉重;有37.36%感覺稍微沉重(兩者合計為57.90%),只有42.10%感覺不會沉重。相較於1990年度的相同資料,感覺沉重或稍微沉重者的比率增加了(由52.77%增至57.90%),而感覺不沉重者的比率則降低了(由47.23%降至42.10%)。1995年度,有69.88%的單親家庭感覺兒童支出負擔沉重或稍微沉重(前者占39.76%;後者占30.12%)。這些資料顯示,兒童的經濟風險是一個存在的事實,至少是一個普遍的意識形態。

內政部統計處的相同報告顯示,1995年度,兒童家庭認為政府應加強辦理的兒童福利措施中,公立托育服務占31.46%;親職教育占26.36%;兒福中心占18.79%;兒童健康保險占15.32%;不幸兒童保護占13.76%;設施管理占12.78%;課後輔導占12.57%;兒童醫療占11.74%;兒童心理衛生服務占11.11%;兒童津貼占8.46%;殘障兒童教

養機構占6.85%；重病兒童醫療補助占6.65%；低收入戶兒童補助占5.32%；單親家庭兒童服務占4.42%；保母訓練占2.28%；兒童居家服務占2.07%；兒童寄養服務占0.87%；其他占1.58%。關於兒童津貼的需求程度，在台灣省中，第一分位所得階層（最低所得階層）有21.11%認有必要；第二分位所得階層為10.67%；第三分位所得階層為10%；第四分位所得階層為9.74%；第五分位所得階層為6.14%，而台北市的平均需求比例則為9.46%，高於高雄市平均的7.19%。這個資料反映兩個現象：一、台灣的一般民眾對兒童津貼制度仍缺正確的認識；二、所得越低者越需要兒童津貼，但是，所得水準較高的台北市對兒童津貼的需求卻高於高雄市，這可能是台北市民對兒童津貼較有認識所致。

關於養育兒童必須增加的消費支出，由於我國欠缺這方面的統計資料，而以瑞典與日本的文獻作為分析的依據。瑞典政府消費廳的調查報告顯示，1983年平均每一個六歲以下兒童必須增加的消費支出為每月三千六百元；兩個兒童為每月七千二百元；三個兒童為每月一萬零八百元（社會保障研究所編，瑞典的社會保障，頁190）。這個資料顯示，在瑞典養育兩個兒童所需增加的消費支出為養育一個兒童的2倍，而養育三個兒童所需增加的消費支出則為養育兩個兒童的1.5倍。此外，根據日本政府總務廳的調查報告，1993年平均每一個六歲以下兒童必須增加的消費支出為每月五千一百三十七元；兩個兒童為每月六千七百九十六元；三個兒童為每月一萬一千二百七十四元（日本家政學會家庭經濟學部會編，21世紀の社會經濟と生活保障，頁148）。這個資料顯示，在日本養育兩個兒童所需增加的消費支出為養育一個兒童的約1.3倍，而養育三個兒童所需增加的消費支出則為養育兩個兒童的約1.7倍。根據上述資料，兒童津貼金額占一個兒童消費支出的比率，瑞典為25%（1983年）；日本約為24%（1993年）。

兒童的經濟安全制度

　　針對兒童的經濟風險，工業先進國家大都有兒童的兒童經濟安全制度（economic security system for children）。目前，兒童經濟安全制度有兩個基本體系：社會保險（social insurance）與社會扶助（social assistance），前者有兒童健康保險、國民年金保險中的遺囑年金、孤兒年金和兒童加給等給付、育兒休業給付制度等；後者則有各種兒童津貼（children's allowance）、優惠稅制、教育補助、營養補助等。在社會保險方面，一般均以成人為對象加以設計，而將依其生活的兒童納入保障對象，因為只有行為能力和經濟能力者始有繳納保險費的義務，兒童當然不成為社會保險的適用對象，但是，可以成為社會保險的給付對象。在社會扶助方面，大都針對兒童加以設計，也就是以兒童為適用對象，但是，兒童不具行為能力，也不具支配經濟的能力，所以一般均以保護者的家長作為支給對象。兒童經濟安全制度逐漸由社會保險轉向社會扶助（尤其是兒童津貼）的背景至少有七個因素：一、經濟安全逐漸由勞動關係的重視（社會保險）轉向家庭關係的重視（社會津貼）；二、經濟安全的保障範圍逐漸擴大，除了納費式（contribution）的社會保險之外，仍需非納費式（non-contribution）的社會扶助；三、社會保險的公平性漸受質疑，國民逐漸重視社會價值的適當性；四、社會保險給付受限於收支平衡原理，難以因應實際需求作大幅改善，而有賴於社會扶助加以補充；五、低所得階層難以在社會保險中獲得充分的保障（低保費低給付）；六、社會保險的保費與給付間的累退性減弱了一般國民的信心（繳得越多不一定領得越多）；七、資方的保費負擔如同僱用稅（僱用員工就必須負擔保費），阻礙了僱用的誘因。

　　一般說來，社會扶助體系有社會救助（social relief）、社會津貼（social allowance）、間接給付（indirect benefit）以及社會基金（social fund）等基本制度。社會救助是針對貧民（paupers）所提供的經濟安全措施；社會津貼是針對特定人口群（target population）所提供的經濟安全措施；間接給付是針對具備某種資格條件（eligibility）者所提供的經濟安全措施；社會基金則是針對特別的或緊急的目的而提供的安全措施。貧民兒童的社會救助，除了生活扶助之外，教育補助、醫療補助、生育補助、營養補助等均屬之；兒童的社會津貼有生育津貼、托育津貼、教育津貼、兒童贍養代墊津貼等；兒童的間接給付有所得的扣除、養育費的扣除、所得稅的扣除等；兒童的社會基金則有兒童特殊照護、災民兒童扶助、難民兒童扶助、流浪兒童扶助等。當貧民兒童的社會救助受到充分保障之後，兒童的社會扶助體系就會轉向兒童津貼制度。這種勿須納費、勿須資力調查（means-test）、沒有烙印（stigma）的兒童津貼制度已逐漸成為工業先進國家最重要的兒童經濟安全措施。

兒童津貼制度起源於由企業提供的家庭津貼制度（family allowance）。在1920年代以前，基於雇主與受雇者間的權利義務關係，雇主在受雇者的工資中列入了扶養家庭成員的家庭津貼。直到1926年，紐西蘭首創國家家庭津貼制度，也就是由政府對貧窮家庭的兒童所提供的經濟扶助制度。當時的家庭津貼必須經過嚴格的資力調查之後始得領取。紐西蘭的家庭津貼法實施之後，不久就引起了其他國家的效法。比利時於1930年制定了家庭津貼法；而法國、義大利、奧地利、荷蘭、加拿大、英國也分別於1932年、1934年、1941年、1944年、1945年和1975年制定了家庭津貼法。紐西蘭曾於1938年制定的社會安全法中，放寬資力調查的條件，擴大適用對象，並於1946年採用勿須資力調查的家庭津貼制度。其後，工業先進國家也逐漸採用勿須資力調查的家庭津貼制度。鄰近的日本則遲至1961年才制定針對特殊家庭（單親家庭、危機家庭等）所支給的兒童扶養津貼法，並於1971年制定針對一般家庭的兒童及身心障礙者兒童所支給的兒童津貼法。直到1990年，全世界約有八十個國家有家庭津貼或兒童津貼制度。

目前，法國的兒童津貼制度堪稱全世界最完善的制度。第一類的保

育津貼有幼兒津貼（APJE）、父母教育津貼（APE）、家庭保育津貼（AGED）以及家庭外保育津貼（AFEMA）；第二類的養育津貼有家庭津貼（AF）、家庭補充津貼（CF）以及新學期津貼（APS）；第三類的身心障礙兒童津貼有身心障礙兒童津貼（AHH）與特殊教育津貼（AES）；第四類的單親家庭津貼則有單親家庭津貼（API）與單親家庭支援津貼（ASE）。瑞典的兒童津貼則有兒童津貼（十六歲以下兒童）、延長津貼（十六歲以上兒童）、兒童贍養代墊津貼（對於未獲贍養費的單親家庭由政府代墊兒童養育費用，再向應支付贍養費的一方索取）。英國在1975年改採兒童津貼法之後，實施了兒童養育費補助、兒童津貼、單親津貼及補充津貼等制度。日本的兒童津貼制度則有一般兒童津貼、特殊兒童津貼（身心障礙兒童）、療育津貼（需長期療育的兒童）、兒童扶養津貼（單親家庭）、寄養津貼（寄養家庭）以及教育津貼等六種制度。至於美國的兒童津貼制度是以兒童家庭扶助（AFDC）最具代表性。此外，德國、荷蘭、加拿大等國家也都有兒童津貼制度。

以一般兒童的生活津貼為例，法國對於育有十六歲以下兒童二人以上的家庭提供家庭津貼；對於育有三歲以上十六歲以下兒童三人以上的家庭提供家庭補充津貼。1997年家庭津貼的支給金額，第一子為每月三千一百三十元，每增加一人增加四千零一十七元，而家庭補充津貼則每人每月四千零八十元。瑞典的兒童津貼是對十六歲以下兒童普及性提供，若因求學關係則可領取延長津貼，而第三子以上的家庭則有兒童加給津貼。1991年兒童津貼的支給金額，第一子和第二子為每人每月二千四百四十五元；第三子加給50%；第四子加給100%；第五子以上加給150%。英國的兒童津貼是對十六歲以下普及性提供，若因求學關係可延至十九歲。1997年兒童津貼的支給金額，第一子為每周五百四十三元；第二子以上每人每周四百四十三元。日本的兒童津貼是對未滿三歲兒童，且家庭所得在規定水準以下的兒童家庭提供。1997年兒童津貼的支給金額，第一子和第二子為每人每月一千二百五十元；第三子以上為每人每月二千五百元。至於家庭所得的限制，扶養一子家庭的年所得在

四十四萬九千元以下；扶養二子家庭為五十二萬四千元以下；扶養三子家庭為五十九萬九千元以下；扶養四子家庭為六十七萬四千元以下；扶養五子家庭為七十四萬九千元以下。美國的AFDC是對因家計負擔者、離異或喪失工作能力而陷入貧窮的十六歲以下兒童家庭所提供的兒童扶助制度。各州的支給水準不同，1993年的全國平均水準為每個家庭每月一萬二千八百五十二元（最少為三千三百三十二元，最高為二萬四千四百四十六元）。至於德國的兒童津貼是對十六歲以下兒童普及性提供，但是，領有年金保險兒童給付或兒童加給者則不能領取，而未能適用所得稅法中兒童養育費扣除的低所得家庭則可領取兒童加給津貼。1997年兒童津貼的支給金額，第一子和第二子為每人每月三千四百二十七元；第三子為四千六百七十四元；第四子為五千四百五十三元。

間接給付中的優惠稅制是兒童經濟安全十分重要且頗值爭議的制度。瑞典曾於1920年創設兒童扶養扣除制度，但是，因公平性的問題引發了爭議，而於1948年開始實施兒童津貼制度的同時遭受廢除。英國在1977年以前也有兒童扶養扣除制度，但是，現在也已廢除。目前，除了美國和德國等少數國家仍有兒童扶養扣除制度之外，大多數的工業先進國家都以兒童津貼取代兒童扶養扣除制度。問題是在兒童津貼制度未能普及化之前，中高所得者的兒童扶養費用是否可從所得中扣除仍是值得探討的問題。其次，兒童津貼的所得是否可以免稅也是值得研議的問題。在兒童津貼未普及化之前（只限中低所得者），津貼所得免稅應是可以接受的，但是，如果兒童津貼普及化之後，津貼所得免稅的措施就有待商榷了。最後，對於多子家庭的所得稅是否可以減少亦是值得規劃的問題。理論上，為了保障多子家庭的經濟安全，其應納的所得稅似可酌予減少，但是，是否會造成稅制的不公平是值得考量的。總之，兒童經濟安全的優惠稅制可從所得的扣除（income deduction）、費用的扣除（cost deduction）與稅的扣除（tax deduction）三方面加以思考。對目前的我國而言，托育費用的補助宜採現金給付方式或是優惠稅制方式是決策者必須慎思的議題。

目前，我國的兒童經濟安全制度是以社會扶助體系為主，且為地方政府的職責。由於地方政府的財政狀況與主政者的福利觀念差異性很大，所以實施的措施就十分紛歧，給付內容也參差不齊。台北市的兒童經濟安全制度，在措施類型和給付水準上，均可作為各縣市的表率。目前，台北市的兒童經濟安全制度可以分為五個類型：一、低收入戶兒童的經濟扶助；二、一般兒童的經濟扶助；三、身心障礙兒童的經濟扶助；四、安置兒童的經濟扶助；五、保護兒童的經濟扶助。

　　在低收入戶兒童的經濟扶助方面，有生活扶助、育兒補助、托育補助、子女就學交通費補助、營養品代金、健保費及部分負擔補助等；在一般兒童的經濟扶助方面，有中低收入戶育兒補助、危機家庭兒童生活補助、危機家庭及原住民兒童托育補助等；在身心障礙兒童的經濟扶助方面，有身心障礙者津貼、身心障礙者短期照顧補助、身心障礙者托育養護費用補助、發展遲緩兒童療育補助等；在安置兒童的經濟扶助方面，有寄養補助、收養補助、機構照顧費用補助等；在保護兒童的經濟扶助方面，則有兒童保護個案法律訴訟費用負擔、兒童保護個案醫療費用負擔、兒童保護個案緊急安置者的餐點、日用品、衣物、上學用品等的負擔。茲將台北市政府社會局實施的兒童經濟扶助之主要措施項目、申請資格、補助金額以及承辦科室列表（見表4-1）。

我國兒童經濟安全制度的提案

　　兒童經濟安全制度是基於兒童的生存權而設計的保障措施，其基本內涵有二：一、是兒童生活風險的預防（prevention of living risks）；二、兒童生活風險的克服（elimination of living risks），前者一般是以社會保險的方式因應，而後者則以社會扶助的方式解決。目前，我國已有健康保險制度，而國民年金保險也即將實施，所以兒童的社會保險制度已趨健全。在兒童的社會扶助體系方面，則不僅制度零亂、名稱不一、

表4-1　台北市政府社會局實施兒童經濟扶助制度

措施項目	申請資格	補助金額	承辦科室
1.低收入戶生活補助	第0類：全戶無收入也無工作能力	每人每月一萬一千六百二十五元	第2科
	第1類：全戶每人每月所得占全市平均消費支出0～10%	每人每月八千九百五十元	
	第2類：全戶每人每月所得占全市平均消費支出10～40%	每人每月五千八百一十三元	
	第3類：全戶每人每月所得占全市平均消費支出40～55%	每人每月五千二百五十八元	
	第4類：全戶每人每月所得占全市平均消費支出55～60%	每人每月一千元	
2.低收入戶托育費	第0類～第4類之兒童	每人每月七千元	第2科
3.低收入戶營養品代金	出生體重低於二千五百公克幼兒或五歲以下營養不良兒童	每人每次一千元	第2科
4.中低收入戶育兒補助	1.設籍本市滿一年以上者 2.全戶每人每月所得占平均消費支出60～80% 3.十二歲以下之兒童	每人每月二千五百元	第5科
5.危機家庭或特殊境遇婦女緊急兒童生活補助	1.經本局評估為危機家庭或經濟困難之婦女 2.十二歲以下之兒童	每人每月五千八百一十三元	第5科

（續）表4-1　台北市政府社會局實施兒童經濟扶助制度

實施項目	申請資格	補助金額	承辦科室
6.身心障礙者津貼	1.設籍滿一年 2.領有身心障礙者手冊 3.未經政府安置或未領有政府發給之其他生活補助或津貼者	依等級補助一千至七千元	第3科
7.身心障礙者生活津貼	1.設籍本市 2.領有身心障礙者手冊 3.全戶每人每月所得占全市平均消費支出1.5倍 4.有存款及不動產上限規定	依等級補助三千至六千元	第2科
8.有身心障礙者臨時及短期照顧補助	1.設籍本市 2.領有身心障礙者手冊 3.十二歲以下 4.發展遲緩兒童	1.全額補助 2.70%補助 3.部分補助	第3科
9.發展遲緩兒童療育補助	1.設籍六個月以上 2.未滿七歲在小學就讀之發展遲緩兒童 3.未領有身心障礙者津貼托育養護補助等相關補助	1.低收入戶、原住民及保護個案全額補助 2.一般補助三千至六千元	第3科
10.身心障礙者托育養護費用補助	1.設籍本市 2.領有身心障礙者手冊 3.安置於身心障礙福利機構者	依等級補助八千七百一十九至二萬三千二百五十元	第3科
11.寄養補助	依兒童福利法第17條、第38條規定，因家庭發生重大變故或經評估有安置照顧必要者	每月一萬六千二百七十五元	第6科

實施項目	申請資格	補助金額	承辦科室
12.收養補助	委託民間機構辦理收養訪視調查及相關媒介、輔導、宣傳等服務	每案三千元	第6科
13.機構式照顧補助	依兒童福利法第15條規定，對於兒童提供緊急保護、安置及其他必要之處分	1.一般委託，一萬二千二百零六元 2.緊急安置費，二萬零三百四十四元	第5科
14.緊急安置兒童保護個案餐點費、日用品、衣物、上學用品等之提供	經本局社工員評估有需求者	視個案補助	社工室
15.兒童保護個案法律訴訟費用	經本局社工員評估有需求者	五萬元	社工室
16.棄嬰、留養個案及不幸兒童法律訴訟費用	經本局社工員評估有需求者	五萬元	第5科
17.不幸兒童醫療費補助	棄嬰	視個案補助	第5科
18.兒童保護個案醫療費補助	經本局社工員評估有需求者	視個案補助	社工室

標準不同，而且有諸多重複浪費的現象。作為掌管兒童福利的最高行政單位，兒童局實有責任整合亂象，規劃新制。基於此一動機，本節將分立即辦理的整合階段、研議辦理的建制階段和長程規劃的改革階段三個層次，對我國的兒童經濟安全制度提出具體的提案。

一、在立即辦理的整合階段

本節將現行制度整合成五種制度：一、兒童津貼制度；二、身心障礙兒童津貼制度；三、托育津貼制度；四、兒童安置補助制度；五、兒

童保護補助制度。

（一）在兒童津貼制度方面

　　本研究建議將現行中低收入戶育兒補助改制爲兒童津貼，一體適用於家庭所得低於全國平均消費支出80%以下的兒童家庭。現行低收入戶的生活補助是針對家庭成員的生活費用所提供的扶助，而不是針對兒童的消費支出而設計的措施，所以家庭生活補助與兒童津貼應予區分。台北市中低收入戶育兒補助應是規劃我國兒童津貼制度的起點，但是，津貼金額則必須重新規劃。兒童局必須掌握我國養育第一個兒童所必須增加的消費支出資料，再乘以一定比率（如瑞典的25%或日本的24%）加以設定。假設我國養育第一個兒童每月必須增加五千元的消費支出（不含托育費用），而兒童津貼比率爲25%，那麼，兒童津貼可設定爲一千二百五十元。將來，兒童津貼的金額宜隨兒童消費支出的增加而提高。至於所得限制是否放寬，則隨政府財政狀況而調整。

（二）在身心障礙兒童津貼制度方面

　　目前，台北市有身心障礙者津貼、低收入戶身心障礙者生活補助以及發展遲緩兒童療育補助三種基本措施。本章建議將這些制度整合成身心障礙兒童津貼制度，針對中度、重度和極重度的身心障礙兒童以及發展遲緩兒童提供普及性的補助。易言之，身心障礙兒童津貼勿需所得限制，但是，身心障礙兒童者領取一般兒童津貼，就不能再領取特殊兒童津貼。至於津貼金額是否採用現行身心障礙者生活津貼每月二千至七千元或低收入戶身心障礙者生活補助和發展遲緩兒童療育補助的三千至六千元，則可再行研議。

（三）在托育津貼制度方面

　　台北市目前是針對低收入戶兒童、收容安置兒童、危機家庭兒童及原住民兒童接受托育服務時發給托育補助。本章建議將收容安置兒童和

危機家庭兒童的托育補助納入兒童安置補助制度，而將原住民兒童托育補助廢除，以符合社會公平原則。由於托育費用已形成一般家庭的沉重負擔，建議將適用家庭的所得限制提高為全國平均消費支出的1.5～2.5倍左右（可再研議）。

（四）在兒童安置補助制度方面

台北市目前有兒童寄養補助、兒童收養補助、機構安置補助、緊急安置補助等。本章建議保留兒童寄養補助和兒童收養補助，而將危機家庭兒童托育補助、緊急安置補助及其他機構安置補助合併為機構安置補助。至於補助水準可適用目前水準，或考慮為地方政府的實況加以調整。

（五）在兒童保護補助制度方面

本章建議保留現行的保護個案法律訴訟費用負擔與保護個案醫療費用負擔兩項措施。

二、在研議辦理的建制階段

本研究建議針對托育費扣除制度、單親家庭津貼制度以及育兒休業制度進行研議。托育費扣除制度是針對中高所得家庭的租稅優惠制度。既然中低所得家庭（平均每人每月所得占全國平均消費支出1.5～2.5倍之家庭）領有托育津貼，中高所得家庭似可以優惠稅制的方式，將部分托育費用從所得中扣除。依現行我國的所得稅法規定，子女就讀大專以上院校，其教育學費每一申報戶可扣除二萬五千元。未來的托育費扣除制度似可比照此一標準，甚至可按兒童人數調高扣除金額。托育費扣除制度是以未領有托育津貼的兒童家庭為適用對象，若領有托育津貼就不能適用，但是，若自願放棄托育津貼而申請托育費扣除也可以，易言之就是二者擇一的方式。單親家庭津貼制度是否採行必會出現正反相對意

見，贊成理由爲單親家庭的經濟有其脆弱性，應予特別保障；反對理由爲基於社會公平原則，不應特別保障。這是一個價值判斷的問題，政府應徵詢各方意見之後再行規劃。本章認爲，如果要實施單親家庭津貼，宜以家庭生活補助的觀點，而非兒童經濟安全的觀點加以規劃，也就是以單親家庭的經濟風險和不安感爲政策考量和制度設計的依據。至於育兒休業制度，行政院勞工委員會曾於1991年作過研究與規劃，卻未能付諸實現。育兒休業制度的方式很多，有些國家（如瑞典）除了給予休業期間之外，還支給工資一定比率的育兒津貼；有些國家（如德國）是由政府立法（育兒休業法），而由企業支給育兒津貼；有些國家（如日本）則由政府支給企業育兒休業獎勵金，鼓勵企業實施育兒休業制度。由於我國的企業尙無育兒津貼的制度，政府只要立法（名稱可暫訂爲育兒休業法），給予一歲或三歲以下兒童的父母育兒休業期間（六個月或一年），然後在政府財力許可下，支給基本工資一定比率（如30%）的育兒津貼。本研究建議行政院勞工委員會能再度研議規劃育兒休業制度，並在兒童局的協助下，共同催生此一制度。

三、長程規劃的改革階段

在整合階段和建制階段逐一實施之後，經過嚴謹的績效評估，廢除或改革績效較差的方案，重新建構新方案，以建立一個健全的兒童經濟安全體系。因此，一個健全的兒童經濟安全體系必須經過長期的規劃、改革和整合才能達成。在當前的社會環境與制度體系下，本章提出了八個方案（見表4-2），作爲建構我國兒童經濟安全體制的第一步。每一方案都必須再經過細心的研究規劃，才能逐一實施。本節將進一步提出七個規劃的議題和原則，作爲政府規劃的參考（見表4-3）。

表4-2　兒童經濟安全制度的提案

採行措施	主辦機關	協辦機關	時程
1.兒童津貼制度 　對平均每人每月所得占全國平均消費所支出80%以下之兒童家庭發給兒童津貼	內政部 兒童局	直轄市 及 各縣市政府	立即辦理
2.身心障礙兒童津貼制度 （1）對中度、重度和極重度之身心障礙兒童發給特殊兒童津貼 （2）對發展遲緩兒童發給特殊兒童津貼	內政部 兒童局	直轄市 及 各縣市政府	立即辦理
3.托育津貼制度 　對平均每人每月所得占全國平均消費支出1.5～2.5倍之兒童家庭發給托育津貼	內政部 兒童局	直轄市 及 各縣市政府	立即辦理
4.兒童安置補助制度 （1）對接受社會局或社會科委託，寄養兒童之家庭發給兒童寄養補助 （2）對接受社會局或社會科委託，收養兒童之家庭發給兒童收養補助 （3）對接受社會局或社會科委託，收容安置兒童之機構發給機構安置補助	內政部 兒童局	直轄市 及 各縣市政府	立即辦理
5.兒童保護補助制度 （1）對保護個案兒童之法律訴訟費用全額負擔 （2）對保護個案兒童之醫療費用全額負擔	內政部 兒童局	直轄市 及 各縣市政府	立即辦理
6.托育費扣除制度 　對有托育費用支出的申報戶可享托育費的扣除	財政部	內政部 兒童局	研議辦理
7.單親家庭津貼制度 　對平均每人每月所得占全國平均消費支出1.5～2.5倍之單親家庭發給單親家庭津貼	內政部 兒童局	直轄市 及 各縣市政府	研議辦理
8.育兒休業制度 　對照顧三歲以下兒童之工作父母得享六個月～一年之育兒休業期間且可獲得基本工資30%之育兒休業津貼	行政院 勞工委員會	內政部 兒童局	研議辦理

表4-3　兒童經濟安全制度的規劃原則

規劃議題	規劃原則
1.政策必要性與方案目標	1.社會共識的必要性 2.方案目標的明確化與可行性
2.制度的優先順序	1.國民年金制度 2.兒童津貼 3.托育補助 4.托育費扣除 5.單親家庭津貼 6.育兒休業制度
3.方案的辦理機關	1.內政部兒童局 2.直轄市及各縣市政府 3.財政部 4.行政院勞工委員會
4.方案的適用對象	1.目標人口 2.家庭所得限制 3.兒童年齡的設定
5.方案的支給內容	1.支給水準的設定 2.支給人數的設定 3.支給期間的設定
6.方案的行政手續	1.申請手續 2.審查手續 3.發放手續
7.方案的財源	1.雇主負擔的工資主義 2.政府負擔的兒童保護主義 3.社會負擔的所得重分配主義 4.社會基金方式

（一）兒童經濟安全政策的必要性與方案目標

　　任何一個方案都必須考慮到政策的必要性與方案目標。政策的必要性雖有一些量化的指標作依據，但是，基本上仍是價值判斷的問題，需要社會共識（social consensus）才能獲得具體的結論。主事者必須以耐心獲得社會共識，以減少執行的阻力。此外，方案目標必須精心設計，

不僅要明確化，也要具有可行性。如兒童津貼方案的目標是為了人口政策的目的，或是兒童權利的保障，還是兒童家庭經濟風險的去除必須明確。目標明確、可行而且獲得共識之後，方案內容的設計就比較沒有爭論。

（二）兒童經濟安全制度的優先順序

社會保險與社會扶助是兒童經濟安全制度的兩個主要體系。如果國民年金保險制度優先於兒童津貼制度，那麼，兒童津貼的規劃內容就必須受制於國民年金保險的遺囑年金、兒童加給與孤兒年金的給付條件與給付水準。在社會扶助體系內，本章所提出的五個立即辦理方案是否同時規劃，或是依優先順序實施也必須考量。至於本章提出的三個研議辦理方案，由於涉及其他部會，兒童局能否發揮影響力也必須斟酌。如果托育費扣除制度與育兒休業制度有實施的可能，其他方案就必須配合調整。

（三）兒童經濟安全方案的辦理機關

現行的兒童經濟安全方案均由直轄市及各縣市政府主辦，而由內政部兒童局協辦，以致造成制度紛歧和保障不公的現象。理論上，不同縣市的兒童應受到平等的經濟安全保障，如果台北市有的制度，其他縣市也應該實施。雖然保障水準可依地區物價水準的不同而有差異的標準，但是，方案必須平等實施。因此，本章建議兒童經濟安全方案宜由內政部兒童局主辦，而由直轄市及縣市政府協辦。在地方自治法和財政收支劃分法實施之後，兒童經濟安全方案是否能由內政部兒童局主辦，必須及早規劃因應。

（四）兒童經濟安全方案的適用對象

方案適用對象的主要考量有三：一、是目標人口（一般兒童、身心障礙兒童或安置保護兒童）；二、家庭所得（一般家庭、中所得家庭或

貧民家庭）；三、兒童年齡（十八歲以下、十六歲以下、五歲以下或三歲以下等）。目標人口的設定比較容易，但是，所得限制與兒童年齡的設定就極易引發爭議。基於兒童權利的保障，兒童津貼不應有所得的限制，因為所得調查不僅浪費行政資源，調查技術仍有困難，也違反了平等原則。但是，基於政府財政與福利需求的考量，則必須採行所得限制。至於兒童年齡的設定，理論上應將十二歲以下兒童全部納入，但是，實務卻難以執行。

（五）兒童經濟安全方案的支給內容

方案的支給內容，包括支給水準、支給人數和支給期間都必須仔細考量。本研究建議以兒童附加消費支出（additional costs）的25%作為兒童津貼的支給水準。假設平均第一個兒童的附加消費支出為五千元，則第一個兒童的兒童津貼為一千二百五十元；平均第二個兒童的附加兒童消費支出為四千元，則第二個兒童的兒童津貼為一千元。基於平等原則，兒童津貼的支給人數不宜設限，應適用於對象家庭的所有兒童。至於支給期間，則與適用對象的兒童年齡有關。如果兒童津貼的適用對象為十二歲以下兒童，那麼，在未滿十二歲以前均可領取。

（六）兒童經濟安全方案的行政手續

包括申請手續、審查手續和發放手續均需規劃。申請手續要採自由申請主義，或是自動發放主義是個必須考量的問題。如果兒童津貼採選擇主義，申請手續就應該採自由申請主義；如果兒童津貼採普遍主義，申請手續就應該採自動發放主義。如果申請手續採自由申請主義，審查手續就必須採所得調查方式；如果申請手續採自動發放主義，審查手續就不需要採所得調查方式。至於發放手續則宜採方便主義，可由郵局及其他金融機構代為發放，以方便適用對象領取。

（七） 兒童經濟安全方案的財源

在1920年代以前，家庭津貼是採雇主負擔的工資主義，也就是基於雇主與受雇者間的權利義務關係，由雇主提供受雇者的家庭津貼。1926年以後的家庭津貼制度是採國家負擔的兒童保護主義，也就是基於國家對兒童權利的保障，由政府財源提供兒童的家庭津貼。日本於1971年制定的兒童津貼法則採社會負擔的所得重分配主義，也就是由雇主、政府和受雇者三者共同負擔兒童津貼所需的財源。此外，亦可採社會基金（social fund）的方式，由社會整體提供財源，保障兒童的經濟安全。由於我國的企業向無兒童津貼的制度，由雇主提供兒童津貼財源的可行性不高，所以由政府提供財源可能是較佳的選擇。至於社會基金方式應是將來可以採行的模式。

參考書目

一、中文部分

內政部統計處編（1997），《兒童生活狀況調查報告》。內政部統計處。

二、日文部分

健康保險組合連合會編（1999），《社會保障年鑑》。東洋經濟新報社。
社會保障研究所編（1994），《イギリスの社會保障》。東大。
社會保障研究所編（1995），《スウエーデソの社會保障》。東大。
社會保障研究所編（1995），《フラソスの社會保障》。東大。
社會保障研究所編（1996），《西ドイツの社會保障》。東大。
社會保障研究所編（1996），《アメリカの社會保障》。東大。
日本家政學會家庭經濟學部會編（1997），〈21世紀の社會經濟と生活
　　保障〉。建帛社。

5.兒童保護與安置政策

王順民

中國文化大學社會福利學系副教授

世界上有許多事情可以等待，

然而　　　孩子的成長是不能等待

他的　　　骨在長

他的　　　血在生

他的　　　意識在形成

我們對他的一切不能答以「明天」

他的名字是──今天

Gabriela Plistral

前言：打造一個快樂的兒童生活天地

基本上，對於兒童福祉的看重與照顧是作為文明社會與福利國家一項重要的發展指標，就此而言，如受虐通報、司法保護、重病醫治、危機處遇、緊急安置、經濟扶助以及孤兒照顧等以問題取向（problem-oriented）為主的弱勢兒童福利工作固然有其迫切執行的優先考量，但是，以大多數正常兒童為主體所提供的以發展取向（development-oriented）為主的一般兒童福利工作，則也是同樣地不可偏廢，如兒童的

人身安全、醫療保健、休閒康樂、親職教育與托育服務等。終極來看，如何形塑出一個免於恐懼、免於人身安全危險以及免於經濟困頓的整體兒童照顧服務（holistic child care services）的生活環境，這既是政府當局所要努力的目標，更是整體社會大眾共同追求的願景！

然而，這項攸關到戶政、社政、勞工、警政、醫療、諮商、心理治療、衛生、司法、教育、傳播等不同單位組織的兒童福利業務，隱含著從制度層次的組織變革擴及到社會與文化層次的全面性改造，就此而言，從兒童福利規劃藍圖的工作時程來說，有關整體兒童照顧政策（holistic child care policy）的擘劃與建構，自然是有其現實的迫切性與理想的正當性。

有關兒童保護與安置工作的基本議題論述

近年來，隨著台灣社會快速變遷所浮現出來的各種適應難題，因此，加諸在危及到兒童個人的人身權益像是兒童綁架、虐待、強暴、猥褻、自殺、被迫服毒、適應不良以及色情傳播等等社會現象，在在都衝擊到我們所一貫標舉「兒童是國家社會未來的主人翁」以及「兒童是家庭的珍寶」的價值理念（郭靜晃，1996）。就此而言，兒童的保護、安置與收容自然有其強制實行的優先性與迫切性。然而，兒童受虐的成因並非僅是單一因素，而兒童保護與安置工作涉及的層面甚多，其業務內涵也頗為複雜，連帶地，從理論思維和工具實務這兩項雙重進路切入，那麼，檢視兒童的保護與安置工作，將有幾項基本的問題意識是我們必須要面對的。

一、一般群體、高危險群群體、標定群體以及真正服務到的群體的界定

誠然，對於全體兒童人身權益的保障應該是所有兒童福利作為

（child welfare practices）積極努力的目標，然而，考量到資源的有限性
以及兒童人身安危的急迫性，那麼，在學理與實務工作上自然都有必要
清楚且翔實地區辨出來兒童福利工作的「一般群體」（general

表5-1　當代台灣兒童整體生活圖像　　　　　　　年代：1999年

中央政府兒童福利經費 中央政府兒福經費占弱勢族群經費比	849,202,000元 10.8%
台閩地區辦理兒童福利業務編製社會行政人力	84.5人
兒童人口數 兒童人口占總人口比	3,785,640人 17.13%
新生兒死亡率 嬰兒死亡率	0.345% 0.607%
每戶平均人口數	3.38人
托兒所所數 托兒所收托人數 幼稚園家數 幼稚園招生人數	2,740所 259,161人 2,874家 238,787人
學齡兒童就學率	99.94%
取得保母技術士證照數	5,744人
兒童保護個案數	5,353人
身心障礙兒童人數 身心障礙兒童占所有殘障總人口比	26,334人 3.84%
發展遲緩兒童早期療育個案數	6,005人
兒童犯罪人數 兒童犯罪人口率	349人 0.092%
育幼院機構數 育幼院收容人數	39所 2,426人
家庭寄養戶數 被寄養兒童數	664戶 949人
中低收入兒童生活扶助補助經費 中低收入兒童生活扶助受益人次	55,796,260元 13,239人次
單親家庭兒童人口數推估	208,996人
非婚生嬰兒人數 棄嬰或無依兒童人數	9,083人 83人
九二一失依兒童人數	100名

資料來源：內政部兒童局。

表5-2　1999年十大兒保新聞排行榜

第一順位：保護受虐兒童全球網路合作
第二順位：家庭暴力防治官每分局設立一名
第三順位：國內外嫖妓最重判十年
第四順位：電研會建議兒童拒看暴力卡通
第五順位：兒童人權指標連續三年不及格
第六順位：國際兒童人權日我兒童局掛牌
第七順位：近九成孩子曾被影視嚇到
第八順位：兒童意外死亡每天三‧八人
第九順位：守護學童安全導護商店遽增
第十順位：養護震災區兒童需要妳我伸援手
第十一順位：幼兒教育券台省比照發給
第十二順位：台大兒童醫院動土開工

資料來源：中華兒童福利基金會。

population)、「高危險群群體」（high-risk population)、「標定群體」
（target population）以及「真正服務到的群體」（serviced population）彼
此之間的定義劃分標準。

　　以兒童所遭致到的不幸或惡待（child maltreat）為例，理論上所有
○至十二歲的兒童都是隸屬於法定保護的最外圍對象群體；然而，擬似
受虐或者有明顯立即危險的小朋友往往特別要給予緊急保護、安置處遇
而成為高危險群體；至於，某些特定的高危險群體幼兒，如家庭婚姻暴
力的受虐兒則成為某方案計畫的標定群體；最後，方案計畫實施的對象
才是真正接受到服務的群體，可是這些對象又未必是與原先鎖定的標定
群體一致的。總而言之，這裡的真義在於點明出來：案主的需求與服務
群體的鎖定以及最後真正服務的對象，彼此之間有其一定程度的落差。
連帶地，對象本身的多樣化、變異性以及複雜性更加增益了問題處遇上
的困難度。當然，終極來看，不論是那一種類的服務群體，到底有多少
位應該或者急需要被保護安置的兒童，但卻沒有受到實質性的保障，其
間的落差與貫通會是整體兒童照顧方案所要面對的一項基本課題。

表5-3　兒童福利中之保護對象

條文	對象
第十五條	未受適當之養育或照顧 有立即接受診治之必要但未就醫者 遭遺棄、虐待、押賣，被迫或引誘從事不正當行爲或工作者 遭其它迫害非立即安置難以有效保護者
第二十六條	遺棄 身心虐待 利用兒童從事危害健康、危險性活動或欺騙之行爲 利用殘障或畸型兒童供人參觀 利用兒童行乞 供應兒童觀看閱讀聽聞或使用有礙身心之電影片、錄影節目帶、照片、出版品、器物或設施 強迫兒童婚嫁 拐騙、綁架、買賣、質押，或以兒童爲擔保之行爲 剝奪或妨礙兒童受國民教育之機會或非法移送兒童至國外就學 強迫、引誘、容留、容認或媒介兒童爲猥褻行爲或性交 供應兒童毒藥、毒品、麻醉藥品、刀械、槍砲、彈藥或其它危險物品 利用兒童攝製猥褻或暴力之影片、圖片 帶領或誘使兒童進入有礙其身心健康之場所 其它對兒童或利用兒童犯罪或爲不正當之行爲
第三十條	禁止兒童從事不正當或危險之工作
第三十一條	禁止兒童吸菸、飲酒、嚼檳榔、吸食或施打迷幻藥、麻醉藥品或其它有害身心健康之物質
第三十三條	禁止兒童出入酒家、酒吧、酒館、舞廳、特種咖啡茶室、賭博性電動遊樂場及其它涉及賭博、色情、暴力等其它足以危害其身心健康之場所 禁止兒童充當前項場所之侍應或從事其它足以危害或影響其身心發展之工作
第三十四條	不得使兒童獨處於易發生危險或傷害之環境 對於六歲以下兒童或需要特別看護之兒童不得使其獨處或由不適當之人代爲照顧

資料來源：兒童福利法（1999）。

二、兒童虐待的層面界分

　　基於兒童保護的目的與宗旨，當一般兒童或特殊兒童遭受到不當的對待時，應由福利機構整合適當的資源與支持體系，藉由專業服務以確保兒童的人身權益。然而，落實在實務層次上，有關兒童虐待的定義至少可以從家庭、機構與社會不同的角度切入：（馮　燕等，2000；江季璇，1999）

（一）家庭虐待

　　係指家庭中的父母、手足、親友、保母或主要照顧者對兒童有不當對待的行為。

（二）機構虐待

　　係指如學校、安置收容機構、托育中心、幼兒園或醫療單位等不當對待孩子的作為。

（三）社會虐待

　　係指兒童所身處的社會之行動、信念與價值一旦妨礙到幼兒的身心發展時，便構成了社會性的虐待，如媒體的暴力等。

　　總之，對於有關兒童受虐或疏忽的看顧並不僅止於受虐兒個案層面上的干預，還進一步地擴及到包括兒童及其家庭和所身處社會的整體改造，連帶地，因應的兒童保護與安置工作亦應掌握微視面與鉅視面的雙重進路。

三、兒童保護與安置工作的微視面分析

　　為落實「兒童福利法」和「兒童及少年性交易防制條例」的立法目

表5-4　兒童虐待的層面分析

主要受虐情境	施虐來源	主要虐待行爲	示例說明
家庭：含原生家庭、同居家庭、寄養家庭、收養家庭等	父母、手足、親友、主要照顧者	身體虐待 精神虐待 性虐待或性剝削 疏忽	毆打、砸、撞、燙傷等口語暴力、冷嘲熱諷等性侵害、強迫性交易等 漠視、不滿足兒童的基本需求與權利
機構：學校、安置收容機構、嬰幼兒托育中心、幼兒園或醫療單位	機構工作人員、主要照顧者、其它安置者與其親友等	體罰等不當管教 不當使用精神病理藥物 無意或故意延長隔離時間 使用機械設備限制其行動 階級、種族、性別歧視、方案濫用 非法禁見與探視 未提供法律規定的服務 性侵害與性剝削	交互蹲跳、暴力威脅等餵食鎮靜劑、安眠藥等以單獨禁閉爲懲戒手段等限制兒童活動 嘲弄兒童之人格權等不符兒童需要、未評估拒絕親友探視 拒絕兒童福利專業協助性騷擾、強暴等
社會：社會之行動、信念與價值等	兒童所處社會環境等	不適宜的教養文化 性別刻板印象 不平等、權力、暴力 允許暴力存在 兒童是無能的	不打不成器等觀念 遵守主流性別角色 教育、生涯發展 暴力是和諧的必要手段 成人的決定是出於愛與善

資料來源：馮燕等，2000：184。

的，政府與民間團體在提供如初級預防性質的諮詢服務、親職教育、社會宣導和家庭支持，以及次級預防性質的責任通報、醫療處遇、臨床治療、緊急安置、學校社工、輔導轉介、寄養家庭服務、收領養服務和就業輔導等等各項有關兒童保護、安置的福利服務措施，這對於兒童及少年個人的人身安全權益是有其一定程度的保障效果。以1998年爲例，在保護案件的開案數方面共計有四千零八十二件，雖然較上一年度增加了5%，不過在諮商服務人次上也較前一年度大幅增加40.83%，這多少說明了有關兒童保護觀念的宣導已達到某種的成效。

至於，1998年的兒少保護個案共計有四千八百七十一人次，則遠較上一年度增加了近14%，這其中又以虐待占38.14%、疏忽占24.70%以及管教不當占18.89%分別居前三名，這似乎點明出來：國人還是慣以將兒童視為是父母的一種私有財以及親子之間的管教問題也被界定為私領域（private sphere）的概念範疇。

　　最後，在安置狀況方面，1998年保護個案共計處置了四千八百四十一位的兒童及少年，較上一年度增加35.07%，這其中又以家庭輔導占56.74%最多，其次為暫時性的寄養安置占26.92%，換言之，家內性質和

表5-5　兒童福利服務概況

兒童福利服務											
年(月)底別	托兒所			育幼院		兒童福利服務中心（處）	家庭寄養		受理兒童保護服務案件開案件數			
	所數	收托人數（人）	保育人員數(人)	所數	收容人數（人）		家庭數	被寄養兒童人數	計	遺棄	身心虐待	其他
1992年底	3,742	231,858	…	41	2,618	2	…	…	…	…	…	…
1993年底	3,664	229,781	…	39	2,656	19	251	451	…	…	…	…
1994年底	3,650	233,780	…	41	2,547	14	671	1,101	2,528	193	1,044	1,291
1995年底	3,288	223,353	…	39	2,441	17	311	474	3,045	200	1,235	1,610
1996年底	2,222	234,967	14,038	41	2,462	15	389	598	4,274	255	1,749	2,270
1997年底	2,304	246,418	14,865	43	2,481	10	446	675	4,273	254	1,649	2,370
1998年底	2,449	248,517	16,582	41	2,454	17	466	687	4,871	283	1,858	2,730
1999年6月底	2,515	261,106	13,478	41	2,575	18	571	796	1,793	116	685	992

資料來源：內政部社會司、直轄市及縣（市）政府。
說明：1.本表福利服務1995年以前資料不含福建省。
　　　2.本表受理兒童保護服務案件開案件數為全年數，1999年為1～6月合計數。

家外性質的安置模式雖然同時並存，但是，在原生家庭以及支持輔助完整家庭的價值思維底下，家庭維護方案（family preservation programs）以及家庭重整方案（family reunification programs）自然還是整套兒童保護安置服務措施優先的運作準則。

四、兒童保護與安置工作的鉅視面分析

基本上，對於受虐兒童所提供的各項保護安置工作，比較是針對受虐兒本身、涉案家庭以及施虐者所進行之微視面的處遇方式，然而，當兒童的受虐以及父母或近親者的施虐成為一項整體社會事實（total social fact）時，那麼，對於兒童受虐現象的議題討論當有其必要去掌握這些兒童、父母及其家庭背後所共有的結構性限制。就此而言，有關兒童的人身問題與其鉅視面人文區位環境彼此之間的相互關係，自然是探討兒虐現象必要的切入點。

從各項客觀的發展指標也直接點明出來各縣市政府在執行兒童保護與安置業務時，背後所必須要面對的結構性限制（見表5-6）。相關的研究（余漢儀，1998、1997）也說明了將兒童的受虐與保護現象放置在人文區位環境當中所蘊育的意涵包括有：

首先，台灣地區依然呈現出各縣市不等的都市化程度，連帶而來衝擊包括了當地工商業的發達情形以及所帶動的工作就業機會，而這都會直接影響到家戶內的經濟所得維持水準。

因此，若以各縣市的每百住戶中的低收入比例代表貧窮率，並且配合當地縣市政府的財源負債情形，那麼，像是澎湖縣、台東縣、屏東縣、花蓮縣、雲林縣以及南投縣等等人民所得貧窮和地方政府財政貧乏的縣市，凸顯出一項兩難的發展困境，那便是：這些貧窮縣市的居民及其家庭理當有著較大的社會服務需求，但是地方政府卻反而是無力可以提供較多的社會福利資源，最終發展的結果則是掉落入惡性的循環當中，而增益問題處遇上的難題。

表5-6　各縣市兒童保護工作的客觀事實　　　　　　　　　年代：1996年

客觀事實	農林人口比例	貧窮率	未成年媽媽比例	兒保接案數	兒保接案率	兒童嫌疑犯	政府兒保社工	家扶兒保社工	縣市政府累積負債
台北縣	1.80	0.62	4.37	445	7.06	159	9	14	9.70
宜蘭縣	11.23	1.06	6.22	130	15.35	17	2	2	5.26
桃園縣	5.52	0.65	4.82	186	6.01	80	7	2	9.20
新竹縣	8.02	0.54	5.95	46	5.54	44	3	1	5.00
基隆市	1.68	0.72	5.28	35	45.45	46	6	2	--
新竹市	3.32	0.26	4.76	27	2.21	14	2	-	2.00
苗栗縣	13.69	1.14	5.83	23	2.79	36	2	2	9.95
台中縣	10.22	0.38	5.24	79	3.63	63	7	2	48.00
彰化縣	18.72	0.81	5.23	89	3.13	53	5	1	10.00
南投縣	28.67	1.10	7.10	31	2.97	39	5	3	8.80
雲林縣	35.15	1.35	6.97	37	7.57	38	2	1	17.00
台中市	2.90	0.20	2.91	130	3.07	33	7	3	34.00
嘉義縣	31.55	1.07	6.15	29	1.18	20	19	1	--
台南縣	21.50	0.66	5.23	22	5.81	44	20	1	5.10
高雄縣	13.13	0.74	6.23	121	3.77	31	1	4	32.94
屏東縣	27.01	1.78	8.65	60	7.71	41	1	3	8.00
澎湖縣	17.37	4.02	7.10	11	3.85	7	1	1	3.25
嘉義市	6.74	0.72	4.30	18	3.77	22	4	-	16.00
台南市	3.27	0.64	3.73	48	7.71	21	3	2	23.00
台東縣	24.08	2.78	11.35	63	14.94	109	1	7	20.00
花蓮縣	14.60	1.54	9.64	57	9.25	76	1	2	0.22
台北市	0.62	0.78	2.01	266	6.18	70	65	-	--
高雄市	2.12	1.07	3.82	88	3.53	60	4	4	--
單位	%	百分比	百分比	人	萬分比	人	人	人	億元

資料來源：王順民，1999；余漢儀，1998。

　　就此而言，上述這幾個縣市所出現較高比例的未成年媽媽，就某個角度而言，這除了是青少年個人道德上的瑕疵（moral failure），尚隱含著區位結構性限制所必然帶來的一種預期性的後果（intended consequences）。畢竟，一則未成年媽媽的比例與貧窮率呈現相關性的內在關聯，再則，後天社會福利資源配置的不足，這使得政府部門對於心智未臻成熟的未成年媽媽所能提供的親職教育和家庭訪視等等服務，自

然是不足且匱乏的。

最後，就兒保的接案率（兒保接案數÷當地未滿十二歲人口數）和政府民間的社工人力配置情形來看，即便這些偏遠縣市本身兒保的通報量並不大，但是，如果進一步考量這些第一線實務工作者所主兼辦的業務項目（舉凡從接受受虐通報、庭訪訪視、家戶調查、轉介安置、社區服務、收養家庭調查，以及對其它弱勢族群所提供的福利服務），那麼，各縣市政府社工人力配置上的落差還是一項累積已久的難題。

五、兒童保護與安置工作全面性的問題處遇

以下，我們將藉由「理念－政策－立法－制度－福利服務」的分析架構，並以兒童的受虐作為分析的主體，以用來拆解當前台灣地區從事兒童保護、安置與收容工作時，所可能面臨到的問題處境，事實上，這種兼具有理論思維與實務經驗雙重性的論述方式，將有助於「整體兒童照顧方案：安置、保護工作」的勾勒與建構。

（一）理念層次

在「法不入家門」的文化觀念底下，法律以及公權力的行使也僅止於消極意義，因此，諸如舉發通報或者查證評定仍然還是以兒童福利業務相關的工作人員為主體，而無法架構起涵括鄰居和親朋友人的一套慎密的通報保護網絡。連帶地，採取「懲罰性」的認知態度來責難父母的不願與不當作為以及凸顯原生家庭完整和重要性的思維模式，這往往使得後續安置服務的成效大打折扣。冀此，從理念層次來看，當前台灣地區在推動兒童保護與安置工作主要面臨到的結構性限制是在於：「即使是統合的處遇和有效的執行，但是，這也無法打破與家庭內親子管教暴力有關的各種文化規範與價值觀的惡性循環。連帶地，這些的循環亦助長了兒童及家庭虐待或暴力的本質，而使得問題的處遇與安置更加地治絲而棼。」（郭靜晃，1996）

（二）政策層次

在理念上，兒童福利的主體是幼兒個人，但是，實際上的實施對象卻是父母雙親抑或整個家庭，因此，像是兒童津貼、教育券發放的實質作用就在於為家庭與家中的父母提供經濟生計上的紓困，至於，對於兒童虐待的保護與處遇措施更是如此，畢竟，暫時地將受虐兒與其涉案家庭或父母隔離，之後原生家庭的有效復原重整才是徹底拯救受虐兒的關鍵所在。總之，兒童個體不能脫離於父母而獨立生活；親子關係一旦被切割支解也將無法成為一個完整的家庭，因此，建構以家庭為主體的福利服務措施，當可避免家庭內的弱勢者僅獲得形式意義的法律保障。更確切地說，對於兒童福利以及兒童人身權益的思考還是以還原回到全家整體的家庭福利來看，而非是片斷、隔離式的個體性福利。

（三）立法層次

人身權益保障法制化的意義在於依法行政與依法辦理，但是，執行的效能會是具體保障與否的癥結所在，以此觀之，扣緊兒童保護或安置的實務層面，那麼，公權力無法強制執行與確切落實便成為整個保護安置環節中一項重要的缺失，畢竟，法院行動和行政執行的積極作為，當有助益於使兒童得以免於繼續的受虐或疏忽，連帶地，司法的審理、判決與處分更是具備構成威嚇的實質作用。

冀此，從立法層次來看，當前台灣地區在推動兒童保護與安置工作所面臨到的主要結構性限制在於：

「由於現行我國並無單獨的兒童保護法，現階段保護安置工作的相關法規也散布於民法、刑法、兒童福利法、少年福利法、性交易防治法及勞動基準法之中，運作上甚為不便。尤有進者，即便明定出各項的保護安置措施，但是如專職機構位階過低、專職人員編製太少、經費預算欠缺以及罰則太輕並不易確實執行，這都是日後修法研訂的考量重點。」

（四）制度層次

制度設計的用意原是為了用來解決案主的難題抑或滿足其需求，因此，政府單位與民間部門彼此之間的支援、配合、協調與聯結，便顯得十分重要。就此而言，兒童虐待事件的發生固然可以歸咎為眾多不同的因素，但是，介入工作的成功與否更是與資源的多寡和專業機構及專業人員相互間的互動與整合有著齒唇相依的密切關係。準此，從制度層次來看，從單一窗口、服務整合到保護網絡（child protection network / system）的建構，方能達到兒童保護安置工作的完整性與連貫性，從而使得案主、施虐者或涉案家庭得到真正的復健重整。冀此，從制度層次來看，當前台灣地區在推動兒童保護與安置工作所面臨到的結構性限制包括有：

1. 就歷史的演進，台灣地區從事兒童保護工作單位與法規雖然是與日漸增，但大多數仍是屬於一種單位來獨自提供服務，其缺乏全面性的協調、聯繫與統整，自然使得成效不易彰顯。

2. 有關兒童保護安置工作所涉及到的層面涵蓋司法、衛生、社政、戶政、勞工、教育以及警察等等不同的單位部門，如兒童的教育與就學行為係由學校的教育體系來關心照顧；倘若涉案家庭需要經濟扶助或就業需求時，則有賴社福與勞工體系來提供協助；若有身心的健康問題則是需要衛生保健體系的支援；一旦其行為涉及到刑罰法令之觸犯，則有待警察與司法體系予以強制性的處遇和輔導。換言之，制度設計上有效的連結與統合，固然可以避免受虐兒出現了在不同機構之間不斷進出與轉介的「流動現象」（drift），但是，現實情況的制度設計當中缺乏一套整合性服務的專責單位，這使得對於受虐兒的照顧最後仍然流為支解、片面性，而無法獲得包括司法、警察、健康與福利等等各個層面的保障服務（郭靜晃，1996）。

3.連帶地，政府部門與民間社福團體彼此之間的水平互動關係亦值得進一步地深究。這其中主要的思索議題在於公、私部門彼此的功能定位與角色扮演，畢竟，顯現在現實情況裡，如募款的資源、專業社工人員以及服務輸送上相互競爭是有分辨與釐清的必要（官有垣，1996）。

4.對於施虐家庭所缺乏長期且龐雜的後續安置服務，無疑地是直接暴露出當前社會福利網絡的缺露，這其中特別是社工員高的離職現象以及民間團體專業知能的不足。然而，社工人力不足與專業能力不夠的情形卻是整個背後整個機構制度設計不良的問題，換言之，如工作的流程、分工的模式與權責和工作人員必要配備與福利保障等等制度設計上的不良，才是問題的根源所在（余漢儀，1998）。

（五）福利服務層次

政策的形成（policy formation）固然有其優先的考量，但是，政策的有效執行卻是政策目標得以落實的關鍵所在，而這當中專業組織與專業人員更是政策執行重要機制。基本上，在認知理念、意識形態以及專業涵養上，各個兒童福利業務的相關機構單位並無顯著性的差異，但是，落實在工具性層次上，這使得從福利服務層次來看，當前台灣地區在推動兒童保護與安置工作所面臨到的結構性限制包括有（翁文蒂，1999；陳毓文、鄭麗珍，1999；何承謙，1997；余漢儀，1997、1996；王明仁，1995）：

1.從整體鉅視面的實務經驗來看，各個相關機構工作人員對於目前兒童保護服務體系的運作認知態度不一，對此，除了明確賦予不同機關單位工作人員的角色定位，機構彼此之間的互動連結亦有待著力、強化。

2.從警政方面的實務經驗來看，各個縣市政府警察局對於兒童及少

年的虐待案件處置方式流程不一，一方面除了沒有專責單位負責以外，專業認知與經驗也無法累積，這都使得兼具公權力並有一定嚇阻作用的警政系統，在兒保工作上往往事倍功半。

3. 從幼教工作的實務經驗來看，幼教工作人員的認知除了有待強化以外，在賦予幼教人員義務通報的法定責任之餘，如何免除這些基層工作人員心理、人身的壓力負荷，還是需要社工諮商系統的團隊介入，以提供適當的行政支持和情緒紓緩。

4. 從國小學童教育的實務經驗來看，缺乏專責的輔導人員與學校社工人員，這使得除了未能及早掌握受虐兒或輟學的情況而喪失預防防治的時效，即便在後續的教育安置往往也增益了最前線基層教師的工作負荷。連帶地，緊急或短期收容中心以及中途學校的普遍缺乏，更使得安置工作的成效大打折扣。

5. 從衛生醫療的實務經驗來看，欠缺一套兒童少年緊急醫療標準的處理流程和緊急醫療小組，這不僅使得受虐兒的醫療治療工作上大打折扣，更可能在後續的醫療安置工作上造成個案的二度傷害。連帶地，出庭作證的司法程序，往往也影響到醫事人員舉發通報的意願。

6. 從社政單位的實務經驗來看，保護與重建輔導的工作在欠缺一套較長期安置機構的情況之下，造成社政單位疲於奔命和窮於轉介，對此，如何針對現行各個性質不一的兒童與少年福利機構予以適當的組織轉型並巧化工作人員的專業知能，以真正落實對於受虐兒看顧。

7. 最後，由於施虐者經常不斷地施虐，並且各地遷徙而無法確實掌握施虐者的行蹤，以有效救助持續受虐的兒童。就此而言，不論是電腦個案的建檔工作抑或失學及中輟兒童全省的連線，均有其迫切性。事實上，這種全國兒童保護網絡的建構，當可使兒童的人身保障工作事半功倍。

總而言之，台灣地區在兒童保護工作上，雖然提供了包括通報調查、機構收容安置、寄養家庭服務以及領養服務等等多元並存的服務輸送體系，並據以發展出全托、補助、協調以及自辦四種不同的兒保策略，但是，有關兒童的保護工作一旦落實在工具性層次時，那麼，如工作人員過重的負荷以及工作情境的不可控制所造成的無力感或工作壓力；民間部門的專業知能與經費資源極度匱乏；施虐家庭與施暴父母的不肯合作；行政處分的未能強制執行；受虐情境的採證困難；專業人員自身安全深感威脅；醫療警政單位的配合度低和專業認知上的差異；以及缺乏對於原生家庭長期性的規劃等等（余漢儀，1997、1996），在在點明出來：這項同時包含個人、家庭、機構、制度、法令和文化認知不同因素的兒童保護工作，便在交雜著微視面與鉅視面雙重性的牽絆交互作用之下，而亟待重新釐定出一套全型的整體兒童照顧方案。

整體兒童照顧方案的試擬──以兒童的保護與安置工作為例

建基在上述的論述基礎，我們試著從公平性、可行性、迫切性以及展望性不同的角度，提出有關兒童保護與安置工作的規劃藍圖，至於，進一步地扣緊綱領與實施進程的思考架構，那麼，這項藍圖的勾勒將涵蓋以下二種不同的面向：「基本原則」以及「實施要項暨行動方案」。

一、基本原則

1.國家社會是兒童最終父母的基本原則。

2.「兒童－父母－家庭－社會」之整全多層照顧模式的基本原則。

3.兒童本位、父母本位、家庭本位與社會本位之整合性操作的基本原則。

4.兒童的價值超越兒童的價格之認知態度的基本原則。

表5-7 台灣地區兒童保護安置工作的歷史進程　　　年代：西元

1973年：制定「兒童福利法」。
1981年：開始辦理家庭寄養業務。
1983年：公布「兒童寄養辦法」。
1987年：台北市社會局依據「兒童福利法」逕行對電視公司僱用兒童從事危險特技表演，處以罰鍰，創下國內首宗對機構的制裁。
1988年：中華兒童福利基金會舉行兒童保護研討會。
　　　　中華兒童福利基金會開始在全台各地家扶心推動兒保業務。
　　　　台北市政府規劃並執行兒童保護工作。
1989年：通過「少年福利法」中規定針對受虐案例的監護權停止部分，法院可選定監護人而不再受限於民法1094條規定，這是首次提供公權力介入不當親子互動的法源基礎。
　　　　「少年福利法」中對未成年的兒童及少年從事賣淫或營業性猥褻行為者，規範適當的保護安置原則。
　　　　台北市政府社會局率先設立兒童保護專線受理通報。
1990年：開始由各縣市政府填具兒保執行概況統計分析表。
　　　　高雄市政府以聯合會報方式結合公私立兒童福利機構推動兒童保護工作。
　　　　台灣省各縣市政府設置兒童保護業務聯繫會報。
1992年：發生健康幼稚園戶外教學火燒車事件。
　　　　兒童福利聯盟文教基金會成立，提供包括有失蹤兒童協尋服務，並設置協尋專線電話、收養服務、出養服務、棄兒保護服務、兒童福利諮詢服務以及托育資訊服務。
1993年：研修「兒童福利法」對於兒虐的強制通報、安置保護、監護權異動更改，同時對於主管機關的權責亦有較明確的宣示。
1994年：世界展望會接受台灣省政府社會處委託規劃全省兒虐通報中心。
1995年：台灣省二十四小時兒童保護專線啟用。
　　　　兒虐通報中心正式運作。
　　　　公布實施「兒童及少年性交易防制條例」，以統整救援網絡、安置保護機構多元化，更將懲罰對象轉而直指嫖客及性交易仲介者，並採重罰與高罰金。
1999年：研修的「兒童福利法」規範出兒童保護制度與運作流程，亦對侵害兒童權益者加重處罰。
　　　　研修的「兒童及少年性交易防制條例」，大幅加重對嫖童妓者的刑罰，最重處十年有期徒刑並公布其姓名照片。
　　　　發生高雄市駱力菖兄弟受虐致死慘案以及全台各地多起的幼兒被迫服毒死亡事件。
　　　　九二一地震引發孤兒受託基金問題。
　　　　台北市兒童進入捷運軌道慘死案件。
　　　　兒童局正式掛牌運作揭示了依法設置的行政意義。
　　　　「保護受虐兒全球網路合作」被列為台灣地區年度十大兒保新聞的第一名。
　　　　實施「家庭暴力防治法」，受理身處暴力環境之虞的兒童與受暴兒童的保護工作。
2000年：召開全國兒童福利會議。
　　　　兒童人權指標連續四年不及格。

5.反應式、支持性、主導性和預防性之兒童安置保護的基本原則。

6.家庭安置、團體安置與機構安置並行的基本原則。

7.初期安置、後續安置與較長期安置並存的基本原則。

8.政府、委託機構、寄養家庭與親生家庭互動規範的基本原則。

9.政府部門、民間自願部門與市場商業部門之協力合作的基本原則。

10.單一窗口、服務整合與服務網絡之整體性連結的基本原則。

11.一般群體、高危險群群體、標定群體與真正服務到的群體的分界。

12.部門內部組織機構的協調分工優先於社政部門與其它部會單位間連結整合的基本原則。

13.恩威並施與賞罰並重之保護安置輔導的基本原則。

14.法院行動與行政執行之配套運作策略的基本原則。

15.脫離危險情境與提供適宜成長環境之雙重思維模式的基本原則。

二、實施要項暨行動方案

（一）保護服務部分

見表5-8所示。

（二）安置服務部分

見表5-9所示。

表5-8　兒童保護服務的實施要項暨行動綱領

採行措施	主辦機關	協辦機關	時程
1.設置全省連線的通報系統，發展電腦化的接案查詢與個案管控系統，以確實掌握兒虐的通報人數和流向	直轄市及各縣市政府	內政部兒童局	短程
2.設置涵蓋家暴、性侵害以及兒虐之「單一窗口」的統合單位，以提供統整性的初級保護服務	直轄市及各縣市政府	內政部兒童局	短程
3.設立兒童保護警察或任務編組，並將兒童保護的處理流程編入警察勤務手冊	直轄市及各縣市政府	內政部兒童局 內政部警政署	短程
4.強化兒童緊急保護網絡的連結，並提升定期業務督導會報的層級與權責	直轄市及各縣市政府	內政部兒童局	短程
5.規劃財產信託制度，訂定法令內容及相關法規的配合措施，以協助解決不幸兒童的問題	直轄市及各縣市政府	內政部兒童局	短程
6.研擬家庭及親職教育的課程內容，以達到強化家庭功能的服務指標	直轄市及各縣市政府	內政部兒童局	短程
7.強化學校主管與老師的兒保觀念，並以聯繫會報方式主動到校宣導兒福法相關規定與兒保活動	直轄市及各縣市政府	內政部兒童局	短程
8.增設心理治療與親職教育輔導機構	直轄市及各縣市政府	內政部兒童局 教育部	中、長程
9.建立緊急庇護場所、寄養家庭及安置機構的管理、監督與評估制度	直轄市及各縣市政府	內政部兒童局	短程
10.研訂緊急醫療處理標準流程，以達到保障兒童人身安全的服務指標	衛生署	內政部兒童局	短程
11.加強失蹤兒童的宣導協尋及通報工作	直轄市及各縣市政府	內政部兒童局	短程
12.針對不同家庭類型需求以提供服務，倡導兒童及家庭問題的研究發展工作，以因應日趨複雜的家庭問題	直轄市及各縣市政府	內政部兒童局	中、長程
13.加強兩性平權及國家親權之教育與宣導，以防範消弭兒童性侵害及虐待之事件	直轄市及各縣市政府	內政部兒童局 教育部國教司	中、長程
14.推動新聞單位及媒體作者的教育宣導，以落實對於報導身心創傷兒童個案的隱私保護	直轄市及各縣市政府	內政部兒童局 新聞局	短程
15.寬列經費以增加兒保工作人員的加給與通訊裝配	直轄市及各縣市政府	內政部兒童局	短程

表5-9　兒童安置服務的實施要項暨行動綱領

採行措施	主辦單位	協辦單位	時程
1.設置不同受虐類型的安置場所	直轄市及各縣市政府	內政部兒童局	短程
2.調查現有社福機構安置床位,並且積極規劃各機構的人力資源和轉型服務	直轄市及各縣市政府	內政部兒童局	短程
3.提供多元化的安置服務,並優先安置身心障礙兒童,以使家庭獲得喘息的機會	直轄市及各縣市政府	內政部兒童局	中程
4.設置專門從事性交易兒童或少年的緊急收容中心,並且研擬中途學校的設置	直轄市及各縣市政府	內政部兒童局 內政部社會司 教育部國教司	短程
5.配合司法轉向制度,加強對行為偏差兒童的安置服務工作	直轄市及各縣市政府	內政部兒童局 司法院刑事廳	短程
6.寬列兒童福利預算,以專案補助民間社福機構從事兒保安置、監控以及專業知能訓練的各項經費	直轄市及各縣市政府	內政局兒童局	短程
7.設置學校社工專職人員,並建立矯治社會工作制度	直轄市及各縣市政府	內政部兒童局	短程
8.建立寄養家庭個案管理的標準流程	直轄市及各縣市政府	內政部兒童局	短程
9.提升寄養家庭的照護能力,並引進訓練課程和其它的專業協助	直轄市及各縣市政府	內政部兒童局	短程
10.統一兒童收養標準流程,並且設置出領養資料管理中心	直轄市及各縣市政府	內政部兒童局	短程
11.結合社區資源、推動社區照顧臨托方案,以幫助單親及其他弱勢家庭	直轄市及各縣市政府	內政部兒童局	短程
12.檢討各類安置機構的設立標準,以確實達到安置兒童的服務指標	直轄市及各縣市政府	內政部兒童局	短程
13.提供發展遲緩兒童專業團隊的在宅服務	直轄市及各縣市政府	內政部兒童局	短程

表5-10　兒童福利規範性需求一覽表

兒童類型	福利需求項目
一般兒童	專責單位、社工員、托育、兒童圖書館、諮商輔導、親職講座、兒童健保、義務教育、生活教育、安全教育。
低收入戶兒童	家庭補助、托兒服務、免費醫療服務、學前輔助教育、免費義務教育。
原住民兒童	兒童娛樂場所、親職教育、社工員服務、醫護健康檢查、加強師資素質、營養午餐、母語教學、謀生補習、圖書設備、課業輔導、學前教育、獎勵就學措施。
意外事故兒童	親職教育、安全教育、急救照顧措施、醫療措施、醫療補助、心理輔導及諮詢。
單親兒童	現金津貼、住宅服務、醫療保險、就學津貼、法律服務、就業服務、急難救助、課業輔導、托兒服務、心理輔導、親職教育、學校輔導。
未婚媽媽子女	收養服務、寄養服務、機構收容服務。
學齡前兒童	托兒設施、課後托育、假期托育、托育人員訓練、在宅服務。
無依兒童	醫療服務、寄養服務、機構教養、收養、收養兒童輔導。
寄養兒童	寄養家庭招募、寄養家庭選擇、寄養家庭輔導、寄養兒童心理需求、個案資料建立、追蹤輔導。
機構收容兒童	專業人員、學業輔導、生活常規訓練。
受虐兒童	預防性親職教育、社會宣導、家庭支持、學校社會工作、責任通報制、危機治療、身體照顧、寄養服務、機構照顧、心理治療、熱線電話、緊急托兒所、社會服務家務員。
街頭兒童	遊童保護與取締、緊急庇護、中途之家、替代性福利服務、追蹤輔導。
性剝削兒童	家庭社會工作、宣導教育、個案救援、法律保護、中途之家、教育需求、心理輔導、追蹤輔導、專業社會工作人員。
失蹤兒童	親職教育、安全教育、智障兒童家庭預防措施、個案調查及管理、尋獲、追蹤、暫時安置、永久安置、傷害鑑定、補救教學。
問題兒童	親職教育、常態編班、消弭升學主義、取締電玩、傳媒自清、補救教學、輔導服務、藥物治療、直接服務社工員、鑑別機構、家長諮詢機構、兒童心理衛生中心、行為矯治、觀護制度、法律服務、寄養服務、戒毒機構。
身心障礙兒童	心理輔導諮詢、早期通報系統、優先保健門診、早期療育、醫療補助、雙親教室、互助團體、長期追蹤、轉介服務、特別護士、早產兒資料網絡、親職教育、床邊教育、臨時托育、居家照顧、臨終照顧、醫療團隊。

資料來源：王順民，1999。

結論：尋找一個對於兒童的眞心關懷與眞實照顧

　　基本上，對於所有兒童的關懷與看顧理應是一視同仁和一體適用的，然而，個別性的差異以及結構條件限制的不同，這使得兒童照顧方案的擬定係以個別性和多元化的精神爲主。表5-10我們列舉整理出來不同兒童對象類型及其相對應的福利需求和可能的福利作爲，至於，它們彼此互動所呈顯出來意義無非是在於點明出來：對於所有兒童（一般兒童、棄嬰、發展遲緩兒童、非婚生兒童、未婚媽媽兒童、無依兒童、孤兒、街頭遊童、性剝削兒童、單親家庭兒童、原住民兒童）的照顧應該是一項整體社會事實，其間隱含著整體性（universalities）觀照以及個別性（particularities）探究的雙重論述。

　　不過，即便如此，畢竟包括受虐兒在內的特殊兒童有其特殊的問題處境，而有待社會較多的看重，至於，這樣一份眞心的關懷與眞實看顧的承諾是建基在幾項基本的社會性工程上：一、兒童作爲一項公共財的社會教育倡導；二、建構一套以捍衛家庭完整性的社會福利政策；三、兒童保護法之特別法的研擬立法；四、界定兒童保護之範圍與介入的分際；五、明定兒童保護處理之流程、建立合理的分工與合作；六、架構一套愼密的兒童保護服務網絡；七、多元化的兒童保護、安置措施。

參考書目暨當代台灣地區兒童保護與安置的相關資料

王明仁（1998），兒童受虐問題及其防治之道，《兒童福利大體檢》，
　　270～295。台北：中華徵信社。

王明仁（1999），CCF如何協助政府推動兒童保護服務工作，《社會福
　　利》，142，52～57。

王明仁等（1991），《小兒科醫師對兒童虐待問題的認知、態度、意願
　　之研究》。台中：中華兒童福利基金會。

王淑娟（1998），受虐兒童對父母施虐行為之因應初探，東吳大學社會
　　工作研究所碩士論文。

王順民（1999），兒童福利的另類思考——以縣市長選舉兒童福利政見
　　為例，《社會福利服務——困境、轉折與展望》，39～68。台北：
　　亞太。

王靜惠（1998），我國學校社會工作實施之探討：CCF、台北市、台中
　　縣之推行經驗，暨南大學社會政策與社會工作研究所碩士論文。

中華兒童福利基金會（1990），《兒童保護實務研討訓練專輯》。南投：
　　台灣省政府社會處。

中華兒童福利基金會（1995），《兒童保護個案歷年舉報來源分析》。台
　　中：中華兒童福利基金會。

中華兒童福利基金會（1996），《受虐兒童——美國如何防治兒童受
　　虐》。台中：中華兒童福利基金會。

尤幸玲（1996），《醫師參與兒童保護工作現況之探討》。台中：中華兒
　　童福利基金會。

尹業珍（1994），施虐父母與非施虐父母的童年經驗、社會支持、親職
　　壓童虐待傾向之，研究中國文化大學兒童福利研究所碩士論文。

田晉杰（1992），兒童虐待責任報告制評估之研究，中國文化大學兒童

福利研究所碩士論文。

朱中和（1995），司法界如何支持兒童保護工作，《全民參與兒童保護研討會》，44～75。台中：中華兒童福利基金會。

朱美珍（1990），由社會福利論兒童虐待問題，《復興崗學報》。

江季璇（1993），《從兒童人權談兒童保護服務措施之落實》。台北市社會局八十二年度兒童福利工作人員在職訓練彙編，67～81。

江季璇（1999），受虐兒童專業倫理保密的兩難，《社區發展季刊》，86，131～142。

江錦鈿（1995），台北市社會局兒童保護服務工作執行現況的探討與分析——以社工督導的觀點出發，中興大學公共政策研究所碩士論文。

伊慶春（1993），《雛妓預防治途徑之研究》。行政院研考會。

李立如（1995），兒童保護行政之研究——實現兒童最佳利益，台灣大學法律研究所碩士論文。

李宗派（1990），兒童性虐待實務工作，《兒童保護服務實務研討會訓練專輯》。台灣省社會處。

李貴英（1995），台灣近年來兒童虐待問題之研究，《社會科學教育學刊》，5，85～109。

李欽湧編（1988），《兒童保護要論——政策與實務》。台中：中華兒童福利基金會。

李鶯喬（1992），兒童虐待，《台灣醫界》，第35卷第4期：312～314。

沙依仁（1999），受虐兒童之輔導，《變色天空——折翼的小天使》，40～57。

何長珠（1995），應用遊戲治療於受虐兒的三個實例研究，《輔導學報》，18，1～37。

何承謙（1997），台北市兒童保護機構間協調及其影響因素之探討，中正大學社會福利研究所碩士論文。

何素秋（1991），寄養服務及兒童保護，《社會福利》，92，17～18。

杜慈榮（1998），童年受虐少年「獨立生活」經驗探討——以台北市少年
　　獨立生活方案爲例，台灣大學社會學研究所碩士論文。

官有垣（1996），台灣民間社會福利機構與政府的競爭關係——以台灣基
　　督教兒童福利基金會爲例，《空大行政學報》，5，125～175。

沈美眞（1990），《台灣被害娼妓與娼妓政策》。台北：前衛。

余漢儀（1993a），兒童保護在美國的發展，《美國月刊》，第8卷第9
　　期，89～99：。

余漢儀（1993b），兒童虐待及其因應之道，《研考雙月刊》，第17卷第3
　　期：23～30。

余漢儀（1995a），《兒童虐待——現象檢視與問題反思》。台北：巨流

余漢儀（1995b），美國兒童保護運動之興衰，《美歐月刊》，107，127
　　～141。

余漢儀（1995c），《兒童保護服務體系之研究》。內政部委託研究。

余漢儀（1996），婦運對兒童保護之影響，《婦女與兩性學刊》，7，115
　　～140。

余漢儀（1997a），《兒童保護模式之探討——兼論社工決策及家外安
　　置》。國科會研究計畫。

余漢儀（1997b）庭庭寄養照護——受虐孩童的幸或不性？，《國立台灣
　　大學社會學刊》，25，105～140。

余漢儀（1997），變調的兒童保護，發表於《台灣社會福利運動的回顧
　　與展望研討會》。台灣大學社會學系。

吳錦華（1995），戶政機關如何協助無戶籍兒童申報戶籍以發揮保護兒
　　童功能，收入於《全民參與兒童保護研討會》，106～115。台中：
　　中華兒童福利基金會。

林文雄（1994），美國加州兒童虐待案件之舉發處置對台灣之適用性，
　　《社會福利》，115，33～39。

林秀芬（1989），兒童虐待與疏忽問題之研究——由家庭結構之觀點探
　　討，中國文化大學兒童福利研究所碩士論文。

林坤隆（1992），被虐待兒童與少年暴力犯罪之研究，中國文化大學兒童福利研究所碩士論文。

林佳慧（1994），兒童性虐待面面觀，《幼兒教育年刊》，7，87～101。

林亮吟（1999），受虐兒童之身心特質，《變調的天空——折翼的小天使》，6～20。

林瑞發等（1998），兒童虐待與少年犯罪的系統整合研究，《社區發展》，81，197～205。

周慧香（1992），社會工作過程對寄養兒童生活適應影響之研究，中國文化大學兒童福利研碩究所士論文。

洪文惠（1992），與受虐兒童及家長晤談，《社會福利》，101。

高迪理（1992），個案管理在兒童保護工作中之運用，《社會福利》，102。

高鳳仙（1998），《家庭暴力防治法規專論》。台北：五南。

翁文蒂（1999），中部地區專業人員對兒童保護認知與處遇之關聯性研究，《社會福利》，142，25～33。

翁毓秀（1993），兒童虐待指標與處遇策略，《學生輔導通訊》，35，30～37。

翁毓秀（1999），親職壓力與兒童虐待：兼論兒童虐待之預防，《社區發展》，86，262～279。

翁毓秀等（1990），〈台灣地區寄養安置評估研究〉。中華民國社區發展中心委託研究。

翁慧圓（1990），兒童保護服務與團體工作，《社會福利》，80，15～18。

翁慧圓（1994），兒童虐待個案的診斷、處置與評估，《社會福利》，114，37～40。

孫鼎華（1992），兒童虐待——原因之探討，《社會福利》，98。

許春金、黃翠紋（1998），兒童虐待與偏差行為關連性之研究，《中央警察大學學報》，32，339～376。

郭靜晃（1996），兒童保護輸送體系之檢討與省思，《社區發展季刊》，75，144～155。

莫藜藜（1994），學校如何做好兒童保護工作，《學生輔導季刊》，35，38～43。

莫藜藜（1997），醫院社會工作與兒童保護工作，《中華醫務社會工作學刊》，6，19～32。

陳金瑟（1998），師院生兒童性侵害防治教學效果研究，國立台灣師範大學衛生教育研究所碩士論文。

陳若璋（1990），兒童性侵害的研究及學校輔導的運用，《福利社會》，20，15～21。

陳若璋（1998），《兒童、青少年性虐待防治與輔導手冊》。台北：張老師出版社。

陳孟瑩（1994），自法律層面談兒童福利法對兒童之保護，《社會福利》，105。

陳孟瑩（1996），聯合國兒童權利公約與我國法律對兒童之保護，《社會建設》，94，4～7。

陳叔綱（1996），台北市兒童保護服務網絡之研究，東吳大學社會工作研究所碩士論文。

陳超凡（1988），兒童被虐待與少年犯罪相關性之研究——台灣地區之實證分析，中央警官學校警政研究所碩士論文。

陳毓文、鄭麗珍（1999），兒童及少年性交易防制工作的過去、現在與未來－社政作者與不幸少女觀點之比較，收入於《台灣社會福利的發展——回顧與展望》，179～206。台北：五南。

陳慧鴻（1998），沙箱治療對受虐兒童生活適應之影響歷程研究，台南師範學院國民教育研究所碩士論文。

張平吾（1998），兒童虐待相關問題與處理對策，《中央警察大學學報》，32，311～388。

張必宜（1998），社工員與施虐父母工作關係的形成及其內涵——以台北

市兒童少年保護個案爲例,台灣大學社會學研究所碩士論文。

張裕豐（1996）,兒童虐待責任通報制之研究——台北市小兒科醫師、小學教師及托兒所保育員的認知、態度與經驗,中國文化大學兒童福利研究所碩士論文。

張學鶚（1992）,〈兒童保護服務措施網絡規畫之研究〉。中華民國社區研究發展中心。

曾振順（1993）,學校應如何做好兒童保護工作,《蓮文教》,4,39～43。

黃千佑（1991）,虐待兒童的父母之社會心理,東海大學社會作研究所碩士論文。

黃木添、王明仁（1998）,兒童虐待的原因及預防,《社區發展》,81,189～196。

黃彥宜（1994）,兒童受譴與家庭,《社會建設》,88,55～66。

黃素珍（1991）,父母童年受虐經驗與兒童虐待之探討,東海大學社會工作研究所碩士論文。

黃淑容（1995）,兒童保護責任報告制研究——台北市國小教育人員之經驗,中國文化大學兒童福利研究所碩士論文。

黃富源（1995）,實施兒童保護所應注意的幾個觀點,《社會福利》,117,22～26。

黃富源（1995）,〈台灣地區不幸少女保護防制作爲評估之研究〉。內政部委託研究。

黃碧芬（1996）,《兒童福利與保護》。台北:書泉。

黃翠紋（1997）,變遷社會中警察處理家庭暴力策略之探討,《社區發展季刊》,84,71～85。

黃翠紋（1999）,疏忽行爲對兒童之影響及其防治策略之探討,《警專叢刊》,第30卷第3期,103～131。

黃鈴惠（1998）,當前兒童保護政策與兒童保護服務模式,《社會建設》,91,47～49。

黃瑋瑩（1996），被尋獲失蹤兒童之家庭生活再適應，國立台灣大學社會學研究所碩士論文。

傅世賢（1994），從事性交易少女對處遇之需求研究——以廣慈博愛院職業輔導所爲例，東吳大學社會工作研究所碩士論文。

彭淑華（1998），〈台灣受虐兒童專業整合服務之研究〉。行政院國家科學委員會專題研究計畫。

楊孝濚（1996），從兒童權利看媒體的社會責任，《傳播研究簡訊》，7，3～4。

楊葆次（1998），寄養兒童社會行爲、社工處遇與安置穩定性、內控信念之研究，中國文化大學兒童福利研究所碩士論文。

馮　燕（1994a），兒童保護服務網絡的社區防治工作——生態區位觀與流行病學理論模型的應用，《中華醫務社會工作學刊》，4，1～19。

馮　燕（1994b），應用社區觀念健全兒保服務網絡，《社區發展季刊》，65，141～149。

馮　燕（1995），兒童及少年之保護，《社會建設》，92，54～58。

馮　燕（1996），保護性服務網絡之建構及醫療社工專業人員，《中華醫務社會工作學刊》，6，1～17。

馮　燕（1998），失蹤兒童及遊童分析，《兒童福利大體檢》，229～267。台北：中華徵信社。

馮　燕等（1993a），《棄嬰留養制度與現況之調查研究》。台北：聯合勸募協會、中華民國兒童福利聯盟基金會。

馮　燕等（1993b），〈我國失蹤兒童及協尋問題之評估研究〉。中華民國兒童福利聯盟基金會。

馮　燕等（1995），〈兒童保護工作中「施虐者輔導方案」研究〉。內政部委託研究。

馮　燕等（2000），《兒童福利》。空中大學。

葉貞屏（1992），受創的幼苗——談遊戲治療對被虐待兒童之應用，《初

等教育學刊》，3，205～236。

鄒國蘇（1998），兒少保工作人員如何與受虐者工作，《責任與決定——
　　兒童少年保護工作在職訓練彙編》，194～197。

趙文藝（1991），保護兒童措施每下愈況，《青少年兒童福利》，14。

劉可屏（1992），〈兒童虐待傷害認定標準研究報告〉。內政部委託研
　　究。

劉可屏（1997），虐待對童年受害者的心理影響，《律師雜誌》，216，
　　41～47。

劉美芝（1999），機構安置受虐兒童社會適應之研究，中國文化大學兒
　　童福利研究所碩士論文。

劉姿吟（1992），從告發與保密談兒童虐待案件的倫理問題，《輔導月
　　刊》，第28卷第3、4期，頁34～35。

劉紋伶（1991），虐待兒童父母生活壓力經驗之探討，東吳大學社會工
　　作研究所碩士論文。

劉蕙雯（1998），高雄市兒童保護社會工作人員工作疲乏探討，高雄醫
　　學院行為科學研究所碩士論文。

溫雅蓮（1995），受虐兒童介入方案之發展暨成效評估研究，東吳大學
　　社會工作研究所碩士論文。

廖秋芬（1997），社會工作員對兒童保護案件處遇計畫的價值抉擇之研
　　究，東海大學社會工作研究所碩士論文。

廖美玲（1999），警察機關婦幼保護工作現況與展望，《社會福利》，
　　71，34～35。

鄭文文（1993），兒童福利法與民法的交錯——兒童虐待事件之法律觀
　　分析，東吳大學法律研究所碩士論文。

鄭石岩（1995），教育機構的兒童保護及措施，《全民參與兒童保護研
　　討會》，116～125。台中：中華兒童福利基金會。

鄭善明（1999），從高雄兒童受虐致死案談兒童保護工作之省思，《社
　　會福利》，142，62～68。

鄭基慧等（1997），《兒童保護十大新聞五年回顧》。台中：中華兒童福利基金會。

鄭淑燕（1991a），兒童保護與科際組合，《社區發展季刊》，54。

鄭淑燕（1991b），變遷社會中的兒童保護，《社會福利》，92。

鄭瑞隆（1988），我國兒童被虐待嚴重性之評估研究，中國文化大學兒童福利研究所碩士論文。

鄭瑞隆（1991），兒童虐待及保護服務，收入於周震歐主編，《兒童福利》，143～179。 台北：巨流。

蔡嘉洳等（1998），中美受虐兒童保護服務工作之研究，《兒童福利》，論叢，2，77～113。

謝依蓉（1999），淺介兒童虐待與保護服務，《育達學報》，13，199～216。

賴仕涵等（1999），兒童虐待事件的評估，《基層醫療》，第14卷第6期，109～111。

賴姿雯（1995），影響社工員從事兒童保護工作的滿意度之相關因素探析——以台北市社會局社會福利服務中心為例，陽明大學衛生福利研究所碩士論文。

蕭孟珠（1989），防治兒童虐待與疏忽工作之基本認識，《福利社會》，14，9～11。

歐陽素鶯（1989），對虐待兒童行為界定之研究，中國文化大學兒童福利研究碩士論文。

顏碧慧（1994），家庭系統取向訓練方案對單親母親親職效能影響之研究，中國文化大學兒童福利研究碩士論文。

蘇傅玉（1994），機構安置之從事性交易少女對追蹤服務的需求之探究——以台北市為例，東吳大學社會工作研究所碩士論文。

蘇慧雯（1995），台北地區兒童保護工作人員工作滿足及其相關因素之探討，中國文化大學兒童福利研究所碩士論文。

6.兒童教育與休閒政策

黃志成

中國文化大學社會福利學系教授

前言

　　新世紀的來臨，將面對人類社會更積極的挑戰，為了迎接這些挑戰，造就未來優質人類的工程——教育就益顯得重要，唯有對人類幼苗的教育，將來開花結果，才能適應未來變化多端的社會，而教育是多元性的，可以是學校教育，也可以是社會教育。學校教育比較制式化，社會教育應更有彈性，可以提供兒童另類的學習管道，如廣播、電視節目、兒童讀物等，就扮演相當重要的角色。此外，在兒童的成長過程中，影響健全身心發展的另一個關鍵就是育樂及休閒活動，這些活動（遊戲）可以消耗幼兒過剩的精力，可以回復在工作中消耗的精力，可以在學習之後為成人生活所需作準備，也可以調節日常生活中受挫的經驗，熟練並鞏固所學的技巧等（郭靜晃，1992）。因此，休閒活動也是兒童生活中不可或缺的內容之一，值得有關單位重視。

　　兒童局依兒童福利法第六條的規定於1999年11月20日成立，很希望為我國兒童盡一份心力，然於法治國家中，事事講究依法行事，故在擬訂施政方針之時，必須考量法規的問題，以下就列舉與兒童息息相關的

兒童福利法及身心障礙者保護法中，有關教育及休閒的條文，作為施政
的指標。

法源依據

　　兒童教育與休閒活動之行政法規可以說很多，特別是在教育體系之
下的法律，如幼稚教育法、國民教育法、特殊教育法等，凡此均由教育
部及其相關單位配合實施，不在本章討論之列。本章擬就社政法規中的
兒童福利法及身心障礙者保護法所列的相關條文提出說明：

一、兒童福利法

第　七　條　中央主管機關掌理下列事項：
　　　　　　兒童福利事業之策劃與獎助及評鑑之規劃事項。
　　　　　　特殊兒童輔導及殘障兒童重建之規劃事項。
　　　　　　兒童福利專業人員之規劃訓練事項。
　　　　　　兒童之母語及母語文化教育事項。

第　八　條　省（市）主管機關掌理下列事項：
　　　　　　特殊兒童輔導及殘障兒童重建之計畫與實施事項。
　　　　　　有關親職教育之規劃及辦理事項。

第 十 三 條　縣（市）政府應辦理下列兒童福利措施：
　　　　　　對發展遲緩之特殊兒童建立早期通報系統並提供早期療育
　　　　　　服務。

第二十二條　縣（市）政府應自行創辦或獎勵民間辦理下列兒童福利機
　　　　　　構：
　　　　　　兒童樂園。
　　　　　　兒童康樂中心。

兒童圖書館。

二、身心障礙者保護法

第 二 條　本法所稱主管機關：在中央為內政部；在省（市）為省
　　　　（市）政府社會處（局）；在縣（市）為縣（市）政府。
　　　　本法所規定事項，涉及各目的事業主管機關職掌者，由各
　　　　目的事業主管機關辦理。
　　　　主管機關：主管身心障礙者人格及合法權益之維護，個人
　　　　基本資料之建立，身心障礙手冊之核發、托育、養護、生
　　　　活、諮詢、育樂、在宅服務等福利服務相關事宜之規劃及
　　　　辦理。
　　　　教育主管機關：主管身心障礙者之教育及所需經費之補
　　　　助、特殊教育教材、教學、輔助器具之研究發展、特殊教
　　　　育教師之檢定及本法各類專業人員之教育培育，與身心障
　　　　礙者就學及社會教育等相關事宜之規劃及辦理。

第 十 四 條　為適時提供療育與服務，中央相關目的事業主管機關應建
　　　　立彙報及下列通報系統：
　　　　教育主管機關應建立疑似身心障礙學生通報系統。

第 十 條　各級政府應根據身心障礙者人口調查之資料，規劃設立各
　　　　級特殊教育學校、特殊教育班或以其他方式教育不能就讀
　　　　於普通學校或普通班之身心障礙者，以維護其受教育之權
　　　　益。

第 二 十 條　前項學齡身心障礙兒童無法自行上下學者，應由政府免費
　　　　提供交通工具；確有困難，無法提供者，應補助其交通
　　　　費；地方政府經費不足者，由中央補助之。

第二十一條　各級教育主管機關應主動協助身心障礙者就學，各級學校
　　　　亦不得因其障礙類別、程度、或尚未設置特殊教育班（學

校）而拒絕其入學。

第二十二條　教育主管機關應視身心障礙者之障礙等級，優惠其本人及子女受教育所需相關經費；其補助辦法由中央教育主管機關定之。

第二十三條　各級教育主管機關辦理身心障礙者教育及入學考試時，應依其障礙情況及學習需要，提供各項必須之專業人員、特殊教材與各種教育輔助器材、無障礙校園環境、點字讀物及相關教育資源，以符公平合理接受教育之機會與應考條件。

第二十四條　各級政府應設立及獎勵民間設立學前療育機構，並獎勵幼稚園、托兒所及其他學前療育機構，辦理身心障礙幼兒學前教育、托育服務及特殊訓練。

第四十一條　為強化家庭照顧身心障礙者之意願及能力，直轄市及縣（市）政府應提供或結合民間資源提供下列社區服務：
休閒服務。
親職教育。

第五十三條　各級政府及民間應採取下列措施豐富身心障礙者之文化及精神生活：
透過廣播、電視、電影、報刊、圖書等方式，反映身心礙者生活。
設立並獎助身心障礙者各障礙類別之讀物，開辦電視手語節目，在部分影視作品中增加字幕及解說。
舉辦並鼓勵身心障礙者參與各項文化、體育、娛樂等活動、特殊才藝表演，參加重大國際性比賽和交流。
前項實施辦法，由中央主管機關會同各目的事業主管機關定之。

有關兒童教育與休閒的基本議題論述

本單元主要在針對上述兒童福利法及身心障礙者保護法，有關兒童「教育與休閒」的部分作申論，就兒童局的觀點，這是「最低限度」的福利服務，而且都是「依法有據」的。

一、特殊教育與補救教學

（一）舉辦特殊兒童普查

有始以來，我國共舉辦兩次特殊兒童普查，第一次在1976年完成，在六至十二歲學齡中，有三萬四千零一名身心障礙兒童，出現率為1.12%（徐享良，1999）。第二次則在1990年至1992年普查，本次共普查十一類特殊兒童，在六至十四歲的兒童中，總共出現七萬五千五百六十二名身心障礙兒童，出現率為2.121%（教育部特殊兒童普查執行小組，1993）。自第二次全國特殊兒童普查以來，我國未再做普查，在此期間，歷經了由教育部執行的「發展改進特殊教育五年計畫」（1994會計年度開始執行）。1997年修訂的「特殊教育法」，以及新近所倡導的融合教育（inclusive education），在這諸多變革中，過去的普查資料實已失效，尤其是特殊兒童的分類及鑑定基準（請參考「身心障礙及資賦優異學生鑑定原則鑑定基準」，1998年頒布）也作了改變，因此實有必要再作第三次全國特殊兒童普查，作為規劃設立區域性特殊學校、特殊班、資源班或以其他方式教育可能就讀於普通學校或普通班之特殊兒童。

（二）補助教育經費

身心障礙者常因找不到工作，或無法在工作上全力以赴，導致經濟

狀況較差，以台北市〈八十四年度低收入戶總清查報告〉中，致貧的原因為身心障礙者占14.9%，精神病者占9.6%（孫健忠、張清富，1996）。此外，家中有身心障礙者（不管是大人或小孩），可能額外需付出一些醫療及復健費用，更讓經濟生活雪上加霜，若因為這樣而影響到求學時，將不是為政者所樂於見到的，因此，只要編點預算，補助其求學經費，就可大大的改善身心障礙兒童的學習意願及情緒，依照身心障礙者保護法第二十條的規定，若學齡身心障礙兒童無法自行上下學者，若政府無法提供交通工具時，應補助其交通費；第二十二條規定應優惠身心障礙者本人及子女受教育所需相關經費。此外，依「身心障礙者生活輔助器具輔助標準」的規定，學習所需要的一些輔助器具，如點字機、點字板、收錄音機、弱視特製眼鏡或放大器、傳真機等，也按家中經濟狀況給予補助，如此將更有利於身心障礙兒童的學習，當然，我們也希望政府及民間能夠廣開財源，補助更多的教育經費，如補救教學費用、學業用品費用、書籍費用等，以提升身心障礙兒童的潛能。

（三）提供無障礙的學習環境

　　學習環境的障礙是身心障礙兒童的痛，他們常因而感到無奈與無助，導致學習效果也大大地打了折扣，因此，這也是吾人在提供福利服務所應考量的，根據身心障礙者保護法第二十條規定，學齡身心障礙兒童無法自行上下學者，應由政府免費提供交通工具；第二十一條為不得以任何理由拒絕入學；第二十三條為提供特殊教材與各種教育輔助器材、無障礙的校園環境、點字讀物及相關教育資源。此外，楊國賜（1992）認為吾人應從下列三者提供無障礙的學習環境：

1. 學校建築方面：基於「方便」與「安全」兩大原則，建立全面性無障礙校園環境。所謂「方便」係指校園內任一建築物或環境設施，皆應使殘障學生便於抵達、便於進入或便於使用；所謂「安全」係指校園內各項建築及設施，皆應顧及殘障學生行動安全，

無二度傷害的顧慮。

2. 教學環境方面：由於殘障學生多數需藉輔助器具才能順利學習，所以教材、教法、教具應彈性調整，適應殘障學生的特殊需要，是排除其學習上有所障礙的必要措施。

3. 社會接納方面：就「無障礙校園環境」所引發接納殘障學生的作法包括：一、提供障礙學生參與一般活動的機會；二、一般師生避免取笑及議論某殘障學生，應給予援手適當協助；三、加強身心障礙學生的輔導；四、舉辦關懷身心障礙學生的活動。

（四）研發特殊兒童鑑定工具

評量工具是篩選、鑑定特殊學生及為其進行教育評量時，不可或缺之憑藉。教育部社教司曾委託國立台灣師大特殊教育中心彙編「特殊學生評量工具」計一百八十五種（張蓓莉，1991），然觀其內容，並無法滿足現行各類特殊兒童的需要，且該書出版迄今已十年，內容已老舊不堪使用。近年來，公立單位及民間出版社（如中國行為科學社、心理出版社等）雖有新的測驗被研發出來，但至今仍感不足，故有賴各學術機構繼續發展適合各類特殊兒童的鑑定工具，辦理特殊兒童之鑑定，以便提供適當的教育安置。關於此一項目，教育部長楊朝祥（1999）也將改進特教測驗、評量工具列入日後的重點工作及施政方向，這是可喜的現象。

（五）建立疑似身心障礙學生通報系統

發展遲緩幼兒若能獲得早期療育，遲緩的狀況似可獲得改善。而為能得到早期療育的機會，通報系統的建立就很重要，故特殊教育的主管單位——教育部應與衛生署、內政部等單位建立通報系統，使每一位身心障礙兒童均能獲得早期療育、適當安置與接受福利服務的機會。

（六）重視特殊兒童學前教育、托育服務及特殊訓練的機會

人類發展有其關鍵期，而許多身心發展如粗動作、細動作、大肌肉、小肌肉、認知、情緒、社會等，最好能在六歲以前就積極涉入學習，特殊兒童的發展通常更為遲緩，早期的學前教育、托育服務，以及特殊的訓練（如語言矯正、生活自理能力、定向訓練、物理治療等）就更有必要實施。我國特殊教育法（1997年修訂公布）第七條就明文規定：學前教育階段，在醫院、家庭、幼稚園、托兒所、特殊幼稚園（班）、特殊教育學校幼稚部或其他適當場所實施。可見這是有法源依據的，也期望政府及民間共同來努力，作好此一工作。

（七）輔導低成就的學童

對於低成就學生的輔導，首重原因的瞭解，是來自個人的因素、家庭的因素或學校的因素，對症下藥，可以解決低成就學生的問題。以個人因素為例，是否為智力低下、缺乏學習動機，或者是出現率頗高的學習障礙（learning disabilities），學習障礙的學童在發展上常顯現重大的內在差距，如知覺、視覺能力、注意力、記憶力等發展的不平衡，亦可能係表現於潛在能力與實際成就之間的明顯差異（何華國，1999）。因此，有賴學校老師、家長給低成就的兒童作適當的輔導，所謂適當的輔導係指針對其潛能作合理的要求，如對於低智商者就要把水準降低。此外，對於輔導的方式，在學校可採用老師直接輔導、小老師輔導，或者課後輔導、資源班輔導。至於在家中，家長可就近輔導或請家庭教師幫助兒童的學習。

（八）善用電腦、網際網路及遠距教學

隨著科技的進步，電腦、網際網路及遠距教學也可以好好的利用在身心障礙兒童的學習上如：

1.身心障礙學生資料可以建立電子檔，如此可以應用在老師的教學工作。

2.建置教學檔案，如特殊教育各類專業人才檔、特殊教材等。

3.利用網路作特殊教育的宣導、解答特殊教育老師及特殊兒童的疑問。

4.建立身心障礙學生的通報系統。

5.透過網路成立家長支持系統，並作兒童教導經驗的交流。

6.為特殊兒童作遠距教學：遠距教學可分為兩種：一、同步教學，意即老師與學生同時上課；二、為非同步教學，意為老師把教材放在網路上，特殊兒童可以不定時上網學習。遠距教學可以解決特殊教育資源分布不均的問題，也可以解決國內診斷人才缺乏與特教師資不足的問題，落實特殊教育的理想（孟瑛如、吳東光，1997）。

7.為特殊老師、身心障礙福利服務人員及身心障礙學生提供各種社會資源。

（九）充實融合教育的配套措施

近年來，特殊教育界高喊融合教育，各行政及學校也急就章加以配合，美國維吉尼亞大學教授Kauffman（1999）就提及融合教育在美國受歡迎的原因有五：一、他們相信學校裡的特殊班是失敗的，整個特殊教育對處理特殊的孩子並不成功；二、受美國人權運動的影響；三、推廣融合教育可以減少花費；四、後現代哲學（postmodernism）和解構主義（Deconstruction）的興起，此兩者是反科學的，認為教育的價值是無法用科學驗證的，孩子的學習成就有無改變根本不是重點；五、社會改革或教育改革的理念建議我們不要去發掘或標記學童，學校可以做根本上的改革或重建，使普通教育變得非常彈性，足以涵蓋所有的學童。然而，在台灣各種配套措施沒有同步進行之下，目前可以說是毀譽參半，為了作好改進工作，似可從下列幾個方向著手：

1.師資培訓：由於普通班老師未必具有特殊教育的知能，就作融合教育時，讓老師覺得力不從心，不知如何輔導各類特殊兒童，特殊兒童也沒有得到應有的受教品質，因此，各師資培育機構應廣開特殊教育學分，讓「準老師」有特殊教育的知能；至於現職的普通班教師則可利用短期研習、暑假調訓等方式接受特殊教育的專業訓練，以利教學。值得注意的是學前特教老師也應積極列入培訓。

2.充實軟硬體設施：特殊兒童進入普通班以後，為了符合其特殊需要，充實軟硬體設施有其必要性，如特殊教材、設備（特製桌椅、放大鏡、點字書、傳真機）等。

3.行政配合：包括鑑定工作、安置、教師名額等，行政配合得宜，有利教師的教學工作。

（十）成立特殊教育輔導團隊

特殊教育的專業除了教育以外，還包括醫療、心理、社工等專業知識，常讓特殊教育老師使不上力，為了讓老師能更順利教學，各縣市宜整合小兒科醫師、耳鼻喉科醫師、復健科醫師、語言治療師、心理師、精神科醫師、社工師等組成輔導團隊，輔導老師從事教學工作。

二、社會教育宣導及圖書、廣電節目製作

（一）利用媒體及電腦網際網路作社會教育

兒童追求知識、接受教育的管道應該是多元性的，報紙、廣播節目、有線及無線電視台、電腦網際網路等均可製作兒童教育單元，作好社會教育、補充學校教育之不足。

（二）製作、評鑑、獎勵兒童讀物、漫畫、錄音帶、錄影帶、廣播節目、電視節目

各有關單位可以編定年度計畫，編製各類兒童有聲圖書及一般讀物，並且每年作評鑑工作，獎勵優良作品。此外，也可以向電視公司及廣播公司購買時段，播放優良兒童節目，讓電視公司及廣播公司之兒童節目能永續經營，造福兒童。

（三）設立社區化圖書館

近年來，兒童圖書館已逐漸普遍化，但至今城鄉差距仍很嚴重，為了調節此一現象，宜在各社區設立小型圖書館，設置地點可在村里活動中心、廟宇、教會或其他合適地點，讓每一村里、社區兒童在最近的距離可以借到課外讀物，造福偏遠地區兒童。至於一些中大型圖書館，可研發跨館際借書服務、跨館際資料查詢服務。

（四）兒童母語及母語文化教育

在兒童福利法第七條明文規定應為兒童作母語及母語文化教育，在推行此一措施之時，吾人應先瞭解其真義何在。蓋因語言有其流通性、普遍性與統一性，作極少數兒童的母語教學不但無法有流通性，而且師資、教材也不易尋得；但若基於文化保存、尊重少數民族的觀點，母語文化教育就有其必要性，因此，釐清這樣的觀念後，將有助於訂定母語及母語文化教學的目標及教學內容。

（五）編製兒童育樂、社會教育、廣電節目活動會訊

資訊不足常造成供需單位的不協調現象，不但造成資源的浪費，也讓兒童無法獲得應有的福利服務。因此，有關單位應該把各種兒童育樂、社會教育、廣電節目活動分成全國性的、地方性的作成會訊定期（按月）分送各學校、家長團體或個人訂戶，提供學校辦戶外教學、家

長作親子活動的參考。

三、兒童育樂及休閒場所

（一）設立各種兒童育樂及休閒場所

　　政府應自行創辦或獎勵民間設立各種兒童育樂及休閒場所，包括兒童樂園、室內兒童康樂中心、動物園、科學館、博物館、文物中心等，除在大城市設立大型機構外，顧及普遍化原則，可在各縣市設立富地域性特色之小型機構，讓鄉下或偏遠地區之兒童也有合適的活動地點。

（二）安全措施的維護

　　兒童育樂及休閒場所發生意外事件時有所聞，故安全措施之維護不可漠視，可從下列幾個方向著手：

1.政府有關單位定期作好安全檢查。
2.結合社區父母及民間團體，發揮守望相助，加強活動設施安全督導與管理。
3.鼓勵企業界認養公園內兒童育樂設施。

（三）設立社區化兒童樂園

　　結合政府或民間力量在社區活動中心、廟宇或教會、公園設立簡易育樂活動場所，讓兒童有舒展身心的機會。

（四）公私立小學、幼稚園及托兒所於假日開放運動與遊樂器材給社區內兒童使用

　　為達到物盡其用及普遍化原則，政府可補助經費給各公私立小學、幼稚園及托兒所，購買、保養及維修各種育樂設施，提供給社區內兒童使用。

（五）提供公私立遊樂場所之入場券給弱勢族群之兒童

許多公私立遊樂場所之遊樂設施均相當吸引兒童，也具教育及娛樂效果，但因入場票價過高（尤其是私立遊樂場所），部分弱勢族群（如低收入戶、身心障礙、原住民等）之兒童無法前往消費，故政府對於公私立機構應定期購買入場券，免費提供給弱勢族群之兒童使用。

兒童教育與休閒活動服務方案

基於上面之論述，本單元整理出下列之採行方案供參考：

一、特殊教育及補救教學

採行措施	主辦機關	協辦機關	時程
1.各級政府應根據身心障礙者人口調查之資料，規劃設立區域性特殊學校、特殊班或以其他方式教育可能就讀於普通學校或普通班之特殊兒童	直轄市及各縣市政府	教育部 內政部兒童局	立即辦理
2.學齡身心障礙兒童無法自行上下學者，提供免費交通工具，確有困難，無法提供者，應補助其交通費	直轄市及各縣市政府	教育部 內政部兒童局	立即辦理
3.研發合適的特殊兒童鑑定工具、辦理特殊兒童之鑑定，提供適當之教育安置	衛生署 教育部	內政部兒童局	立即辦理
4.建立疑似身心障礙學生通報系統	教育部	內政部兒童局	立即辦理
5.依身心障礙兒童之障礙等級優惠其受教育所需相關經費	直轄市及各縣市政府	內政部兒童局	立即辦理
6.辦理身心障礙兒童教育時，應依其障礙情形及學習的特殊需要提供各項必需之專業人員、特殊教材與各種教育補助器材、無障礙校園環境、點字讀物及相關教育資源	直轄市及各縣市政府教育部	內政部兒童局	立即辦理
7.設立及獎勵民間設立幼稚園、托兒所及其它學前療育機構，辦理身心障礙幼兒學前教育、托育服務及特殊訓練	直轄市及各縣市政府	內政部兒童局教育部	立即辦理

採行措施	主辦機關	協辦機關	時程
8.對於低成就之學童應以資源班或其它適當方式給予補救教學	各縣市政府	教育部	立即辦理
9.各縣市成立特殊兒童教育電子資料檔、網站	直轄市及各縣市政府	教育部	立即辦理
10.為特殊兒童作遠距教學	教育部		立即辦理
11.為特教老師、身心障礙福利服務人員及特殊兒童利用適當管道提供社會資源資訊	教育部內政部兒童局	直轄市及各縣市政府	立即辦理
12.充實融合教育的配套措施（如師資培訓、軟硬體設施、行政配合等）	直轄市及各縣市政府	教育部	立即辦理
13.培育學前特殊教育教師	教育部		立即辦理
14.各縣市成立特殊教育輔導團隊	直轄市及各縣市政府	教育部衛生署內政部兒童局	立即辦理
15.為私立小學、幼稚園特教老師比照公立學校提供「特教津貼」	直轄市及各縣市政府	教育部	立即辦理

二、社會教育宣導及圖書、廣電節目製作

採行措施	主辦機關	協辦機關	時程
1.透過媒體及電腦網際網路宣導各項社會教育，對兒童實施品德、禮節、衛生常識、環境保護、性教育等知識	新聞局	教育部內政部兒童局	立即辦理
2.獎勵兒童文學、讀物、漫畫之創作及錄影帶、錄音帶之製作，並編製優良兒童讀物（書刊、雜誌、漫畫等）	教育部	內政部兒童局文建會	立即辦理
3.製作並定期評鑑、獎助優良兒童電視、廣播節目	新聞局	教育部內政部兒童局	立即辦理
4.普遍設立社區化兒童圖書館，並研擬跨館際借書服務	直轄市及各縣市政府	教育部文建會	立即辦理
5.兒童之母語及母語文化教育事項	直轄市及各縣市政府	原住民委員會文建會教育部內政部兒童局	立即辦理
6.編製兒童育樂、社會教育、廣電節目活動會訊	直轄市及各縣市政府	內政部兒童局	立即辦理
7.向電視、廣播公司購買時段，播放優良兒童節目	新聞局	教育部文建會內政部兒童局	立即辦理

三、兒童育樂及休閒場所

採行措施	主辦機關	協辦機關	時程
1.各級政府結合資訊、教育及社政建立兒童休閒網絡，規劃及倡導兒童休閒及文化樂園之場地、空間與設施，以滿足各類兒童之休閒多樣化之需求	直轄市及各縣市政府內政部營建署	內政部兒童局勞委會教育部	立即辦理
2.政府自行創辦或獎勵民間設立兒童樂園並定期作安全檢查	直轄市及各縣市政府	內政部兒童局教育部	立即辦理
3.結合社區活動中心或民間機構設立社區化兒童康樂中心	直轄市及各縣市政府	內政部兒童局文建會教育部	立即辦理
4.政府自行創辦或獎勵民間設立社區化、精緻化之動物園、兒童博物館、文物中心、科學館	直轄市及各縣市政府	內政部兒童局教育部文建會	立即辦理
5.於各大、中、小型公園架設兒童遊戲、運動設施，並訂定法令以保障兒童遊戲、休閒場所、設施之安全	直轄市及各縣市政府	教育部內政部兒童局	立即辦理
6.結合社區父母及民間團體，發揮守望相助，加強活動設施安全督導與管理	直轄市及各縣市政府	教育部內政部兒童局警政署	立即辦理
7.鼓勵企業界認養公園內兒童育樂設施	直轄市及各縣市政府	內政部兒童局	立即辦理
8.補助公私立幼稚園及托兒所，於假日提供園所內運動及遊樂器材給社區內兒童使用	直轄市及各縣市政府	內政部兒童局	立即辦理
9.政府為低收入戶、身心障礙、原住民等弱勢家庭之兒童購買公私立遊樂場所之入場券	直轄市及各縣市政府	內政部兒童局	立即辦理

參考書目

何華國（1999），《特殊兒童心理與教育》。台北：五南。

孟瑛如、吳東光（1997），遠距診斷與教學系統在特殊教育上之應用，《特殊教育季刊》，56，29～33。

徐享良（1999），緒論，編於王文科主編之《特殊教育導論》。台北：心理。

孫健忠、張清富（1996），〈八十四年度低收入戶總清查報告〉。台北市社會局。

郭靜晃（1992），《兒童遊戲》。台北：揚智。

教育部特殊兒童普查執行小組（1993），〈中華民國第二次特殊兒童普查報告〉。台北：教育部教育研究委員會。

楊朝祥（1999），加強推動教育改革行動方案的重點工作及施政方向，1999年6月21日教育部長於立法院教育委員會第四屆第一會期報告內文。

楊國賜（1992），一般大眾對無障礙校園環境應有的認識，編於張蓓莉、林坤燦主編，《無障礙校園環境實施手冊》。國立台灣師範大學特殊教育中心編印。

Kauffman, J.（1999），融合教育的另一個看法，《特殊教育季刊》，71，33～37。

7. 兒童健康照顧政策藍圖

曾華源

東海大學社會工作學系教授

1909年美國舉行白宮兒童會議,提出保護兒童權利宣言。

1925年國際兒童幸福促進會成立,提醒成年人對兒童的重視。

1959年聯合國發表「兒童權利宣言」呼籲個人、團體、國家必須努力促進兒童身心健全發展,謀求其正常的生活……。

1979年國際簽署兒童權利公約。

馮燕,1998,《社區發展季刊社論》

　　從兒童權利保障發展的歷史脈絡,可以清楚地看出國際對兒童權益保障的政策精神,在在宣示社會有責任提供兒童一個身心全人發展的環境,以保障兒童的生存、人權與社會的公平正義。在邁入廿一世紀的今天,我們的社會要為兒童創造出什麼樣的成長環境?本文試圖就兒童的健康照顧層面,嘗試提出一套兒童健康照顧服務輸送體系之藍圖。

台灣兒童人口結構現況與趨勢分析

一、現階段兒童人口統計概況

統計資料顯示：台灣地區未滿十二歲之兒童人口數爲3,785,640人（見表7-1），約占全國人口總數17%，按六歲年齡組分：0～5歲者183萬人占總人口8.28%，6～11歲者195萬6千人占8.85%。進一步將台灣地區分爲北部、中部、南部、東部及離島四個區域分析兒童人口現況，北部地區包括：基隆市、台北市、台北縣、宜蘭縣、桃園縣、新竹縣、新竹市；中部地區包括：苗栗縣、台中市、台中縣、彰化縣、南投縣、雲林縣；南部地區包括：嘉義市、嘉義縣、台南縣、台南市、高雄市、高雄縣、屏東縣、澎湖縣；東部地區則包括台東縣、花蓮縣、金馬地區。其中，北部地區兒童總數爲1,651,746人，約占兒童總數43.6%；中部地區兒童992,537人，約占總兒童人口數26.2%；南部地區兒童數爲1,033,570人，約占27.3%；東部地區兒童共107,787人，占兒童總人口之2.8%（內政部社會司，2000）。也就是說，北部地區兒童人口雖然占兒童總人口數的三分之一強。然而，仍有其他三分之二的兒童人口分布在中部、南部、及東部地區，這些地區往往因爲城鄉發展的差距，或是在政策決策的過程中無法完全參與，而使兒童權益受到漠視，尤其是東部地區兒童，由於僅占總兒童人口的2.8%，在兒童權益倡導或資源分配的過程中，更是容易因爲缺乏發言的機會而使權利受到剝奪。因此，在規劃建構兒童健康照顧服務的過程中，必須觀照整體兒童的發展需求，並且具區域均衡發展的規劃觀點。

表7-1 1999年戶籍登記現住人口統計表

戶籍登記現住人口數按六歲年齡組分				
1999年底				
區域別	性別	總計	0～5歲	6～11歲
總計	計	22,092,387	1,829,945	1,955,695
	男	11,312,728	952,930	1,020,282
	女	10,779,659	877,015	935,413
台灣地區	計	22,034,096	1,825,491	1,950,828
	男	11,282,404	950,636	1,017,784
	女	10,751,692	874,855	933,044
台灣省	計	17,917,279	1,501,341	1,614,458
	男	9,225,974	781,979	841,280
	女	8,691,305	719,362	773,178
台北縣	計	3,510,917	271,472	329,690
	男	1,774,972	140,634	172,006
	女	1,735,945	130,838	157,684
宜蘭縣	計	465,004	39,217	41,017
	男	240,727	20,483	21,381
	女	224,277	18,734	19,636
桃園縣	計	1,691,292	159,421	172,160
	男	870,984	83,185	90,040
	女	820,308	76,236	82,120
新竹縣	計	433,767	43,519	41,952
	男	227,559	22,705	22,038
	女	206,208	20,814	19,914
苗栗縣	計	559,804	47,541	49,265
	男	294,232	24,813	25,611
	女	265,572	22,728	23,654
台中縣	計	1,481,407	132,931	145,089
	男	760,633	69,126	75,494
	女	720,774	63,805	69,595
彰化縣	計	1,305,640	111,602	116,306
	男	677,292	58,254	61,199
	女	628,348	53,348	55,107
南投縣	計	544,038	45,550	45,747
	男	284,252	23,643	23,905
	女	259,786	21,907	21,842

戶籍登記現住人口數按六歲年齡組分				
1999年底				
區域別	性別	總計	0〜5歲	6〜11歲
雲林縣	計	746,241	62,232	54,397
	男	394,739	32,811	28,378
	女	351,502	29,421	26,019
嘉義縣	計	562,662	46,870	40,191
	男	297,023	24,298	20,867
	女	265,639	22,572	19,324
台南縣	計	1,103,723	86,275	90,952
	男	571,162	45,189	46,877
	女	532,561	41,086	44,075
高雄縣	計	1,230,352	99,881	102,439
	男	639,380	51,791	53,276
	女	590,972	48,090	49,163
屏東縣	計	909,015	74,459	73,983
	男	475,160	38,908	38,178
	女	433,855	35,551	35,805
台東縣	計	247,801	20,653	19,189
	男	133,318	10,819	10,004
	女	114,483	9,834	9,185
花蓮縣	計	355,686	29,416	29,208
	男	188,587	15,194	15,004
	女	167,099	14,222	14,204
澎湖縣	計	89,013	6,637	6,623
	男	46,722	3,513	3,390
	女	42,291	3,124	3,233
基隆市	計	385,201	29,969	34,036
	男	197,737	15,604	17,740
	女	187,464	14,365	16,296
新竹市	計	361,958	32,252	34,818
	男	184,957	16,851	18,101
	女	177,001	15,401	16,717
台中市	計	940,589	85,874	96,003
	男	465,881	44,911	50,006
	女	474,708	40,963	45,997

（續）表7-1　1999年戶籍登記現住人口統計表

| 戶籍登記現住人口數按六歲年齡組分 | | | | |
| 1999年底 | | | | |
區域別	性別	總計	0～5歲	6～11歲
嘉義市	計	265,109	21,376	25,288
	男	133,442	11,101	13,230
	女	131,667	10,275	12,058
台南市	計	728,060	54,194	66,105
	男	367,215	28,146	34,555
	女	360,845	26,048	31,550
台北市	計	2,641,312	213,071	209,152
	男	1,309,434	111,113	110,221
	女	1,331,878	101,958	98,931
高雄市	計	1,475,505	111,079	127,218
	男	746,996	57,544	66,283
	女	728,509	53,535	60,935
福建省	計	58,291	4,454	4,867
	男	30,324	2,294	2,498
	女	27,967	2,160	2,369
金門縣	計	51,731	3,965	4,313
	男	26,648	2,048	2,201
	女	25,083	1,917	2,112
連江縣	計	6,560	489	554
	男	3,676	246	297
	女	2,884	243	257

資料來源：內政部戶政司。

二、兒童健康權的倡導

　　社會權意識的發展已逐漸將兒童視爲一完整的個體，雖然社會對於兒童權利和地位不斷朝向正面和肯定的提升，然而，實際上兒童仍然難以擺脫被認定爲父母或家庭財產的角色定位，兒童還是需要父母和社會的保護和教養。即便是兒童權利的主張，仍然傾向於利於父母，加之因

爲他們缺乏足夠的能力與社會地位，因此在社會資源分配的過程中，兒童常會受到忽略或壓抑（馮燕，1995），在自我權利的爭取上，兒童始終仍居於弱勢的地位。本文主旨不在討論兒童福利的政策效益歸屬，但實質上的確企圖爲兒童的健康權提出倡辯，並進一步主張政府應積極規劃兒童健康照顧服務之面向重點內容。

根據中國人權協會委託馮燕（1998）所進行的兒童人權指標調查，共分爲「基本人權」、「社會權」、「教育權」與「健康權」等四大項目，調查結果顯示，台灣地區的兒童人權仍數不及格狀況（X=2.63），在各分項指標的平均值中，以「社會權」的平均得分最低（X=2.38）。雖然在兒童健康方面平均爲相對最高（X=2.89），但仍是介於「差」與「尚可」之間，未達一般概念的及格水準（X=3）。顯示兒童健康權權益還有待加強才能得到實質保障。在建構兒童健康照護體系的過程中，擬先對現有政策規範爲能確實瞭解國內現況及執行面向做一檢視。

本章主要重點將分爲四部分，首先針對健康照顧對兒童個體發展及社會整體發展的意義加以闡述；其次，分析台灣兒童人口結構現況及趨勢；第三部分主要針對既有的兒童健康照顧相關政策規範與供給面加以評析，最後將綜合三部分的論述，提出兒童健康照顧實施方案建議。

兒童健康照顧的重要性

一、兒童健康照顧對兒童身心發展的意義

「發展」是指個人在結構、思想、人格或行爲的改變，既是生物性成長，也是環境歷程的函數。發展是漸進的、累積的，如大小的增加，以及動作、認知和語言能力的增加。發展的某些層面主要依賴生物性元

素，而某些層面主要倚重於環境及文化的元素（楊語芸，張文堯，1997）。有兩個派別提出對影響兒童發展因素的主張（施怡廷，1998）：一是優生學者Galton主張的遺傳決定論，一是行為主義的始祖Watson所主張的環境決定論，強調家庭、社會、學校等環境的影響，並且進一步指出後期發展理論實際上融合了兩派的觀點，認為發展為遺傳因素與環境互動的結果。因此，當我們指稱「兒童發展」時，實質上即涉及了兒童本身的生物遺傳性因素，以及兒童與環境的互動因素。

在正常的情況下，個體會按其生理及心理的發展里程，逐漸在結構、型態、統整性和功能性上漸趨於成熟。腦神經細胞學者指出，幼兒在三歲以前，腦細胞數目大約成長至60%，六歲細胞數目可達80%，而至青春期結束後，可達100%（郭靜晃等，1995）。由於兒童時期就幾乎決定了腦神經細胞生長的結果，加以這種發展的歷程往往也可能因為疾病、營養不良或不利的社會互動環境而產生延緩或發生問題，使個人的發展無法到達生物上原先設定可達到的水準，或抑制了個人潛能的發展，使個人出現生活適應問題。由於兒童時期的發展是往後發展的基礎，若能預先或適時地針對兒童發展需求，提升各種健康發展的醫療照顧或服務介入，那麼就可以提供兒童發展上的支持，使其能夠順利完成發展階段的身心發展任務，順利往後階段之發展，並持續地維持個體的成長與成熟。因此，提供兒童健康照顧對兒童個體發展實有深遠的影響。

二、兒童健康照顧對兒童社會發展的意義

提供健康照顧服務除了對兒童個體的身心健康發展具重大影響之外，對於社會整體的發展來說，也有其深刻的意義，因為今日的兒童即國家明日的主體，兒童身心發展的優劣，與社會整體的發展實密不可分。

馮燕（1998）指出：一個高度發展的國家，必須能體認到兒童的重

要性，不僅僅因為其未來可能的貢獻與生產力，更是基於保護弱勢族群的生存、維護社會公平與正義的立場，而予以保護與提供相關福利服務。因此，一個國家的發展程度，實可由兒童人權伸張與否看出端倪。從積極的層面來看，對兒童提供健康照顧，即是對兒童生存權和健康權的保障和實踐，是在促進社會健全的發展。

另外從消極層面來看，提供兒童健康照顧，可以有效的節省日後醫療成本的支出，避免社會資源浪費和增加社會負擔。雷游秀華（2000）指出國內外專家的經驗，如果三歲就能進行早期療育，其一年之療效等於三歲以後十年之療效，並且提出美國針對3～4歲之兒童每投資一元，追蹤至二十七歲時即可節省七元的經驗成果，提供預防性的健康照顧服務對減輕社會成本的效益可見一般；呂鴻基（1999）也認為，政府與民間如能更加重視兒童的健康，並肯積極改進兒童的醫療保健，則兒童的死亡率，亦即夭折率，可望下降一半，且有更多兒童將免於淪落身心障礙之處境。

三、兒童健康照顧應提升為政策性議題

由於健康照顧對兒童個人與社會發展均具重要價值，政府基於對兒童健康權的保障，將兒童的健康照顧需求提升成為政策議題實有其必要性，而且為了避免對於兒童健康權保障的承諾流於宣示性質，政府應該扮演積極介入的角色，主動規劃出兼涵兒童身心發展的健康照顧服務輸送體系，以確實保障兒童生理及心理的良好發展，使能免於疾病或障礙的產生而造成發展上的延緩、停頓，甚至死亡。

兒童健康照顧體系的建構主軸必須在考量個體身心發展的前提之下，同時涵蓋二個面向。除了提供彌補性的醫療照顧之外，更應該具有預防性的觀點，規劃優生及兒童保健服務，使介入層次兼具兒童的預防保健，以及後設的疾病醫療服務，如此始能規劃出符合兒童身心發展的健康照顧服務及社會需要。為了建構普及式的健康照顧服務，在服務規

劃上，一方面必須對針對發展上有特殊需求的身心障礙兒童與發展遲緩
兒童，規劃提供切合其發展所需的醫療復健、照顧及福利服務，另一方
面，也必須對一般兒童提供普及式的健康照顧服務。因此，以下將繼續
探討兒童保健政策執行概況及其所形成之要求。

兒童預防保健政策規範與執行面供需課題

一、兒童高死亡率與先天性病變

　　行政院衛生署（1999）人口統計資料也指出：台灣地區登記出生人
數共271,450人，出生率為12.43%，在新生兒（出生後四週內）及嬰兒
（四週至未滿一歲）的死亡狀況方面，嬰兒的死亡率為6.57%，新生兒的
死亡率為3.38%，占嬰兒死亡的51.46%。其中新生兒及嬰兒的死亡，多
半肇因於周產期的病態和先天性的畸型，使新生兒及嬰兒在初生後併發
多種病症致死。周產期的病態包括：母體懷孕併發症影響胎兒或新生
兒、胎兒生長遲緩及營養不良、與不足月有關之疾患、感染、傳染……
等（行政院衛生署，1999）。

　　據此進一步分析新生兒、嬰兒、1～4歲、5～14歲人口主要死亡原
因（見表7-2）可看出：0～12歲兒童的前三大死因，排除人為的事故傷
害致死之外，先天性的畸型及惡性腫瘤對兒童生命的危害性實不容忽
視，而周產期病態與先天性畸形則是新生兒及嬰兒面臨的主要危機。呂
鴻基（1999）分析三十五年來台灣兒童的死亡率發現，1985年後死亡率
即呈現有限度的下降趨勢，相較日本、新加坡、瑞典、法國、德國、荷
蘭、澳洲等先進國家，台灣均維持約高二倍的死亡率。這種兒童的高死
亡率顯示兒童健康照顧議題仍有待關注，而產前與先天的病變也意指著
「優生保健」的觀念和工作仍急待推展與落實。

表7-2 台灣地區○歲至未滿十四歲人口主要死亡原因前三位

死因順位	新生兒（死亡百分比）	嬰兒（死亡百分比）	1～4歲（死亡百分比）	5～14歲（死亡百分比）
1	源於周產期之病態（69.72％）	源於周產期之病態（45.80％）	事故傷害（35.54％）	事故傷害（50.68％）
2	先天性畸形（25.93％）	先天性畸形（28.25％）	先天性畸形（21.53％）	惡性腫瘤（13.65％）
3	事故傷害（0.33％）	事故傷害（7.23％）	惡性腫瘤（7.79％）	先天性畸形（6.89％）

資料整理：行政院衛生署八十七年衛生統計（二）。

　　針對兒童健康權益的保障，目前既有政策規範包括：兒童福利法及其施行細則、優生保健法及其施行細則、全民健保法、全民健保預防保健實施辦法、身心障礙者保護法、特殊教育法等法令規範，其中，有幾項法令特別針對「優生保健」之議題加以規範，茲分述如後。

二、優生保健的法令規範

　　「兒童福利法」第十三條明定「縣（市）政府應辦理婦幼衛生、優生保健及預防注射之推行」；第廿一條指明「兒童及孕婦應優先獲得照顧，規範交通、衛生、醫療等公民營事業應訂定及實施兒童及孕婦優先照顧辦法」。彰顯了兒童福利法對於兒童權益保障面向，開始關注到「優生保健」的層次；第卅二條也進一步規範「婦女在懷孕期間應禁吸菸、酗酒、嚼檳榔、吸食或施打迷幻藥品、麻醉藥品或其他有害胎兒發展之行為，其他人亦不得鼓勵、引誘、強迫或使懷孕婦女為有害胎兒發育之行為」。

　　由於優生保健的推展必須以衛生及醫療資源為基礎，在衛生醫療法規中有「衛生保健法」及其施行細則與「全民健康保險預防保健實施辦法」特別針對「優生保健」的實施加以規範。「優生保健法」第七條明訂「主管機關應實施生育調節服務及指導；孕前、產前、產期、產後衛

實際上，「兒童福利法」第十三條第一款「縣（市）政府應辦理婦幼衛生、優生保健及預防注射之推行」、「優生保健法」對婚前與產前的檢查、衛生保健服務等規範，都對「優生保健」有詳細的規範，法令的確宣稱了對優生保健的投入。然而，在實際執行層面，只有優生保健法附則第十六條「接受優生保健措施者，政府得減免或補助其費用」的規範中，也可以清楚的看出，政府對於法令所詳列規範的各項優生保健措施，也只能以減免或補助醫療費用的方式鼓勵接受，並非指定或常態性的醫療項目。以婚前健康檢查來說，男女婚前必須以自費或部分減免補助的方式進行婚前健康檢查，即健檢的費用被排除於健保給付範圍之外，由此看來，醫療體系在優生保健上的供給角色，顯然較為被動。相對的，在這種情況下，孕、產婦必須具優生保健的觀念，主動尋求資源，否則就會錯過對胎兒及新生兒的保健照顧。然而，依據衛生署保健處1995年的執行成果，台灣地區提供婚前健康檢查的醫療院所雖然較前一年度增加十六家，但仍僅有一百五十三家；而提供產前遺傳診斷之檢驗單位也只有十三家，顯示相關的醫療資源不足；資料同時也指出1994年僅8％結婚男女接受婚前健康檢查，35％三十四歲及以上孕婦接受羊膜穿刺術，足見婚前及懷孕期健檢的優生觀念仍然有待宣導（見表7-3）。

另外，再以「新生兒先天代謝異常疾患篩檢」為例，推行新生兒篩檢的主要目的在早期發現異常情形，及早就醫，以減少兒童的缺損及死亡。衛生署自1994年起，逐步推廣新生兒先天代謝異常疾患篩檢，不過，目前僅就五種疾病：先天性甲狀腺低能症、苯酮尿症、高胱胺酸尿症、半乳糖血症、葡萄糖六磷酸鹽去氫黴缺乏症（蠶豆症）進行篩檢（蘇淑貞，2000），篩檢種類有限，而且篩檢作業費時，延誤醫療先機。

據前所述，可以明顯地看出目前「優生保健」服務難以落實，一方面是由於社會意識缺乏優生保健的預防觀念，缺乏主動尋求資源的動機；另一方面整體醫療供給面也呈現不足的狀態。整體而言，一、目前優生保健服務網尚未健全，婚前健康檢查、產前遺傳診斷及特殊人口群（如智障學童、教養院殘障學童、血友病及地中海型貧血個案等）臨床

表7-3 1988年台灣地區公立醫院婦幼衛生工作

項目			人數
婚前健檢人數			9,590
產前保健	門診檢查	接受產前檢查總人數	295,475
		初檢人數	35,996
		34歲以上孕婦初檢人數	6,431
	採血		60,777
	產前遺傳診斷（羊膜穿刺、超音波檢查）		216,289
嬰幼兒保健	門診檢查	健兒門診初診人數 新生兒	12,064
		嬰兒	23,364
		幼兒	16,375
	預防接種人次		158,363
	新生兒先天代謝異常疾病篩檢人數		138,570

資料來源：行政院衛生署八十七年衛生統計（一）。

遺傳服務等工作之作業系統有待建立；二、優生保健人力資源不足，臨床遺傳醫師、遺傳諮詢員、細胞生化及分子遺傳學檢驗技術人員均不足；三、社會優生保健意識尚未普及；四、我國人口之遺傳疾病類別及其發生率調查，與特殊遺傳疾病之診斷方法之研究均待積極發展（衛生署保健處，2000），尚未將「優生保健」加以落實或推動，優生保健工作仍然需要積極的宣導與推展。

兒童健康照顧政策規範與執行面供需課題

一、兒童健康照顧需求

在學齡兒童的健康議題方面，呂鴻基（1999）針對學童常見疾病和健康問題的分析也指出：台灣學童蛀牙的盛行率從三十年前的30～

68%，升爲目前的35～92%；過去近視爲3～4%，現在升爲12～84%；肥胖現象則由過去的0%升至現在的17%；而兒童心臟病、腎臟病等慢性病的診斷，也經常被延誤；兒童氣喘與過敏之情況也日趨嚴重，這在在顯示現行的兒童健康照顧與醫療保健體系的運作顯然有其瓶頸，尚未有效回應兒童健康保健的需求。

　　兒童心理發展健康的責任歸屬，一向被歸於家庭功能的範疇，也多半由私領域提供兒童心理需求的滿足，這種兒童照顧責任的歸屬加上心理需求難以測度的本質，使得兒童心理發展需求很難成爲政策的討論議題，而學術或實務界的討論也始終停留在父母角色功能的扮演與發揮上，雖然公部門的確存有邊緣性的心理發展協助單位（如心理衛生中心、學校輔導室等），卻也多半流於形式性的服務或低使用率，缺乏實質的效益。梁培勇（1999）即描述了小學輔導工作面臨輔導工作在學校體制中的邊際角色和在專業訓練上的不足，使得包括「衡鑑」、「轉介」等學生輔導工作內涵的難以達成。

　　兒童既然無法爲自我需求進行表述，而既存的服務資源又處於邊際的地位，那麼兒童心理需求容易受到忽視是可以想見的，兒童心理未浮現的需求是否真的表示不需要。蘇建璋（1999）針對南部地區國小四至六年級學生進行心理需求困擾相關研究，以生理、安全、愛與歸屬、尊重、與自我實現需求爲分析指標，結果發現學童的心理需求以「安全需求」與「尊重需求」呈現較高的困擾，而男生的困擾程度也顯著高於女生；低學業成績兒童心理需求困擾較高，低社經地位兒童則在自我實現上有較大的困擾。如此看來，兒童並非沒有心理發展上的需求困擾，只是需要以更主動的態度發現其需求，並提供滿足需求或減低困擾的資源，尤其是低學業成就和低社經地位兒童更應該顧及其心理健康，不然日後將有可能成爲社會偏差行爲的根源。

　　在兒童特殊心理病兆方面，陳淑惠（1999）將特發於兒童及青少年時期的心理疾病分爲六類：一、與壓力反應有關的心理疾病，如適應障礙症、重大創傷後壓力症；二、與焦慮有關的精神與心理疾病，如分離

焦慮症、社交恐懼症、轉化症；三、與情緒或情感障礙有關的精神與心理疾病，如憂鬱症；四、與飲食習慣有關的精神與心理疾病，如心因性厭食症；五、與思考、現實感障礙有關的精神疾病，如精神分裂症；六、與社會規範、行為控制有關的心理疾病，如注意力偏差／過動症、行為違常症等。由於這些心理疾病的肇發原因受到生物層面的遺傳因素、個人的成長經驗，以及社會文化環境等因素交互影響。因此，有必要在兒童健康照顧服務的建構過程中，針對兒童提供適當的心理發展環境，並且對心理健康的照顧積極規劃服務，以預防或提早發現兒童心理疾病的產生。

二、兒童健康保健相關法令

(一) 兒童福利法

「兒童福利法」總則第一條即開宗明義地宣示「為維護兒童身心健康，促進兒童正常發育，保障兒童福利，特制定本法」，清楚地指出兒童福利法企圖包涵的二個層面：兒童身心發展的維護與兒童權利的保障，並且以法令規範行使或禁止的方式，為兒童劃設出一個受到保護、安全的發展環境。兒童福利法第三條指出父母、養父母或監護人對兒童的保育責任，第七條與第八條規範中央主管機關與省（市）主管機關掌理兒童心理衛生之計畫與推動，也進一步彰顯政府的積極介入角色。綜觀兒童福利法及其施行細則，法令對於兒童身心健康權益的保障，除了宣示性的意義之外，也具有開展健康照顧服務的意涵，因此，將規劃與推展的責任歸屬於各主管機關，中央與地方亦分層規劃。由此看來，主管機關規劃的積極性，以及行政流程與服務輸送的銜接性，即是兒童健康保健服務效益的關鍵。

（二）全民健康保險預防保健實施辦法

由於兒童身心健康的保健實則與衛生醫療體系有不可切割的關聯，衛生醫療法規中，關於兒童健康保健的規範在「全民健康保險預防保健實施辦法」有較明確的規範。在兒童預防保健的實施方面，自1995年4月1日起，全民健康保險提供未滿四歲兒童六次的兒童預防保健服務，「全民健康保險預防保健實施辦法」第二條第一款規定兒童預防保健服務的實施對象以及提供保險給付時程爲「未滿一歲給付四次，每次間隔二至三個月；一歲以上至未滿三歲給付乙次；三歲以上至未滿四歲給付乙次」，第三條明定兒童預防保健的服務項目包括：身體檢查——個人及家族病史查詢、身高、體重、聽力、視力、口腔檢查、生長發育評估等，以及健康諮詢——預防接種史查詢、營養、事故傷害預防及口腔保健等。

這裡出現了二個引人注意的問題，第一、保險給付只提供給〇歲至未滿四歲的幼兒，隱含了政府對四歲前兒童的預防保健工作展現積極的角色，將幼兒的保健工作視爲政府及社會共同承擔的責任，而視四歲至十二歲兒童之預防保健爲家庭的責任，這個階段的服務提供斷層，應該有什麼樣的服務規劃或給予替代性服務，才不致壓抑了兒童健康權的伸張？第二、法令規範的服務項目只包含生理層次的檢查或評估，缺乏對特殊疾病的檢查服務，也未包括對心理、智能、社會互動面向的評估。

本實施辦法中對實施對象的年齡限制，似乎意指了政府所辦理的全民健康保險醫療體系對兒童健康照顧的承諾，只限於四歲以前，而且並未對特殊疾病的檢查或心智評估提供給付，使得部分兒童的潛在疾病或心智發展障礙無法被發掘，失去「預防性」的效益，而且也使得兒童福利法對兒童整體身心發展提供照顧的承諾，因爲全民健保預防保健實施辦法的規範，只能實踐在部分兒童身上，這二個議題是建構整體兒童健康照顧時應該加以考量的。

（三）學校衛生法規

　　教育體系則針對國民小學學生的健康保健訂定多項學校衛生法規，包括：「學校衛生保健實施辦法」、「國民小學學生健康檢查實施辦法」、「學校輔導學生體重控制實施方案」、「中小學外訂餐盒食品衛生管理要點」等衛生法規。「學校衛生保健實施辦法」第一條即明訂「教育部為加強推行學校衛生保健，培養學生健全體格，增進民族健康，特訂定本辦法」，表明教育體系對維護學生健康的意向；並指明各層級負責辦理之責任。從法規內亦可看出學生健康照顧必須涉及衛生署、內政部等相關單位推行，指涉了學校體系對學童健康保健，必須具備與外部其他體系的連結能力。

　　「國民小學學生健康檢查實施辦法」則明訂國民小學實施健康檢查的方式及項目，包括：一、身高、體重：檢查學生生長情形及體重過輕或肥胖傾向；二、視力及眼睛疾病：檢查視力、斜視、屈光、辨色力及其他異常等；三、聽力及耳鼻喉檢查：檢查聽力、唇顎裂及其他異常等；四、口腔檢查：檢查齲齒、缺牙、咬合不正、口腔衛生情況及其他異常等；五、脊柱、胸廓、四肢檢查：檢查脊柱彎曲、四肢運動障礙、肢體畸型等；六、皮膚檢查：檢查頭癬、頭蝨、疥瘡、人類乳突狀病毒感染（疣）、傳染性軟疣等；七、心臟、呼吸系統及腹部檢查：檢查心臟疾病、氣喘等；八、寄生蟲：檢查蛔蟲卵、蟯蟲卵等；九、尿液：檢查尿蛋白、尿糖、尿血等；十、其他疾病及異常：檢查疝氣、隱睪及地方性疾病等。

　　綜上所述，對於兒童健康保健的法令保障實則涉及了社會、衛生醫療、教育等體系的規劃與實施，兒童福利法基於對兒童權益的保障，對兒童的健康權有明確的宣示，然而，仍需要各體系法令的銜接與搭配，以及主責單位的執行能否落實而定。

三、兒童健康保健執行現況

內政部統計處1996年台灣地區兒童生活狀況調查報告指出：家長期待政府或民間團體再予加強提供的兒童福利措施之中，浮現出對「兒童健康保險」（重要度15.32居第四位）、「增設兒童專科醫療院所」（重要度11.74居第八位）、「增加兒童心理衛生服務」（重要度11.11居第九位）、「重病兒童醫療補助」（重要度6.65居第十二位）等需求，這個調查結果顯示了某些意涵，反映出現階段兒童健康照顧體系的零碎、分散及不足，並且也呈現了對兒童生活的調查研究主軸，仍將兒童的健康需求面向定位在對於疾病發生後的醫療需求，仍然缺乏將兒童健康需求提升至預防保健的觀點。

茲將現有的健康保健服務策略分述如下：

（一）嬰幼兒保健——新生兒母乳哺育宣導

母乳是嬰兒最佳食品，因為母乳中含有乳糖和脂肪酸，有助嬰兒腦部發育；營養狀況良好的母親，可供給嬰兒較多的鐵質及維生素；母乳中含適量的磷質，可促進鈣質的吸收，幫助嬰兒成長。而母乳哺育更可增加嬰兒對疾病的抵抗力，如初乳含豐富營養和抗體，可增強嬰兒對疾病的抵抗力及幫助胎便的排出，初乳中所含可抑制細菌或病毒侵入腸粘膜的抗體。母乳中所含免疫物質可維持，到產後四～六個月，能幫助嬰兒抵抗疾病。哺育母乳更可增加嬰兒依附關係的發展，促進嬰兒心理健全發展（衛生署保健處，2000）。

基於上述哺育新生兒母乳的優點，因此，在推展新生兒照顧者親職教育與衛生保健教育方面，母乳哺育為其宣導重點之一，主要在強調嬰兒期授母乳對兒童免疫能力及發展嬰兒適切的依附關係之重要性。然而，根據資料顯示，1995年台灣地區未滿十二歲兒童在嬰兒期曾授母乳者占40.68%，與1991年38.88%相較略增1.80%（見表7-4），整體上來

表7-4 台灣地區未滿十二歲兒童嬰兒期授母乳時間－按母親狀況分

單位：人（％）

項目別	總計	未滿1個月	1個月至未滿2個月	2個月至未滿3個月	3個月至未滿4個月	4個月至未滿5個月	5個月至未滿6個月	6個月以上	完全沒有
1991年	4,216,456	472,827 (11.21)	331,808 (7.87)	121,536 (2.88)	91,680 (2.17)	101,625 (2.41)	94,697 (2.25)	425,194 (10.08)	2,577,089 (61.12)
1995年	3,885,267	566,720 (14.59)	403,227 (10.38)	112,290 (2.89)	65,807 (1.69)	47,864 (1.23)	54,409 (1.40)	330,223 (8.05)	2,304,727 (59.32)
有工作者	1,826,888	276,562 (15.14)	212,465 (11.63)	53,396 (2.92)	24,194 (1.32)	18,434 (1.01)	20,084 (1.10)	142,505 (7.80)	1,079,248 (59.08)
無工作者	2,003,116	286,456 (14.30)	187,046 (9.34)	55,568 (2.77)	39,408 (1.97)	29,430 (1.47)	30,421 (1.52)	186,896 (9.33)	1,187,891 (59.30)

資料整理：內政部統計處（1997）。

看，完全沒有授母乳者比例雖然約略降低，然而就兒童母親工作狀況因
素而言，卻發現平均授乳期間較四年前短，此種現象或許與婦女投入職
場人數增加有關，這種趨勢使得職場中「育嬰假」、「兒童照顧」，以及
「育嬰室」的需求議題再次浮現出來，不過實際上母乳哺育還應涉及觀
念宣導、醫療人員在母親懷孕期的教育，以及親授母乳前幾個月的問題
解決等等。顯示醫療與社會體系之間應盡各自職責才能全面提升母乳哺
育之行為。

（二）幼兒健康保健的實施

就幼兒預防保健服務使用現況而言，陳延芳等（1998）對台灣地區
0～1歲嬰兒父母進行抽樣調查結果發現：兒童預防保健的使用率在加權
後為32.1％，且在出生後二個月內使用者占58％，顯示服務使用率偏
低，民眾對兒童預防保健的認知仍有待提升。而四歲至十二歲兒童預防
保健服務，則因為「全民健康保險預防保健實施辦法」對實施對象年齡
的規定，而被排除在服務範圍之外，本法對於○至四歲幼兒的預防保健
服務項目，亦只範定於生理層次的一般性檢查，缺乏精密的檢查項目及
心理層面的評估。

從兒童醫療資源的供給面來看，目前台灣的醫療資源，以現有的台大、榮總、長庚、三軍、馬偕、成大、及高醫等醫學中心醫療內涵，均以成人醫療為導向，缺乏兒童醫學中心，使得兒童醫療與研究的人力及設施有限。長庚醫院於1993年及1995年成立林口及高雄兒童醫院，有助於我國兒童次專科之發展（呂鴻基，1999），不過，呂鴻基（1999）也指出目前台灣小兒科專業人力約為每萬人口有1.29位兒科醫師，約同於瑞典的每萬人口1.2人，稍低於美國之每萬人口1.4人，可見人力是足夠的，不過仍欠缺兒童醫學中心之專業人力與設施。行政院1994年已核定國立兒童醫院興建計畫，並定名為國立台灣大學醫學院附設兒童醫院（呂鴻基，1999）。雖然國家級兒童醫學中心即將成立，然而，目前國家預算有問題存在，因此，經費編列仍然有困難，除此之外，朝向區域性均衡發展努力之提議恐怕還需假以時日才可能實現。

整體而言，從全民健保兒童預防保健服務與現有的兒童醫療資源來看，顯示出：一、四歲至十二歲兒童的預防保健被排除於全民健保給付範圍之外，兒童的預防保健服務形成斷層；二、現有預防保健服務項目仍著重於一般性的檢查項目，缺乏對兒童特殊疾病與心理、智能、社會層面的評估；三、目前供給面的不足，有必要籌設兒童醫學中心或普設兒童醫院，以照顧重症病童，並進行各種兒童流行病學等基礎研究；四、在醫療保健人力資源上，目前許多專業人力仍囿於證照及醫療法等限制（如語言治療師、心理師等），在現行證照制度或醫事法規中，仍未賦予其合法的資格，以行使其專業知能來滿足兒童健康照顧之需求，有待進一步解決此類法令限制或規範等問題。

四、國民小學學生健康保健的實施

教育部針對國民小學學校衛生訂定「學校衛生保健實施辦法」、「國民小學學生健康檢查實施辦法」、「學校輔導學生體重控制實施方案」、「中小學外訂餐盒食品衛生管理要點」等衛生法規。「學校衛生

保健實施辦法」中明訂「教部負責辦理全國學校衛生保健之策劃、督導與考核。其涉及衛生署、內政部等主管之事項者，由教育部會同衛生署、內政部等有關單位辦理」、「省（市）政府、縣（市）政府及學校應依教育部訂定之教職員工員額設置標準規定，置學校醫護人員，負責全校醫療保健工作」、「學校醫務室、保健室或健康中心，應按教育部訂頒之設備標準，充實設備，定期舉行健康檢查、視力保健、肝炎防治及其他缺點矯治，預防接種、簡易急救、健康輔導等工作，以維護學生健康」，在實施辦法中明列了推行學校衛生保健各項實施項目，以達促進學生健康的宗旨，不過，第五條「學校衛生保健之計畫及推行事宜，由各校訓導（教導）處負責辦理，亦顯示了實際的執行是否具成效則端視各校的積極性或主動性。

「國民小學學生健康檢查實施辦法」雖明訂國民小學應每學期實施一至六年級學生身高、體重、視力檢查各一次，並於每學年實施一、四年級學生健康檢查，也規範了學生健康檢查項目，然而，郭鐘隆（1994）針對台灣地區國民小學學生健康檢查進行調查研究，研究結果發現學生健康檢查仍以一般常規檢查（身高、體重、視力、胸圍等）及沿襲以往行政要求的檢查重點為主（寄生蟲、尿液篩檢、砂眼等），缺乏較精密的檢查，也未將健康檢查結果加以記錄、管理，以對學童加以追蹤、輔導、矯治、衛生教育、或轉介治療，失去實施健康檢查的意義；另外，學生健康檢查也缺乏相關醫護人員支援，檢查經費、設備、人力不足，學生健康檢查難有成效。

呂鴻基（1999）也指出學齡兒童健康保健實施面的服務連結問題，由於目前的運作分為學齡前及學齡兩個階段推動，學齡前由衛生體系負責，學齡階段則歸教育單位主責，由衛生單位協助推動，然而，二個體系間缺乏協調整合，以致銜接性和成效皆不彰，尤其是針對學齡兒童的學校衛生保健，學齡階段的環境健康、營養與保健服務、心理輔導等需求面向，更因為涉及了教育、醫療、社會福利等不同的專業體系，而各系統間缺乏互動及對話，使得兒童健康照顧服務零星而分散，是目前極

待整合的一個服務輸送面向，尤其在九二一震災之後，急更需要精神醫療系統、教育諮商輔導體系、社會福利體系的結合介入，強化學校或社區的心理輔導支持功能，以提供兒童心理層次的照顧服務。

在健康學習環境的提供上，為兒童設置適當的閱讀學習場所，對兒童的身心發展也很重要，如適當高度的課桌椅，以及適當的教室燈光，不過，在兒童局（2000）所舉辦的「健康與醫療」座談會會議記議中也指出，雖然衛生單位對學校環境的確有一整體評估的指標，然而，在各校考量經費支出的情況下，即使有符合規定的設備，實際上也不一定會使用。針對這種情況，應該強化民間團體的監督去落實政策規範的執行，才可能有其成效。

從這些實施結果來看，國民小學學童健康保健的實施，有幾項特點：一、學童健康保健雖然是由學校體系規劃提供，然而，實則涉及了衛生及內政體系的法令配合；二、目前學生健康檢查缺乏較精密的檢查項目，對檢查結果也未善加管理、追蹤；三、學校對於健康環境的提供標準不一，或徒有設備而不用；除此之外，各校規劃的積極性，也是否能收其效的關鍵。

五、兒童心理衛生的實施

兒童心理健康的維護主要透過對兒童良好生活習慣的培養，促進其對事物價值觀的良好發展，因此，兒童心理健康照顧焦點主要在於兒童的社會態度、人際相處能力與情意的反應。除此之外，針對學齡階段兒童的心理健康照顧，由於學校為其成長的重要環境，因此，也必須重視兒童與學習環境、教師，以及同儕的互動關係。

梁培勇（1999）分析國民小學輔導工作提出小學輔導工作的確有其在學校體制中的邊際角色以及在專業訓練上的不足的困境，因而使得學生輔導工作難收成效。在兒童局（2000）舉辦的「健康與醫療」座談會中，學者廖鳳池則對目前學校體系中的特殊教育執行現況提出其看法，

認為現階段學校內的特殊教育，大多針對一些智能障礙或資賦優異的兒童為主，對所謂的情緒障礙兒童的協助仍然很少，一方面是由於師院體系內的教師培育，包括幼教老師及初教老師，其所受的輔導訓練主要是成人的輔導，仍少針對兒童遊戲治療加以重視，以致於在面對學校內的特殊教育問題，仍多所掣肘。

廖鳳池據此進一步指出社區性心理諮商中心有其可行之處，結合特教、臨床心理師、精神分析師等進行評估及服務，成為家庭及學校的支持性資源，接受家長主動諮詢及學校轉介的兒童，對於兒童心理發展有其重大的意義及助益。

簡而言之，目前兒童心理照顧的提供途徑中，一、學校體制的輔導功能只存於邊際地位，國民小學輔導師資的培育過程中缺乏對兒童遊戲治療的關注，而替之以成人取向的輔導介入，使得輔導成效不彰；二、社區性的心理衛生中心或諮詢中心，則由於設置時間較短，且型態新穎，尚在宣導階段，必須結合特教、心理及精神等專業，提供支持性服務。兒童心理健康照顧的落實仍需要積極的規劃與推動。

特殊發展需求兒童健康照顧的供需課題

一、潛藏的特殊發展需求兒童仍待發掘

除了一般性的兒童健康照顧議題之外，特殊發展需求兒童的健康照顧也呈現多面向的需求。根據內政部截至1998年底的身心障礙人口統計資料指出，0～14歲年齡組之身心障礙人口數為33,426人，在身心障礙人口總數524,978人中，約占6.37%，尚不包括潛在未發掘的身心障礙人口。如果以聯合國衛生組織統計所指，發展遲緩兒童的發生率約為6～8%，即為以現今台灣兒童總數約三百八十五萬人來計算，發展遲緩兒

童可能就有二十三萬人至三十萬人之多（見表7-5）。根據1996年進行的特殊兒童調查結果顯示，經篩檢後發現約有七萬名特殊兒童，其中智能不足與學習障礙兒童即占其總數的三分之二（劉邦富，1999）。

圖7-1三項統計資料皆呈現出在發展上具特殊健康照顧需求的兒童人數眾多，並且根據其不同的發展特質而具多樣的健康照顧需求，然而除了已浮現特殊需求的兒童之外，其實大多數發展遲緩兒童仍未被發掘，對於兒童個人身心健康及社會整體發展有極大影響，如何發掘這群潛在的人口群，以適切提供健康照顧服務，是目前極待克服的困境。

二、特殊發展需求兒童健康照顧相關法令

（一）身心障礙兒童與發展遲緩兒童的法令區隔

在發展上有特殊需求的兒童可分為二類，一為身心障礙兒童，另一為發展遲緩兒童。身心障礙兒童依身心障礙鑑定標準評估鑑定之後，在健康照顧上歸由身心障礙者保護法來規範保障其健康照顧權益，進行各種健康檢查、醫療復健、以福利補助，這種身心障礙鑑定和分類系統，由各障別及等級架構而成，大多以生物體損傷的程度來分類並區分等級，這使得有些特殊病理損傷、障礙或功能受到阻礙者無法得到該法的保障，而徘徊在政府的社會安全保障範圍之外。

在這套分類系統之下，發展遲緩兒童也就因為發展狀況的不明，而排除在身心障礙者保護法的福利保障之外，但是其特殊的發展需求又非兒童福利法對一般兒童的保障即可滿足，對於此類特殊發展需求兒童的健康照顧規範，也只能模糊而零星地散見於兒童福利法、身心障礙者保護法、特殊教育法之中。

（二）法令對特殊發展需求兒童健康照顧的規範

「兒童福利法」雖然已明文訂定兒童健康維護相關規範，然而，本

表7-5　○至十四歲身心障礙人口統計表（截至1998年底）

年齡別	殘障等級	男	女	總計
0～4歲（未滿5歲）	極重度	456	327	783
	重度	1215	918	2133
	中度	921	701	162
	輕度	609	431	1040
	計	3201	2377	5578
5～9歲（未滿10歲）	極重度	921	648	1569
	重度	2478	1769	4247
	中度	2377	1516	3893
	輕度	1653	1065	2718
	計	7429	4998	12427
10～14歲（未滿14歲）	極重度	1482	999	2481
	重度	2563	1802	4365
	中度	2858	1917	4775
	輕度	2307	1493	3800
	計	9210	6211	15421
0～14歲總計		19840	13586	33426
各年齡別總計		319988	204990	524978

資料來源：內政部。

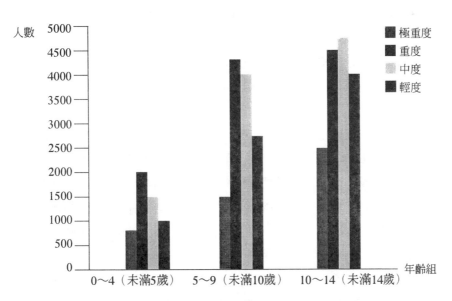

圖7-1　○至十四歲身心障礙人數統計圖

法對於兒童健康照顧層面的權益，仍多半只具有宣示性的意義而缺乏實際的執行力，如第廿二條、廿三條規定縣市政府應自行創辦或獎勵民間辦理兒童醫院、發展遲緩兒童早期療育中心、兒童心理衛生中心等，但執行面人力物力資源的明顯不足或缺乏，以發展遲緩兒童的早期療育爲例，邱怡玟、黃秀梨（1998）對台北市發展遲緩兒童早期療育醫療資源進行調查指出台北市目前尚無嚴謹而完整的通報及轉介服務系統，85.3%的醫療院所願意在發現發展遲緩兒童時進行通報，41.2%的醫院提供身心障礙的鑑定工作，只有11.8%的醫療院所提供整體性專業診斷與評估，而近九成的醫院無專門負責發展遲緩兒童治療及復健的部門及人員（邱怡玟、黃秀梨，1998），以醫療資源最爲集中的台北市爲分析基礎，仍呈顯了現階段資源供給面的困境，更遑論其他地區的實施窘境。王國羽（1996）也針對政策規範內涵提出評析，指出兒童福利法施行細則第十一條雖然對於發展遲緩兒童的定義加以界定，不過，法令中並未清楚的指出主責的專業鑑定人員以及鑑定工具；而第十二第規定早期療育服務的團隊提供原則，但也未進一步說明負責主導服務提供與輸送的單位（王國羽，1996）。這種供給面嚴重缺乏的情況，使得政策的規範停留在宣示性的階段，也使兒童健康照顧服務始終無法落實。

其他幾個法令規範內容，如兒童福利法、身心障礙者保護法、及特殊教育法對早期療育服務的提供也有明確的規範，「兒童福利法」第四十二條「政府對發展遲緩及身心不健全之特殊兒童，應按其需要給予早期療育、醫療就業方面之特殊照顧」，明定了政府的責任及針對發展遲緩及身心不健全兒童必須提供適當服務；施行細則第十二條指明早期療育的服務內涵，並且以專業團隊的合作原則提供服務。「身心障礙者保護法」也明定中央衛生主管機關應建立六歲以下疑似身心障礙兒童通報系統；「身心障礙者保護法」第十七條規定中央衛生主管機關應整合全國醫療資源，辦理幼兒健康檢查，提供身心障礙者適當之醫療復健及早期醫療等相關服務，「特殊教育法」則規範了特殊發展需求學生的教育協助及安置。從這些法規內容的確可以看出政策對於兒童身心健康的關

注，並且在其中彰顯了政府責任，以及各專業必須整合提供服務的執行方向。

綜上所述，由此看來，不難發現兒童的健康照顧的推行困境，並不是單指法令規範的缺乏，事實上，法令規範並非不存在，而是實際上涉及了衛生醫療、教育、社政、戶政等多專業的介入，只是專業之間缺乏對話和連結，使得服務的提供零碎或重疊，呈現片段且缺乏整體規劃的狀況，我們必須在執行面更進一步地檢視現行體制的執行現況及困境，以瞭解政策與執行面的落差。

（三）特殊發展需求兒童之健康照顧服務實施現況

1. 缺乏評估指標、工具與人力：兒童福利法第十三條二款中明定「對發展遲緩之特殊兒童建立早期通報系統並提供早期療育服務」，同時，在施行細則中，對於發展遲緩兒童的定義、主管機關、及相關專業人員的認定都有詳細的規範，雖有清晰的界定概念，但卻未指明執行鑑定的人員，也缺乏評估的鑑定工具，甚至缺乏比較的一般兒童發展常模。蘇淑貞（2000）指出目前評估與醫療方面的困境包括：醫療單位的評估流程與服務品質不一；續療育資源缺乏及不均，包括有：專業人才缺乏── 不只醫師參與意願不高，職能、語言治療、聽力檢查師、視力檢查師等均無專業科系可培訓專業人力。現行醫療法規限制。鑑定時間過長，健保給付過低，醫療機構缺乏服務誘因。個案重複利用醫療資源。這些執行層面的困境，使得早期療育的整體服務在「評估」及「轉介」階段面臨了根本性的問題。

2. 法令規範缺乏執行力：目前，台灣的早期療育服務流程大致可劃分為四個階段：通報、轉介、評估鑑定、安置，北、中、南、東四區的規劃亦呈現極大的差異，在兒福法施行細則第十二、十三條中雖然明定「社會福利、衛生、教育等專業人員應以團隊合作方式提供必要之服務」、「從事與兒童業務有關之醫師、護士、

社會工作員、臨床心理工作者、教育人員、保育人員、警察、司法人員及其他執行兒童福利業務人員，發現有疑似發展遲緩之特殊兒童，應通報當地主管機關；而主管機關接獲通報之後，結合機關單位共同辦理」，然而，據中華民國智障者家長總會1998年度提供發展遲緩兒童個案管理服務的執行經驗發現，經過通報中心派案的個案鮮少來自醫院的通報，呈現了早療通報系統與發現發展遲緩兒童的醫院合作關係仍然不足，往往因此錯失了早期發現的關鍵時期（中華民國智障者家長總會，1997），王國羽（1996）也認為兒童福利法施行細則雖然對於專業人員的通報義務有所規範，但是仍賴執行面的專業工作者對早期通報的概念，以及通報後資料的保管、建檔與使用。

整體而言，在政策規範中展現了政府積極介入保障兒童權益的態度，也隱含了由地方政府主責統籌通報轉介角色的意義，在通報義務的規範上，也有明確的人員界定。除此之外，在早期療育的實施規劃方面也考量了特殊需求兒童的複雜性，而規範了社會福利、衛生、教育三個領域跨專業整合提供服務。然而，由於法令中並沒有進一步說明主責服務輸送的單位，專業人員對於早期療育的提供內涵、流程、專業角色、以及團隊合作等尚未建立良好的共識，因而使得目前的早期療育服務的在專業整合及服務輸送流程上造成困擾，很容易流於形式上的服務，而無法達到早期療育的成效。因此，缺乏整體的發展遲緩鑑定、通報、轉介、療育與復健的體系。各縣市之做法有差異存在，而衛生、教育與社政等各部門的合作，亦視各縣市承辦人之意願而有不同。

兒童健康照顧方案規劃要項

綜前所述，本章不在政策方向與內涵提出建議，而是針對現況實施

之不足提出落實政策執行力之意見和規劃建議。為滿足兒童發展階段的各種健康照顧需求面向，方案目標為「保障兒童基本健康權益，照顧特殊兒童身心發展需要，並促使一般兒童獲得身心健全發展」。在此總目標之下，所嘗試建構兒童健康照顧體系與相關措施如下：

一、落實優生與成長照護保健工作

（一）落實優生保健各項措施

健全優生保健服務網，建立婚前健康檢查、產前遺傳診斷、及特殊人口群臨床遺傳服務等作業系統；加強訓練——臨床遺傳醫師、遺傳諮詢員、細胞生化及分子遺傳學檢驗技術人員等優生保健專業人力資源；積極發展本土化人口遺傳疾病類別與發生率調查，並積極發展特殊遺傳疾病診斷方法之研究。

（二）普設醫療復健設專科與醫療服務人力

獎勵及補助各醫學中心、區域醫院成立專屬兒童身心健康照護科別，補充醫療服務供給面的不足。或輔導分區設置兒童醫院或專屬科別，提供一般兒童疾病醫療、兒童身心障礙醫療復健，以照護保健兒童成長，並培養醫護等專業團隊工作人才。

（三）建立並落實兒童健康護照

落實出生通報制度，並延長現有0～6歲的健康手冊為0～12歲的健康護照。透過建構各醫院診所兒童就診資料電腦登錄系統，以及各學校健康檢查結果，建立完整的兒童身心醫療史，並能有效追蹤兒童個別的疾病醫療狀況。此外也有助於整體性的兒童流行病學研究及建立兒童生長基礎。

（四）加強優生與照顧保健之宣導

辦理重點宣傳月活動，利用各種傳播媒體及電腦網路，以多元化管道，提高民眾的關注與認知，並以津貼補助醫療檢查費用支出等方式，鼓勵進行婚前健康檢查，以預防不當先天性疾病。

加強母乳哺育之教育推廣工作：

1. 除了加強限制奶粉過多廣告次數和內容，以避免誤導民眾之外，另應加強母乳對養育健康嬰兒之重要性。
2. 研擬擴大設置哺育室、育嬰假，以落實職業婦女母乳哺育之可能。

（五）落實新生兒照顧者親職教育與衛生保健教育

結合社區民間團體與衛生所公共衛生護士，加強新生兒照顧者之親職教育與衛生保健教育。除了提供兒童健康教養環境之外，並落實兒童發展鑑定之工作。

（六）加強兒童預防保健服務

1. 針對兒童預防保健服務加強宣導，以喚起社會重視及共識，並促進預防保健服務品質。
2. 強化國小環境衛生、營養、保健（近視、體重、體能）等工作，對特殊需求兒童提供巡迴醫療諮詢服務或設置醫療專責人員提供支持服務，如物理治療、職能治療……等。

（七）建立兒童保健服務相關網站

結合媒體與電腦相關網站，建立兒童保健服務相關網站，提供兒童父母或主要照顧者隨時參閱使用。

（八）定期實施兒童身心健康發展流行病學之研究

針對兒童健康和流行病學議題進行相關研究，以建立整體性的兒童人口及健康需求統計資料，有利於建構出國內兒童身心發展常模，作為進一步兒童健康政策規劃的基礎，使兒童健康保健與醫療復健工作具實質的可行性。

二、兒童健康醫療照顧

（一）發展遲緩兒童早期介入醫療照護政策

1.推動發現發展遲緩兒童之工作
   （1）針對保母訓練與認證、托兒及幼教單位師資培育訓練課程，規劃兒童發展特殊需求之相關課程。
   （2）結合地方衛生所公共衛生人力與社會福利基層人力，於各醫院內和社區中共同推動新生兒照顧者親職教育、衛生保健教育；尤其針對發展遲緩發現的教育工作，以落實及早發現及早治療之政策。
   （3）加強發展遲緩鑑定以及復健相關專業人員團隊之人力培訓。
   （4）加強對早產兒的身心發展之評鑑與復健工作。
2.全面實施嬰幼兒健康檢查健保給付評估發展遲緩之高危險群兒童，篩檢出發展遲緩或異常之兒童，加以治療、轉介、或追蹤。
3.積極發展本土化的兒童發展常模及發展遲緩評估標準與醫療復健服務方案結合相關專業人員團隊，建構醫療復健網絡，發展出評估兒童發展遲緩之標準與復健服務方案。
4.研擬發展遲緩兒童評估費用納入健保給付。
5.鼓勵各醫院成立兒童心智發展專科，以利鑑定資賦優異與發展遲緩之兒童。

（二）推動特殊需求兒童醫療照顧政策

針對身心障礙兒童、發展遲緩兒童、偏遠地區或不利社經地位兒童提供下列照顧：

1. 專案辦理偏遠地區兒童醫療照顧：成立正式制度化的巡迴醫療團隊，以提供偏遠或醫療資源缺乏地區之兒童定期免費健康檢查和醫療照護。

2. 開辦特殊疾病兒童健保與家庭生活照顧津貼：增加兒童特殊疾病之健保給付，以強化先天病理性缺損兒童、早產兒、重病兒童、以及其他罕見疾病兒童之家庭照顧功能。

3. 提供特殊需求兒童支持性服務（包括：醫療照顧及社會福利資源）：結合民間團體及醫療單位志願服務人力資源，提供特殊需求兒童支持性的照顧服務；包括：主要照顧者的喘息臨托服務、兒童的居家療育服務，或是提供專車接送療育服務，以降低機構安置之比例。

4. 針對與身心障礙者結婚的外籍新娘，進行優先保健教育與篩檢嬰兒之預防工作。

5. 結合教育單位落實身心發展特殊兒童之就學工作。

（三）訂定「托兒所幼稚園兒童健康管理辦法計畫」

協調衛生、教育、及社政等單位，針對托兒所及幼稚園兒童實施兒童健康環境管理，並規定設置有證照護理人員，以及提供健康餐食與設備。

（四）整合衛生單位、社會福利單位及學前托兒、教育單位

針對托兒、幼教環境設置提供諮詢與督導，並建立兒童健康醫療巡迴輔導支持團隊。

三、落實兒童心理衛生工作

(一) 強化國小輔導室功能，並推展學校社會工作

結合學校輔導室及社會工作師，對學齡兒童的心理健康進行初級預防，強化現有的國小輔導室功能，並推展學校社會工作，以增強學校和家庭的聯繫，並建構學校社區健康環境。

(二) 擬定全面推動兒童心理衛生計畫

1. 為達成各區域心理衛生工作的初級預防功能，宜分區規劃設置地區心理衛生中心，以獎勵或購買式服務進行兒童心理健康之照顧服務，並確實將社會工作師或臨床心理師納入正式編制人員之內。

2. 研訂臨床心理師法與輔導師法，以確認專業地位，並鼓勵臨床心理師在當地醫院所屬社區內執業，並結合學校輔導人力與社工人力，建構促進心理健康網絡，以輔導兒童心理及行為問題，預防日後發生嚴重偏差行為。

3. 委託專業心理輔導機構或各師範院校特殊教育中心，辦理一般兒童與特殊兒童心理測驗與心理輔導等工作。

4. 鼓勵各大專院校設置兒童諮商與心理衛生照護之科系，以培育兒童心理專業人才。

5. 明定科目，並編列足夠經費，以利工作推動。

6. 加強父母認識兒童的身心發展及心理健康，以增進父母培養兒童健康生活習慣。

7. 利用暑寒假舉辦各項研習，增強學校相關之教育人員認識一般兒童與特殊兒童之身心發展及行為表現，以利兒童在支持性的健康環境下成長。

（三）發展編製各類兒童發展之本土化測驗工具

獎勵專家學者發展編製各類兒童發展之本土化評估工具，以利國內兒童身心發展評估。

兒童健康照顧體系實施方案

基於上述之論述，本書將之整理出下列之採行方案以供參考（見表7-6）。

表7-6　兒童健康與醫療制度的議題

採行措施	主辦機關	協辦機關	時程
一、落實優生與成長照護保健政策			
1.輔導分區設置兒童醫院或專屬科別，實施身心障礙兒童、兒童疾病健康照護，並培養醫護專業人才。	衛生署 直轄市及 縣市政府	內政部兒童局	短程
2.建立與落實兒童健康護照，並連接各醫院診所電腦登錄資料，以利落實出生通報制度和建立0～12歲完整的身心醫療史	衛生署 戶政司	內政部兒童局	短／中程
3.結合社區民間團體與公共衛生護士，落實新生兒照顧者親職與衛生保健教育，以達成福利社區化，提升醫療照護品質	衛生署 直轄市及 縣市政府	內政部兒童局	短程
4.加強兒童保健之宣導與行銷工作 （1）製作宣傳海報與單張，辦理重點宣傳月活動，利用各種傳播媒體及電腦網路，以多元化管道，提高民眾的認知與重視優生保健與成長照護之重要性	衛生署 新聞局	內政部兒童局	短程

採行措施	主辦機關	協辦機關	時程
（2）針對兒童預防保健服務，加強宣導兒童預防保健服務，以提升品質			
（3）集合媒體與電腦相關網站，建立兒童保健服務相關網站，提供父母或監護人隨時參與使用			
5.落實優生保健工作	衛生署	內政部兒童局	短程
（1）鼓勵婚前健康檢查，開辦健保給付，以增強婚前健康檢查與醫療之意願，預防先天性疾病			
（2）加強產前檢查與母體於懷孕期之生理及心理教育工作，以減低孕產期對胎兒可能造成的不利影響因素，避免胎兒病變的可能性			
（3）加強宣導母乳哺育對嬰幼兒的重要性，並提供補助經費於公共場所普設哺育室，以利母親親自授乳政策之推行			
6.定期實施全國性有關兒童身心健康發展概況與流行病學之研究，以利建構本土性常模，落實評估與預防工作	衛生署國科會	內政部兒童局	短程
7.定期評鑑各地醫院與社區合作推廣兒童預防保健服務工作	衛生署	內政部兒童局	短程
8.確實編列經費，以利學校落實改善學校飲水、座椅和教室光線之工作	教育部	內政部兒童局	短程
二、兒童醫療照顧			
1.實踐及早發現及早治療之發展遲緩兒童醫療照護政策			
（1）推動多面向兒童發展遲緩發現與醫療復健之網絡 ·針對保母訓練與考照加入發展遲緩課題，托兒單位教師	衛生署直轄市及縣市政府勞委會	內政部兒童局	短程

（續）表7-6　兒童健康與醫療制度的議題

採行措施	主辦機關	協辦機關	時程
培訓課程安排發展遲緩評估鑑定與醫療復健之相關課題　各地醫療院所公共衛生與社會工作師共同舉辦新生兒照顧者親職與衛生保健教育工作			
（2）全面實施嬰幼兒健康檢查健保給付，以利評估兒童發展遲緩高危險群，篩檢出異常個案者	衛生署	內政部兒童局	短程
（3）結合相關領域專業人員團隊，發展發展遲緩評估標準與復健服務方案	衛生署	內政部兒童局	短程
（4）加強宣導與列舉評估兒童身心發展要項，並定期察驗各地區發展遲緩兒童鑑定人數與發現之比例，以落實發展遲緩兒童評估鑑定工作和通報工作	衛生署	內政部兒童局	短程
2.推動特殊身分兒童醫療照護政策			
（1）專案辦理偏遠地區兒童醫療照顧工作，提供免費健康檢查，以及流行病學調查	直轄市及縣市政府	內政部兒童局	短程
（2）開辦特殊疾病兒童健保，提供家庭生活照顧津貼，強化家庭照顧先天性缺陷兒童、早產兒童及重病兒童之功能，以避免父母輕易放棄兒童的早期篩檢及照顧	衛生署　直轄市及縣市政府	內政部兒童局	短程
（3）結合民間團體及醫療志工人力資源，提供支持特殊兒童家庭醫療照護功能	衛生署	內政部兒童局	短程
3.訂定「托兒所幼稚園兒童健康辦法管理計畫」，設置健康工作專業人力與提供免費一般兒童健康檢查服務	衛生署	內政部兒童局	短程

（續）表7-6　兒童健康與醫療制度的議題

採行措施	主辦機關	協辦機關	時程
4.重新評估並訂定國小校護之定位與工作內容，以利校園兒童健康政策之落實	教育部衛生署	內政部兒童局	短程
三、落實兒童心理衛生工作			
1.協助及獎勵或以公辦民營方式，由臨床社工師在社區內執業，以強化社區心理衛生功能	內政部兒童局		短程
2.強化國小輔導室功能與加強學校社工之輔導功能，落實輔導學生心理健康發展工作	教育部	內政部兒童局	短程
3.獎勵及補助各醫學中心、區域醫院成立專屬兒童身心健康照護科（或心理衛生中心）	衛生署	內政部兒童局	短程
4.獎勵專家學者編製各類種適合國情之兒童心理測驗工具，以利身心發展評估	教育部國科會	內政部兒童局	短程
5.研訂臨床心理師法並鼓勵、協助臨床心理師在當地醫院所屬社區內執業，輔導兒童心理及行為問題	衛生署	內政部兒童局	短／中程
6.研訂輔導師法，以確認學校輔導人力之專業地位，有助於兒童心理及行為問題輔導工作	教育部	內政部兒童局	短／中程
7.委託專業心理輔導機構，各師範院校特殊教育中心辦理兒童心理測驗、心理輔導工作	內政部兒童局教育部		短程
（1）擬定及推動兒童心理衛生計畫	內政部兒童局	短／中程	
（2）鼓勵各大專院校設置兒童諮商與心理衛生照護科系，以培育專業人才	教育部衛生署		
（3）明定科目，確實編列足夠之經費			
（4）加強父母認識兒童身心發展及心理健康之親職教育工作，培養兒			

（續）表7-6　兒童健康與醫療制度的議題

採行措施	主辦機關	協辦機關	時程
童健康生活習慣，以落實兒童心理健康從家庭做起之政策 （5）利用暑寒假舉辦研習活，以加強學校相關教育人員認識一般兒童與特殊兒童之身心發展及行為表現，以利兒童在支持性的健康環境下成長			

當代台灣地區兒童健康與醫療的相關文獻（1980～2000）

Nicklas , Theresa A.（姚元青翻譯）（1993），一項學齡兒童健康促進的方法—學校餐飲計畫，《學校衛生》第二二期：49。

Shprintzen, Robert & Witzel, Mary-annc（雲天湘整理）（1996），如何幫助唇裂患者說得更好，《聽語會刊》第十二期：93-98。

丁芳（1994），尿液異常知多少—台北市國中國小學童尿液篩檢分析結果，《北市衛生》第二卷第四期：23-25。

于漱（1984），台北市居民預防性健康行為之調查研究。國防醫學院公共衛生學研究所碩士論文。

中華民國安寧照顧基金會（1997a），安寧療護之迷思，《安寧照顧會訊》第二七期：20-29。

中華民國安寧照顧基金會（1998a），各院安寧病房總覽，《安寧照顧會訊》第三一期：44。

方曉娟（1991），台北市兒童醫療需求的實證研究。國立政治大學經濟研究所碩士論文。

方韓等（1995），學前教育專輯，《教改通訊》第五期：20-38。

王士恨（1992），台北市國小學童營養知識、態度及飲食行為調查研究。國立台灣師範大學家政教育研究所碩士論文。

王天苗（1993），心智發展障礙兒童家庭需要之研究，《特殊教育研究學刊》第九期：73-90。

王天苗（1994），心智發展障礙幼兒家庭狀況之研究，《特殊教育研究學刊》第十期：119-141。

王天苗（1995），心智發展障礙幼兒家庭支援實施成效及其相關問題之研究，《特殊教育研究學刊》第十二期：75-103。

王天苗（1996），台灣地區心智發展障礙幼兒早期療育服務供需及相關

問題之研究，《特殊教育研究學刊》第一四期：21-44。

王木榮（1995），新編中華智力量表之驗證性因素分析，《初等教育研究集刊》第三期：97-111。

王春展（1998），兒童情緒智力發展的影響因素與因應對策，《教育資料文摘》第四一卷第五期：164-187。

王浴（1997），癌症兒童安寧療護，《中華民國兒童癌症基金會會訊》第五七期：100-102。

王華沛（1990），台北市國小自閉症兒童教育安置現況調查及其學校生活適應相關因素之研究。國立台灣師範大學特殊教育研究所碩士論文。

王培綺（1994），台北市學前兒童母親飲食教養方式研究。國立台灣師範大學家政教育研究所碩士論文。

王國羽（1994），身心障礙兒童早期療育政策的相關理論模式與台灣法令之解析，《東吳社會工作學報》，334-349。

王振德（1999），簡易個別智力量表之編製，《特殊教育研究學刊》第十七期：1-11。

王振德（1985），語言系統的評量及治療原則，《特殊教育季刊》第一六期：4-10。

王淑娟（1999），口述故事教學策略在語言治療上之應用，《進修學訊年刊》第五期：139-159。

王淑慧（1998），不同溝通模式之國小聽障學生語言理解能力之影響因素分析研究。台南師範學院國民教育研究所碩士論文。

王瑞霞等（1992），兒童與父母親間慢性病危險因子、健康知識、生活方式相關性之探討，《高雄醫誌》第八期：779-691。

石曜堂（1997），人口政策趨勢與兒童保健，《台灣衛生》第三五六期：4-7。

池華瑋等（1991），大寮鄉與高雄市學齡前兒童蟯蟲感染情形之比較，《輔英學報》第十一期：1-16。

池華瑋等（1994），學齡前兒童蟯蟲感染情形與家長之蟯蟲感染知識關
　　係之探討，《輔英學報》第十四期：91-96。

池華瑋等（1996），高雄縣大寮鄉學齡前兒童蟯蟲感染因素的探討，
　　《高雄科學醫學雜誌》第十二卷第九期：538-543。

江千代（1994），以妊娠中期之母血篩檢罹患唐氏症胎兒之可行性，
　　《北市醫誌》第三十八卷第三期 ：39-40。

江姿瑩（1998），肥胖者與正常者飲食營養狀況及其相關因素的探討。
　　台北醫學院保健營養學系碩士論文。

成曉英（1989），肥胖兒童與正常兒童的攝食行為及心理特質等之比較
　　研究。國立台灣師範大學衛生教育研究所碩士論文。

向時賢（1998），兒童情緒問題處置面面觀，《台灣衛生》第三六二
　　期：37-40。

沈青青（1992），一位學齡前期白血病童之住院反應，《榮總護理》第
　　九卷第三期：321-328。

沈秉衡等（1996），台中榮總早產兒視網膜病變之篩檢及治療，《中華
　　民國眼科醫學會雜誌》第三十五卷第二期 ：47-53。

沈慶村（1992），談小兒健康篩檢，《北市醫誌》第三十六卷第七期 ：
　　25-29 。

呂宗學等（1995），國人週期性健康檢查建議表，《基層醫學》第十卷
　　第七期：133-136。

呂淑如（1993），聽覺障礙兒童語言發展能力及相關因素之研究。彰化
　　師範大學特殊教育研究所碩士論文。

呂鴻基（1991），兒童醫療與全民健康保險，《中華民國小兒科醫學會
　　雜誌》第三二期：80-106。

呂鴻基（1994），兒童醫療人力與時間之研究，《醫院》第二十七卷第
　　六期：46-56。

呂鴻基（1999），三十五年來台灣兒童的健康水平，《台灣醫學》第三
　　卷第五期：505-514。

呂鴻基等（1991），兒童醫療與全民健康保險，《中華民國小兒科醫學會雜誌》第三二期：80-106。

杞昭安（1996），視覺障礙兒童的心理評量，《測驗與輔導》第一三四期：2752-2759。

李宇芬等（1992），婚前健康檢查，《醫學繼續教育》第二卷第三期：446-448。

李宗政（1991），台灣地區婦幼衛生服務模式之研究：零至壹歲嬰兒保健醫療服務模式之研究。國防醫學院公共衛生學研究所碩士論文。

李明道（1999），先天性聽力障礙整篩檢—改革的時機，《中華民國新生兒科醫學會會刊》第八卷第一期：16-19。

李淑君（1997），全民健康保險兒童預防保健服務利用情形及其相關因素初探。國防醫學院公共衛生學研究所碩士論文。

李富言（1992），哀，莫大於心死—無助感兒童的心理與輔導，《教師之友》第三三卷第四期：13-16。

李雅玲（1997），癌症病童居家照護需求評估，《中華民國兒童癌症基金會會訊》第五七期：107-111。

李碧霞等（1999），台北市二國小高年級學生脊柱側彎篩檢研究，《中華公共衛生雜誌》第十八卷第五期：303-312。

李慧鶯（1997），國小學童體重控制介入計畫對肥胖指標及其相關因素的影響。中山醫學院醫學研究所碩士論文。

李靜慧（1998），父母飲食行為、飲食教養行為與國小中高年級學童異常飲食行為之關係研究。國立台灣師範大學家政教育研究所碩士論文。

李寶璽（1993），三至六歲兒童意外傷害城鄉的比較研究。國防醫學院公共衛生研究所碩士論文。

杜友蘭（1985），兒童意外災害流行病學，《婦幼衛生》第一輯。

杜友蘭等（1980），台北市幼稚園拖兒所兒童意外災害流行病學之研究，《醫學研究》第三期：951-66。

何佩姗（1995），影響原住民與非原住民兒童就醫行為相關因素研究。高雄醫學院公共衛生學研究所碩士論文。

阮淑宜（1991），學前兒童情緒與認知之探討，《幼兒教育年刊》第四期：87-94。

林宏熾（1998），從美國1990年代身心障礙者相關法案談我國身心障礙者之轉銜服務與生涯規劃，《社會福利》第一三四期：24-34。

林志嘉（1995），兒童福利法修正及實施建議，《政策月刊》第五期：8-9。

林忠道（1994），走過從前—單親兒童（及孤兒）心理剖析，《國教之友》第四六卷第二期：41-44。

林知遠（1999），去機構化（De-institutionalization）的省思，《中化藥訊》第四一期：8-13。

林禹宏等（1993），產前胎兒篩檢，《當代醫學》第二十卷第十二期：1026-1033。

林炫沛（1996），兒童的情緒性問題與疾病，《健康世界》第一二六期：12-14。

林淑謹（1999），早產兒家庭所面臨的課題及社工干預策略，《中華醫務社會工作學刊》第七期：57-63。

林莉馨（1995），國小體重控制介入計畫效果之證實研究。國立台灣師範大學衛生教育研究所碩士論文。

林清山（1966），兒童語言發展的研究，《台灣省立師範大學教育研究所集刊》第九輯：1-157。

林惠芳（1992），智障兒童家庭福利服務供需性研究—以台北市為例。中國文化大學兒童福利研究所碩士論文。

林惠芳（1998），發展遲緩兒童—早期療育個案管理服務，《社會服務》第一三四期：62-64。

林惠貞（1996），從家庭功能談兒童的情緒困擾，《教育資料與研究》第十一期：10-11。

林惠美（1997），由幼稚園兒童口腔衛生的篩檢來看新營市一學齡前幼
　　兒乳齒齲蝕的動態，《台灣衛生》第三五二期：63-65。

林皓荷（1991），兒童的心理健康教育，《訓育研究》第三十卷第一
　　期：23-25。

林隆光等（1992），台灣省學齡前兒童視力篩檢先驅實驗計畫，《衛生
　　教育雜誌》第十三期：51-61。

林媽利（1995），台灣產前檢查及輸血前配合試驗中Rh血型的篩檢是必
　　要的嗎，《當代醫學》第二十二卷第十期：33-36。

林錦英（1996），以飯「碗」作爲均衡飲食的單位，《研習資訊》第十
　　三卷第六期：57-73。

林麗英（1993），中、重度智障學童之功能性溝通訓練，《同州會刊》
　　第五期：16-19。

林麗英（1998），發展障礙須早期治療，《社會福利》第一三四期：59-
　　61。

林寶貴等（1994），學前兒童語言障礙評量表之編訂及其相關研究，
　　《特殊教育研究學刊》第十期：17-32。

吳立州（1994），淺談新生兒先天代謝疾病篩檢的臨床意義，《台灣醫
　　界》第三十七卷第四期：61-62。

吳仁宇等（1999），台灣地區國民小學學生健康檢查制度的建構與發
　　展，《學校衛生》第三五期：1000-109。

吳正吉（1977），學齡兒童發育與肥胖（第一報），《護理雜誌》第二四
　　期：26-33。

吳幼妃（1980），社經地位、智力、性別及城鄉背景與兒童語言能力關
　　係之研究，《教育學刊》第二期：93-119。

吳成方等（1994），台灣地區語言治療人員生產力及供需之分析研究，
　　《聽語會刊》第十期：2-19。

吳明灝（1998），國小運動傷害的防護與保健，《東師體育》第五期：
　　64-71。

吳珍梅（1995），父母離異兒童心理適應之相關因素及學校可行的輔導策略，《諮商與輔導》第一一八期：15-19。

吳柏晏（1994），新生兒髖關節之超音波檢查，《中華民國小兒科醫學會雜誌》第三十五卷第五期：429-438。

吳俊良等（1998），以聽性腦幹反應篩檢初生體重低於1500公克早產兒之聽力，《中華民國耳鼻喉科醫學會雜誌》第三十三卷第三期：32-38。

吳培源（1979），排行、社經地位、親子交互作用與兒童語言行為的關係，《師大特殊教育研究所集刊》，127-170。

吳淑芬等（1991），幼童視力篩檢法之臨床評估，《中華民國演科醫學會會刊》第三十卷第三期：126-132。

吳淑美（1991），「語言治療」在學前特殊教育課程之應用，《特殊教育》第四十期：13-18。

吳凱勳（1989），兒童參加健康保險需求之研究。中國文化大學兒童福利研究所碩士論文。

吳聰能等（1996），兒童系統性血鉛篩檢必要性之探討，《中華職業醫學雜誌》（復刊號）第三卷第一期：17-23。

吳耀明（1998），如何提升兒童的情緒智力，《師友》第三七七期：25-27。

邱怡玫等（1998），台北市發展遲緩兒童早期療育醫療資源調查，《中華公共衛生雜誌》第十七卷第五期：432-437。

邱淑如（1998），癌症患孩主要照顧者對安寧療護認識與接受意願之探討。國防醫學院護理研究所碩士論文。

邱淑娥等（1993），一位受虐待兒童的護理經驗，《護理雜誌》第四十卷第四期：65-72。

邱台生等（1993），改進健檢中心衛教方式之專案設計，《榮總護理》第十卷第四期：467-467。

季力康（1997），探討目標取向理論的發展觀點，《中華體育》第十卷

第四期：87-93。

社會局第三科（1998），讓「愛」飛起來—漫談早期療育，《福利社會》
　　第六九期：26-27。

周月清（1996），我國身心障礙者及其家庭個案管理的發展與實務工作
　　相關議題之探討，《社會福利》第一二七期：7-14。

周欣穎（1995），特殊兒童家庭所面臨的問題及影響特殊兒童家庭適應
　　能力因素之分析，《學生輔導通訊》第二四期：7-14。

周輝政等（1997），胎兒頸部肥厚與唐氏症篩檢，《當代醫學》第二十
　　四卷第六期：40-43。

侯登貴（1999），台灣事故傷害流行病學研究。國立台灣大學衛生政策
　　與管理研究所。

洪振耀（1995），語言治療與音樂治療，《聽語會刊》第十一期：1-
　　18。

施伶宜（1994），唐氏症與優生保健，《衛生報導》第四卷第三期：24-
　　28。

施怡廷（1997），發展遲緩兒童家庭對兒童照顧需求之研究。東海大學
　　社會工作研究所碩士論文。

施雅彬（1996），國小性教育的內涵與實務（下），《研習資訊》第十三
　　卷第三期：22-26。

姚振華等（1992），台北市國民小學童口腔健康教育介入之研究，《中
　　華牙醫學會雜誌》第十二卷第一期：12-26。

姚振華等（1998），台北市國小六年級學童口腔衛生教育介入對知識教
　　育行為與牙菌斑控制之影響，《中華牙醫學雜誌》第十七卷第一
　　期：36-47。

姜逸群等（1995），健康教育內容的省思，《學校衛生》第二七期：11-
　　16。

姜得勝（1998），性教育當從小扎根之事實辨證，《研習資訊》第十五
　　卷第三期：73-82。

涂靜宜等（1998），中、美兩國個案管理在早期療育之運用比較—以台
　　北市、德州爲例，《兒童福利論叢》第二期：144-178。

徐大偉（1993），理情團體諮商對國小情緒困擾兒童情緒反應之效果研
　　究，《教育資料文摘》第三十二第六期：143-155。

徐振傑（1994），產前母血篩檢唐氏症，《北市醫誌》第三十八卷第三
　　期：41-43。

徐振傑（1994），產前母血胎兒唐氏症，《醫學繼續教育》第四卷第二
　　期：202-203。

徐振傑（1998），產前母血篩檢唐氏症之台灣經驗，《台灣醫界》第四
　　十一卷第四期：12-13。

高永興（1990），社工人員對個案管理認知之研究。東海大學社會工作
　　研究所碩士論文。

高迪理（1990），個案管理：一個新興的專業社會工作概念，《社區發
　　展季刊》第四九期：43-53。

高淑芬等（1993），兒童心理衛生中心初診個案之人口學及臨床特徵，
　　《中華精神醫學》第七卷第四期：246-256。

翁毓秀譯（1990），發展性障礙者與他們的家庭，《發展季刊》第四九
　　期：28-41。

索任（1992），花蓮縣山地鄉學齡前（0-5歲）兒童結核病發病情形調
　　查，《衛生行政》第十二卷第二期：67-72。

席行蕙（1991），「診療—教學」模式在特殊兒童評量上之應用——個
　　學習障礙兒童的個案實例，《特教園丁》第六卷第四期：43-48。

唐學明（1999），智慧拼圖之求解及其應用於智力測驗之研究，《復興
　　崗學報》第六八期：141-163。

莊弘毅等（1996），桃園地區某幼稚園家長對兒童鉛危害的認知與接受
　　血鉛篩檢的態度，《中華民國家庭醫學雜誌》第六卷第二期：101-
　　108。

莊妙芬（1987），特殊兒童的早期介入，《特殊教育季刊》第二二期：

8-11。

莊凰如（1995），發展遲緩兒童早期療育轉介中心實驗計畫評定。陽明
　　大學衛生福利研究所碩士論文。

麻兆勝（1993），當前國小健康教育課程省思，《教育資料文摘》第三
　　十一卷第六期：179-182。

扈春安（1994），生長發育障礙孩童之診療，《中華民國內分泌暨糖尿
　　病學會會訊》第五卷第三期：18-20。

章淑婷（1992），兒童情緒發展之探討，《幼兒教育學報》第一期：35-
　　56。

許瑛眞（1988），台北市托兒所衛生保健現況及其相關因素之調查研
　　究。中國文化大學兒童福利研究所碩士論文。

許雅玲等（1996），發展遲緩兒童語言治療成效探討，《聽語會刊》第
　　十二期：33-45。

許勝雄（1997），台灣醫藥保健的發展遠景，《社教資料雜誌》第二二
　　九期：1-3。

許權振等（1997），聽力檢查對耳蝸後病變診斷之有效度，《中華民國
　　耳鼻喉科醫學會雜誌》第三十二卷第二期：55-60。

連淑玲（1994），用愛彌補－淺談唇裂兒童護理，《康寧雜誌》第十五
　　卷第八期：85-87。

常維鈺（1998），漫談新生兒先天性代謝異常疾病篩檢，《台灣醫界》
　　第四十一卷第六期：27-28。

陳小娟（1993），國中小聽障學生個人助聽器之使用、知能與維護，
　　《特殊教育與復健學報》第三期：1-38。

陳小娟（1997），助聽器視聽覺檢查與電子音效分析之成效，《特殊教
　　育學報》第十二期：63-74。

陳小娟（1998），聽覺中樞功能篩檢測驗賡續研究，《特殊教育與復健
　　學報》第六期：39-63。

陳月枝等（1992），台灣癌症兒童的醫療照護－1981年與1991年的比較

研究，《中華民國癌症醫學會雜誌》第八卷第三期：80-106。

陳玉珍（1997），紅玫瑰、黃玫瑰與藍玫瑰─發展遲緩兒童的認識與協助，《蒙特梭利雙月刊》第十四期：10-13。

陳玉娟（1992），幼稚園之健康教育，《傳習》第十期：215-225。

陳玉賢（1999），資優兒童的心理壓力與輔導，《諮商與輔導》第一六四期：23-25。

陳育眞（1998），麻煩小天使的另一片天空─早期介入實務分享，《特教園丁》第十三卷第四期：18-19。

陳怡沁（1998），小兒科專科醫師與家醫科專科醫師對於「全民健保兒童預防保健服務」的態度、認知與執業情形之研究調查。國防醫學院公共衛生學研究所碩士論文。

陳明照（1998），非營利組織行銷之道，《人力發展》第五十一期：33-42。

陳柏瑞（1995），全民健保醫療品質提升，《衛生報導》第五卷第十一期：19-21。

陳秋玫（1992），早產兒母親社會支持系統與母親角色適應之研究。中國文化大學兒童福利研究所碩士論文。

陳延芳等（1998），台灣地區嬰兒利用兒童預防保健服務之調查研究，《公共衛生》第二十五卷第二期：121-137。

陳佩妮等（1997），台灣地區醫療品質指標適用性之探討，《中華公共衛生雜誌》第十六卷第二期：133-142。

陳美珠等（1995），台灣省學齡前兒童聽力篩檢先驅實驗計畫，《聽語會刊》第十一期：57-61。

陳振宇（1996），「智能篩檢測驗」中文20版（CASIC20）的一些心裡計量特性及其可能存在的方言偏誤，《中華精神醫學》第十卷第四期：13-21。

陳淑珍（1985），兒童語音障礙診斷測驗。輔仁大學語言學研究所碩士論文。

陳啓煌等（1998），產前母血血清篩檢的現況，《國防醫學》第二十六卷第六期：97-101+83。

陳國泰（1996），以兒童哲學教室課程理念提升學生思考能力，《研習資訊》第十三卷第三期：40-45。

陳惠玉等（1997），一位神經性膀胱功能障礙學齡期兒童之護理，《榮總護理》第十五卷第二期：162-170。

陳偉德等（1993），重高指數：簡易而正確之小兒體重評估法，《台灣醫誌》第九二期：S128-134。

陳瑞意（1991），兒童的心理和行為，《訓育研究》第三十卷第一期：19-22。

陳滄智（1999），資優生不同團體測驗篩選結果與分析，國小特殊教育第二七期：42-52。

陳慶福等（1998），單親與雙親兒童在自我觀念行為困擾與學業表現之研究，《國民教育研究》第二期：1-35。

陳慧媚（1990），個案管理的根源與近期發展，《社區發展季刊》第四九期：15-24。

陳麗鳳（1994），肥胖兒童體重控制成效探討。國立陽明醫學院衛生福利研究所碩士論文。

華筱玲（1998），懷孕早期孕婦血清的唐氏症篩檢，《台灣醫學》第二卷第四期：442-445。

華筱玲等（1998），孕婦血清篩檢唐氏症，《台灣醫學》第一卷，第四期：544-555。

梁文洋等（1999），妊娠期母血篩檢，《基層醫學》第十四卷第九期：174-176。

梁秋月（1992），自閉症、智能不足與正常學齡前兒童溝通行為之比較研究，《特殊教育研究月刊》第八期：95-115。

郭明得等（1997），漫談嬰兒聽力篩檢，《當代醫學》第二十四卷第一期：63-65。

郭鐘隆（1993），美國學校健康教育之展望，《學校衛生》第二三期：48-51。

郭鐘隆（1994），台灣地區國民小學學生健康檢查實施現況及其相關問題研究，《學校衛生》第二五期：2-26。

郭繡珍（1998），接受早期療育之學童在國小一年級學校生活適應之個案研究。國立高雄師範大學特殊教育學系碩士論文。

曾文錄（1997），「亞當與夏娃的對話」談學校性教育，《教育資料與研究》第十六期：34-37。

曾婉君（1998），全民健康保險精神醫療支付制度及其對精神醫療院所影響之質性研究。國立陽明大學衛生福利研究所碩士論文。

曾進興（1999），也談專業團隊－兼談語言治療人力資源，《特教新知通訊》第六卷第三期：1-4。

張文隆（1995），國小校護淺談，《學校衛生》第二七期：17-21。

張元玫（1991），社會工作服務在兒童醫療過程中供需性之研究。中國文化大學兒童福利研究所碩士論文。

張正芬等（1986），學前兒童語言發展量表之修訂及其相關研究，《特殊教育研究學刊》第二期：37-52。

張秀卿等（1990），個案管理，《社區發展季刊》第四九期：6-13。

張美惠（1999），兒科腸胃學之新進展對兒童健康的貢獻，《中華民國小兒科醫學雜誌》第三十八卷第三期：177。

張炯心（1995），產前胎兒異常之超音波篩檢，《醫學繼續教育》第五卷第二期：224-225。

張素美（1998），給孩子一個美麗希望的明天－談早療政策在台北市的執行成效，《福利社會》第六八期：23-25。

張紹焱（1972），聽覺障礙兒童心理特性，《花蓮師專學報》第三期：60-71。

張國欽等（1995），婚前健康檢查與諮詢，《台灣醫界》第三十八卷第二期：71-81。

張國欽等（1995），婚前健康檢查與家庭計畫，《台灣醫界》第三十八
　　卷第三期：49-51。

張國欽等（1995），婚前健康檢查與預防醫學，《台灣醫界》第三十八
　　卷第五期：37-40。

張琴音（1999），發展遲緩兒童轉銜服務之探討，《國小特殊教育》第
　　二七期：11-24。

張琴音（1999），發展遲緩兒童轉銜服務之探討，《台東特教》第九
　　期：31-49。

張熙幗（1999），兒童肥胖與家庭環境因素之關係探討。國立台灣大學
　　護理學研究所碩士論文。

彭莉香（1996），怎麼教出健康來─國內教育衛生的困境：國內的健康
　　教育規劃藍圖在哪裡？，《醫望》第十五期：72-75。

彭淑華（1996），暫時性疼痛？─論家庭內體罰與身體虐待之關係，
　　《律師通訊》第二○一期：21-26。

傅美玲等（1999），一位青春期白血病病童住院之因應行為，《護理雜
　　誌》第四六卷第四期：23-30。

湯澡薰（1998），台灣醫療資源使用之公平性探討，健康經濟學研討
　　會：1-21。

黃文俊（1999），步行運動與兒童健康體適能，《中華體育》第十三卷
　　第二期：108-114。

黃月桂等（1999），全民健保兒童健檢服務施行初期評估，《中華公共
　　衛生雜誌》第十八卷第二期：116-122。

黃世鈺（1999），資優兒童情意行為觀察量表編製原理與實例探析，
　　《國民教育研究學報》第五期：331-351。

黃秀梨等（1999），護理人員對發展遲緩兒童早期療育應有的認識，
　　《護理雜誌》第四十六卷第三期：67-72。

黃郁惠等（1999），建立經皮測黃疸器在嬰兒室之使用指標，《慈濟醫
　　學》第十一卷第四期：359-364。

黃美涓等（1996），精簡化的台灣兒童量表之設計及其臨床試用，《台灣醫學》第一卷第四期：424-439。

黃奕燦（1995），妊娠糖尿病篩檢為什麼要列入產檢項目？，《婦幼衛生》第一五四期：3-7。

黃奕燦（1996），產前為何應列入妊娠糖尿病篩檢？，《台灣醫界》第三十八卷第六期：29-32。

黃桂君（1998），應用智力測驗應有的認識，《國教世紀》第一八○期：4-7。

黃淑文等（1999），中美兒童早期療育服務內容之比較，《兒童福利論叢》第三期：2559-1+256-293。

黃國禎（1993），兒童福利法對身心障礙兒童的意義，《特教園丁季刊》第九期：34-41。

黃琪璘（1996），健康教育和生活型態，《國教之聲》第三十卷第二期：53-60。

黃雅文（1996），園長教師家長對健康教育的態度、幼稚園健康教育實施與幼兒健康習慣、體格生長相關問題之探討，《學校衛生》第二三期：22-33。

黃雅文（1994），幼稚園園長教師家長對健康教育需求之研究，《國民教育》第三十四卷第五期：31-38。

黃雅文（1994），幼稚園健康教育實施及其相關問題之探討，《台北師院學報》第七期：847-880。

黃雅文（1994），公私立幼稚園園長教師家長之健康教育認知，《幼教學刊》第二期：33-44。

黃雅文（1995），幼稚園園長教師家長對健康教育需求之研究，《幼教學刊》第三期：26-38。

黃雅文（1996），健康教育內容之省思，《幼教學刊》第四期：6-14。

黃榮村（1996），身心障礙教育之問題與對策，《教改通訊》第十六期：5-10。

黃璉華（1996），學校護士的角色功能與未來展望，《護理雜誌》第四十三卷第二期：18-24。

黃德業（1987），聽障嬰兒早期教育的可行性與重要性，《特殊教育季刊》第二二期：5-7。

黃麗蘭（1993），優生保健與遺傳諮詢，《榮總護理》第十卷第三期：282-286。

馮丹白（1996），特殊需要學生之職業教育，《技術及職業教育》第三四期：6-12。

游自達（1996），從低年級兒童的心理發展談學習輔導，《國教輔導》第三六卷第二期：9-16。

游美貴（1994），顏面傷殘兒童家庭福利服務需求之研究。中國文化大學兒童福利研究所碩士論文。

游景明（1997），美國發展遲緩兒童早期療育服務觀摩報告，《社會福利》第一三三期：25-34。

游張松等（1997），健保資料庫整體規劃及其架構，《中華公共衛生雜誌》第十六卷第六期：522-526。

萬育維（1994），長久以來被疏忽的問題—談學齡前兒童早期療育的規劃，《社會福利》第一一五期：18-26。

萬育維等（1997），從醫療與福利整合的角度探討－我國發展遲緩兒童之早期療育制度之規劃，《社區發展季刊》第七二期：48-61。

萬育維等（1999），慢性精神障礙者安置照顧模式之初探，《東吳社會工作學報》第五期：1-40。

楊玉隆（1994），懷孕期間無症狀菌尿症的篩檢及治療，《北市醫誌》第三十八卷第五期：40-42。

楊育芬等（1997），英語文學習之診斷與治療，《國立雲林技術學院學報》第六卷第三期：317-338。

楊忠祥（1992），兒童健康性體適能之測驗與評量，《國民教育》第三二卷第六期：32-35。

楊玲芳（1999），早期療育服務個案管理者執行工作內涵與困境相關因素之研究。東海大學社會工作學系碩士論文。

楊冠洋等（1995），兒童血中鉛濃度篩檢調查—台北榮總職業病防治中心工作初報，《中華職業醫學雜誌》（復刊號）第二卷第四期：184-193。

楊美華（1998），早期療育中家庭服務的職業道德省思，《特教園丁》第十三卷第四期：8-11。

楊勉力等（1994），Fragile-X Syndrome與智障兒篩檢之新發展，《台灣醫界》第三十七卷第七期：37-40。

楊淑惠等（1999），台北市學齡前兒童的體位與營養素攝取和血液脂質生化的關係，《中華民國營養學會雜誌》第二四卷第二期：139-151。

葉玉玲（1988），柯韓二氏知覺測驗之修訂研究。國立台灣教育（學院）特殊教育研究所碩士論文。

葉貞屏（1996），從生長發展談兒的成長焦慮，《教育資料與研究》第十一期：17-19。

劉文俊（1995），婚前健康檢查與諮詢，《醫學繼續教育》第五卷第三期：307-315。

劉丹桂（1991），新生兒先天性代謝異常疾病篩檢，《衛生報導》第一卷第七期：14-16。

劉永健（1995），學校護士對過動兒提供的服務，《國小特殊教育》第十八期：44-46。

劉坤仁（1996），台灣地區的社會階層與健康不平等。國立台灣大學公共衛生研究所碩士論文。

劉殿楨等（1998），學齡前兒童之聽力篩檢，《台灣醫學》第二卷第六期：616-622。

趙文元（1995），小兒的聽力篩檢，《當代醫學》第二十二卷第六期：481-483。

廖華芳等（1999），台北市醫療機構兒童早期療育服務之調查，《中華
　　民國物理治療學會雜誌》第二十四卷第三期：161-173。

熊秉眞（1994），中國近世士人筆下的兒童健康問題，《中央研究院近
　　代史研究所集刊》第二三期（上）：1-29。

熊秉眞（1995），驚風：中國近世兒童疾病與健康研究之一，《漢學研
　　究》第十三卷第二期：169-203。

熊秉眞（1996），小兒之吐──一個中國醫療發展史和兒童健康史上的考
　　察，《中央研究院近代史研究所集刊》第二五期：1-51。

黎小娟（1998），母血篩檢唐氏症陽性反應的孕婦面對羊膜穿刺之決策
　　經驗，《護理雜誌》第四十五卷第三期：51-64

黎小娟（1999），母血篩檢唐氏症之臨床應用與諮詢，《護理雜誌》第
　　四六卷第一期：81-87。

管美玲（1993），新生兒聽力篩檢，《中華民國小兒科醫學雜誌》第三
　　十四卷第六期：458-466。

蔡文友（1995），台灣地區先天性甲狀腺低能症新生兒篩檢─台大醫院
　　篩檢中心之經驗，《中華民國內分泌暨糖尿病學會會訓》第九卷第
　　一期：13-15。

蔡文友（1995），台灣地區先天性甲狀腺低能症新生兒篩檢─台大醫院
　　篩檢中心之經驗，《當代醫學》第二十二卷第十期：49-50。

蔡阿鶴（1991），智能不足兒童的生理保健，《嘉義師院學報》第五
　　期：155-198。

蔡阿鶴（1992），智能不足兒童的心理衛生，《嘉義師院學報》第六
　　期：195-218。

蔡淑菁（1996），台北市國小學生體能及其影響因素之研究。國立台灣
　　師範大學衛生教育研究所碩士論文。

蔡鶯鶯等（1999），健保資訊的接觸管道對全民健保預防保健服務利用
　　之影響，《新聞學研究》第六十一期：73-98。

賴正均（1999），虛弱小兒免疫提升的中醫藥調理原則及其日常生活保

健方法，《台北市中醫師公會中醫藥研究論叢》第二卷第一期：
98-106。

賴美淑等（1993），優生保健與家庭計畫，《醫學繼續教育》第三卷第
二期：292-295。

賴淑霞（1988），中部地區精神疾病醫療網轉介照會工作實施現況之初
步評定研究。東海大學社會工作研究所碩士論文。

賴惠玲（1995），肥胖兒童飲食行為改變實證研究。國立台灣師範大學
衛生教育研究所碩士論文。

賴曉蓉（1996），國小兒童健康體能及其相關因素之探討。高雄醫學院
護理學研究所碩士論文。

賴慧貞等（1993）， 台灣早期療育資源探討，《中華復健醫誌》第二一
期：125-132。

鄭志宏（1998），父母特性與兒童醫療照顧。淡江大學產業經濟學系碩
士論文。

鄭美金（1999），一位海洋性貧血帶因孕婦之篩檢處境與因應行為，
《護理雜誌》第四六卷第五期：44-54。

鄭彩鳳（1994），自然與加速預備狀態「兒童心理學」，《高市文教》第
五一期：32-34。

鄭雪霏（1998），因應新課程教師應具備的素養—以健康教育為例，
《國民教育》第十五卷第四期：10-13。

鄭雪霏（1998），腸病毒肆虐帶來的省思，《研習資訊》。

鄭麗貞（1997），我國學校衛生護理的現況，《護理新象》第七卷第一
期：2-9。

謝丞章（1997），身體能量活動自我評估法之效度研究。國立台灣師範
大學體育研究所碩士論文。

謝明昆（1998），兒童心理輔導與諮商，《進修學訊年刊》第四期：19-
26。

謝秀宜（1992），我國全民健康保險醫療費用部分負擔制度之研究。逢

甲大學保險學研究所碩士論文。

謝啓瑞（1994），兒童醫療需求的實證分析，《經濟論文叢刊》第二十二卷第一期：1-23。

謝啓瑞等（1998），台灣醫療保健支出成長原因之探討，《人文及社會科學期刊》第十卷第一期：1-32。

鍾美雲（1993），肥胖兒童體重控制計畫文獻及現況探討，《學校衛生》第二二期：38-48。

魏俊華（1997），聽覺障礙兒童之心理壓力與因應，《特教新知通訊》第四卷第六期：1-3。

蕭淑貞等（1992），台北市某幼稚園之保健工作模式─學齡前兒童生長發育之健康評估及健康服務，《康寧雜誌》第十四卷第一期：13-35。

蕭淑貞等（1995），學齡前兒童常出現之行爲問題初探，《公共衛生》第二一卷第四期：245-254。

蕭廣仁等（1991），先天性腎上線增生症之新生兒篩檢，《中華民國醫檢會報》第六卷第二期：17-18。

羅秀華（1997），發展遲緩兒童之服務如何落實於家庭與社區社會工作，《社區發展季刊》第七七期：83-92。

羅秋怡（1999），分秒必爭錙銖必較─談早期療育，《馬偕院訊》第十九卷第六期：221-224。

羅惠玲（1996），一般及發展遲緩幼兒父母對托兒所收托發展遲緩幼兒態度之研究─以「台北市多元化托兒服務計畫」爲例。中國文化大學兒童福利研究所碩士論文。

蘇芊玲等（1998），「關心兒童的心理衛生與成長心態」系列座談會（上），《醫望》第二六期：95-108。

蘇妃君（1991），台灣北區國民中小學護士專業素養及未來培育需求之調查研究。台灣師範大學衛生教育研究所碩士論文。

蘇瑞卿等（1993），中小學學生健康檢查之探討─以台北市實施情形爲

例，《學校衛生》第二二期：75-79。

顏兆熊（1995），以母血生化標誌篩檢唐氏症，《台灣醫界》第三十八
　　卷第五期：21-26。

顧艷秋（1996），護理部門在提升醫療品質上之角色與功能，《台灣醫
　　學》第一卷第一期：116-117。

8.原住民兒童福利需求調查❶

李明政

東吳大學社工系副教授兼系主任

「原住民兒童福利需求之調查」的目的

「原住民兒童福利需求之調查」研究中探討原住民兒童的福利需求，主要目的有二：一、描述分析原住民對於既有的兒童福利服務之需求；二、描述分析原住民對於潛在的兒童福利服務建構之需求。

對於既有的兒童福利服務需求之描述分析部分，旨在探討原住民族兒童及其重要關係人，對於政府與民間福利機構團體，所提供之支持性的服務、輔助性的服務和替代性的服務之需求程度。

對於潛在的兒童福利服務建構需求之描述分析部分，則強調應從族群生存適應及文化有效傳承之前提出發，來探討應予提供而尚未提供之原住民族兒童福利服務特殊建構之需求。

上述既有的兒童福利服務中所謂支持性、輔助性和替代性服務，主要參考美國威斯康遜大學麥迪森分校的社會工作教授Alfred Kadushin有關兒童福利服務概念的論述❷。根據Alfred Kadushin（1980：28-9）的觀點，家庭或核心家庭的雙親是促進或實現兒童福利最具關鍵影響的角色。當其角色（符合前述社會期望下之家庭或核心家庭的雙親）因死

亡、長期住院、入監服刑或家庭解組等等而眞空缺位；因疾病、殘廢或無知等等而不能適任；因遺棄、虐待或疏忽等等而拒不履行；因角色矛盾、角色衝突或角色負荷過重（如有身心障礙之子女者、社區資源匱乏、欠缺有效的周邊支持者）等等而職能難以發揮，就會造成周期性或結構性之兒童福利匱乏的問題，也就需要兒童福利服務適時的介入。基於解決上述周期性或結構性之兒童福利匱乏的問題而形成的兒童福利服務，就可分爲三個相互關聯的服務類型：支持性的服務（supportive services）、輔助性的服務（supplemental services）和替代性的服務（substitutive services）。支持性的服務，是提供能強化家庭內在力量（如雙親的職能、親子關係的和諧與團結）之服務，如家庭或兒童的諮商輔導、親職教育等等，以增進家庭處理威脅壓力的能耐，及促進維護或發展兒童階段之子女的福利，這是確保兒童福利的第一道防線；輔助性的服務，是提供維繫家庭生活穩定運作所需之外在助力或周邊服務，如家庭補助、家務員服務和托育服務等等，以補充家庭或雙親角色功能之不足，這是確保兒童福利的第二道防線；替代性的服務，是當家庭已經解組或家庭應有之角色功能嚴重缺失時所提供的服務，由家庭外在之其他組織或機構團體，取代家庭的角色，來提供兒童生活需求之滿足，如寄養家庭服務、機構收容照顧或收養等等，這是確保兒童福利的第三道防線，也是最後一道防線。

「原住民兒童福利需求之調查」過程

對於既有的兒童福利服務需求之探討部分，研究者運用訪員攜帶結構式的問卷，採面對面訪問方式，調查有十二歲以下兒童的原住民家庭。本調查的抽樣母體，乃1998年12月31日設籍台灣地區且家中育有十二歲以下的原住民家戶。本調查採多階段（multi-stage）抽樣方法選樣，首先以九族爲抽樣單位，其次以原住民各族聚居的鄉鎮市區爲下一

階段的抽樣單位，最後以部落或村落爲抽樣單位並抽出某一配額的家戶作爲樣本。自1999年4月10日開始，至1999年6月17日止，共得五百六十七戶有效樣本。其中三十八戶屬北部地區的都市原住民家庭，其餘皆分布於原住民鄉鎮市區，若按族別分，則泰雅族家庭有二十二戶、賽夏族家庭二十九戶、布農族家庭六十九戶、鄒族家庭四十四戶、排灣族家庭六十五戶、魯凱族家庭四十七戶、阿美族家庭一百二十三戶、卑南族家庭八十戶、雅美族家庭五十戶。本調查的受訪家庭不論其父母親俱在於否，皆至少有一位十二歲以下兒童同住。在訪問的五百六十七戶中，十二歲以下的兒童共有一千一百五十八位，每家戶平均約有二‧一位兒童。其中有○至三歲兒童家戶爲二百一十戶，共有二百五十位三歲以下兒童；四至六歲兒童家庭有二百五十一戶，共有三百零一位兒童；六至十二歲的學齡兒童家戶有三百九十四戶，共有六百零七位兒童。

　　對於潛在的兒童福利服務建構需求之探討部分，本研究共進行了十二次訪談，其中包括六次團體座談及六次個人訪談。六次團體座談的地點與對象依次是：南投縣仁愛鄉霧社鄉公所，訪談對象包括當地從事幼兒或兒童教育者和家庭主婦；屏東縣瑪家國中，訪談對象以從事兒童教育及輔導工作者爲主，包括教育體系（公）及宗教團體（私）各部門的兒童工作者；屏東縣家扶中心，訪談對象包括從事兒童教育、輔導工作者和社會工作員；基隆八斗國中附近民宅，訪談對象爲移居基隆和瑞芳的原住民；苗栗縣南庄國小，訪談對象包括家扶中心主任、當地牧師、退休老師、國小教師、原住民議員、母語老師、慈心協會相關人員（包括幹部、義工等）；阿里山鄉公所，訪談對象包括鄉長、社工員和幼教人員。六次個人訪談對象，包括原住民行政官員（排灣族）、國小校長、國小教師（雅美族）、幼稚園園長（泰雅族）、原住民課業輔導社大學生。

「原住民兒童福利需求之調查」發現

一、原住民兒童福利需求問卷調查發現

有關原住民兒童福利需求問卷調查發現，主要呈現在表8-1及8-2中。

表8-1的資料，有關原住民兒童托育與教育方面的需求。此調查結

表8-1 原住民兒童支持性福利方面的需求

	住都市(%)	泰雅族(%)	賽夏族(%)	布農族(%)	鄒族(%)	排灣族(%)	魯凱族(%)	阿美族(%)	卑南族(%)	雅美族(%)	總計(%)
輔導設立及改善現有的村里托兒所	21 (56.8)	16 (72.7)	6 (20.7)	33 (47.8)	36 (81.8)	43 (68.3)	26 (55.3)	42 (34.7)	27 (33.8)	33 (66.0)	283 (50.4)
辦理學齡前兒童的津貼補助	25 (67.6)	13 (59.1)	16 (55.2)	28 (40.6)	24 (54.5)	38 (60.3)	34 (72.3)	68 (56.2)	55 (68.8)	22 (44.9)	323 (57.6)
加強學齡兒童的課後學業輔導	31 (83.8)	11 (50.0)	7 (24.1)	50 (72.5)	24 (54.5)	34 (54.0)	36 (76.6)	50 (41.3)	48 (60.0)	24 (49.0)	315 (56.1)
加強學齡兒童的心理輔導	24 (64.9)	10 (45.5)	7 (24.1)	34 (49.3)	23 (52.3)	20 (31.7)	29 (61.7)	35 (28.9)	43 (53.8)	17 (34.7)	242 (43.1)
辦理學齡兒童的生活補助或津貼	29 (78.4)	12 (54.5)	7 (24.1)	41 (59.4)	24 (54.5)	36 (57.1)	43 (91.5)	61 (50.4)	55 (68.8)	30 (61.2)	338 (60.2)
教育學齡兒童學習母語	28 (75.7)	14 (63.6)	12 (41.4)	45 (65.2)	30 (68.2)	26 (41.3)	44 (93.6)	76 (62.8)	64 (80.0)	27 (55.1)	366 (65.2)
擴大升學教育的優惠	24 (64.9)	13 (59.1)	15 (51.7)	46 (66.7)	23 (52.3)	32 (50.8)	38 (80.9)	77 (63.6)	36 (45.0)	33 (67.3)	337 (60.1)
加強舉辦親子或親職活動	28 (75.7)	15 (68.2)	6 (20.7)	35 (50.7)	28 (63.6)	24 (38.1)	37 (78.7)	67 (55.4)	20 (25.0)	33 (67.3)	293 (52.2)
就近設立兒童育樂休閒場所	25 (67.6)	11 (50.0)	6 (20.7)	38 (55.1)	29 (65.9)	17 (27.0)	41 (87.2)	67 (55.4)	24 (30.0)	21 (42.9)	279 (49.7)

果顯示，一半以上的受訪者認為政府應在下列有關兒童托育和教育方面加強服務：輔導設立及改善現有的村里托兒所（50.4%）、辦理學齡前兒童的津貼補助（57.6%）、加強學齡兒童的課後學業輔導（56.1%）、辦理學齡兒童的生活補助或津貼（60.2%）、教育學齡兒童學習母語（65.2%）、擴大升學教育的優惠（60.1%）、加強舉辦親子或親職活動（52.2%）。在族別方面，表8-1也顯示都市原住民、泰雅族、鄒族、魯凱族及雅美族等受訪的家庭，在托育與教育服務各項需求上，顯得非常期待。相較之下，賽夏族所表現的福利需求比例，就相對的少多了。

表8-2　原住民兒童輔助性和替代性福利服務方面的需求

	住都市(%)	泰雅族(%)	賽夏族(%)	布農族(%)	鄒族(%)	排灣族(%)	魯凱族(%)	阿美族(%)	卑南族(%)	雅美族(%)	總計(%)
辦理貧困失依兒童家庭補助	28 (75.7)	21 (95.5)	18 (64.3)	61 (88.4)	30 (73.2)	46 (75.4)	43 (91.5)	61 (76.3)	41 (83.7)	41 (83.7)	437 (78.6)
辦理急難救助	28 (75.7)	16 (72.7)	14 (50.0)	41 (59.4)	32 (78.0)	37 (60.7)	45 (95.7)	65 (81.3)	38 (77.6)	38 (77.6)	412 (74.1)
加強原住民兒童虐待與疏忽的保護工作	29 (78.4)	13 (59.1)	7 (25.0)	39 (56.5)	19 (46.3)	21 (34.4)	45 (95.7)	18 (22.5)	15 (30.6)	15 (30.6)	242 (43.5)
就近設立殘障或啓智教養機構	23 (62.2)	9 (40.9)	3 (10.7)	19 (27.5)	15 (36.6)	24 (39.3)	33 (70.2)	31 (38.8)	11 (22.4)	11 (22.4)	177 (31.8)
就近設立育幼院收容所	22 (59.5)	11 (50.0)	3 (10.7)	17 (24.6)	12 (29.3)	16 (26.2)	32 (68.1)	9 (11.3)	5 (10.2)	5 (10.2)	144 (25.9)
辦理發展遲緩的兒童早期療育服務	28 (75.7)	6 (27.3)	2 (7.1)	32 (46.4)	17 (41.5)	14 (23.0)	32 (68.1)	33 (41.3)	13 (26.5)	13 (26.5)	200 (36.0)
辦理兒童寄養服務照顧	24 (64.9)	9 (40.9)	3 (10.7)	24 (34.8)	12 (29.3)	10 (16.4)	36 (76.6)	11 (13.8)	7 (14.3)	7 (14.3)	164 (29.5)
加強籌設原住民家庭服務中心	33 (89.2)	19 (86.4)	4 (14.3)	41 (59.4)	31 (75.6)	27 (44.3)	46 (97.9)	77 (96.3)	26 (53.1)	26 (53.1)	392 (70.5)
加強原住民家戶訪視及生活輔導	28 (75.7)	19 (86.4)	9 (32.1)	45 (65.2)	29 (70.7)	28 (45.9)	45 (95.7)	40 (50.0)	24 (49.0)	24 (49.0)	351 (63.1)

表8-2的資料則顯示，相當高比例的受訪原住民家庭表示政府應加強辦理的輔助性與照顧性福利服務。需求程度依次爲：辦理貧困失依兒童家庭補助（78.6%）、辦理急難救助（74.1%）、加強籌設原住民家庭服務中心（70.5%）、加強原住民家戶訪視及生活輔導（63.1%）。若就族別來看，都市原住民、泰雅族、魯凱族對這些輔助性與照顧性的福利服務需求，表現相當高的關切與需求，而賽夏族則表現較低比例的需求性。

由表8-1、8-2來看，受訪家戶似乎對於有關原住民兒童的托育和教育方面的支持性福利服務，表現相當高的期待，認爲政府應加強辦理能提升兒童教育或親子關係的福利服務；至於輔助性質的措施，特別是經濟方面的補助，也獲得受訪家庭很高的共識，認爲政府應加強辦理。但對於替代性的福利服務，如寄養家庭、育幼院等設置，則獲得較少家戶的呼應。值得一提的是，推動或提供各項福利服務的相關機制，如設立原住民家庭服務中心和原住民生活輔導及訪視兩項工作，也受到受訪者相當地關切，多數受訪者似乎頗認同這些機制的設立，認爲將有助各項福利服務的實施。

二、原住民兒童福利需求訪談發現

扼要簡述原住民兒童福利需求訪談發現，大致如下：

（一）原住民學童刻板印象

在大都會中，許多非原住民學童仍存有不利於原住民學童的刻板印象。原住民兒童自上幼稚園開始，就得面對族群身分而心生不安。此種對族群身分不安的心理，還會延伸到高中、大學甚至更長遠。

（二）課業輔導需求

絕大多數原住民家庭，在教養子女方面，都感到困惑。因而，都市原住民期待政府能充分提供類似「安親班」之服務措施，提供課業輔

導，更重要地也防範原住民學童變壞。

（三）隔代教養問題

在台灣本島原住民鄉中，隔代教養問題普遍被各族群認為相當嚴重，其主要成因包括未婚生子、父母離婚或死亡或父母到外地工作。而隔代教養的實質問題則大致為：經濟負擔沉重及教養欠缺適當能力、祖父母不會簽聯絡簿、語言不通、不知如何教、孩子三餐不正常，以及有時候沒常洗澡或幾近放任不管。不過，在蘭嶼地區則似乎較少隔代教養問題的困擾。

（四）不穩定家庭環境

在南部原住民青年要結婚的時候，老一輩總是希望要好看，要能夠請客，親友要能夠普及，所以請客要花一些錢；另外在談婚姻的時候，聘金的問題，除了原住民傳統的那一份之外，現在漢人的習俗也不可免，所以要兩份，等於是雙重的要求。所以年輕人在結婚初期都面臨非常大的壓力，因為父母覺得結婚要作得好看，所以孩子就只好去借錢，幾乎一結婚就開始負債、負債在到某種程度就只好到外地去賺更多錢，賺不到也不敢回來，所以就一筆債務在鄉里，然後人流落在外面，孩子生了也不見得撫養得起，只好把孩子拋回來，所以整個在現實生活裡面，原住民家庭的形成跟運作，對年輕家庭來講好像就形成蠻難解脫的惡性循環。對年幼兒童而言，一出生時，家庭環境就存在高度不穩定性。

（五）父母亡故孩子問題

由於年輕人意外死亡率高，不少父母亡故的孩子，就由其親戚養育，添增他（她）們很多負擔，政府似乎也沒有提供多大的幫助。

（六）學習中輟現象

由於學業成績低落，欠缺升學競爭實力，加上傳統文化與講究精確效率的現代社會存在隔閡，使得許多留在原鄉的原住民學童成就動機低、自我概念薄弱。從國小跨進國中的階段，還加上族群相處的衝擊，造成明顯適應困難，學習中輟現象隨之急速上升。

（七）自我意識薄弱

原住民兒童心理矛盾、自我概念模糊、族群認同薄弱，迄今仍是原住民成長過程，普遍存有的現象，它源自歧視性的、文化剝奪的生活處境。改善此種困境，應視為最根本的原住民兒童福利需求。

欲改善上述現象，除了採取以家庭為中心的福利服務模式外，還必須兼顧以學校、部落、聚落、社區為中心之思考方式。從本研究多視角的深度訪談中，絕大多數的受訪者都指出學校、部落、聚落、社區環境，存在許多不利於原住民兒童成長發展或適應競爭的障礙。然而，各族群間各地區間仍存在明顯差異，在本研究有限的訪談資料中，似乎很難詳細辨明各族群間各地區的特性。

一些省察

對筆者而言，這項調查研究從一開始就是一項嚴酷的考驗。面對多文化族群，其居住地分布之地理生態條件變異極大，加上在社會價值快速變遷的環境下，欲在短期間內進行有效的考察，存在著極大的困難。其中主要的難題，包括如何有效描述兒童福利需求？尤其是有關所謂潛在的兒童福利需求？如何兼顧描述分析所有原住民族之兒童福利需求狀況？目前原住民人口已稀疏分散全台各地，在不到一年的時限下，如何有效率地進行考察？如何提出有助滿足政府政策規劃單位需求的研究報

告？當原住民族社會福利體系建構，仍僅是處於可塑性極高的開端階段。

從上述研究結果來看，這些難題顯然未獲適切解決。依筆者的看法，有關原住民族社會福利調查研究資料，迄今累積有限，且多屬小規模、主題分散的考察，對於全面理解原住民族社會福利需求狀況幫助也極爲有限。欲有效解決本研究或類似研究的困境，相關部門應長期通力合作建構原住民族社會福利資料庫，使研究者於進入研究過程之初，即能掌握相關的基本資料，而將時間精力集中在研究重點上，或能逐步改進研究缺失，普遍提升原住民族社會福利議題研究的水準。

注釋

❶在「瞭解原住民兒童福利需求,以作為規劃原住民兒童福利服務之依據」,
大致在此種理念下,筆者和鄭麗珍、馬宗潔、莊秀美等幾位同仁接受行政
院原住民委員會之委託,於1998年至1999年間,執行「原住民兒童福利需
求之調查」研究案。該研究報告已於1999年6月完成,然而,在筆者腦海
裡,仍留下不少困惑。本章,除簡要敘述該調查過程和調查發現外,將兼
述筆者執行該研究察覺到的困惑,以供未來從事相關研究之參考。

❷Kadushin著 *Child Welfare Services* 一書主要論述內涵之中文資料,可參閱周
震歐主編之《兒童福利》(增訂版) 一書。

9.原住民兒童福利照顧之現況與規劃

邱汝娜

行政院原住民委員會社會福利處處長

前言

　　在資本主義市場經濟制度席捲全球的同時，台灣原住民族從其歷史、文化及特有生長環境中累積出來，用以滿足其族人及兒童需求的方式，也正受到嚴重的衝擊。各族的原住民族群適應資本主義社會的狀況各有差異，但整體而言，相較於漢族則顯得弱勢。

　　鑑於原住民族在適應資本主義社會的結構性弱勢，再加上兒童是一個民族存續發展的希望，原住民兒童的需求及福祉，是在追求多元民族相互尊重的台灣社會必須關心的一項重要議題。

　　本章將簡述原住民兒童的概況、福利服務需求，並整理政府及民間對原住民兒童福利服務的提供狀況，以原住民兒童的需求，做為未來規劃原住民兒童福利政策的方向，協助原住民兒童發展正向的民族認同及自我概念，提供原住民兒童健全的成長環境。

原住民兒童的概況

一、原住民兒童的人口資料

根據1998年度台灣原住民生活狀況調查報告顯示,原住民兒童總人口約八萬七千七百九十四人,占原住民總人口數的21.57%。

原住民兒童居住於山地鄉的人數有三萬三千五百五十五人,約占所有原住民兒童總人口數的38.2%;原住民兒童居住於平地鄉的人數有二萬三千四百九十四人,約占所有原住民兒童總人口數的26.8%(台灣原住民生活狀況調查報告,1998)。總計約有65.0%的原住民兒童居住於山地鄉及平地原住民鄉。

二、原住民兒童的劣勢生長環境

(一)原住民家庭的經濟劣勢

根據1998年〈台灣原住民生活狀況調查報告〉顯示,原住民家庭收入平均每戶收入為三萬八千零八十七元,平均每戶人口數為三・七七人(台灣原住民生活狀況調查報告,1998),以此來估算,將全戶收入平均分配至戶內人口,每人平均收入僅一萬零一百零二元,為台灣省最低生活費(七千一百零九元)1.42倍、高雄市最低生活費(八千八百二十八元)1.14倍,尚不及台北市最低生活費用(一萬一千四百四十三元)。原住民家庭的經濟劣勢使其可投資在原住民兒童身上的資源相對稀少。

（二）原住民兒童的父母教育能力不足

原住民父母親教育程度低，二十五歲至六十四歲者之教育程度在國小及以下者占39.4%，國中程度者占27.72%，高中職者占27.26%，大專程度以上者僅占5.42%（台灣原住民生活狀況調查報告，1998）。父母的教育程度不足，較沒有能力為子女做長期的生涯規劃；尤其有為數不少的兒童留居鄉間由老人照顧（六十五歲以上者有88%是國小以下程度者），隔代教養問題接踵而來，或幾乎沒有人在照顧，使原住民兒童變成是中間被遺忘的一群。

（三）原住民的單親家庭比例高

根據1998年度〈台灣原住民生活狀況調查報告〉顯示，台灣原住民家庭組織型態中約有12.85%是單親家庭，已達平均每七戶就有超過一戶的比例。另李明政（1999）的調查報告中抽樣五百六十七戶原住民家庭中，單親家庭更高達20.1%。單親家庭的家長需負擔兒童照顧及家庭經濟需求，在資源有限之情況下，面臨加倍的辛苦。

三、原住民兒童享有的福利資源稀少

適當的社會福利資源提供，可以彌補兒童劣勢的家庭成長環境，但原住民兒童享有的福利資源卻相當稀少，使原住民兒童很難從劣勢的環境中得到公平、健全的成長機會。

如托育服務資源，在台灣地區的三十個山地鄉和二十五個平地原住民鄉中之村里托兒所只有二百三十四所，收托原住民兒童數四千六百十一人，只占原住民兒童總人口數（設籍直轄市除外）的20.14%（行政院原住民委員會，1999），顯示有極多的原住民兒童沒有機會享有托兒服務，接受學前潛能發展訓練。

原住民兒童之福利需求

一、原住民兒童之福利需求調查

依據行政院原住民委員會（1999）委託李明政教授之〈原住民兒童福利需求之調查〉報告中，研究發現台灣的原住民兒童福利需求如次：

（一）支持性福利方面的需求

有關原住民兒童托育與教養方面的支持性需求，以下列方面為最需要：教育學齡兒童學習母語（64.8%）、辦理學童的生活補助或津貼（59.9%）、擴大升學教育的優惠（59.2%）、辦理學齡前兒童的生活津貼補助（57.5%）、加強學齡兒童的課後學業輔導（56.6%）、輔導設立及改善現有的村里托兒所（51.5%）、加強辦理親職或親子活動（52.7%）、就近設立兒童育樂休閒場所（50.3%）（見圖9-1）。

（二）原住民兒童支持性和替代性福利方面的需求

有相當高比例的原住民家庭表示政府應該加強辦理的支持性福利，如對原住民兒童的托育和教育方面的福利有相當的期待；另外在替代性福利方面，如寄養家庭和育幼院等設置亦是原住民家庭之高需求福利項目。依據福利需求調查數據如下：辦理貧困失依兒童家庭補助（78.0%）、辦理急難救助（73.1%）、加強籌設原住民家庭服務中心（70.5%）、加強原住民家戶訪視及生活輔導（63.4%）（見圖9-2）。

從原住民兒童需求的調查資料，可看出原住民家庭期待政府針對能加強辦理提升兒童教育或親子關係的福利服務；補助性的服務方面，特別是經濟方面的補助，也獲得訪家庭很高的共識；但對於替代性的福利

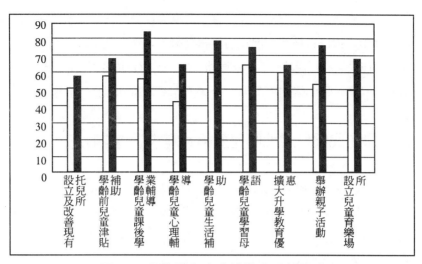

圖9-1　原住民兒童支持性方面的需求

說明：1.左邊方條為所有受訪原住民家戶的需求比例。
　　　2.右邊方條為受訪都市原住民家戶的需求比例。

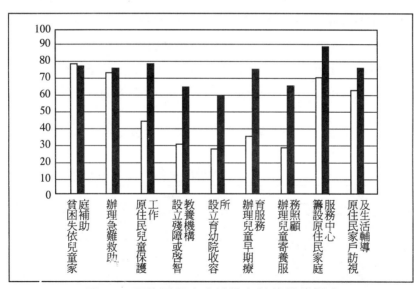

圖9-2　原住民兒童支持性和替代性的需求

說明：1.左邊方條為所有受訪原住民家戶的需求比例。
　　　2.右邊方條為受訪都市原住民家戶的需求比例。

服務，如寄養家庭、育幼院等設置，則獲得較少的回應。值得一提的是，推動或提供各種福利服務的相關機制，如設立原住民家庭服務中心、原住民家戶訪視及生活輔導兩項工作，受到受訪者相當地關切，受訪家戶似乎認為此兩項機制的建立，有助於各項福利服務的措施。

二、原住民與台灣地區兒童福利需求調查之比較

將〈原住民兒童福利需求之調查〉資料與內政部社會司於1995年進行的〈台灣地區兒童生活狀況調查報告〉（內政部統計處，1996），在相似的問項上做比較後，可以清楚顯示出原住民兒童福利需求與台灣地區家戶傳達的兒童福利需求間的落差。

原住民兒童和台灣地區兒童在支持性福利需求上的比較，原住民兒童均顯示較高的需求（見表9-1）。

在輔助性和替代性的兒童福利需求項目上，原住民地區的兒童和台灣地區兒童需求的差異表現在下述項目中：辦理貧困失依兒童家庭補助（78.0%）、辦理急難救助（73.1%）、加強籌設原住民家庭服務中心（70.5%），以上原住民兒童的需求表達皆在70%以上（見表9-2）。

從表9-1和表9-2的資料，顯示出原住民家戶對各個項目表達相當高

表9-1　受訪原住民家戶與台灣地區家戶「兒童支持性福利需求」
　　　　之比較

	受訪原住民家戶（%）	台灣地區家戶（%）
輔導設立及改善現有的村里托兒所	51.5	44.2
辦理學齡前兒童的津貼補助	57.5	8.5
辦理學齡兒童的生活補助或津貼	56.6	
加強學齡兒童的課後輔導	43.5	12.6
加強學齡兒童的心理輔導	59.9	11.1
教育學齡兒童學習母語	64.8	－
擴大升學教育的優惠	59.2	－
加強辦理親子或親職活動	52.7	26.4
就近設立兒童育樂休閒場所	50.3	－

表9-2　受訪原住民家戶與台灣地區家戶「兒童輔助和替代性福利需求」之比較

	受訪原住民家戶（%）	台灣地區家戶（%）
辦理貧困失依兒童家庭補助	78.0	5.3
辦理急難救助	73.1	–
加強兒童虐待與疏忽的保護工作	44.2	13.8
就近設立殘障或啓智教養機構	31.2	6.9
就近設立育幼院或收容所	26.0	–
辦理發展遲緩的兒童早期療育服務	35.6	–
辦理兒童寄養服務照顧	28.8	0.9
加強籌設原住民家庭服務中心	70.5	–
加強原住民家戶訪視及生活輔導	63.4	–

比例的需求，遠遠地超過台灣地區家戶的表達，這樣的落差也再次說明了原住民兒童的福利需求高，極需要相關的福利服務等資源來滿足原住民兒童在支持性、輔助性、替代性福利服務上的需求。

當前台灣原住民兒童的福利推行現況

一、行政院原住民委員會對原住民兒童福利服務提供狀況

　　行政院原住民委員會為規劃原住民政策的中央主管單位，為落實對原住民兒童的照顧，行政院原住民委員會社會福利處規劃執行了「原住民老人暨兒童照顧六年實施計畫」，建立原住民地區社會福利服務網絡以社區化、家庭化方式加強照顧原住民地區之老人與兒童，在兒童部分特別先辦理「原住民兒童福利需求之調查」，作為規劃原住民兒童社會福利之參考，並針對原住民兒童需求提供下列措施：

（一）改善原住民托兒所設施

從1998年7月1日起有五十三個鄉鎮辦理，如（見表9-3）：

（二）設置原住民社區家庭服務中心

建立以部落為中心的原住民兒童、家庭福利傳輸模式，自1999年度起已於十一個鄉（鎮市）設立（見表9-4）：

（三）原住民工作人員研習

辦理「原住民地區托兒所教保人員研習」、「原住民社會工作員工作研習」、「原住民社會福利行政工作人員研習」，研習對象包括私立機構的工作人員，以達成促進經驗交流並提升原住民社會福利工作人員專業素質之目的，使提供給原住民兒童及家庭更適切的專業服務。

表9-3 改善原住民托兒所設施執行狀況

縣市別	充實改善托兒所設施
台北縣	烏來鄉
桃園縣	復興鄉
新竹縣	五峰鄉、尖石鄉、關西鎮
苗栗縣	泰安鄉、南庄鄉
台中縣	和平鄉
南投縣	仁愛鄉、信義鄉、魚池鄉
嘉義縣	阿里山鄉
高雄縣	茂林鄉、桃源鄉、三民鄉
屏東縣	三地門鄉、霧台鄉、瑪家鄉、泰武鄉、來義鄉、春日鄉、獅子鄉、牡丹鄉、滿洲鄉
宜蘭縣	大同鄉、南澳鄉
花蓮縣	秀林鄉、萬榮鄉、卓溪鄉、花蓮市、玉里鎮、鳳林鎮、新城鄉、吉安鄉、壽豐鄉、光復鄉、豐濱鄉、瑞穗鄉、富里鄉
台東縣	海瑞鄉、延平郡、金峰鄉、達仁鄉、台東市、成功鎮、關山鎮、卑南鄉、太麻里鄉、大武鄉、東河鄉、長濱鄉、鹿野鄉、池上鄉

表9-4　原住民地區社區家庭服務中心設置狀況

縣市別	設置社區家庭服務中心
新竹縣	五峰鄉與尖石鄉合設一處
南投縣	仁愛鄉
嘉義縣	阿里山鄉
高雄縣	三民鄉與茂林鄉合設一處
屏東縣	來義鄉、泰武鄉、內埔鄉
花蓮縣	玉里鎮
台東縣	蘭嶼鄉、卑南鄉與成功鎮合設一處、台東市

（四）辦理原住民急難救助

　　為落實照顧原住民家庭生計，訂定「行政院原住民委員會輔助原住民急難救助實施要點」及施行計畫，補助辦理死亡救助、醫療救助、重大意外事故救助、婦女救助及老人、少年、兒童救助，視實際需要核發新台幣一萬元至五萬元。

（五）文化成長班

　　實施原住民學齡兒童暨青少年「文化成長班」，「文化成長班」係結合部落教會資源，利用教會提供國中、國小原住民學生課後的學習機會並解決原住民兒童的課後托育問題，「文化成長班」所提供的輔導項目主要如下：

　　　　1.課業輔導為主。

　　　　2.傳習族語及原住民俗文化。

　　　　3.培育才藝（電腦、音樂、繪畫、雕刻、陶藝等）。

　　　　4.團體活動與個別輔導。

二、地方政府對原住民兒童福利服務推行現況

　　根據台灣省的「台灣原住民社會發展方案」及相關措施、台北市原

住民事務委員會及高雄市原住民委員會對原住民兒童所提供之服務，其主要內容如下：

（一）支持性服務方面

　　1.辦理兒童少年保護通報網路專線電話。
　　2.在學原住民學生心理調適輔導工作。

（二）輔助性服務方面

　　1.貧困兒童家庭補助。
　　2.原住民兒童托育補助。
　　3.在學原住民子女課業及團康活動。
　　4.原住民子女課業輔導。
　　5.原住民子女獎助學金。
　　6.原住民就讀高中（職）、國中、小補助。

（三）替代性服務方面

　　替代性服務包括：失依兒童教養及家庭寄養。

　　此外，台北市針對一般或弱勢家庭兒童所提供的服務中，原住民兒童亦可享有台北市三歲以下兒童醫療補助、原住民兒童就學交通補助費及市立托兒所優先收托弱勢家庭（低收入戶、原住民、身心障礙）子女。

三、民間機構對原住民兒童福利服務推行現況

　　自1980年代末以降，台灣地區關懷原住民對象的民間社會福利機構團體日漸增多，尤其在內政部推動所謂「認養鄉方案」後，更是如此。其中參與最多的首推台灣世界展望會；近來，中華兒童福利基金會對於

原住民社會工作也相當投入；此兩個民間機構所提供的原住民兒童服務，整理如後：

（一）扶助服務

透過機構社工員辦理原住民兒童教育、生活輔導、健康促進與維護、助學方案、文化傳承、親職教育、心理輔導等服務，關心家庭成長及互動。

（二）承接政府委託方案之服務

接受行政院原住民委員會或縣市政府的委託，辦理以兒童、少年為對象之方案，如成立原住民社區家庭服務中心，提供家庭寄養、兒童及少女的保護與安置、中輟生的輔導工作、辦理強制性的親職教育等。

政府與民間機構在社會福利服務的提供上具有互補功能，政府單位具有公權力及整體性服務規劃能力，如兒童保護及兒童經濟安全相關方案之全面性推動等；民間機構除接受政府委託計畫之外，並可充分運用機構本身的彈性，依據機構目標及原鄉特性之需求，提供適切之服務。

未來規劃方向——建立多元文化兒童福利政策

一、政策目標

1. 建立多元文化兒童福利政策，追求各族相互尊重，使各族群的兒童均能享有同等適當成長發展機會。
2. 制定與原住民兒童成長環境多元關聯的發展政策，不僅只是干預兒童及其家庭功能不足之處，對於原住民兒童的其他生長環境，如學校、社區、部落，也需重視。

二、法規部分

（一）兒童福利法

「兒童福利法」的修訂，在既有的兒童福利法中加入原住民兒童的「免於被歧視權」、「文化認同權」、「適切的原住民兒童福利或社會福利服務人員體系」，以落實多元文化兒童福利政策。

（二）兒童救助及保護相關辦法

「兒童救助及保護相關辦法」的修訂，針對原住民地區單親、未婚媽媽、隔代教養，或父母雙亡由親戚教養的兒童，研議適切的救助辦法。

三、福利措施規劃

（一）建立托幼合一制之原住民兒童托育服務

1.優惠補助原住民地區普設托兒所。
2.改善現有原住民地區托兒所的設備及師資。
3.開辦原住民幼兒托育津貼與家庭托育制度。

（二）健全原住民兒童保護工作

建立原住民兒童暨少年保護網，提供寄養家庭或教會團體開辦團體寄養服務等。

（三）加強原住民兒童醫療保健服務

1.加強原住民兒童疾病防治。

2.辦理原住民中低收入家庭兒童暨青少年重病醫療補助。

（四）強化家庭扶助

辦理貧困失依兒童家庭補助、急難救助；廣設原住民家庭服務中心，加強原住民家戶訪視及生活輔導。

（五）加強兒童照顧措施

提供隔代教養或單親子女兒童集體照顧（住校或部落宿舍）。

（六）培養兒童文化認同

開辦才藝訓練、傳統文化活動等。

結論

生長環境的弱勢以及資源分配不公平等情況，原住民兒童的成長歷程倍加艱辛，更影響整體原住民族在現代社會中的競爭力。在福利多元主義的時代中，政府與民間的相互合作，提供滿足原住民兒童需求的福利服務，發展具整合性及資源可近性的服務傳輸體系，是建構健全原住民兒童福利模式的趨勢。

兒童是一個民族發展的希望，透過積極友善的原住民兒童福利規劃，期待原住民兒童能在一個良善的社會環境中，健康、快樂的成長。

參考書目

內政部統計處（1996），〈台灣地區兒童生活狀況調查報告〉。內政部統計處。

行政院原住民委員會（1999），〈原住民兒童福利需求之調查〉。行政院原住民委員會。

行政院原住民委員會（1998），〈台灣原住民生活狀況調查報告〉。行政院原住民委員會。

行政院原住民委員會（1998），〈建構原住民地區社會福利服務體系四年計畫（草案）〉。行政院原住民委員會。

行政院原住民委員會（1999），〈普及原住民地區學前教育六年計畫之規劃研究〉。行政院原住民委員會。

行政院原住民委員會（1999），〈原住民族發展方案〉。行政院原住民委員會。

10. 電腦與兒童

方顥璇

空中大學教授

前言

　　不可否認地，電腦是二十世紀最偉大的發明之一。拜資訊科技之快速發展，電腦作為教學使用中外皆然，電腦現已儼然成為教育界最重要的教學媒體。隨著網際網路的盛行，電腦更被許多教育者和家長視為搜尋資料、瞭解世界的極佳學習工具。為此，學習資訊教育，不再只是成人和青少年的專利，為了因應時代的潮流，資訊素養（computer literacy）的培育年齡早已逐漸下降。

　　如果我們回顧使用視聽媒體於教學的歷史，那我們會發現，這個歷史並不長。如果將媒體種類縮小為「電腦」，那麼使用個人電腦於教學上的歷史，大概只有二十年左右。在這短短的期間，不論中外，一直有學者致力於兒童電腦教學的相關研究，然而學者所研究的對象大多偏重於年齡層比較年長的孩童，對於較小的兒童，像是幼稚園到小學二年級這個年齡層的幼兒，相關的研究則相對地較少。隨著電腦設備的普及，越來越多的兒童，因為家中購有電腦，使得他們在未進入正規學校環境之前，早已使用、熟悉電腦。有些幼兒更在父母親的陪伴下，早於兩歲

之際就開始敲打鍵盤、接觸電腦軟體（Fang, 2000）。這些現象在在顯示，電腦教學有更向「下」延伸的趨勢。

在美國的學校或幼稚園中，使用電腦於教學之中早已非常普遍，然而翻讀美國幼兒電腦教學之文獻，對於電腦教學是否適合幼兒，在美國學界一直存在著很多爭議。贊成的學者舉證說明其優點，而反對的學者也大力陳述己見。爭議似乎並未隨著資訊時代的來臨而消失，事實上，即使在強調資訊教育向下紮根的同時，仍有美國學者對幼兒電腦教學提出質疑。本章主要的目的是探討美國幼兒電腦教學之相關文獻，從中整理、舉證相關之論點加以呈現。在形式上，本章以反對者所質疑之問題作為導引的主題，歸類相關之研究報告和學者論述，藉以呈現出幼兒電腦教學學者的各類意見。

論點面面觀

一、抽象的電腦活動？

幼教工作者最常提出的質疑：幼兒的心智是否已經成熟到可以使用電腦？Brady 和 Hill（1984）認為，兒童必須發展到Piaget所界定的具體操作期（concrete operational stage），方才適合使用電腦。因為，在具體操作期之前，兒童可以在腦海中重新整理具體的事物，但是卻缺乏重新整理抽象陳述的能力，而使用電腦軟體的過程中，卻常常要求兒童要運用到整理抽象陳述的能力。所以，這兩位學者認為兒童必須等到小學二或三年級（八歲左右），才可使用電腦。

而對此說法，Clements、Nastasi和Swaminathan（1993, p. 56）反駁說：「『具體』之於兒童，在於是否跟有意義和可操作有相關聯，而遠勝是否出現外在形體之特質。」（What is "concrete" to the child may have more to do with what is meaningful and manipulative than with physical characteristics.）Clements及其同僚描述一個研究報告，內容是研究者觀察、比較幼稚園學童在兩個滿有豆子環境中的反應。在研究中，學童被要求要在兩個環境中建構出豆棒（bean stick）的圖形：一個是由電腦繪圖所製造出來的環境；另一個則是擺有眞正豆子的環境。在兩個環境中，幼兒都毫無困難地選擇排列圖樣的豆子、數字、棒子，建構出豆棒。很明顯地，透過電腦軟體，幼兒一樣可以建構眞實具體的經驗。

Clements等（1993）指出：「電腦與眞實生活一樣，可以給予幼兒掌握和彈性修正的環境，而前者有時候甚至會更好。」（"the computer environment actually offered equal, and sometimes greater, control and flexibility to young children", p. 56）所以，Clements和他的同僚認爲，「兩種環境都值得重視，但是沒有哪一個環境應該比另外一個先實施。」（"both environments were worthwhile, but one did not need to precede the other", p. 56）

幼教學者Partridge（1984）質疑，使用電腦所需要的符號能力（symbolic competence），幼兒尚未完全具備此能力。針對此論點，Sheingold（1986）提醒說，其實幼兒天天都自然地參與符號性（symbolic）的活動，像是使用文字語言溝通、運用抽象符號在遊戲當中。Sheingold認爲，使用電腦或許可以幫助幼兒更瞭解符號，因爲他們可以透過電腦螢幕所呈現的影像，進而學習到與眞實事物相互連結。Sheingold舉出模擬雞蛋孵成小雞的電腦軟體來加以闡明其論點。他相信，當幼兒從電腦教學中所得來的經驗，會幫助他們與其他的生活經驗相融合，進而使他們會對眞實世界有更深的瞭解。

二、使用電腦會影響幼兒身體發展？

幼兒階段，正是孩童身體發展的重要時期。有鑑於此，部分幼教學者批評，使用電腦只會讓兒童靜態地參與活動，孩童端坐於電腦顯示器

前，僅會運用手臂來使用滑鼠或鍵盤，缺乏大幅度肢體活動的機會（Cuffaro, 1985; Hinitz, 1989）。由於電腦教學受限於硬體配備，使用時，幼兒無法有大幅度地活動肢體是不爭之事實。然而，若因這個限制而認為使用電腦會影響幼兒身體發展則恐會以偏蓋全。研究發現，使用電腦有助於幼兒發展其細微動作技巧和眼、手協調能力（Goodwin, Goodwin & Garel, 1986; Hinitz, 1989）。Akamutsu和Sato（1994）提出，使用滑鼠可以讓使用者獲得多元感官的回饋（multi-sensory feedback），像是視覺和運動回饋。隨著電腦科技的進步，滑鼠已成為基本電腦配備。對幼兒來說，滑鼠是極為容易操作使用的工具（Lane & Ziviani, 1997），年幼如三歲的孩童亦可運用自如（Revelle & Strommen, 1990）。

許多學者指出，使用鍵盤對幼兒而言是項困難的工作。研究發現，打字技巧需要幼兒運用高度的認知能力，而且鍵盤字母順序的排列常使孩童感到困惑，進而產生挫折感（Lin & Schmidt, 1993; Alloway, 1994）。對於此論點，也有學者提出不同的看法，有些學者認為，打字是許多孩童感到成就、激發其學習動機和創造樂趣的來源（Muller & Perlmutter, 1985; Lipinski, Nida, Shade & Watson, 1986）。在Fang（2000）的研究中，參與其研究的小學二年級男童，即表示用單隻手指輸入文字來製作網頁是很有趣的。

視力問題也是很多家長和教育者關心的議題（Healy, 1999）。眼科醫師普遍認為，學童八歲以後視力發育才會比較為穩定，開始學電腦也較為適當。為考量視力健康，醫師建議國小二年級（含）以下學、幼童不宜操作電腦，宜多從事戶外活動。面對醫師的建議，許多幼教教師因此對實行幼兒電腦教學卻步不前，而有些教育工作者更因為這些醫學上的理由，堅信使用電腦有礙於幼兒視力之發展。

電腦顯示器引起的視力疲勞，雖然原因錯綜複雜，但是，過度的「視力疲勞」容易損傷視力、形成近視，也是無庸置疑的事實。然而，若因此認為用電腦是形成視力受損的主因，恐怕有以偏蓋全之嫌。有些幼兒，其視力受損的肇因來自長久觀看電視之距離過近且觀看時間太

久。隨著電腦的普及化，越來越多的幼兒有機會接觸電腦，也主動想使用電腦。若無法完全避免幼兒使用電腦，在保護幼兒視力的考量下，由家長、教師應及早教導其正確操作的相關知識，以避免造成視力疲勞。

電腦無法提供實際的感官經驗（hands on experiences）也是學者普遍提出的論點。Oppenheimer（1997, p. 53）強調，在幼兒階段，教育者最重要是「要給兒童寬廣的基礎——感情、智力及五種感官——在介紹電腦這種科技和一度空間事物之前。」（It is important to give children a broad based-emotionally, intellectually, and in the five senses-before introducing something as technical and one-dimensional as a computer.）Sherman（1998）也提出質疑，虛擬操作（virtual manipulation）是否可以產生出與真實操作（physical manipulation）一樣的智力技巧和個人感受。在Clifford Stoll（1995, p. 213）的*Silicon Snake Oil*一書中，更批判說：「沒有電腦可以教出走過松林的感覺。感官知覺沒有替代品。」（No computer can teach what a walk through a pine forest feels like. Sensation has no substitute.）

綜觀上述批評與質疑，這些論點似乎都認為，電腦教學會取代傳統教學，而非是去豐富傳統教學。然而，電腦可被視為豐富或是支援幼兒教學，而非是要代替所有經驗的工具。Ross 和Campbell（1983）發現，電腦可以融入蒙特梭利之教學。使用電腦可以加強蒙特梭利之學習目標，像是自由學習、結構和順序、控制和接受錯誤、物品之意義和多感官刺激。

三、使用電腦會限制社交能力發展？

一般而言，幼教學者相信人和真實世界比電腦更能提供學習機會（Oppenheimer, 1997）。個人電腦由於受限於觀看顯示器的窄小，使用時，只能供個人單獨使用，因此，有些學者擔心使用電腦會減少幼兒與人接觸、發展人際互動的機會，進而導致其忽略吸取真實的社交

（social）經驗（Watson, Nida & Shade, 1986; Barners & Hill, 1983）。而且，當兒童把時間花在電腦上時，相對地，他們就較少有時間去發展他們的社交技巧。Barners 和 Hill （1983）更認為電腦是促使兒童遠離有益遊戲經驗（valuable play experiences）的工具。

對於上述的想法，Fatouros（1995）指出這些負面的影響並未在研究中發現。相反地，諸多研究卻肯定電腦活動與其他活動一樣，均可以創造出豐富多樣的社交互動（Lipinski, Nida, Shade & Watson, 1986; Clements & Nastasi, 1992）。在電腦前，常可以看到幼兒多元的人際互動，孩童們會一邊討論一邊使用軟體，也會尋求彼此的協助。Clements 等（1993）發現年齡較小的幼兒，像是四歲的小朋友也可以藉著口語和肢體語言的表達加入討論、協助他人。而且，Clements和他的同僚同時也發現：幼兒比較喜歡與一或二位同伴共用電腦，而非個人獨用。Rhee 和Bharnagri（1991）也在其研究中發現雷同的現象。他們錄影記錄四歲幼兒使用電腦的情形，他們統計出：在55%的時間中，幼兒選擇與同儕共用電腦，有25%的時間，小朋友選擇與老師同用電腦，只有20%的時間，孩童選擇獨自使用。

電腦教學提供幼兒人際互動的機會，但是若與其他活動相互比較，電腦活動的互動頻率會高於其他活動嗎？Muhlstein和Croft（1986）在幾項活動中觀察幼兒的互動頻率，活動有電腦合作遊戲（cooperative play）、積木、美勞和捏黏土，他們發現，幼兒在電腦合作遊戲之互動頻率高達96%，遠高於積木活動之27%、黏土活動之14%和美勞活動之8%。

四、電腦可以幫助兒童的認知發展？

電腦教學萌發時期，有些教育學者懷疑電腦教學是否能幫助幼兒發展認知能力。這個質疑很快地被粉碎，因為大多數有關幼兒與電腦的研究報告，發現使用電腦有助於幼兒學習基礎數學觀念和技巧、發展空間

能力、培養創造力和決策力，及增強問題解決能力（Goodwin, Goodwin & Garel, 1986; Clements & Nastasi, 1992; Clements et al., 1993）。

Brinkley和Wasson（1998）在其研究觀察到，三歲的小朋友可以在娃娃桌上和電腦軟體中一樣學習到「分類」的概念。研究也發現，繪圖軟體有益於幼兒空間和地理能力之發展。Clements和Nastasi（1992）提及Forman的研究結果，認為有些繪圖提供新的、動態的繪圖方式，和容許自由探索空間的彈性。像是，繪圖軟體的「四方形」功能可以讓孩童尋找其認為合適的點，並且任意畫出大小不一的長方形；「橡皮擦」功能更讓兒童可以恣意、輕鬆地擦掉其不需要的圖樣；「填滿」功能❶可以讓幼兒察覺到空間由空到滿的改變，進而去思考，而不只是單單看到一些靜態的圖形而已。

Carlson 和White（1998）觀察幼稚園的孩童藉由軟體學習「左右」的概念。研究中，將幼童分為兩組進行觀察，兩組幼童均有使用書面教材，但僅有一組增加使用電腦軟體來幫助其學習概念。兩位學者發現軟體在幫助學生學習概念上有顯著的成效。此外，研究指出：程式語言LOGO❷可以培養幼兒高層次思考（Clements et al., 1993）。LOGO被視為可以引導、啟發兒童數學思考、決策培養和問題解決等能力。Yelland（1995）觀察幼兒使用LOGO的過程，發現幼兒使用許多問題解決的技巧，如計畫、監控進度、回應電腦訊息、覆述問題、改變不合適策略等。

五、男孩比女孩喜歡電腦？

現今社會中，使用電腦多被視為男性的活動（Wajcman, 1991）。因為在多數人的觀念中，資訊素養等同於數理學科的一部分，而精通於數理學科的人士多為男性，所以，會預存立場地認為，男孩比女孩更愛使用電腦。Martinez和Mead （1988）及Sutton（1991）發現：在家庭和學校裡，男童比女童有比較多的機會接觸電腦；而在喜愛態度上，男孩也

較女孩表現出正面的態度，顯出對電腦科技有較高的興趣。然而，Plamondon（1994）的發現卻有別於上述之報告，他發現男、女童在使用率上幾乎相近，同時兩者都喜愛電腦，而且女童在某些項目上，如電腦繪圖，在態度上比男童表現出更喜歡的傾向。

然而除了上述研究外，大多數的研究卻普遍指出：幼稚園的孩童，在喜愛態度和使用多寡上，並未出現明顯的性別差異（Bergin, Ford, & Hess, 1993），雷同的結論也出現在國小孩童的身上（Martinez & Mead, 1988; Lage, 1991）。而且，有關於幼兒使用電腦時間長短及使用能力（computer competence）的研究中，也未找到顯著的性別差異（William & Ogletree, 1992）。Yelland（1995）訪問分別由男童和女童所組成的兩個組，他們都認為自己這一組擅長於使用電腦，而且也認為對方組內的孩童也和他們一樣喜愛電腦。Knezek、Miyashita和Sakamoto（1996）以問卷方式調查美國、日本和墨西哥一到三年級的幼童對電腦的態度，研究中也未找到顯著的性別差異。

在1980年代，有關電腦態度、電腦使用，以及電腦能力之性別差異研究，其結果與1990年代研究發現有所不同。推究造成兩者差異的原因，可能是電腦的普及程度提高，因此，不論在學校或家庭中，女童有比過去較多的機會接觸電腦。也因為如此，在電腦使用和能力表現上，幼兒並沒有因性別差異而表現很大的歧異。但是，Bergin 及其同僚（1993）和Lage（1991）卻發現，雖然初入學校時，男女幼童對電腦抱持著相似的喜愛程度，而且他們的電腦知識亦差異不大，但是，隨著年齡的成長，差異卻逐漸顯現，甚至出現差距拉大的現象。當學童進入國中和高中時期，若與男孩相較，女孩則對電腦抱持著比較不感興趣的態度。

六、網際網路安全嗎？

提及網際網路，就不能忽視其擁有豐富資訊之特色，而這個特性，

也讓教育者和家長既欣喜又憂心。在尊重言論自由的前提之下，網路上容許任何人隨意製作網頁而無法審核控管其內容。而這種網路上訊息失序（anarchic）的現象，正是教師和家長所擔心的。隨著網際網路的興盛，網路安全（safety issue）也成為教育者和家長普遍關心的主題，他們擔心無法保護幼兒不要接觸「有害」（harmful）的訊息（Sherman, 1998; Lee, 1998）。然而，現階段的網頁設計仍偏重以文字呈現為主。幼兒因識字能力有限，常對閱讀網頁感到吃力，而缺乏興趣觀讀。因此，現階段對幼兒而言，接收「有害」訊息的管道可能來自觀看不恰當之圖片。針對幼兒，最適當的保護方式是陪他們一起上網，引導幼兒瞭解網頁內容。

對教師和兒童而言，網際網路無疑是個極佳之教學和學習工具。網路上，有數不盡且多元的教學網站和網頁，提供各類教學資料、最新消息和鮮明亮麗的圖片。這種特性正符合Papert（1993）所謂的電腦是「知識機器」。他認為，擁有這項資源就是「將求知的權力放在每位孩童的手上」（place the power to know into the hands of a child）（Papert, 1994, p. 93）。Haugland和Wright（1997）舉出一位美國幼稚園老師如何運用網路資源回答學生問題，來說明電腦教學之好處。這位老師所服務的幼稚園並沒有圖書館，園所內僅有少數印刷資料提供蛹轉變成蝴蝶的資料，為此，她和學生在Dr. Science網站填寫公布他們的問題。很快地，他們收到網站負責人的答案。在學習過程中，學童和老師均經歷了運用電腦科技的優勢。

電腦網路教學也可以增進文化的瞭解（cultural awareness）、促進全球教育之推行（Zellhofer, Collins & Berge, 1998）。學生可以和全世界的人直接溝通，也可以透過網路瀏覽器尋找與各國地理、文化、風俗等相關主題。藉由網路的連接，傳統的教室可以轉變成一個全球性的教室。幼稚園的Murphy老師（1999）在網頁上分享她和她班上的學生如何使用電子郵件完成全球氣候報告。學生在其家長的幫助下發郵件給居住在世界各地的祖父母、叔叔伯伯、姑姑阿姨，請他們告知所在地之氣候情

形。收得資料後，全班在Murphy老師的帶領下，製作了一張氣象地理圖，將同一天的各地溫度標註其上。當氣象圖完成時，幼兒才發現原來各地的氣溫差距很大。經過這次的學習，學生表示：「我們學到很多，而且想在春天再做一次。」（We learned a lot from this and plan to do it again in the spring.）

Harrises老師目前在New Hampshire州Maple Avenue小學任教，她和她一年級的學生做了一個電子郵件實驗。他們發了封郵件，請收到信者在2001年1月17日至2月17日間，回信告知其所在國家和位置，好讓他們知道他們的郵件會到多遠的國度。同時，學童也會將回信者的所在地以圖釘標示在地圖上。筆者輾轉由居住於俄亥俄州的美國友人處收到此封電子郵件❸（見表10-1），為了豐富Harrises老師班的教學，也讓這群美國小學生知道台灣，除了回信外，也簡短介紹了台灣所在。

表10-1　Harrises老師的電子郵件

Sent: Saturday, February 17, 2001 12:16 AM

Subject: FW: E-mail 1st grade class by 2/17

Please read and reply to these first graders. You only need to give your city, state, country and location. Thanks.

Unice

----- Original Message -----

From:Unice Teasley

Sent:Friday, February 16, 2001 11:20 AM

Subject:Fwd: E-mail 1st grade class by 2/17

HELLO:

We are in the first grade at Maple Avenue Elementary School in Goffstown, New Hampshire. We are beginning an experiment, to see where in the world our e-mail will travel. When we receive a response, we will "spot" it on the map with a push pin. Our teacher, Miss Harrises, is helping us by using her e-mail address as our e-mail receiver. We will be limiting our time to the period of January 17th, 2001 to February 17th, 2001.

This is not a pen-pal project, so we will not write you back （unless you ask us to）. We would like your help. If you receive this message, we ask that you:

1）please e-mail back and tell us your city/state/country/location so we can plot it on our map.

AND

2）please send this letter on to everyone you know so that they can send it on to everyone they know （and so on）to help us reach even more people. （We do not mind receiving repeats so send it on to everyone. We are tracking the number of responses we receive by making a graph using the numbers received by state and country.）

Thank you for any help you can give.

Your friends,

Miss Harrises' First Grade

Maple Avenue Elementary School

Goffstown, New Hampshire

"Our greatest contribution is to be sure there is a teacher in every classroom who cares that every student, every day, learns and grows and feels like a real human being."

結論

　　回顧美國幼兒電腦教學之相關文獻，可以發現對於幼兒應否實施電腦教學，爭論最激烈的時期約在1980年代中期。那時候，正是個人電腦發展之初期。早期由於應用軟體缺乏，兒童電腦教學大都從DOS程式語言開始，這類程式語言教學自然引起幼教界的學者專家普遍的質疑。隨著個人電腦硬體設備的進步發展、應用軟體種類的增加，以及資訊時代的來臨，持反對意見的學者專家逐漸減少。然而，隨著網際網路的盛行，教育界普遍重視資訊教育的養成並強調其優先性，許多幼教工作者不禁質疑幼兒接受資訊教育之必要性，為此，對實施幼兒電腦教學的爭議似乎有逐漸增加的傾向。

一、幼兒、電腦與遊戲

　　電腦教學優劣觀點之爭論，已經持續約二十年。從上述之討論，不容否定地，電腦教學確實有助於幼兒的學習。而且兒童，自然也包含幼兒，喜歡電腦似乎是個不爭的事實。美國學者Genishi、McCollum和Strand（1985）觀察六位幼稚園學童使用LOGO三個月，發現在語句主詞的使用上，幼兒常用「你」或「他」來稱呼電腦，而不用「它」，可見當幼兒使用電腦時，他們認為電腦是他們活生生的玩伴，而不是冷冰冰的物品。Keeler（1996）在其主持的校園網路（network）計畫中，也看到參加研究計畫的二年級學童喜歡電腦情形。這些幼童經常主動利用下課或午休時間使用電腦，完成指定作業。

　　電腦以其聲光影像具備的特性吸引幼兒的喜愛，對幼兒而言，操作電腦等同於玩遊戲，正因為如此，幼兒會主動想參與和電腦有關的活動。而長久以來，幼教學者更視遊戲為幫助幼兒學習最合適的方式之一

（Porter, 1985）。Piaget（1945, 1962）指出，遊戲在兒童心智成長過程中扮演著重要的角色。Vygotsky也聲稱，遊戲是心智的工具（tool of the mind）幫助兒童熟練其行為（Vygotsky, 1966, 1977）。Porter（1985）列出操作電腦具備六項遊戲的特質：重視遊戲者之內在動機（intrinsic motivation）、重視過程而非結果（attention to means rather than ends）、重行為不重言傳（non-literal behavior）、無須遵循特定規則（freedom from external rules）、遊戲者本身掌握（self rather than object）、遊戲者主動參與（active engagement）。Porter指出，操作電腦與教育界所重視的遊戲特質有許多雷同之處，透過這些特質，電腦教學必定能幫助幼兒在語言、社交、認知、情緒的發展。

二、教師與軟體

檢視幼兒電腦教學時，有兩大因素是絕對不容忽視的，那便是老師與軟體，因為老師選擇軟體的合適與否決定了教學的成敗。雖然此論點普遍受到贊同，但是實際上教師卻未如所期望地投入很多心力於電腦教學中。Hickey（1993）針對美國幼教環境情況指出：大多數的幼教老師把電腦活動當做獎賞和補救教學的工具。美國小學老師Samaras（1996）表示：老師和社會脈絡（social context）決定了兒童的電腦經驗。投入電腦教學多年的她認為：電腦活動不應該是用來取悅兒童或作為兒童打發時間的工具，電腦教學應該併入課程內教學。

要成功運用電腦於教學上，老師必須在過程中扮演重要的角色。Clements和Nastasi（1992）指出，老師可以鼓勵並且促進幼兒的合作互動，以幫助幼兒認知的發展。Samaras（1996）建議老師在電腦教學中應該積極觀察和評估幼兒瞭解內容程度、帶領回應和鼓勵兒童嘗試行為。Haugland和Wright（1997）歸納出六項實行原則供老師參考：展示軟體內容、回答問題、提供協助、提出問題、促進幼兒同儕互動、鼓勵幼兒運用其所學於電腦活動中。由Vygotsky的觀點而言，教師所提供的

任何協助，主要是為幫助學生達到潛在發展區域（the zone of proximal development）（Vygotsky, 1978）。因此，如果教師無法扮演好其角色，使用電腦也是無法有效地幫助幼兒學習。

對幼兒電腦教學，雖然仍有持反對意見的幼教學者專家，但是面對知識經濟時代，培育資訊素養的年齡勢必會往下延伸，而運用電腦教學於幼兒課程中將為是一種趨勢。William和Ogletree（1992）指出，幼年的電腦經驗很重要，其有助於發展未來的正確使用態度。若是如此，正視幼兒電腦教學自有其必要性。在台灣，幼兒電腦教學才剛起步，對於實施電腦教學與否，教育工作者尚有很多疑惑，希望藉由本章的探討整理，有助於疑惑之分析釐清，以助於幼兒電腦教學往後之推動。

注釋

❶此功能允許使用者在選定區域填滿顏色。

❷由Seymour Papert發展出之電腦程式語言。

❸顧及發信者之隱私權，故刪去其電子郵件帳號。

參考書目

Akamutsu, M. & Sato, S. （1994）. A multi-modal mouse with tactile and force feedback. *International Journal of Human-Computer Studies*, 40, 443-453.

Alloway, N. （1994）. Young children's preferred option and efficiency of use of input devices. *Journal of Research on Computing in Education*, 27 （1）, 104-110.

Barners B. J. and Hill, S. （1983）. Should young children work with microcomputers Logo before Lego? *The Computer Teacher*, 10 （9）, 11-14.

Bergin, D. A., Ford, M. E., & Hess, R. D. （1993）. Patterns of motivatin and social behavior associated with microcomputer use of young children. *Journal of Education Psychology*, 3, 437-445.

Brady, E. H. and Hill, S. （1984）. Research in review: Young children and microcomputers: Research issues and directions. *Young Children*, 39 （3）, 49-61.

Carlson, S. L. & White, S. H. （1998）. The effectiveness of a computer program in helping kindergarten students learn the concepts of left and right. *Journal of Computing in Childhood Education*, 9 （2）, 133-147.

Clements, D. H., Nastasi, B. K., & Swaminathan, S. （1993）. Young children and computers: Crossroads and directions from research. *Young Children*, 48 （2）, 56-64.

Cuffaro, H. K. （1985）. Microcomputers in education: Why is earlier better? *Teachers College Record*, 85 （4）, 559-568.

Fang, Y. L. （2000）. Taiwanese-American computer professionals as facilitators of their children's Web-page creation. Taipei: Li-Yuan Printing Company.

Fatouros, C. （1995）. Young children using computers: Planning appropriate learning experiences. *Australian Journal of Early Childhood*, 20 （2）, 1-6.

Genishi, C., McCollum, P. & Strand, E. （1985）. Research currents: The interactional richness of children's computer use. *Language Art*, 62 （5）, 526-533.

Goodwin, L. D., Goodwin, W. L. & Garel, M. B. （1986）. Use of microcomputers with preschoolers: A review of literature. *Early Childhood Research Quarterly*, 1, 286-296.

Haugland, S. W. & Wright, J. （1997）. Young children and technology: A world of discovery. MA: Allyn and Bacon.

Hawkins, J. （1985）. Computers and girls: Rethinking the issues. *Sex Roles*, 13, 165-180.

Healy, J. M. （1999）. *Failure to connect*. NY: Touchstone.

Hinitz, B. F. （1989）. Computer in early education in the USA: A review of current research. *Australian Journal of Early Childhood*, 14 （3）, 40-47.

Knezek, G. A. Miyashita, K. T. & Sakamoto, T. （1996）. Information technology from the child's perspective. In B. A. Collis, G. A. Knezek, K. W. Lai, K. T. Miyashita, W. J. Pelgrum & T. Sakamoto （eds.）, *Children and computers in school* （pp. 69-103）. NJ: Lawrence Erlbaum Associates.

Lane, A. & Ziviani, J. （1997）. The suitability of the mouse for children's use: A review of the literature. *Journal of Computing in Childhood Education*, 8 （2/3）, 227-245.

Lage, E. （1991）. Boys, girls, and microcomputing. *European Journal of*

Psychology of Education, 6, 29-44.

Lee, J. （1998）. Children, teachers and the Internet. *The Delta Kappa Gamma Bulletin*, winter, 5-9.

Lin, C. & Schmidt, K. （1993）. User preference and performance with three different input devices. *Educational Technology*, 33 （7）, 56-59.

Lipinski, J. M., Nida, R. E., Shade, D. D. & Watson, J. A. （1986）. The effects of microcomputers on young children: An examination of free-play choices, sex differences, and social interactions. *Journal of Educational Computing Research*, 2, 147-168.

Martinez, M. L. & Mead, N. A. （1988）. Computer competence: The first national assessment. （ERIC Document Reproduction Service No. ED 341 375）.

Muhlstein, E. A. & Croft, D. J. （1986）. Using the microcomputer to enhance language experiences and the development of cooperative play among preschool children. （ERIC Document Reproduction Service No. ED 269 004）.

Muller, A. A. & Perlmutter, M. （1985）. Preschool children's problem-solving interactions at computers and jigsaw puzzles. *Journal of Applied Developmental Psychology*, 6, 173-186.

Oppenheimer, T. （1997）. The computer delusion, *The Atlantic Monthly*, 280, 45-48, 50-56, 61-62.

Papert, S. （1993）. *The children's machine*. NY: Basic Book.

Papert, S. （1994）. Use computers to spark kid's curiosity about the world. *Utne Reader*, Jan./Feb., 92-94.

Partridge, S. （1984）. Using computers with little children: A discussion. （ERIC Document Reproduction Service No. ED 253 349）.

Piaget, J. （1962）. *Play, dreams and imitation in childhood*. NY: Norton.

Plamondon, K. K. （1994）. Gender differences among early elementary students in computer use and interest. *Teaching and Change,* 1, 284-294.

Revelle, G. L. & Strommen, E. F.（1990）. The effects of practice and input device used on young children's computer control. *Journal of Computing in Childhood Education,* 2（1）, 33-41.

Ross, S. M. & Campbell, L.（1983）. Computer-based education in the Montessori classroom: A compatible mixture? *Technologic Horizons in Education,* 10（6）, 105-109.

Sheingold, K.（1986）. The microcomputer as a symbolic medium. In P.F. Campell & G. G. Fein（eds）, *Young children and microcomputers.* NJ: Prentice-Hall.

Sherman, T. M.（1998）. Another danger for 21st century children? *Educational Week,* 17（38）, 30-32.

Stoll, C.（1995）. *Silicon snake oil: second thoughts on the information highway.* NY: Doubleday.

Sutton, R. E.（1991）. Equity and computers in the schools: A decade of research. *Review of Educational Research,* 61, 475-503.

Vygotsky, L. S.（1976）. Play and its role in the mental development of the child. In J. S. Bruner, A. Jolly & K. Sylva（eds）, *Play: Its role in development and evolution*（pp. 537-554）, NY: Basic Book.

Wajcman, J.（1991）. Feminism confronts technology. *The Pennsylvania State University Press.* Pennsylvania: University Park.

Watson, J. A, Nida, R.E., & Shade, D. D.（1986）. Educational issues concerning young children and microcomputers: Lego with Logo? *Early Child Development and Care,* 23, 299-316.

William, S. M. & Ogletree, S. M.（1992）. Preschool children's computer interest and competence: Effects of sex and gender role. *Early Childhood Research Quarterly,* 7, 135-143.

Yelland, N. J.（1995）. Encouraging young children's thinking skills with

Logo. *Childhood Education*, 71（3）, 152-155.

Zellhofer, S., Collins, M. & Berge, Z. （1998）. Why use computer-mediated communication? in Z. L. Berge and M. Collins （eds）, *Wired together: The online classroom in K-12*. Volume 2: Case studies. NJ: Hampton Press, Inc.

11. 城市流動兒童少年就學問題政策分析

史柏年

中國青年政治學院社會工作與管理學系系主任

前言

　　城市流動兒童少年的教育問題，是一個涉及人數眾多，且關係民族未來的大問題。但見諸報章的有關文章，除了對有關的人員表示同情以及向社會發出呼籲外，少有從政策的層面對此類問題進行理論分析的，因此，本章的寫作，也許可以產生「拋磚引玉」的作用。

民工潮的形成

　　改革開放前中國大陸是一個封閉的城鄉二元社會，且80%的人口生活在農村，由於農業生產力比較落後，大量的農村剩餘勞動力無法及時轉移到其他產業而處於隱性失業狀態。改革開放後，由於社會管理體制的改革，對農民流動限制的放寬，大批農民開始進入城市，形成一股聲勢浩大的「民工潮」。「民工潮」肇始於20世紀80年代中期，此後規模逐漸擴大，到20世紀末，全國進城農民工人數已達六千多萬人，光北京市就有近三百萬人。

城市對民工潮的態度

由於特有的制度化二元社會結構和梯度經濟發展格局，城市對進城農民採取了「經濟吸納」和「社會拒入」的雙重態度，正是這種態度造成了進城農民的特殊社會身分：一方面，在經濟活動過程中，由於城市發展需要廉價勞動力，對這些農民持歡迎態度，願意接納他們；另一方面，城市在社會體系中又拒絕接受他們，始終把他們當作「外來人」，這些進城農民無法獲得城市居民的身分，不能取得城市戶口，不能和城市職工同工同酬，不能享受城市居民的各種福利待遇，如住房、醫療、就學等。他們實際上是城市的「邊際人」。由於權益缺乏保障，引發了諸多的社會問題。

城市流動兒童少年就學問題及政策施行

在「民工潮」引發的諸多社會問題中，城市流動兒童少年的就學問題並不是最先進入政府的決策視野的。如1986年4月12 日第六屆全國人民代表大會第四次會議通過，於當年7月1日起施行的《中華人民共和國義務教育法》中，並沒有對城市流動兒童少年的教育問題做出任何政策規定。這一現狀一直延續到90年代中期都沒有改變。從1986年《中華人民共和國義務教育法》頒布到1995年《中華人民共和國教育法》實施的十年間，國家教育行政部門頒布的綜合性或單項性的政策法規不下一、二百，但其中沒有一個是針對城市流動兒童少年的教育問題作出回應的。這一方面是因為，「民工潮」湧起之初，進城闖世界的多數是年輕的單身農民，在城市找到安身立命之地之前，他們並不急於結婚生子，即使已經結婚生子，也不急於攜妻帶子進城過活，因此，其子女的就學

問題並不像後來那樣嚴重，那樣引人關注；另一方面是因為，從政府的角度講，對於政策問題的確定，有個先後順序的排列問題，哪個問題先解決，哪個問題後解決，哪個問題不解決，都要以政府對問題重要性的判斷為依據。

改革開放後，國家確定了以經濟建設為中心的政策方略，因此，大量「民工潮」衝擊城市，雖然在最初曾引起一些政策恐慌，但政府很快便調整了政策，從最初的堵截民工外流變成為引導民工合理流動。這一時期，政府的政策重點是，既要利用農村剩餘勞動力進城對勞動力市場的啟動作用來加快產業調整和促進經濟發展，同時又要儘量避免「民工潮」對城市經濟和社會秩序的破壞性衝擊，於是，關於加強小城鎮建設的發展方針、關於放寬對農民進城務工經商限制等政策紛紛出現。

在「民工潮」引發的社會問題中，最先引起政府關注的是交通問題和城市治安問題。「民工潮」湧起之初，交通擁堵現象最直接地呈現在人們面前，影響著人們的日常生活和社會的經濟發展，尤其是每逢年節，洶湧的人流會讓交通完全癱瘓。這一時期各地各級政府制定了一系列整頓交通秩序、疏導民工流向、流量的政策法規。隨著人口流動造成城市犯罪率上升的事實為越來越多的人們所認識，各地各級政府的政策重點又轉到了加強社會治安，加強對流動人口的管理和限制的方向上。與交通問題和城市治安問題相比較，進城人員子女的教育問題是在90年代後期才逐漸引起政府關注的。

1996年是國家頒布《義務教育法》十周年，人們在回顧執法十年的歷程時發現，取得的成就雖然可喜，但《義務教育法》的執行還存在漏洞，中國青少年發展基金會推展的「希望工程」，使人們對農村學齡兒童失學問題的關注尚未減退，在城市中進城打工人員子女入學難問題又呈現在人們的面前。據《科技日報》報導：「有資料顯示，1995年，在北京打工的外來人員攜帶孩子率為3%，他們的入學率僅為12.5%，照這樣計算，目前我國大城市中約有一百八十萬外地民工子女，其中就有一百六十萬人漂流在外。」《光明日報》也報導：「北京10.8萬名適齡子

女，入學率僅爲12.5％。」如此嚴重的失學現象引起了社會的廣泛關注和政府的高度重視。這一時期，報章雜誌刊登了大量的有關文章，「救救外地民工的孩子，誰向他們敞開校門」、「流動人口子女入學難不容忽視」、「公立學校何時敞開大門」、「民工子弟課桌應該安在哪裡」、「創造條件讓流動人口子女上學」等等呼籲聲不絕於耳。國家教育委員會於1996年4月2日頒布《城鎮流動人口中適齡兒童少年就學辦法（試行）》（以下簡稱《試行辦法》），供各地在工作中參考。同時，選擇北京市豐台區、天津市河北區、上海市徐彙區、河北省廊坊市、浙江省義烏市、廣東省深圳市等六個城區進行解決外來打工人員子女入學問題的試點工作。在六省、市試點工作基礎上，國家教育委員會和公安部於1998年3月公布了《流動兒童少年就學暫行辦法》（以下簡稱《暫行辦法》），從此，解決進城打工人員子女入學問題有了全局性的政策法律依歸。

執行法律的困難

國家教育行政部門相繼頒布的《試行辦法》和《暫行辦法》，對於解決城市流動兒童少年教育問題產生了一定的作用，但是在執行中也遇到一些困難和挑戰，致使問題的解決沒有達到預期的目標。出現如此局面的原因在於：

一、地方政府的責權利不夠明確

關於職責問題，國家教育行政部門做出過規定。《暫行辦法》提出：「流動兒童少年常住戶籍所在地人民政府和流入地人民政府要互相配合，加強聯繫，共同做好流動兒童少年接受義務教育工作。」，「流入地人民政府應爲流動兒童少年創造條件，提供接受義務教育的機會。流入地教育行政部門應具體承擔流動兒童少年接受義務教育的管理職

責。」國家教育委員會和公安部在印發《暫行辦法》的通知中還提出：「流動兒童少年就學以流入地管理為主」。這樣的職責劃分不可謂不明確，但問題在於，國家在賦予流入地政府主要管理職責的同時，並沒有賦予同等的權益，也就是說，教育經費的撥付，沒有因為受教育者的增多而有所增加。我國目前教育經費採取屬地管理的辦法，即教育事業費大部分按受教育者的常住戶籍地由中央和地方財政撥付，農村孩子的一部分教育經費則由集體經濟籌集。現在，農村地區的學齡兒童隨其進城打工的父母來到城市，而教育經費並沒有隨之帶到城市，這樣，無形中給流入地區教育經費的支出造成了壓力。

二、城市公立中小學的積極性不高

《試行辦法》和《暫行辦法》都要求：「流動兒童少年就學，以在流入地全日制公立中小學借讀為主」。但是，公立中小學在接受流動兒童少年入學問題上的態度，除了取決於社會責任外，還有三個影響因素必須考慮在內：

（一）經費

由於中小學義務教育階段向個人收取的學雜費用很低，所以學校補貼在每個學生身上的教育經費很多，據南京秦淮區對學生每年每人平均教育費的一項調查表明，1995年一個小學生教育經費約為一千五百元，而國家規定的借讀費一年只有四百八十元，多收一個戶口不在本地的孩子入學，學校就要多負擔一千多元。

（二）校舍

90年代中後期，校舍緊缺也是制約城市公立中小學大量吸收流動兒童少年入學的重要原因。1996年，北京市教育局的一位幹部在談到這個問題時說，「就北京市而言，一是本身基礎教育的負擔就已經很重，加

之這兩年又是中小學生入學的高峰期，校舍緊張，盡了很大努力才沒有出現二部制，再解決如此大數量的流動人口學齡兒童入學就有一定的困難。」90年代末，一些城市小學校舍因生育高峰期出生的孩子大多已進入初高中階段而出現閒置，但一些教學品質較高的小學校舍仍然緊張。

（三）管理

對流動人口子女教育管理的困難度大，是學校擔憂的又一個問題。因爲教師的工作評價要以學生的學習成績爲主，而外地學生的學習程度參差不齊，教不好，責任自然落到任課教師及班主任頭上，很多教師不願擔這個責任。另外，流動人口子女流動性大，家長常常隨生意的好壞和經營地點的遷移中途退學，今天聽完課，明天也許不打招呼就走了；學生教材的預定數量不好掌握；甚至存在家長爲了一己目的把孩子手續辦好後即悄悄溜掉，把生活負擔也推給學校。

三、專門招收流動兒童少年的簡易學校地位不穩

由於城市公立學校吸納流動兒童少年的能力有限，加之公立學校在借讀費之外加收的助學經費（一般小學校每年收取兩千元左右）使很多流動兒童少年及其家長望而卻步，所以專門招收流動兒童少年的學校便應運而生，得到快速發展。據中國農村勞動力開發促進會1998年的調查，僅北京市海澱、朝陽、豐台、石景山、大興、昌平等六區縣，就有一百一十七所專門招收流動兒童少年的學校，在這些學校就學的流動兒童少年共有一萬多名。這一類學校多數由農村進城打工人員開辦，他們白手起家，因陋就簡，不要政府一分錢，卻承擔起了本該由政府承擔的對流動兒童少年進行義務教育的重擔。有人算過一筆帳：北京的流動人口子女有九萬人，如果按一所學校容納六百人計算，至少需要一百五十所這樣的學校，需要投入上億元的資金。

在流動人口大量湧入城市，其子女入學問題單靠公立學校一時難以

全部解決的情況下，社會各方面力量尤其是流動人口自行辦學，是一種較好的補充辦法，也受到流動人口子女及家長的歡迎，理應得到政府的支援。但實際情況卻不樂觀。在這一類學校出現之初，流入地政府的有關職能部門對其採取了不承認和驅趕的政策，教育部門不發給辦學許可證，公安、外來人口管理部門經常上門盤問查證，稍有差池便限期停辦。另外，租借的簡易校舍也常常因市容規劃等原因而不得不屢屢搬遷。

90年代中期以後，簡易學校的辦學環境有所好轉，一方面，報章的呼籲使社會輿論同情和支持在夾縫中求生存的簡易學校的學生和老師們；另一方面，《試行辦法》和《暫行辦法》的頒布使辦學者們多少看到了一些希望。因為《暫行辦法》提出：「經流入地縣級以上人民政府教育行政部門審批，企業事業組織、社會團體、其他社會組織及公民個人，可依法舉辦專門招收流動兒童少年的學校和簡易學校。辦學經費由辦學者負責籌措，流入地人民政府和教育行政部門應予以積極扶持。」自此以後，對專門招收流動兒童少年的簡易學校的百般查問和驅趕的事情少有發生了，但這一類學校中的大多數，並沒有因為《暫行辦法》的頒布而獲得合法辦學的地位。

結論

從政策分析的角度看，出現上述情況的原因在於：

一、中央政府部門制定的有關法規缺乏強制性的約束力

無論是1996年頒布的《試行辦法》，還是1998年頒布的《暫行辦法》，都是尚未定型的過渡性的法規，頒布時就給各級地方政府留出了很大的政策空間，對地方政府缺乏強制執行的約束能力。如國家教育委

員會和公安部在〈關於印發《流動兒童少年就學暫行辦法》的通知〉中指出：「由於各地情況差異很大，解決流動兒童少年就學問題面臨一些實際困難。希望各地挖掘潛力，廣開思路，根據《暫行辦法》，參照我國戶籍管理及地方性流動人口管理政策，認真總結經驗，從實際出發，制定解決流動兒童少年就學的具體實施辦法。在實施《暫行辦法》的過程中，有什麼困難、問題和建議，請及時回應。」我國各地情況差異很大這是實情，要求各地在執行中央政策時，不顧地方實情，而強硬執行統一的政策是不行的，給地方留出一定的政策空間也是需要的。但政策空間不宜留得過大，應該在尊重地方自主權的同時，強調一下中央政策的權威性，不然，地方會以種種藉口拒不執行中央政策，或者有選擇性地執行中央政策，久而久之，中央政策就會變成毫無效力。其實，實施《暫行辦法》，為的是貫徹落實《中華人民共和國義務教育法》，《義務教育法》是經全國人民代表大會審議通過的根本性的教育法規，其權威性不容置疑。在社會經濟發展和城市化的進程中，大量流動兒童少年隨其父母進入城市，給《義務教育法》的實施造成了新的困難，各地方政府在無力全部解決其就學問題的情況下，理應支援各種社會力量辦學，任何消極、拖延、阻擾的態度和行為都不能容許，在這個方面，政策空間越小越好。

二、有些地方政府集政策主體和利益主體於一身

解決流動兒童少年就學問題，各級政府是政策主體，也就是說，政府的決策和實施，是政策成功與否的關鍵。在這裡，政府部門及其工作人員，應以國家和人民的利益為出發點，尤其要以流動兒童少年及其家長的利益為出發點，認真地實施中央制定的有關政策，不得將自己部門和個人的利益摻雜其中。但是，一些地方政府部門及其工作人員，既當政策的執行者，又當政策利益的代表者，在實施政策過程中，照顧自己部門的利益，對專門招收流動兒童少年學校的舉辦者百般刁難和排斥。

如北京市某區的教育行政部門，爲了照顧自己所屬的一所中專學校的財源，竟將早就在轄區內開辦的一所民辦中學排擠走了。

三、流動兒童少年就學政策背後的理念是社會控制

「社會控制」一詞，最早是由美國社會學家羅斯於1901年在《社會控制》一書中提出的。羅斯認爲，社會的進步和發展取決於整個社會如何在社會穩定和個人自由之間取得平衡，以前這種平衡由同情心、互助性、正義感所組成的人性中的「自然秩序」來維持，19世紀末20世紀初的都市化和大規模移民破壞了這種「自然秩序」，所以必須用「社會控制」這種新的機制來維持社會秩序。羅斯提出的「社會控制」概念影響很大，逐漸成爲現代社會學中的一個基本概念。中國社會歷來強調運用社會力量對其成員的思想和行爲進行引導和約束，使其遵從社會規範，以維持正常社會秩序。改革開放前，透過不斷的政治運動來統一人們的思想和行爲，嚴格的戶籍制度又限制人們的流動，所以，社會穩定得以維持。改革開放以來，人們的眼界開闊了，城鄉間人員流動的限制也打破了，統一的思想和行爲模式也被多元化的觀念和生活方式所代替，似乎一切都在變化中，一切後果都難以預料和掌控。在此情況下，「社會控制」的理念和機制作用，是政府最感興趣的。中央關於改革、發展、穩定的方針和目標，就是基於這樣的理念提出的。因此，在制定和執行有關流動兒童少年就學政策時，首先考慮的便是經濟的穩定發展、流動人口的有效管理、社會治安的綜合治理等等。如國家教育委員會和公安部頒發的《暫行辦法》就要求：各地要把解決流動兒童少年就學問題作爲流動人口綜合管理中的重要內容，切實抓好。也就是說，解決流動兒童少年就學問題，是在對流動人口進行綜合管理的大目標下加以考慮的，有利於對流動人口綜合管理大目標的政策，可以執行，與大目標相牴觸的，就不執行。從這個角度出發，我們就不難理解這樣的事實：中央政府部門實施《暫行辦法》已有五個年頭，但北京市以及還有其他一

些城市，至今沒有制定具體的實施辦法。之所以沒有著手解決專門招收流動兒童少年的民辦學校的辦學資格問題，並不是對流動兒童少年的教育權利漠不關心，而是擔心一旦這類學校合法化，辦學環境得到改善，就會有更多的農村孩子湧入城市就學，進城打工的農村人員就會更長期待在城市，就會給城市流動人口管理帶來更大困難。基於這樣的考慮，流動兒童少年就學的權利就只能讓位與社會控制的大目標了。

我國一些地方政府的有關政策，就是在上述各種因素的綜合作用下制定出來的。

參考書目

教基（1998），〈關於印發《流動兒童少年就學暫行辦法》的通知〉。

中國農村勞動力開發促進會，《中國農村勞動力流動研究論壇第五次會
　　議紀要》。中國農村勞動力開發促進會。

中國青年政治學院社會工作與管理系，〈北京市流動人口中適齡兒童就
　　學問題研究報告〉。中國青年政治學院社會工作與管理系。

郭齊家主編，《中華人民共和國教育法全書》。

12.台閩地區少年身心發展狀況

陳榮昌

內政部統計處審編

前言

少年福利法第二條明訂「少年」係指十二歲以上未滿十八歲之人。此階段正是一群受保護與依賴的人口族群，處於身心發展快速變化的過程。而少年福利正是用以提供少年對於教養、輔導、服務以及育樂的各類需求，包括就學、就業、就醫、就養、輔導、保護、休閒及其他少年各項處遇之服務，如何適時給予疏導情緒、解決問題，即是少年福利的重要工作。

由於現代化的腳步增快、傳統社會結構的解組、人民生活型態的改變，社會問題的惡質化已是有目共睹，而少年問題更是社會問題中的主流之一，工業化國家為此一問題，無不盡全力尋求解決之道。少年問題舉凡偏差行為、犯罪、飆車、未婚生子、自殺及升學和課業問題等，這些問題可能來自家庭、學校和社會結構的功能失調或個人角色失能所肇使。現代的新新人類青少年（大約為1975年後出生），他們的價值觀及生活的風格較其他族群，如新人類（1965年後出生者）及舊人類（1955年前出生者）有很大的不同。而青少年的發展受到生理、心理及社會環

境的影響，產生自我危機、身心困擾或對環境資源的需求，故研究青少年，宜從其次文化著手，深入研究青少年次文化之形成及其價值。

少年基本資料與家庭狀況

根據內政部〈中華民國八十八年台閩地區少年狀況調查報告〉及歷年人口資料顯示：

1.少年人口自1993年以來呈逐年遞減情形，1998年底為二百一十八萬二千人，占總人口之10.0%（見圖12-1）。

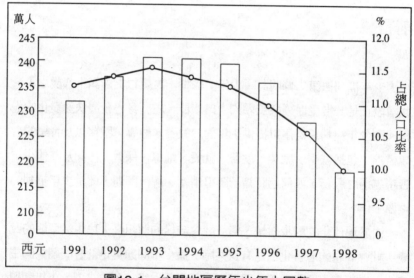

圖12-1　台閩地區歷年少年人口數

2.少年在學者近九成，就業者占3.8%，未在學亦未就業者占6.3%（見表12-1）。

表12-1　台灣地區少年在學狀況　　　　　　　　　　　　　　單位：%

年底別	樣本總計	在　　學			未在學		
		計	日間部	夜間部第二部或補校	計	就業	未就業
1992年（1）	100.0	92.3	89.1	3.1	7.7	4.3	3.5
1998年（2）	100.0	89.9	83.4	6.5	10.1	3.8	6.3
增減百分點（2）－（1）	-	-2.4	-5.7	3.4	2.4	-0.5	2.8

3.少年與父母同住者占76.6%，僅與父或母同住者占13.4%，未與父母同住者占10.0%（見表12-2）

表12-2　台灣地區少年之居住狀況　　　　　　　　　　　　　單位：%

年月別	總計	與父母同住	與父親同住	與母親同住	未與父母同住				
					計	與親戚同住	獨居	朋友同學同事	其他
1992年（1）	100.0	83.3	3.1	6.5	7.2	3.1	0.2	3.7	0.2
1998年（2）	100.0	76.6	6.2	7.2	10.0	5.9	0.4	2.2	1.5
增減百分點（2）－（1）	-	-6.7	3.1	0.7	2.8	2.8	0.2	-1.5	1.3

4.少年父親有工作者的比例占97.0%，其中近六成從事工礦、商業；母親有工作者的比例占74.7%，其中逾半數從事商、服務及工礦業（見圖12-2）。

5.少年父親的教育程度以高中職爲最多，占32.4%，國（初）中次之，占27.6%，大專以上程度者占17.8%；母親之教育程度，以高中職最多，占31.0%，其次爲國小以下及國（初）中，各占29.4%及29.1%，大專以上程度者占10.5%。

6.少年父親的婚姻狀況，以夫妻同住爲最多，占90.8%，其次爲離婚或分居，占8.3%，喪偶者占0.7%；母親的婚姻狀況，以夫妻同住爲最多，占88.3%，離婚或分居者占8.2%，喪偶者占3.2%。

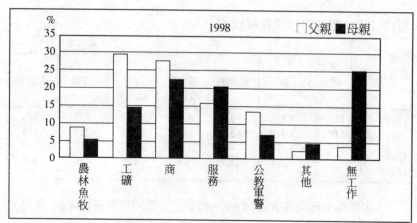

圖12-2　少年父母親工作狀況

7.少年的手足數以兩位者居多，占38.0%，其次爲一位者，占34.3%（見圖12-3）。

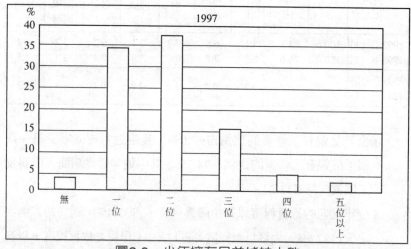

圖2-3　少年擁有兄弟姊妹人數

　　從以上基本資料可以看出，時下多數少年所處的環境已與以往大不相同，核心家庭的比例漸增、在外工作的雙薪父母情況增多，父母操心的不再是孩子的物質生活，而是難以給予的親子教育。加以孩子的父母離異者逐年增加，破碎的單親家庭也多少腐蝕著孩子的心靈。

少年生活與身心狀況

我們先從少年身心狀況調查所得的資料，試圖瞭解影響下述少年各發展層面的因素，進而觀察影響於少年生活與身心之狀況，再就一般所瞭解的情形相互印證與比較，期能有更深一層的認識。

一、少年範圍

發展層面	成長階段
生理	青春發動期，卻還未達到生理與性的成熟。
情緒	獨立自主期，卻還存有依賴性。
認知與就業	學習邏輯思考、解決問題與作決定的技能，卻還未達到純熟的階段。
人際關係	由父母轉至同儕，卻拿捏不準親密的程度。
社會扮演	逐漸步入個人、家庭與工作的角色中，卻還無法擁有成人的權利與責任。
教育	進入國中、高中（職），卻仍得面臨考試的壓力。
年齡	年滿十二歲至未滿十八歲。
法律	達到少年法定年齡，尚未達成人法定年齡。

二、影響少年發展層面的因素

（一）父母教育程度的提升與小家庭型態的興起

以正常受教年齡推算，1956年出生的人口，正是接受九年國教的頭一年，自此之後人口教育程度逐年提升，而當年出生的人口，在適婚年齡階段也適逢家庭計畫推動期間，目前這些人大多數已成為少年之父母。父母教育程度的提升與小家庭型態的興起，自然影響傳統少年子女之教養方式。

（二）父母親管教態度的改變

許多為人父母的小時候都是接受威權式的教育長大的。經濟部長林信義在成功大學一次講演中以他自己為例，說他父親以前是開木材行的，人很兇，部長小時候不聽話，他抓起木材就打，部長到大二還被他打過。環境已經不一樣了，很多現在的父母心裡還是殘留了父權時代的觀念，認同所謂「天下無不是的父母」，從來不跟子女道歉，與強烈期望受尊重的子女格格不入。一些觀念差距的轉變促使新新人類的父母不得不接受管教態度的改變。

（三）傳播媒體自由化、商業化的影響

解嚴以後，報禁的解除，有線電視的掘起，報紙版面的擴張，各種不同的聲音藉著傳播媒體自由化、商業化而散播開來。不僅成年人無法據以判斷是非對錯的理念，更遑論尚在成長階段的少年。導致時下的少年會有下列的現象產生：

1. 思想常受所接觸到的事物的局部和表面影響，分析問題膚淺，容易以片面代替全體，容易作出錯誤的判斷。
2. 對事物的易感性表現在容易受事物的感性現象所影響。
3. 模仿性和暗示性強，易導致行為問題。
4. 支配少年的往往是事物的新奇性、趣味性與刺激性，容易產生新奇就是美好的錯誤認識。
5. 評價別人和自己品質的能力不夠強，也不夠穩定和客觀，同時也不完全，有時會分辨不清是非。
6. 對於什麼是勇敢與魯莽、美與醜、友誼與義氣等缺乏正確的認識。
7. 由於情感不穩定，在認識問題時，很容易從一個極端走向另一個極端。

三、調查結果

1. 僅68.3%滿意自己的家庭生活，較六年前減少8.7%（見表12-3）。

表12-3　台灣地區少年對家庭生活之滿意情形　　　　　　　單位：%

| 年別 | 總計 | 滿意 | 無意見 | 不滿意 | | | | | | |
				計	家庭沒有足夠的收入	居住環境不好	家人不夠關心或瞭解我	自己或家人身體不健康	家人相處不融洽	其他
1992年	100.0	77.0	19.0	4.0	2.1	1.3	0.8	0.6	0.2	1.8
1998年	100.0	68.3	25.0	6.7	2.4	0.3	1.0	0.4	0.4	2.2

附註：1992年少年對家庭生活不滿意項目係可複選，故細項加總大於合計。

2. 有困擾的少年占56.4%，較六年前大幅增加23.1%，主要仍為學校課業，但家庭問題與感情心理問題均較六年前凸顯（見表12-4）。

表12-4　台灣地區少年之困擾狀況　　　　　　　　　　　單位：%

| 年別 | 總計 | 有困擾 | | | | | | 沒有困擾 |
		計	學校課業問題	家庭問題	感情心理問題	工作問題	其他	
1992年	100.0	33.3	26.3	1.8	3.1	1.9	0.2	66.1
1998年	100.0	56.4	52.7	31.8	31.6	3.4	18.1	43.6

附註：1998年有困擾項目係可複選。

3. 有困擾時找父母商談的比例占31.5%，較六年前減少13.3%；找同學、同事、朋友商談者最多，占40.6%（見表12-5）。

4. 每三位少年就有一位在「課業與升學問題」方面與父親發生意見不一致；另與母親發生意見不一致者，則以「生活習慣」的問題最多，占27.9%（見表12-6）。

表12-5 台灣地區少年有困擾時商談對象　　　　　　　　　　　單位：%

年別	總計	父母	兄弟姐妹	配偶	老師	同學同事朋友	專業輔導人員	其他	不跟任何人談
1992年 （1） 1998年 （2）	100.0 100.0	44.8 31.5	7.7 8.3	0.1 0.1	5.6 11.2	37.4 40.6	0.3 0.9	0.7 1.1	3.6 6.3
增減百分點 （2）－（1）	－	-13.3	0.6	0.0	5.6	3.2	0.6	0.4	2.7

資料來源：本部1993年台灣地區少年狀況調查報告及行政院主計處1999年台灣地區青少年狀況調查報告，其中1998年資料係按1992年分類重新整理。

表12-6 少年和父母親易導致意見不一致的事件

1998年　　　　　　　　　　　單位：人；%

項目別	總計		課業與升學問題	工作適應問題	交友人際問題	個人儀容	生活習慣	購買物品	其 他
	樣本	百分比							
父親 母親	3,327 3,421	100.0 100.0	33.3 26.2	4.3 3.7	16.8 18.4	4.1 4.4	25.3 27.9	8.0 12.4	8.2 6.9

說明：本表問項限有父、母親者作答。

5.少年與父母親發生意見不一致時最常採取的態度，均以「互相討論直到雙方同意爲止」最多，與父親占43.0%；與母親占47.1%（見表12-7）。

表12-7 少年和父母親意見不一致時最常採取之態度

1998年　　　　　　　　　　　單位：人；%

項目別	總 計		接受父（母）的意見	在父（母）面前避免提出自己的意見	互相討論直到雙方同意爲止	堅持己見	其 他
	樣本	百分比					
父親 母親	3,327 3,421	100.0 100.0	22.1 19.1	15.0 12.8	43.0 47.1	16.1 17.3	3.9 3.8

說明：本表問項限有父母親者作答。

6.少年平均每月可支配的零用錢爲一千五百六十元，經消費者物價
指數平減後與六年前相差無幾（見表12-8）。

表12-8　台灣地區少年每月可支配之零用錢　　　　　　單位：%

| 年別 | 總計 | 有零用錢 | | | | | | | | | | 沒有零用錢 |
| | | 計 | 可支配金額 | | | | | | 平均（元） | 消費者物價指數（基期：1996年） | 換算後平均（元） | |
			未滿1,000元	1,000至1,999元	2,000至2,999元	3,000至4,999元	5,000至7,999元	8,000元以上				
1992年	100.0	94.1	41.6	30.2	10.3	8.7	2.4	0.9	1,349	87.33	1,545	5.9
12～14歲	100.0	91.7	56.0	26.3	5.9	3.3	0.2	0.1	870	87.33	996	8.3
15～17歲	100.0	96.6	26.3	34.4	14.9	14.5	4.8	1.8	1,835	87.33	2,101	3.4
1998年	100.0	92.5	36.4	26.9	12.3	11.7	3.9	1.2	1,560	102.60	1,520	7.5
12～14歲	100.0	90.0	52.6	23.6	7.4	5.5	0.8	0.1	977	102.60	952	10.0
15～17歲	100.0	94.5	22.5	29.7	16.5	17.1	6.6	2.2	2,066	102.60	2,014	5.4

7.在零用錢支配用途上比六年前增加較多的爲「購買圖書文具」增
加10.5%，其次爲「購買唱片錄音帶」增加2.9%（見表12-9）。

表12-9　台灣地區少年零用錢支配的最主要用途　　　　單位：%

年別	總計	購買圖書文具	購買衣服零食	儲蓄	買唱片錄音帶	支付旅遊及戶外活動費用	看電影MTV或唱KTV	打電動玩具、買卡帶	從事音樂、美術活動	跳舞	其他
1992年 （1）	100.0	34.0	37.8	10.2	5.7	7.2	2.1	1.6	0.4	0.0	1.0
1998年 （2）	100.0	44.5	23.9	12.5	8.5	4.8	2.7	2.4	0.3	0.0	0.4
比較增減（2）－（1）	-	10.5	-13.9	2.3	2.9	-2.4	0.6	0.8	-0.1	0.0	-0.6

8.少年通常與較知心的同儕做的事，以「聊天」最多，占81.0%，
其次爲「逛街」、「通電話」，各占45.4%、43.0%（見圖12-4）。

9.三成九的少年參與校外補習，目的以「升學準備」最多，占
29.4%（見圖12-5）。

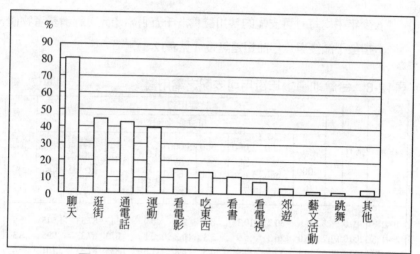

圖12-4　少年與知心朋友同學共同活動類別

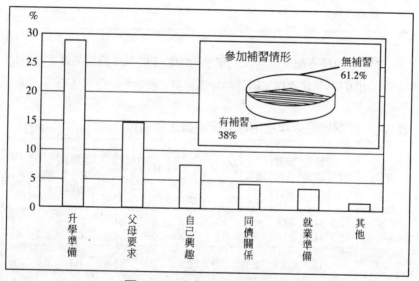

圖12-5　少年參加補習原因

10.少年需要協助的事項,以「課業升學」最多,占61.3%(見圖12-6)。

11.52.2%家長期待少年未來「繼續升學」(見表12-10)。

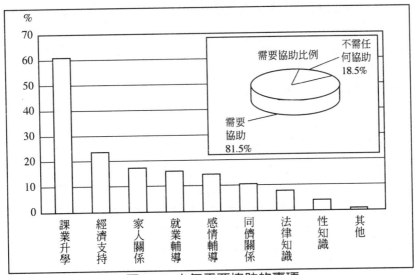

圖12-6　少年需要協助的事項

表12-10　父母及家人對於少年未來的期許　　　　　　　單位：人；%

項目別	總計		繼續升學	依自己的意願	習得一技之長	工作賺錢	自力更生	作大官	繼承家業	不清楚	其他
	樣本	百分比									
總　　　　計	3,488	100.0	52.2	17.3	16.5	4.0	3.3	0.7	0.6	4.6	0.7
按　年　齡　分											
12～14歲	1,606	100.0	54.4	16.6	14.9	3.4	3.1	0.6	0.6	5.8	0.7
15～17歲	1,882	100.0	50.4	18.0	18.0	4.6	3.5	0.9	0.5	3.6	0.6
按在學狀況分											
在　　　　學	3,148	100.0	55.0	17.3	15.2	3.3	2.7	0.7	0.6	4.4	0.7
未　在　　學	340	100.0	26.8	17.1	28.5	10.6	8.5	1.5	0.3	5.9	0.6

12.逾七成少年滿意自己的身材儀表，六成覺得自己是一個很有自信的人，四分之一抱持只要我喜歡，有什麼不可以的態度（見表12-11）。

13.少年的壓力來源，比例最高爲來自家長，占62.9%，其次爲自己，占53.4%，再次爲老師，占41.2%（見圖12-7）。

14.少年壓力的層面，比例最高爲學校課業，占82.8%，其次爲人際關係，占30.3%，再次爲經濟，占22.1%（見圖12-8）。

表12-11　少年對各項身心狀況的感覺

項目別	總計	非常同意	同意	不同意	非常不同意
滿意自己的身材儀表	100.0	9.2	61.9	24.6	4.3
對自己的性衝動或性幻想造成心裡困擾	100.0	2.6	19.7	51.3	26.4
覺得自己是一個很有自信的人	100.0	10.6	49.9	34.6	5.2
只要我喜歡，有什麼不可以	100.0	5.0	19.3	49.7	26.0

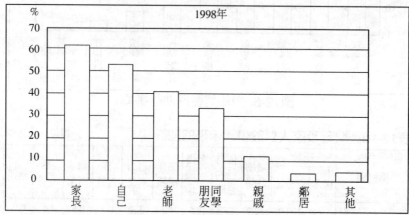

圖12-7　少年的壓力來源

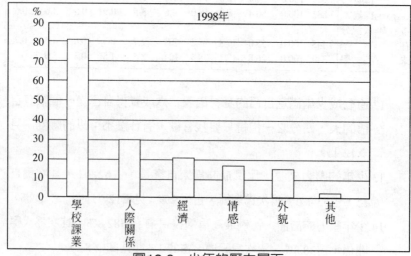

圖12-8　少年的壓力層面

15.少年最常出現的情緒反應，比例最高爲憂鬱，占30.5%，其次爲
　　生氣，占26.2%，再次爲焦慮，占13.9%（見圖12-9）。

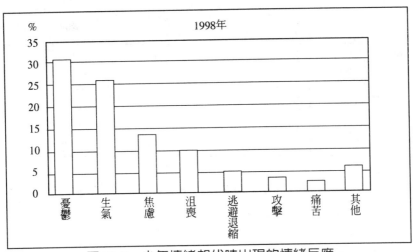

圖12-9　少年情緒起伏時出現的情緒反應

16.54%的少年道德判斷原則標準爲「不會違反自己的良心」，其次
　　爲「父母平時告誡」，占23%（見圖12-10）。

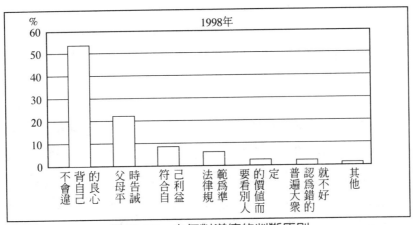

圖12-10　少年對道德的判斷原則

17.少年較信任的對象以「父母」者最多，占45.2%，「老師」僅占
　　6.9%；年齡較長及未在學少年較易受外界影響，部分會轉而相

信「同學、朋友」的話（見表12-12）。

表12-12　少年信任的對象　　　　　　　　　　　　單位：人；%

項目別	總計		父母	同學朋友	兄弟姊妹	老師	其他
	樣本	百分比					
總　　　　　計	3,488	100.0	45.2	28.9	9.0	6.9	9.9
按　年　齡　分							
12～14歲	1,606	100.0	48.3	26.3	9.5	7.9	8.0
15～17歲	1,882	100.0	42.7	31.1	8.6	6.0	11.6
按 在 學 狀 況 分							
在　　　　　學	3,148	100.0	46.4	28.0	9.1	7.0	9.4
未　　在　　學	340	100.0	34.1	37.1	7.9	5.6	15.0

18.少年結交異性朋友之條件以「個性」及「談得來」為主（見表12-13）。

表12-13　少年結交異性朋友的條件　　　　　　　　　　單位：%

項目別	總計	個性	談得來	趣味相投	外貌	身高	年齡	經濟	體重	三圍	國籍	其他
總計	100.0	69.7	67.4	36.8	35.2	23.7	17.7	10.8	9.4	5.3	2.1	2.9
男	100.0	67.1	67.5	37.4	43.5	15.6	15.4	4.7	10.8	9.1	2.3	3.2
女	100.0	72.5	67.4	36.3	26.4	32.2	20.2	17.3	7.9	1.2	1.8	2.7

　　從社會的變遷與上述調查結果顯示，這個時代的少年生活滿意狀況與多數父母所期待的似乎大相逕庭，儘管物質生活不虞匱乏，少年滿意自己家庭生活者，比例仍然下滑，有困擾者卻大幅增加，困擾的項目不再只是學校課業。在零用錢支用方面，雖然可支配的金額實質並未明顯增加，但以往購買零食及衣著服飾等必需品，已不復見，取而代之的是圖書、錄音帶、卡帶等純娛樂性質的消費，零食及衣著服飾等已經不需要從孩子的零用金支付了。從心理層面與人際關係觀察，有困擾的少年找父母商談的比例減少，轉而找朋友、同學、同事；老師在少年心目中，已不再是多數少年所較信任的對象。對道德判斷的標準，大半以自我為中心，這樣的轉變使我們擔心，心智未臻成熟的少年，容易有上述

隨境轉的現象產生。

　　根據本次調查更進一步的分析，可瞭解少年的偏差行為，與前述少年基本資料、家庭狀況及生活狀況等具因果關係。資料顯示，曾有過偏差行為之少年占28.9%，換言之，每三‧五位少年中即有一人曾有過偏差行為。其中逾一成以上的偏差行為，以「吸食菸酒或檳榔」比例最高，占12.2%；其次為「觀看色情刊物、光碟與網站」者占10.3%；再次為「逃學」占10.0%。顯示時下少年有吸食菸酒、檳榔、觀看色情刊物、光碟與網站以及逃學等情況相當多（見表12-14及圖12-11）。

　　復利用相關分析（卡方列聯表檢定法）探討行為偏差少年與其基本資料及家庭狀況間相關情形。就性別而言，有39.8%男性少年曾有過偏差行為，比女性（17.5%）高出1.3倍。就年齡而言，十五至未滿十八歲少年有偏差行為占35.8%，較十二至十四歲者比例（20.9%）來得高。就

表12-14　少年之特殊經驗與行為　　　　　　　　　　　　單位：人；%

項目別	總計		曾有過不幸遭遇						曾有過偏差行為		
	樣本	百分比	計	被脅迫、敲詐、勒索	因故中途輟學	遭家人疏忽、虐待	遭受性侵害	被拐騙、綁架	計	吸食菸酒或檳榔	觀看色情書刊、光碟、網站
總計	3,488	100.0	16.4	8.2	5.0	3.1	1.5	0.9	28.9	12.2	10.3
男	1,798	100.0	21.9	12.5	6.5	3.6	1.3	1.3	39.8	18.1	16.7
女	1,690	100.0	10.6	3.6	3.3	2.5	1.7	0.4	17.5	5.9	3.5

項目別	曾有過偏差行為										沒有以上經驗
	逃學	賭博性電玩	離家出走	偷竊行為	性經驗	參加幫派	性侵犯或性騷擾	自殺未遂	吸食毒品	其他	
總計	10.0	8.7	6.0	4.6	2.3	1.7	1.2	1.1	0.5	1.2	66.1
男	13.3	14.4	7.0	6.6	3.0	2.7	1.4	0.8	0.8	1.4	54.2
女	6.4	2.6	5.0	2.4	1.5	0.5	1.0	1.4	0.1	1.0	78.7

說明：此問項為複選題。

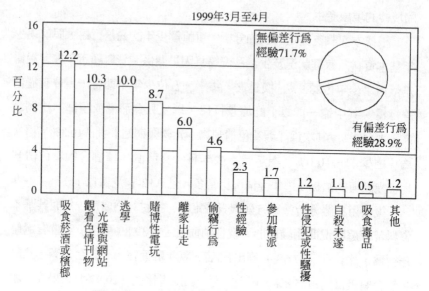

圖12-11 台閩地區少年曾有之偏差行為

在學狀況而言，未在學少年曾有偏差行為者，占65.0%，比例遠較在學少年之25.0%高。

續就家庭狀況異同來探討，以少年父親工作狀況而言，無工作者之少年子女有偏差行為占35.6%，較有工作者高。就少年父母親教育程度而言，隨著父母親教育程度的升高，少年有偏差行為的比例就愈低。就少年父母親婚姻狀況而言，父母親未同住者（包含分居、離婚、喪偶或其他狀況）之少年中有偏差行為比例（47.4%）較父母親同住者（26.1%）高。就少年與誰同住情形而言，以未與父母親同住者（44.0%）及僅與父親或僅與母親居住者（41.8%）其有偏差行為比例較與父母親同住者（24.7%）皆來得高。

利用羅吉斯迴歸分析法，考慮影響少年偏差行為因素，建立偏差行為少年的個人背景變項模型，主要結果如下：

1. 男性少年有偏差行為之比率是女性少年的1.8倍。

2. 年齡十五至未滿十八歲者有偏差行為之比率是十二至十四歲的1.3

倍。

3.未在學少年有偏差行為之比率是在學少年的2.0倍。

4.父母親未同住之少年有偏差行為之比率是同住者的1.4倍。

5.目前未與父母親同住之少年有偏差行為之比率是與父母親共同居住的1.3倍。

綜合上述可知少年屬男性、年齡十五至未滿十八歲、未在學、父母親未同住者以及未與父母親同住者之少年有偏差行為的比例較高。

經由族群分析發現少年性別、就學與否、父母婚姻狀況及年齡等是對少年偏差行為具影響力的因素，摘要結果如下：

1.未在學的男性少年，曾有偏差行為者比例最高，占75.8%。

2.未在學的女性少年，曾有偏差行為者占46.0%。

3.年齡在十五至未滿十八歲，在學的男性少年，曾有偏差行為者占41.8%。

4.父母親未同住之在學的女性少年，曾有偏差行為者占27.6%。

族群分析顯示未在學男性少年是最易發生偏差行為，未在學女性少年曾有偏差行為的比例也頗高，因此如何引導未在學的少年使其免於誤入歧途，實乃當務之急。

綜合以上分析顯示就學與否、單親家庭問題、家長工作狀況、教育程度、婚姻狀況以及少年目前居住情形對少年是否有偏差行為是有顯著相關，這些背景因素皆可能導致少年發生行為偏差。

少年之需求與對政府的期望

從以上少年身心的探索，本次調查亦進一步蒐集少年的需求，藉以瞭解目前政府或社會所提供給少年的各項服務之差異情形，期能改善少年正確的思維模式，與價值判斷的衡量標準。

1.少年對國內學校與社會提供之「兩性教育」、「就業輔導」及「法律教育」認為較足夠，但對「打工安全教育」及「藥物濫用教育」普遍認為不足（見表12-15）。

表12-15　少年對學校與社會提供之教育福利措施的感覺

1998年　　　　　　　　　　　　　　　　　　　單位：%

項目別	總計	非常足夠	足夠	不足夠	非常不足夠	不清楚
1.打工安全教育	100.0	3.4	33.5	44.0	9.5	9.7
2.兩性教育	100.0	6.6	42.3	35.6	9.4	6.1
3.就業輔導	100.0	6.4	41.3	35.5	8.5	8.4
4.藥物濫用教育	100.0	6.7	34.9	36.1	11.6	10.7
5.法律教育	100.0	11.2	44.7	31.3	7.4	5.4

2.少年認為應最優先提供的少年福利服務項目，依重要度（按最主要、次要、再次要項目分別給予一、三分之二、三分之一之權數計算）排序，前四項依序為「增設休閒活動場所」、「多舉辦夏冬令營隊」、「協助課業或升學輔導」及「提供心理諮商輔導服務」（見圖12-12）。

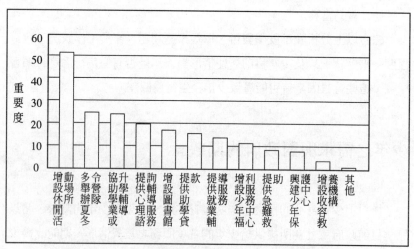

圖12-12　少年認為應優先提供之少年福利措施

3.少年最期待青少年福利服務中心服務的內容，比例最高爲休閒活動的辦理，占總數62.9%，其次爲戶外活動，占42.5%，再次爲健身活動器材，占33.3%，最低爲演講座談，占7.7%（見圖12-13）。

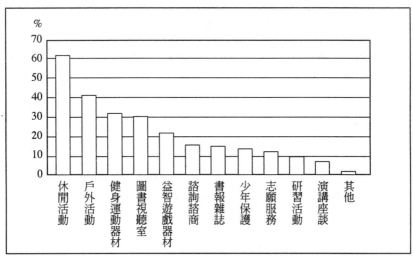

圖12-13　少年期待青少年福利服務中心提供的福利

政府因應之道

少年在人生發展的過程中，屬於承先啓後的過渡期，是以「明其所需、知其所愛，協同少年共同成長」，從需求及問題取向，推動發展性、教育性、預防性、治療性、彌補性的福利服務，爲我國規劃少年福利的方向，以使占總人口10%的二百零八萬名十二歲以上未滿十八歲的少年（1999年底）獲得身心健康發展，並提高父母等負扶養義務者的責任感；另使貧困或不幸少年獲得適當協助與保護，以保障其生活不虞匱乏，並免於恐懼。

目前我國少年福利服務計有：

一、困苦失依少年生活扶助

爲預防少年在尙無獨立生活能力前因父母死亡、失蹤、離異、患病、服刑或其他因素致無力撫育而影響生存或誘發其犯罪動機，可由少年的父母、監護人或其他有關人員向戶籍所在地地方政府申請發給家庭補助費或委託收容教養。

二、建構少年保護網絡

爲保障受虐、貧困、失依、行爲偏差之少年個案獲得妥善照顧，內政部補助地方政府辦理家庭寄養與機構委託安置服務，並協助提供保護個案之心理輔導、追蹤輔導訪視、緊急個案處遇等相關少年保護服務。

三、辦理兒童及少年性交易防制工作

各級政府依「兒童及少年性交易防制條例」規定結合民間團體加強辦理各項教育宣導、救援保護、收容安置、追蹤輔導、訓練研習暨加害者處罰等工作，並加強推動原住民鄉認養工作。

四、少年福利機構輔導

爲促使學校、家庭、社會適應不良之少年，能有學習適當社會規範並澄清價值觀念的機會，對有偏差行爲而難以管教、或有犯罪傾向而不適宜由家庭自行管教的少年，依據少年福利法第二十四條規定得由父母、養父母或監護人申請，由機構收容教養，於收容期間對少年施予就學、生活及心理等輔導服務。

五、設置青少年福利服務中心

　　為因應少年多元化的需求，由地方政府設置綜合性少年福利服務中心，規劃並推動各項諮詢、諮商服務，設置少年保護專線、處理保護工作與短期安置，提供親職教育、寄養、收養轉介、少年休閒娛樂等服務工作。

六、補助辦理少年福利服務活動

　　為加強青少年正當休閒娛樂，藉由寓教於樂的方式，協助青少年瞭解各項福利措施及法令規定，除前述補助有關少年保護網絡與青少年福利服務中心等案外，內政部另結合各級社政單位，結合民間團體，運用社會資源，辦理各項青少年福利服務活動。

結論

　　少年是人生變化最劇烈的階段，尤其在情緒上，更需要適時的接納、紓解與輔導；因此，將社政的福利服務、教育的培育措施、勞工的生涯規劃、司法的矯治服務與醫療的心理衛生、預防保建等整合，再透過各級政府結合民間團體的合作，共同努力為少年建立良好的生活空間，營造適切的支援體系，方能提供符合少年多元化需求之服務，進而強化少年福利服務的質與量，是為我國發展少年福利的努力方向。

　　政府所擁有的資源分配到總人口十分之一的少年身上，能作的極為有限，重要的還是「教育」，不管是家庭教育，學校教育，乃至於社會教育，都應朝如何培養少年正確的「自性清淨心」走，即以「覺之教育」，先求自覺而後覺他，讓其內心不受污染，具有判斷是非對錯的理

念，避免「無明者，以迷體爲體」，積非成是；如此「逆螺旋理論」——
——向下沉淪的力量——不會產生，「隨境轉」的現象自可迎刃而解。所
謂「有佛法就有辦法」，歸結一句仍是去除「貪、瞋、癡」而已。

參考書目

內政部統計處（1993），〈中華民國台灣地區少年狀況調查報告〉。內政部統計處。

內政部統計處（1999），〈中華民國八十八年台閩地區少年狀況調查報告〉。內政部統計處。

行政院主計處／行政院青年輔導委員會（1999），〈台灣地區青少年狀況調查報告〉。行政院主計處／行政院青年輔導委員會。

CDH青少年網站（2000），青少年的心理發展。CDH青少年網站（http://home.pchome.com.tw/boy/chudahong/）。

內政部社會司（2000），《少年福利發展現況》。內政部社會司。

13.台灣少年的社會生活經驗與身心發展

曾華源

東海大學社會工作學系教授

少年是處於身心成長的發展階段上，必須要有好的環境提供更多適當機會，以協助他們發展認知思辨能力與道德判斷力。根據調查顯示，台灣地區有許多來自父母和學業方面的壓力，較少積極面對問題，社會活動參與較為不普遍，同輩與父母是主要信任對象。社會對少年有偏見存在，但少年有自信，但社會認知卻是傾向負面的。故本章提出針對學校、家庭教育和社會等方面提出一些具體建議，以改善少年對社會認知，並對未來有積極性態度。

前言

少年是受保護與依賴的人口群，少年處於身心發展快速階段，如果他們在成長中的各種需求未能得到充分滿足，或發展經驗有所偏差時，不僅未來進入獨立生產人口階層中，必然不易有高素質的生產力，以及扮演好對社會經濟發展有貢獻的角色之外，社會偏差行為恐怕會讓社會付出不少代價。本章針對台灣地區年滿十二歲未滿十八歲之少年進行研究其生活概況與其對社會之態度傾向，以便探究少年的身心發展有何可

能潛在之需求。

少年身心發展的相關理論與實證研究

一、少年成長的動力與機制

心理分析論強調心性發展，認為少年在青春期生理的變化，開始觸動內在性慾望與心理衝動，導致情緒波動而心理平衡失序。由於性慾的覺醒，使他們向家庭外尋求適當的「愛的對象」；但是人格自我功能尚未成熟，導致他們採用非適應性的心理防衛，以因應本能需求和消除焦慮（Lemer, 1978）。心理社會理論則重視內在心理情緒的動力和外在社會文化脈絡共同對少年身心發展的影響；而社會文化脈絡環境指社會期望、規範、價值等文化內涵。少年在這階段發展危機可以瞭解是來自個人內在衝動和社會環境的互動。因此，在少年期尋求自我定義這一方面，與父母的衝突是必要的，會影響他朝向建立自己「如何看自己和外在世界」的方向發展。一般說來，上述理論似乎認為少年階段的發展因為生理變化衝動而造成情緒不穩定，並且和外界會有衝突，使少年的行為不僅不易瞭解和有衝動破壞性，而且在人格發展上易受不良影響而扭曲。這種論點甚至有誤導少年犯罪行為是發展階段必經之惡的嫌疑。

許多心理學家並不同意生理變化因素是影響心理發展的重要變項。認知學派的學者極力主張個人內在心理的自我定義是經由個人與社會互動後，對社會中他人反應的認知，而情緒和行為表現的適當性是受到外界環境評價的高度影響（張華葆，1988）。所以認知論認為情緒並非個人生理因素的影響，而是在人際互動上、個人認知能力、評價系統和信念，才是決定情緒反應之關鍵。Bandura（1969）舉出實證研究並不支持兒童期之後的少年期主軸是身心快速變遷；而是經由差異增強、概推

的刺激與反應，更高次序的制約、模範和規則學習等社會化過程，而發展出個人行為劇本（behavioral script）。Bandura（1969, 1986）認為個人的自我概念是與社會環境不斷互動中發展出來的，其內容在於視互動評價的正負向增強，使個人發展自我調節（self-regulated）的能力，朝獨立方向改變或發展，以達到個人自我效能（self-efficacy）。簡言之，少年的自我是靠著與社會環境互動過程，而建立出一套個人對自我的態度、情感或看法的參考架構，並以此參考架構來表現行為。但是如果社會環境對少年的評價是負向多過於正向時，則少年所建構出的自我也將會是負向的，同時也會伴隨著許多負面的情緒、適應不良的偏差行為和對環境憤恨不滿的合理化認知。由此看來，少年階段中，一個很重要的任務即為學習正確的認知架構，以分析外在世界和產生合理的情緒。

二、少年的認知思考與道德發展

個人在少年時期的形象操作思考是還未能掌控得當。雖然對於問題能夠去構思要如何解決，但還無法適當分辨優先順序或決定何種反應方式較為適當（Elkind, 1978）。此外，少年的自我中心思考直到十五至十六歲以後與少年同輩之互動經驗增加，才會走向形象操作，減少自我中心思考，而能做假設的衍生和考驗。此時，少年的思考能力不成熟，缺乏個人在情境中的思考而顯得自我中心，導致少年常會覺得好像他的行為和想法受他人注意，而變得自以為是。這是解釋為何少年自我意識感會受到普遍流行的影響，而且少年會有表現怪裡怪氣、喧鬧、大聲講話和穿著時髦衣服。加之，少年自我中心表現和自以為自己是例外，而不受常規約束，會表現出冒險行為（如飆車）。不僅要引人注意，還有可能誤以為別人是喜歡的反應，或誤認自己的能力不錯。因此，少年容易受他人煽動，區辨分析能力不足，還有待學習發展。

由於形象思考操作應與問題現實性相關，才能客觀面對問題處理，發展新的解決方法，將之運用於現實生活中（Neimark, 1975）。Newman

和Newman（1993）認爲少年發展形象思考的途徑有三：一、少年在生活上各種不同角色關係而必須學習協調矛盾之要求，此時處理兩個以上之變項，將有助於相對思辨證據能力的發展；二、在學校或校外同伴群體活動中，透過與自己成長環境不同的同學建立關係，而認知到自己與這些新同伴未來的期望有不同；三、學校課程學習的內容將帶領學生能夠作假設與演繹推論的思考，以促進形象操作與抽象觀念的發展。除此之外，少年認知能力的發展上，大眾傳播與電腦網路傳播訊息也是相當重要來源。許多研究證實（Donnerstein & Linz, 1994; 羅文輝，1998）色情電影會使男性對兩性關係有錯誤認知。

　　Piaget認爲少年逐漸進入看動機意向的結果來做道德的判斷，認識規範的主觀性和相互同意之概念。要達到形象操作和認識個人文化與世界之道德原則差異，少年會質疑當前的法律與秩序道德，他們會想要親自去驗證，拒絕強加在他們身上的道德規範和價值。因此，對於道德勸說常嗤之以鼻，也不接受勸告，視之爲是老生常談。故Kohlberg和Gilligan（1975）認爲有許多少年會退化到道德發展的工具層次。其中，少年極端的相對主義來自拒絕以傳統做判斷標準，而使他們活在沒有被證實和客觀的價值中；亦即有些少年會發展他們的獨特次文化，而刻意強調與現存的社會道德價值不同。所以，這些少年行爲容易被視爲標新立異、恣意的、隨便的；諸如「只要我喜歡，有什麼不可以」甚至被視之爲偏差或生活在疏離中，或是被「X世代」稱爲「Y世代」、「新新人類」。社會學習論認爲道德發展是透過直接指導（規則學習）增強、模範和評估性回饋，經由不同情境和觀察模範，個人會學習到在情境中要考慮哪些重要因素來做道德判斷。故少年的認知發展與家庭教育、社會環境訊息、學校教育與同輩活動之機會有密切關係，而其認知經驗所形成的價值系統，將影響少年的道德行爲表現。綜上所述，少年內在認知思考架構的建構內涵，能否具有思辨能力和道德價值認知能力，將影響少年社會生活適應能力。

三、少年和父母與同輩之關係

　　心理分析論認為少年要學習與父母關係分離，而與同輩和同輩異性發展親密關係才能成長獨立。此時，由於少年開始學習獨立思考，而親子間之溝通會隨著認知經驗與心理需求的差異，導致親子之間的衝突增加。所以少年對於和父母一起活動會感到不滿足，覺得被大人所約束，而喜歡和同輩一起做他們喜歡的事。不過許多人並不同意心理分析論的這種觀點。Papini和Sebby（1988）研究親子之間的衝突雖然來自子女尋求自主，對抗父母的控制性，但是父母仍然是少年生活中的重要他人（significant others），彼此之間仍有感情連結和善意。Bandura（1964）、Newman和Newman（1993）也都持相同看法，認為少年仍然對家庭和家庭價值維持依賴情感。不過，隨著年齡增加，在決策和價值選擇上，少年會比較以自己的看法為主。Gold和Yanof（1985）認為與母親之親密關係為與朋友建立親密的情感關係提供基礎。Hunter和Youniss（1982）認為二者之間對少年影響主題不同。Kendel（1986）進一步指出親子關係中，父母對子女的影響是社會生活中的基本價值，比較會接受父母在文化道德方面的意見，而同輩的影響在於少年的生活型態（如穿著、飲食）和社交活動（如休閒活動方式與異性交友）。吳明嘩、王枝燦（1997）研究與上述研究結果相近。少年同輩以家庭收入和問題行為而非社會成就抱負結合，並且在休閒活動與打扮方面同輩的影響力較大。羅國英（1995）研究發現親子關係中的工具性功能較強，而同輩關係中的溝通品質和被瞭解的感受較強，顯現少年和父母與同輩之互動內容不同，但雙方都是少年生活中的重要社會支持網絡（social support network）。Coleman（1980）指出少年期同輩團體提供情緒性的親密關係，彼此相互支持和理解，可以協助少年考慮他人需求與感情活動。故同輩對少年身心發展與社會技巧的學習極為重要。

台灣地區少年的身心發展、社會生活經驗與社會態度傾向

　　此份報告之樣本原始資料來自〈中華民國八十八年台閩地區之少年狀況調查報告〉（內政部統計處，1999），以台灣地區年滿十二歲未滿十八歲之少年爲母群體，隨機抽樣三千五百名少年爲樣本。問卷回收後，得有效樣本計二千一百七十六名，有效比率爲62.17%。樣本分布北部地區（台北縣市、桃園縣、新竹縣市）一千零三十四名，占47.5%；中部地區（苗栗縣、台中縣市、南投縣、彰化縣、雲林縣）四百六十二名，占21.2%；南部地區（嘉義縣市、台南縣市、高雄縣市、屏東縣）五百五十四名，占25.5%；東部地區（宜蘭縣、花蓮縣、台東縣）一百零一名，占4.6%；及其他地區（澎湖縣、金門縣）二十五名，占1.1%。受訪少年男生一千零三十名（47.3%）；女生一千一百四十六名（52.7%）。年齡分布在十二至十七足歲之間，各年齡層樣本數約在12～20%之間；受訪者半數以上（58.4%）的教育程度爲國中，高職、高中者各占25.4%、13.9%；其中日間部、夜間部、第二部或補校就讀的少年有一千九百三十人（88.7%），就業之少年有九十二人（4.2%），有2.8%正在自修、補習、準備升學，有1.7%正在找工作含準備就業考試（見表13-1）。

一、少年的生理發展與自我滿意度

　　當個人由兒童期進入少年時期，許多方面會有明顯的變化產生。在生理方面的變化，使得少年不僅個人內心注意他人對其改變的反應上，除了外表美醜之外，亦注意生理器官等問題，並成爲其困擾來源和影響其心理社會發展歷程（曾華源、郭靜晃，1999）。台灣地區少年在生理發展方面，男生已經長鬍子的情形，有75.0%的男生嘴唇上面已經長鬍

表13-1　少年基本資料統計表　　　　　　　　　　　　　　N=2176

項目	次數	百分比	項目	次數	百分比
區域分布			教育程度		
北部地區	1034	47.5	小學以下	39	1.8
中部地區	462	21.2	國中	1271	58.4
南部地區	554	25.5	高中	303	13.9
東部地區	101	4.6	高職	553	25.4
其他地區	25	1.1	大專以上	10	0.5
性別			現況		
男	1030	47.3	日間部	1788	82.2
女	1146	52.7	夜間部、第二部或補校	142	6.5
出生年			就業	92	4.2
1981	409	18.8	正自修補習準備升學	60	2.8
1982	364	16.7	正在找工作含準備就業	38	1.7
1983	346	15.9	正接受職業訓練	15	0.7
1984	446	20.5	健康不良	13	0.6
1985	356	16.4	料理家務	10	0.5
1986	255	11.7	其他	18	0.8

子，有41.7％的男生下巴長鬍子，已在腮毛或臉頰兩旁長鬍子的有25.0％；覺得自己肌肉發展強壯的男生有25.5％（非常強壯2.8％，有些強壯22.7％），覺得不怎麼強壯的有22.3％；女生生理發展方面，十歲即來月經的有1.3％，有18.2％在十二歲來月經，有13.3％在十三歲來月經；覺得自己胸部發育完整的有33.0％（大部分完整24.9％，非常完整8.1％），而開始明顯發育的亦有17.2％，尚未明顯發育的有2.1％。

　　受訪少年對自己的身材儀表感到滿意的有69.5％（非常同意8.6％，同意60.9％），而感到不滿意的有30.4％（非常不同意4.8％，不同意25.6％），經適合度考驗結果達顯著水準（$\chi^2=1713.03$，p<.001），表示受訪者對自己的身材儀表明顯趨向滿意；其中兩性和年齡之間並無差異存在。

表13-2　少年之性別、年齡與身心狀況感覺交叉表　　　　　N=2176

		年齡		Total
		12～14	15～17	
身體肌肉已發展成	非常強壯	21	40	61
		(4.2)	(7.4)	(5.9)
	有些強壯	231	263	494
(n=1040)		(45.9)	(49.0)	(47.5)
	不怎麼強壯	203	192	395
		(40.4)	(35.8)	(38.0)
	一點也不強壯	48	42	90
		(9.5)	(7.8)	(8.7)
胸部發育	非常完整	50	126	176
		(8.9)	(21.8)	(15.5)
	大部分完整	227	315	542
(n=1138)		(40.5)	(54.5)	(47.6)
	開始明顯發育	255	120	375
		(45.5)	(20.8)	(33.0)
	尚未明顯發育	28	17	45
		(5.0)	(2.9)	(4.0)

二、少年心理發展與認知

　　台灣地區少年在自信心方面，有58.9%的少年對自己感到有自信（非常同意10.1%，同意48.8%），但亦有41.1%的少年感到沒自信（非常不同意5.9%，不同意35.2%），適合度考驗結果達顯著性（χ^2=1094.93，p<.001），受試者的態度趨向有自信。其中男性自信心高於女性，但年齡之間無差異。在情緒的感受上，有38.4%的少年覺得自己的情緒總是或經常會一下好一下不好，有56.7%的少年情緒偶爾會起伏不定，經適合度考驗結果具有顯著性（χ^2=1395.73，p<.001），受訪少年趨向偶爾情緒不佳；至於兩性和年齡之間並無顯著差異。在碰到情緒起伏時，少年較常出現的情緒反應是憂慮（30.4%）與生氣（26.5%），

表13-3　少年之性別、年齡與身心狀況感覺交叉表　　　　N=2176

		性別		年齡		Total
		男	女	12～14	15～17	
滿意自己的身材儀表	非常不同意	49	56	57	48	105
		(4.8)	(4.9)	(5.4)	(4.3)	(4.8)
	不同意	226	332	278	280	558
		(21.9)	(29.0)	(26.2)	(25.1)	(25.6)
	同意	632	694	636	690	1326
		(61.4)	(60.6)	(59.9)	(61.9)	(60.9)
	非常同意	123	64	91	96	187
		(11.9)	(5.6)	(8.6)	(8.6)	(8.6)
自己的性衝動或性幻想會造成心理困擾	非常不同意	212	412	335	289	624
		(20.6)	(36.0)	(31.5)	(25.9)	(28.7)
	不同意	537	534	495	576	1071
		(52.1)	(46.6)	(46.6)	(51.7)	(49.2)
	同意	245	178	204	219	423
		(23.8)	(15.5)	(19.2)	(19.7)	(19.4)
	非常同意	36	22	28	30	58
		(3.5)	(1.9)	(2.6)	(2.7)	(2.7)
覺得自己是個有自信的人	非常不同意	48	80	62	66	128
		(4.7)	(7.0)	(5.8)	(5.9)	(5.9)
	不同意	317	449	384	382	766
		(30.8)	(39.2)	(36.2)	(34.3)	(35.2)
	同意	526	536	509	553	1062
		(51.1)	(46.8)	(47.9)	(49.6)	(48.8)
	非常同意	139	81	107	113	220
		(13.5)	(7.1)	(10.1)	(10.1)	(10.1)
只要我喜歡，有什麼不可以	非常不同意	257	313	338	232	570
		(25.0)	(27.3)	(31.8)	(20.8)	(26.2)
	不同意	504	580	506	578	1084
		(48.9)	(50.6)	(47.6)	(51.9)	(49.8)
	同意	210	212	168	254	422
		(20.4)	(18.5)	(15.8)	(22.8)	(19.4)
	非常同意	59	41	50	50	100
		(5.7)	(3.6)	(4.7)	(4.5)	(4.6)

（續）表13-3　少年之性別、年齡與身心狀況感覺交叉表　　N=2176

		性別		年齡		Total
		男	女	12～14	15～17	
覺得情緒一下好一下不好	從沒有	61	46	54	53	107
		(5.9)	(4.0)	(5.1)	(4.8)	(4.9)
	偶爾	593	641	587	647	1234
		(57.6)	(55.9)	(55.3)	(58.1)	(56.7)
	經常	268	323	291	300	591
		(26.0)	(28.2)	(27.4)	(26.9)	(27.2)
	總是	108	136	130	114	244
		(10.5)	(11.9)	(12.2)	(10.2)	(11.2)
覺得自己壓力很大	從沒有	88	66	81	73	154
		(8.5)	(5.8)	(7.6)	(6.6)	(7.1)
	偶爾	520	543	498	565	1063
		(50.5)	(47.4)	(46.9)	(50.7)	(48.9)
	經常	289	365	327	327	654
		(28.1)	(31.8)	(30.8)	(29.4)	(30.1)
	總是	133	172	156	149	305
		(12.9)	(15.0)	(14.7)	(13.4)	(14.0)
覺得自己的行為舉止、裝扮標新立異、與眾不同	從沒有	482	584	529	537	1066
		(46.8)	(51.0)	(49.8)	(48.2)	(49.0)
	偶爾	410	474	422	462	884
		(39.8)	(41.4)	(39.7)	(41.5)	(40.6)
	經常	102	66	81	87	168
		(9.9)	(5.8)	(7.6)	(7.8)	(7.7)
	總是	36	22	30	28	58
		(3.5)	(1.9)	(2.8)	(2.5)	(2.7)

其次為焦慮（13.4%）與沮喪（10.2%）。在壓力的感受上，總是或經常覺得自己壓力很大的少年占44.1%，偶爾覺得自己壓力很大的少年有48.9%，適合度考驗結果達顯著性（$\chi 2=901.99$，p<.001），表示受訪少年趨向偶爾感到壓力很大；至於兩性和年齡之間並無顯著差異。而其壓力的最主要來源是家長（62.0%），其次為自己（53.6%）、老師

		性別		年齡		Total
		男	女	12～14	15～17	
信任誰說的話	家人（父母、兄弟姐妹）	559	612	607	564	1171
		(54.3)	(53.4)	(57.2)	(50.6)	(53.8)
	其他（老師、朋友）	471	534	455	550	1005
		(45.7)	(46.6)	(42.8)	(49.4)	(46.2)
判斷對錯的原則	依自己的價值與良心	632	767	634	765	1399
		(61.4)	(66.9)	(59.7)	(68.7)	(64.3)
	依外在的價值與規範	398	379	428	349	777
		(38.6)	(33.1)	(40.3)	(31.3)	(35.7)
不幸遭遇與偏差行為	有此經驗	494	286	297	483	780
		(48.0)	(25.0)	(28.0)	(43.4)	(35.8)
	無此經驗	536	860	765	631	1396
		(52.0)	(75.0)	(72.0)	(56.6)	(64.2)

（40.0%）、或同學朋友（34.3%）；少年自己本身的壓力主要在於學校課業（81.0%），其次為人際關係（31.4%）、經濟問題（23.4%）、情感方面（19.2%）所造成的壓力。對於自己的性衝動或性幻想，77.9%的少年認為不會造成其心理困擾（非常不同意28.7%，不同意49.2%），但有22.1%的少年認為會造成困擾（非常同意2.7%，同意19.4%），適合度考驗結果達顯著性（$\chi 2=983.39$，p<.001），受試者的態度趨向不同意。此一結果，與王淑俐（1995）研究國內國中少年的情緒，發現是由課業壓力、自我觀念、父母態度及人際關係等四因素交織而成相似。

在行為舉止與裝扮方面，有40.6%的少年覺得自己偶爾會標新立異、與眾不同；有10.4%的少年覺得自己經常如此或總是如此，適合度考驗結果達顯著性（$\chi 2=1407.46$，p<.001），受訪少年趨向偶爾會覺得自己行為舉止、裝扮標新立異，至於兩性和年齡之間並無顯著差異。對於時下流行的「只要我喜歡，有什麼不可以」這句話感到不同意的占76.0%（非常不同意26.2%，不同意49.8%），而24.0%的少年表示同意（非常同意4.6%，同意19.4%），適合度考驗結果達顯著性（χ

2=927.01，p<.001），受試者的態度趨向非常不同意。

少年對於事情對錯的判斷原則會以不違反自己的良心（56.4%）爲主，其次爲父母平時告誡（21.1%），而以符合自己的利益（7.9%）、法律規範（6.1%）等爲原則的比例皆較低；在對他人話語信任程度方面，少年對於父母（43.9%）或朋友（29.5%）所說的話較會信任，對兄弟姐妹（9.9%）或老師（7.1%）所說的話信任度較低；在結交異性朋友主要選擇的條件爲個性（69.2%）與談得來（66.1%），其次爲有相同興趣（36.7%）或外貌（34.7%），至於身高、年齡、體重、三圍等生理條件的重要性則低於三成。

三、少年社會學習活動

在零用錢方面，有7.5%的人沒有零用錢，有48.2%的受訪少年每個月的零用錢平均在一千元以下，27.4%的少年每月平均有一千到二、三千元的零用錢，其餘的人三千元以上；零用錢的來源主要是父母給的，占86.5%，其次是靠自己打工或積蓄而來，占13.5%。（見表13-4）

在社會活動方面，有50.2%的少年從未參加過社會活動，曾參與者較常參加的是廟會活動（11.4%）、慢跑活動（9.4%）、義賣會（9.4%）、及親子活動（8.0%）。志工服務方面，有73.4%的少年曾參加過志工服務，而曾經參加者，參與最多的是愛心服務，占11.1%，參與環境保護服務的占8.4%，其餘各項志工服務，少年曾經參與的比率皆在5%以下；在研習活動方面，有41.8%的受訪少年表示從沒參加過，在曾參與之少年中，以參與社團研習者較多，占23.0%，其次爲曾參與專業研習（如電腦、音樂）者，占14.3%，參與運動技能研習者占11.6%，其餘研習活動之參與比例皆在5%以下；在思想行爲的學習對象方面，受訪者表示最常向同儕或朋友學習思想行爲，占62.1%，其次爲向父母學習，占45.4%，再其次爲向師長學習（26.2%）及向影歌星偶像學習

表13-4　少年之性別、年齡與身心狀況感覺交叉表　　　　N=2176

		性別		年齡		Total
		男	女	12～14	15～17	
一個月的零用錢	500元以下	344	433	486	291	777
		(33.4)	(37.8)	(45.8)	(26.1)	(35.7)
	501～2000元	382	406	367	421	788
		(37.1)	(35.4)	(34.6)	(37.8)	(36.2)
	2001元以上	304	307	209	402	611
		(29.5)	(26.8)	(19.7)	(36.1)	(28.1)
零用錢來源	父母	883	999	952	930	1882
		(87.5)	(87.2)	(89.6)	(83.5)	(86.5)
	其他	147	147	110	184	294
		(14.3)	(12.8)	(10.4)	(16.5)	(13.5)

（22.4%），其餘學習對象皆在二成以下（見表13-5）。

四、少年對社會情況的態度傾向

在社會感受與印象方面，受訪表示對目前社會感到不滿意的有一千八百八十五位（占86.6%），其不滿意的原因主要為沒有安全感（60.4%）及缺乏秩序公權力（51.9%），其次為缺乏正義（37.6%）、缺乏人情味（34.1%）、及功利主義（33.1%）；司法是公正的（33.5%），而認為司法是不公正的（37.5%）；警察值得尊敬（58.7%）；在社會立足不必靠人際關係（43.9%），而認為在社會立足要靠人際關係（29.7%）；社會治安敗壞（71.3%）；社會沒有人情味（48.6%），而認為社會有人情味（25.1%）；社會冷漠及充滿危機（58.7%），而認為社會並不冷漠及充滿危機（18.2%），而認為兩性不平等（38.8%），而認為兩性平等（34.4%）；社會歧視弱勢（45.5%），而認為社會不歧視弱勢（31.8%）；社會充滿暴力血腥（60.2%），而認為社會不充滿暴力血腥（18.3%）（見表13-6）。

表13-5 少年之性別、年齡與身心狀況感覺交叉表　　N=2176

		性別		年齡		Total
		男	女	12～14	15～17	
是否參與志工服務	曾參與	746	852	792	806	1598
		（72.4）	（74.3）	（74.6）	（72.4）	（73.4）
	從未參與	284	294	270	308	578
		（27.6）	（25.7）	（25.4）	（27.6）	（26.6）
是否參加研習	曾參加	604	663	648	619	1267
		（58.6）	（57.9）	（61.0）	（55.6）	（58.2）
	從未參加	426	483	414	495	909
		（41.4）	（42.1）	（39.0）	（44.4）	（41.8）
是否參加社會活動	曾參加	513	570	565	518	1083
		（49.8）	（49.7）	（53.2）	（46.5）	（49.8）
	從未參加	517	576	497	596	1093
		（50.2）	（50.3）	（46.8）	（53.5）	（50.2）
思想行為學習對象	以父母為主	447	540	513	474	987
		（43.4）	（47.1）	（48.3）	（42.5）	（45.4）
	其他	583	606	549	640	1189
		（56.6）	（52.9）	（51.7）	（57.5）	（54.6）
壓力來源	家長	669	680	662	687	1349
		（65.0）	（59.3）	（62.3）	（61.7）	（62.0）
	其他	361	466	400	427	827
		（35.0）	（40.7）	（37.7）	（38.3）	（38.0）
性伴侶	沒有	881	1041	958	964	1922
		（85.5）	（90.8）	（90.2）	（86.5）	（88.3）
	1人	55	44	33	66	99
		（5.3）	（3.8）	（3.1）	（5.9）	（4.5）
	2～3人	46	41	41	46	87
		（4.5）	（3.6）	（3.9）	（4.1）	（4.0）
	4人以上	48	20	30	38	68
		（4.7）	（1.7）	（2.8）	（3.4）	（3.1）
同性性接觸	有	42	35	26	51	77
		（4.1）	（3.1）	（2.4）	（4.6）	（3.5）
	沒有	988	1111	1036	1063	2099
		（95.9）	（96.9）	（97.6）	（95.4）	（96.5）

表13-6　少年之性別、年齡與社會認知交叉表　　　　　N=2176

	性別		年齡		Total
	男	女	12～14	15～17	
滿意目前社會	187	104	147	144	291
（Column %）	（18.2）	（9.1）	（13.8）	（12.9）	（13.4）
不滿意目前社會	843	1042	915	970	1885
	（81.8）	（90.9）	（86.2）	（87.1）	（86.6）
司法是不公正的	385	432	341	476	817
	（37.4）	（37.7）	（32.1）	（42.7）	（37.5）
尚可	261	369	342	288	630
	（25.3）	（32.2）	（32.2）	（25.9）	（29.0）
司法是公正的	384	345	379	350	729
	（37.3）	（30.1）	（35.7）	（31.4）	（33.5）
警察不值得尊敬	225	225	199	251	450
	（21.8）	（19.6）	（18.7）	（22.5）	（20.7）
尚可	210	239	213	236	449
	（20.4）	（20.9）	（20.1）	（21.2）	（20.6）
警察值得尊敬	595	682	650	627	1277
	（57.8）	（59.5）	（61.2）	（56.3）	（58.7）
在社會立足要靠人際關係	303	344	283	364	647
	（29.4）	（30.0）	（26.6）	（32.7）	（29.7）
尚可	270	303	285	288	573
	（26.2）	（26.4）	（26.8）	（25.9）	（26.3）
在社會立足不必靠人際關係	457	499	494	462	956
	（44.4）	（43.5）	（46.5）	（41.5）	（43.9）
社會治安敗壞	699	853	736	816	1552
	（67.9）	（74.4）	（69.3）	（73.2）	（71.3）
尚可	207	192	211	188	399
	（20.1）	（16.8）	（19.9）	（16.9）	（18.3）
社會治安良好	124	101	115	110	225
	（12.0）	（8.8）	（10.8）	（9.9）	（10.3）
社會沒有人情味	504	554	508	550	1058
	（48.9）	（48.3）	（47.8）	（49.4）	（48.6）
尚可	273	299	286	286	572
	（26.5）	（26.1）	（26.9）	（25.7）	（26.3）

	性別		年齡		Total
	男	女	12～14	15～17	
社會有人情味	253	293	268	278	546
	(24.6)	(25.6)	(25.2)	(25.0)	(25.1)
社會冷漠及充滿危機	579	698	588	689	1277
	(56.2)	(60.9)	(55.4)	(61.8)	(58.7)
尚可	236	266	261	241	502
	(22.9)	(23.2)	(24.6)	(21.6)	(23.1)
社會並不冷漠及充滿危機	215	182	213	184	397
	(20.9)	(15.9)	(20.1)	(16.5)	(18.2)
兩性不平等	335	510	372	473	845
	(32.5)	(44.5)	(35.0)	(42.5)	(38.8)
尚可	275	307	284	298	582
	(26.7)	(26.8)	(26.7)	(26.8)	(26.7)
兩性平等	420	329	406	343	749
	(40.8)	(28.7)	(38.2)	(30.8)	(34.4)
社會歧視弱勢	445	544	444	545	989
	(43.2)	(47.5)	(41.8)	(48.9)	(45.5)
尚可	236	258	265	229	494
	(22.9)	(22.5)	(25.0)	(20.6)	(22.7)
社會不歧視弱勢	349	344	353	340	693
	(33.9)	(30.0)	(33.2)	(30.5)	(31.8)
社會充滿暴力血腥	594	715	616	693	1309
	(57.7)	(62.4)	(58.0)	(62.2)	(60.2)
尚可	221	247	244	224	468
	(21.5)	(21.6)	(23.0)	(20.1)	(21.5)
社會不充滿暴力血腥	215	184	202	197	399
	(20.9)	(16.1)	(19.0)	(17.7)	(18.3)

討論與結論

受訪少年對自己的生理成長感到滿意，而且性生理變化方面也大都表示沒有造成困擾，精神分析論的說法仍需要再多加考驗。少年的心理成長上，受訪少年表示有自信心，也不認同「只要我喜歡，有什麼不可以」的說法。顯示少年認為社會對他們有偏見存在。加之少年有較多負向情緒，但不是普遍存在有衝動情緒，反而表示較多是來自父母和學業方面的壓力，這與王淑俐（1995）研究相似。其中國中學生處理情緒之方式，較少以積極性方式面對問題，檢討設法解決問題表達的人比較少（郭靜晃，2000）。然而，少年過分控制情緒，逃避面對情緒，或認為無能力解決時，不僅亦影響人際關係及課業學習，而且會導致酗酒、藥物濫用，甚至自殺行為。林世英（1994）和Gold和Petronio（1980）研究情緒控制與偏差行為發生有密切關係。

少年社會活動參與較為不普遍，值得社會注意這是否窄化少年的學習經驗，而影響他們形象思考的認知分析與判斷能力之成長。雖然少年覺得有時會有行為舉止和裝扮標新立異，但是不是大多數人有這種自我認知。在社會關係發展方面，父母還是少年最信任之對象，顯示家庭價值仍然深植於中國人心中，反倒是老師並非是主要信任之對象，顯示師生關係之淡薄。至於同輩也是重要信任的對象，可以知道同輩影響力是比不上父母，且偏重在認同與親密關係之心理滿足上。

黃俊傑（1993）的研究中，少年顯現的生活態度都是積極、奮發，且有貢獻己力於社會的胸懷；但「對今後有無具體想法」一項，比率有逐年降低趨勢；「是否有為社會做點事的心願」由1985年的82.9%、1988年的 82.9%至1991年的65.9%，這些改變與目前社會轉型期有關。在他的研究中，大部分少年有時會有疏離及無力的感覺，其中生活感受以偏負向居多，尤其有九成多的人覺得「覺得社會越來越壞」。總之，

黃氏研究結果顯現少年較往年稍具功利氣息，而幾年來的社會變動，使少年的不信任感、無力感及疏離感有增加之趨勢，將增加社會適應的困難和偏差行為的增加。而主計處和青輔會（1995）所作的調查認為自己的未來是光明的、充滿希望的超過三分之二的人，但認為社會是安定的與有前途的，以及社會是公平的少年僅四成六的人，其餘是無意見或不同意。均顯示有不少少年對自己有信心，但對社會的認知是傾向負面的。

少年對社會情況的負向認知，值得關注於其對政權的維持和社會發展之影響。對維護秩序公權力的不信任和認為社會缺乏正義，將深深的影響少年的道德認知發展，不僅影響人格成熟和心理健康，也是值得關心的議題；也會扭曲少年的價值觀，鼓勵投機行為和合理化偏差行為。尤其是大多數少年不以社會法律為判斷依據，而是以是否會違反自己的良知為判斷依據，更是令人感到憂心少年是否有成熟的社會經驗和道德判斷能力，來做出好的行為抉擇。如果少年社會活動參與不多，又大多是常向同儕或朋友學習思想行為，那麼是需要多注意少年的社會學習和道德發展課題。值得慶幸的是有較多人認為在社會立足不必靠人際關係，但也相對的認為社會傾向功利主義，缺乏人情味和社會冷漠及充滿危機；社會歧視弱勢，這些對社會的認知將增加少年的社會疏離，並且在認為社會缺乏公平正義。所以整體社會有更多少年表現暴力性偏差行為，應該是可以預期的。

建議

就上述調查研究顯示少年成長需要健康的社會心理環境。因此本章提出以下幾點建議：

1.社會對少年以「新新人類」來稱呼是有不當的偏見。少年是否真

的處於成長的「狂飆期」和放肆，值得社會深思。未來社會應以寬容和體諒的教育的態度來面對少年成長之所需。否則少年面對社會對他們的負向態度，將會產生不當的社會認知和情緒反應。

2. 政府應重視少年無力感和對社會秩序與發展的負面認知。除了學校要提供積極輔導與教育工作，建構少年參與社會之管道；如志願服務之外，社會還應注意媒體所提供的政治新聞報導內容之平衡，改革公權力執行之態度和結構性因素，以降低少年的社會不公平性感受和負面態度。

3. 學校教育應培養少年同輩社交技巧與能力，並強化學校師生關係，使教師也能成為少年成長中的重要他人。尤其是學校教師應多利用寒暑假時間訪視家庭，做好家庭與學校連接之工作，以利少年的教育輔導工作。

4. 幫助學生增進自我覺知、自我省察和自我接納，並透過價值教育與生活問題適應能力之培育，使少年有較佳的問題解決能力，強化少年自我調節能力，增進自我效能。此外，擴大提供積極性多元化的社會活動機會，以增加少年的正面社會生活經驗，並協助少年認知與道德判斷能力之成長。

5. 加強父母親職教育，幫助父母認識少年身心發展需求，並學習與少年溝通知能，使父母和少年有更親密關係。

參考書目

一、中文部分

王淑俐（1995），《青少年情緒的問題、研究與對策》。台北：合記。

行政院主計處（1997），〈中華民國台灣地區青少年狀況調查報告〉。台北：行政院主計處。

吳明曄、王枝燦（1997），近朱者赤，近墨者黑？——青少年初期同儕團體形成與影響，跨世紀青少年福利展望研討會論文。

林世英（1994），少年規範意識、自我意識及社會態度對其偏差行為影響之研究，《警學叢刊》，24（4），231～266。

張華葆（1988），《台灣青少年犯罪分析》。台灣省政府。

郭靜晃（2000），《台灣青少年對家庭生活認知與感受之分析》。

曾華源、郭靜晃（1999），《少年福利》。亞太。

黃俊傑、吳素倩（1988），《都市青少年的價值觀》。台北：巨流。

羅國英（1995），青少年前期的親子關係與同儕關係：其比較與關連研究，行政院國科會專題研究報告。

二、英文部分

Bandura, A.（1969）.*Principles of Behavior Modification*. New York: Holt, Rinehart and Winston.

Bandura, A.（1977）. *Social Learning Theory*. Englewood Cliffs. N. J. : Prentice-Hall.

Coleman, J. C.（1980）. Friendship and the peer group in adolescence. In J.

Adelson（eds）, *Handbook of Adolescent Psychology*. N. Y. : John Wiley & Sons.

Donnerstein, E., & Linz, D.（1994). Sexual violence in the mass media. In M. Constanzo & S. Oskamp（eds）, *Violence and the Low*, 9-36. Thousand Oaks, CA: Sage.

Gold, M. & Petronio, R. J.（1980）. Delinquent behavior in adolescence. In J. Adelson（eds）, *Handbook of adolescent psychology*. N. Y. : John Wiley & Sons.

Gold, M. & Yanof, D. S.（1985）. Mothers, daughters and girlfriends. *Journal of Personality and Social Psychology*, 49, 654-659.

Hunter, F. T. & Youniss, J.（1982）. Changes in functions of three relations during adolescence. *Developmental Psychology*, 18, 806-811.

Kandel, D. B.（1986）. Process of peer influence in adolescence. In R. K. Silbereisen et al.（eds）, *Development as Action in Context*. Berlin: Springer-Verlag.

Kohlberg, L. & Gilligan, E. C.（1975）. The Adolescent as a Philosopher: The Discovery of Self in a Post-Contemporary Issues. *Adolescent Development*. N.Y. : Harper & Row.

Lemer, R. M.（1987）. 'Psychodynamic models', In V. B. Van Hasselt and M. Hersen（eds）, *Handbook of Adolescent Psychology*. Oxford: Pergamon Press.

Neimark, E. D.（1975）. Longitudinal development of formal operations thought. *Genetic Psychology Monographs*, 91, 171-225.

Newman, P. & Newman, B.（1993）. *Development Through Life: A Psychosocial Approach*. Calif. : Cole.

Papini, D. R. & Sebby, R. A.（1988）. Variations in conflictual family issues by adolescent pubertal status, gender, and family member. *Journal of Early Adolescence*, 8, 1-15.

14.中途輟學少年對家庭生活認知與感受之分析

郭靜晃

中國文化大學社會福利學系教授

前言

　　青少年時期（約在十至二十二歲之間）是介於兒童與成人期之間承先啓後的一個過渡時期（transient period）。個體在此階段由「兒童」逐漸步入「成人」的世界，並被視爲能獨立自主的個體。因此，青少年個體嘗試脫離成人的保護與約束，學習獨立自主，但一方面也仍需和父母保持情緒上的依附和經濟上的支持，這種微妙的趨避衝突也是這時期親子互動的主要特徵。近年來，青少年犯罪逐漸成爲社會新聞的焦點，而青少年犯罪的因素之一也與學校中輟有關。偷竊、勒索、飆車族瘋狂殺人，乃至於少女慘遭凌虐施暴等重大社會案件，持續在我們的社會上演，不僅嚴重地危害社會治安，也成爲社會發展的阻礙。學生中途輟學不僅是青少年個人的職能發展受到限制，同時也是一種國家社會整體人力資源的損失，尤有甚者，特別爲輟學後所衍生出來的各種偏差與犯罪行爲所耗費的社會成本，使得世界各國對青少年的輟學問題均投以高度的關切（曾華源、郭靜晃，1999：122）。

　　中途輟學因素係指影響學生中途輟學的各種因素，大約可以分爲六個因素：個人因素、家庭因素、同儕因素、社會因素、法令因素、其他

因素六種，其中家庭因素包括經濟狀況、父母管教不當、家庭發生重大變故、家庭疏於關心、家庭價值觀或家長教育理念與學校衝突等。這些因素又可分爲主動與被動兩個層面：主動層面之內涵在於家庭關係不正常、父母疏於管教或不當管教，甚至是家中親子關係不良而促使青少年形成中輟行爲（許文耀，1998；蘇惠慈，1997；洪莉竹，1996；翁慧圓，1996；郭昭佑，1995；張清濱，1992）。此外Rosenthal（1998）也指出家庭中家長的社經地位、家庭面臨壓力時，成人所扮演的角色及家庭互動過程也可能促成學生中輟。在被動層面之因素常被歸納爲家庭發生重大變故、家庭漠視、監護人對少年接受教育意願低落、家庭經濟需要少年工作補貼、在家照顧弟妹、舉家躲債、居所交通不便、因父母職業或生活習慣之影響而輟學（許文耀，1998；蘇惠慈，1997；洪莉竹，1996；翁慧圓，1996；郭昭佑，1995；張清濱，1992）。

家庭是人類生活中最早亦是最直接的一個社會團體與機構，其主要有五種功能：生育、照顧兒童、提供社會化教育、規範合法性行爲，及提供親情資源（Zastrow, 1994: 146-147）。從區位系統論觀點（ecological system approach）來看，家庭是位於個人與環境之間的小系統（microsystem），並與其它環境中之學校、社區，以致大眾傳媒、地方政府及大社會之信仰與價值觀等之中間系統（messystem）、外系統（exosystem），及大系統（macrosystem）之間相互互動，因而對個體產生影響（Bronfenbrenner, 1979）。據此，社會化爲家庭主要功能之一，它培養子女因應生態環境、經濟型態及社會組織互動下所需要之心理與行爲（楊國樞，1985）。家庭動力論（theory of family dynamics）亦認爲家庭成員之間的相互互動造成對子女之行爲的影響，因此，父母的特徵如管教風格、互動模式（行爲之成因）造成社會化之人格影響（行爲之結果），而形成親子互動的過程。如青少年如果處於一病態的家庭（如父母管教過於專制與冷漠、氣氛不佳、家庭人際關係不和諧）進而引起親子關係不良、缺乏溝通與支持，因而導致不良之社會化，而終至促成少年偏差行爲（黃富源，1998；蔡佳芬，1999）。

從社會控制論（social control theory）觀點來看家庭的社會化，此理論認為人性本惡，人天生就有犯罪的潛能與因子，人不犯罪乃是因為外在環境的各種限制。換言之，人類之所以不犯罪或養成守法的行為，乃是受到外在環境之教養、陶冶和控制的結果，也就是說，在此種社會化的過程中，人與社會建立強度大小不同的社會鍵（social bonds），以防止個人犯罪（Gottfredson & Hirschi, 1990）。將此理論應用到家庭之親子社會化，當孩子與父母的從屬性及聯結（bonds）愈強，其愈不可能從事犯罪行為及產生偏差行為，因為孩子與父母親密的溝通與互動，孩子對父母的倣仿與認同，孩子受父母有效的監督與管教，如此的互動使得親子之間產生堅強的聯結，直接及間接產生控制以導致孩子不致於從事犯罪行動及產生偏差行為。反之，如果家庭缺乏親密互動或產生倣仿作用，青少年轉而向其同儕或社會產生認同，因而造成家庭缺乏吸力，並成為推向外在環境之推力，而同儕及外在環境卻形成青少年倣仿的拉力，如果此種拉力缺乏良好的控制，青少年進而可能產生偏差行為。

而在中途輟學之相關理論中，最能解釋家庭系統之影響者首推一般系統理論（general system model）及中途輟學之路徑模式（path model）。應用一般系統理論來解釋中途輟學，Barr與Robert（1987）將影響因素之焦點置於學生特質、學校環境與外部環境之交互作用上，其基本架構可分為輸入、運作與輸出（見圖14-1）。一般系統理論輟學模式假定外部環境、學校特質與學生背景有交互作用，且會影響學生對於整體教育環境的知覺、經驗、滿足感與在校表現（包括人際關係、學業表現、學業滿足感等），這些知覺、經驗與表現將是決定學生中途輟學的主要因素。

另一方面，中途輟學的路徑模式是由Ekstrom、Goertz、Pollack與Rock（1986）所提出的，該模式認為學生的背景特質、家庭對於教育的支持系統與學生在校表現（包含學業與行為表現）等三者之交互作用，進而影響學生中輟的決定（見圖14-2）

綜合上述，儘管區位系統論、家庭動力論及社會控制論之論述雖有

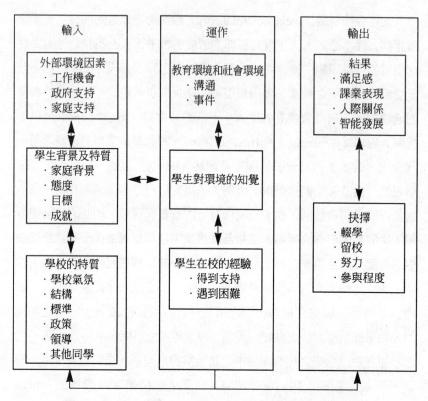

圖14-1　Barr與Robert的一般系統理論輟學模式圖

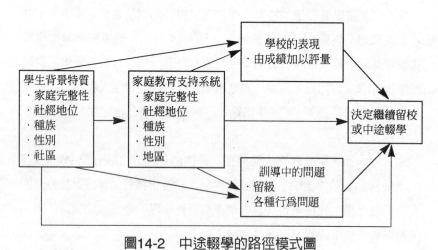

圖14-2　中途輟學的路徑模式圖

資料來源：Ekstrom, et al.,（1986: 365）

不同，但此三種理論皆指家庭對少年社會化之教育占有一席重要的地位，尤其少年的問題是：種因於家庭，顯現於社會，且惡化於社會。此外，與中途輟學相關的一般系統理論及中途輟學之路徑模式也指家庭系統及家庭支持系統也是影響少年是否形成中途輟學之前置因素之一。因此，在探討中輟少年問題之成因與輔導策略時，實有必要瞭解中輟少年對家庭此系統之認知與感受，以藉此加強家庭系統之親子互動的聯結，進而減少中輟少年，及犯罪行動與偏差行為發生的可能。準此，本研究報告之主旨在探討：一、中輟少年的家庭生活經驗和感受為何；二、中輟少年對父母管教方式與期待之認知；三、中輟少年家庭衝突事件、家庭成員衝突處理經驗認知與心理反應；四、瞭解中輟少年家庭生活經驗對其適應之關係。

本研究以台灣地區在1998年12月31日前因故中途輟學，且年滿十二歲未滿十八歲之少年為母群體，運用滾雪球抽樣法（snowball sampling）自全省抽取二百四十六名中途輟學少年為研究樣本。樣本之區域分布：北部地區（台北縣市、桃園縣、新竹縣市）一百二十一名，占49.2%；中部地區（苗栗縣、台中縣市、南投縣、彰化縣、雲林縣）三十七名，占15.0%；南部地區（嘉義縣市、台南縣市、高雄縣市、屏東縣）六十九名，占28.1%；東部地區（宜蘭縣、花蓮縣、台東縣）十五名，占6.1%；及其他地區（澎湖縣、金門縣）四名，占1.6%。

樣本之性別以男生比例較高，男生一百三十九名，占56.5%；女生一百零七名，占43.5%。抽樣年齡分布在十二至十七足歲之間；半數以上（56.9%）的教育程度為國中，高職、高中各占17.9%、24.0%（此部分實際是58.1%為國中中輟，41.9%為高中失學）；受訪少年中有九十二人（37.4%）目前正在就業，有24.4%正在自修、補習、準備升學，有15.4%正在找工作或準備就業考試。

家庭生活認知與感受

由過去相關文獻（如Rosenthal, 1998; 許文耀，1998；翁慧圓，1996）中可以發現造成學生中途輟學之家庭因素包括經濟狀況、父母管教不當、家庭發生重大變故、家庭疏於關心、家庭價值觀念與理念與學校衝突等。此外，中輟學生之家庭關係（親子關係與手足關係）多呈現互動不良的情形，因而也是許多人關注的焦點。本次調查得知中輟少年和家人在一起時最常做的事是看電視（占83.3%），其次為聊天（44.6%）、吃東西（44.2%），而會在一起郊遊（占10.4%），一起運動（占10.0%），其餘活動皆在10%以下；在思想行為的學習方面，中輟少年表示最常傲仿同儕朋友的行為思想（占66.3%），其次為向父母學習（占33.3%），向影歌星偶像或師長學習者（分別占26.4%、22.4%），其餘如手足、運動偶像、親戚長輩等皆在二成以下。少年的父母及家人對少年未來最大的期許是習得一技之長（29.7%）及繼續升學（28.9%）；其次為依少年自己的意願發展（17.1%）、工作賺錢（9.3%），及自力更生（6.9%）；少年覺得最瞭解自己的是同儕朋友（38.6%）和自己（36.6%），而覺得父母最瞭解自己的僅有14.2%。

受訪少年對家人的負向認知包括：覺得家人很容易發脾氣（占35.8%），覺得家人能彼此相互扶持、能彼此相處融洽（各占27.6%、22.8%），覺得家人能充分表達自己的意見和看法（占19.1%），覺得家人能一起從事家庭活動（占17.1%）；覺得家人很難自在地說出心中的感受（占30.2%），覺得很難彼此相處融洽（23.6%），覺得很難彼此說出個人的困難或問題（占22.3%），覺得家人很難對解決家庭問題的方法感到滿意（占19.8%），覺得很難充分表達自己的意見和看法、很難同心協力（各占17.8%、17.4%），覺得很難一起從事家庭活動（占16.9%）。由此來看，受訪少年對家人的認知中，負向的看法多於正向，如家人較難

同心協力、較難滿意解決家庭問題的方法、較難自在地將心中的感受說出來、較難彼此說出個人困難或問題、較難討論家庭的問題、也較容易發脾氣、較容易儘量避免與家人接觸；而對於彼此相處融洽、一起從事家庭活動，及充分表達自己的意見和看法的正向和負向認知的差距不大。

受訪少年家中最常打人的是父親（22.5%），其次為母親（13.1%）、或自己（11.9%），再其次為兄弟姐妹，各約占一成；受訪者覺得家人最常打人的原因主要是大男人主義（20.5%）、覺得對方不講理（19.5%），其次為在家沒有別人比他兇（15.3%）、從小有樣學樣（14.4%）、從小就被打大的（13.0%）、大女人主義（12.6%）、覺得被人看不起（11.6%），及生性多疑（10.2%）等。在家裡最常罵人的是父親（35.0%）、母親（31.2%），其次為自己（15.6%）、和姐姐（12.7%），而最常罵人的原因是覺得對方不講理（22.0%）、在家沒有比他兇的人（18.5%）、大男人主義（14.7%）、大女人主義（14.2%）、從小有樣學樣（14.2%），及被寵壞（11.2%）等。就比例上來看，少年覺得在家中父母最常罵人或打人（分別占66.2%、35.6%），而若將與自己同一輩的兄弟姐妹時常罵人或打人的比例加起來，則有54.5%最常罵人，有47.1%最常打人，親子兩世代在家中的暴力行為比例都不低。至於最常罵人與打人的原因主要是個人特質的偏差（如大男人主義、大女人主義、生性多疑），各占39.2%及43.3%；暴力的社會學習（從小有樣學樣、從小就被打大的）也是主要的因素，各占22.8%及27.4%；另外一個較多受訪少年反應的因素則是覺得對方不講理，分別占22.0%及19.5%。

少年認為父親的管教方式大多以尊重少年的民主方式為主，如「會和我討論後再做決定」（28.9%）、「會以我的意見為主」（27.2%），但較權威的管教方式，如「總是強迫我去做他想做的事」亦占19.1%；而母親的管教方式大致和父親相同，「會和我討論後再做決定」（39.8%）「會以我的意見為主」（26.0%）、「總是強迫我去做他想做的事」（17.1%）；經交叉分析發現其父母親之管教方式相當一致（χ

2=336.39，p<.001），也就是說受訪少年的父母親同樣多以討論後做決定的民主方式，及以孩子意見爲主的尊重態度來管教少年，但也有些父母同樣都以強迫孩子去做父母想做的事、或是根本不在乎孩子做什麼事的方式爲其管教策略。中輟少年會和父母親發生意見不一致的事件大多爲「生活習慣」（父母親分別爲23.2%、25.6%）、「交友人際問題」（22.4%、25.2%）、和「課業與升學問題」（21.5%、20.7%）；對於意見不一時，中輟少年所採取對父母的應對態度大多爲「堅持己見」（29.7%、30.5%）、「互相討論直到雙方同意爲止」（24.8%、28.95），及接受父親或母親的意見（18.3%、19.9%）。

本次調查同時發現中輟少年覺知會引起家人衝突的事件主要包括薪水（25.3%）、工作（23.3%）、子女交友（22.4%）、子女功課（20.8%）、干涉對方行動（20.8%）、限制對方行動（19.6%），及家務分工（19.2%）等；當家人衝突時，48.6%的少年表示會煩惱或擔心一些事，會和人吵架的有15.1%，會覺得多疑的有13.9%，會對人大吼大叫的有13.5%，會故意破壞東西的有11.8%，會說謊或欺騙的有11.4%，會離家出走的有10.2%；當父母或家人意見不合發生衝突時，51.6%的受訪中輟少年表示彼此生氣不說話，43.9%的受訪中輟少年常會辱罵對方，24.0%表示會用力關上房門，19.9%會說或做一些事讓對方沒面子，其家庭多採用情緒性而非理性溝通的方法。少年對於家人衝突事件的感覺是容易沮喪，占33.6%、感覺孤單，占31.1%、想對別人發脾氣，占26.6%，及感覺沒有人在乎自己，占26.1%。

當遇到父母或家人發生衝突時，少年因應的方式以不求援較多（33.7%），會向同學（22.2%）、親戚長輩（21.4%）、或家人（21.0%）求援的各約占二成左右，而向其他外在資源（如師長、警察、社工人員）求援的比例皆低於一成。少年覺得能立刻阻止衝突的方法以講道理（38.4%）和離開衝突現場（38.0%）爲主，其次爲找親友協助（18.0%）或大聲咒罵父母或家人（14.3%）。

在對中輟少年之家庭生活狀況有一基本之瞭解之後，本章進一步針

對中輟少年的思想行為學習（是否以父母為學習對象）、父母關愛（是否認為父母最瞭解他）與其家庭活動及家人之正向與負向覺知進行交叉分析。在少年之思想行為學習與家庭活動之交叉分析中，結果顯示是否以父母學習思想行為者在與家人「聊天」（$\chi 2=15.29$，p<.001）、「郊遊」（$\chi 2=6.34$，p<.05）二項活動上有顯著性的差異，其中以父母為學習對象者，較傾向於與家人在一起「聊天」，但傾向不和家人一起「郊遊」；而不以父母為學習對象者，較傾向不與家人「聊天」和「郊遊」。

在是否視父母為學習對象與家人正向覺知方面之交叉分析中，結果顯示是否以父母為思想行為學習對象的少年在對家人很容易「彼此相互扶持」（$\chi 2=7.97$，p<.001）、「同心協力」（$\chi 2=10.41$，p<.01）、「彼此相處融洽」（$\chi 2=9.06$，p<.01）、「自在地說出彼此心中的感受」（$\chi 2=8.43$，p<.01）、「發脾氣」（$\chi 2=6.94$，p<.01）及「儘量避免與其他家人接觸」（$\chi 2=6.17$，p<.05）等認知上有顯著差異，不管是否以父母為學習對象者，對家人行為明顯傾向負向認知，如「彼此不易相互扶持」、「不易同心協力」、「彼此不易相處融洽」、「不易自在地說出彼此心中的感受」，但卻也認為家人不是「容易發脾氣」，也不會「儘量避免與其他家人接觸」。另外，在對家人「滿意我們解決家庭的問題的方法」、「一起從事家庭活動」、「充分表達自己的感受」、「相互討論問題」與「彼此說出個人的困難或問題」等行為的認知方面，不是以父母為學習對象的少年的看法亦較負向，但未達統計之顯著差異。

在不同學習對象與對家人負向覺知方面之交叉分析中，結果顯示受訪者對家人很難「彼此相處融洽」（$\chi 2=5.04$，p<.05）、「充分表達自己的感受」（$\chi 2=5.64$，p<.05）及「儘量避免與其他家人接觸」（$\chi 2=6.40$，p<.05）等項目的認知有顯著性的差異。不管是否以父母為學習對象之受試者皆認為家人不是很難「彼此相處融洽」、「充分表達自己的感受」，但會「儘量避免與其他家人接觸」。對於其他的家人行為認知則顯示以父母或非以父母為學習對象的兩組間無明顯差異。

在對父母關懷之覺知與參與家庭活動的交叉分析中，結果發現是否認為父母最瞭解自己僅有「聊天」活動上有顯著差異（$\chi 2=8.20$，p<.01），即認為父母最瞭解自己心事的中輟少年較會和家人聊天；而不認為父母最瞭解自己心事者，較傾向不與家人「聊天」。在其它沒有顯著差異的家庭活動中，可以發現認為父母最瞭解自己的少年與家人一起「看電視」的比例較不認為父母最瞭解自己的一組高一些；其餘活動的參與則較非父母瞭解組低。

在父母關懷之覺知與對家人正向覺知之交叉分析中，結果發現對父母是否最瞭解自己有不同覺知的中輟少年，在家人很容易「彼此相互扶持」（$\chi 2=14.48$，p<.001）、「同心協力」（$\chi 2=4.41$，p<.05）、「彼此相處融洽」（$\chi 2=9.37$，p<.01）、「自在地說出彼此心中的感受」（$\chi 2=3.87$，p<.05）、「發脾氣」（$\chi 2=4.42$，p<.05）等項目的認知有顯著差異，也就是認為父母最瞭解自己心事的一組，認為家人不容易「同心協力」、「彼此相處融洽」、「自在地說出彼此心中的感受」，也不容易「發脾氣」，但覺得家人容易「彼此相互扶持」。相對的，覺得父母並不是最瞭解自己心事的中輟少年，則傾向認為家人不容易「彼此相互扶持」、「同心協力」、「彼此相處融洽」、「自在地說出彼此心中的感受」，也不容易「發脾氣」。

另一方面在父母關愛之認知與家人負向覺知之交叉分析中，結果顯示不同的父母瞭解之覺知的中輟少年，僅在家人很難「充分表達自己的感受」（$\chi 2=7.99$，p<.01）的認知上有顯著差異，不論是否覺得父母最瞭解自己心事的中輟少年都覺得家人不是那麼難以充分表達自己的感受，認為父母最瞭解自己心事的中輟少年在其他認知上也都較傾向正向。

討論與結論

一、結論摘要簡述

(一) 少年對家庭生活經驗和感受

　　受訪中輟少年最常與家人在一起進行看電視、聊天及吃東西之淺層互動的活動；中輟少年最常向同儕或朋友學習思想行為，並作為認同之主要對象者占66.3%，其次為向父母學習占33.3%，而向影歌星之偶像學習者占26.4%，至於向師長學習僅占22.4%。父母及家人對中輟少年未來的期許是習得一技之長及繼續升學。

　　有22.5%的受訪少年表示父親是家中最常打人，母親次之；而有35.0%的受訪少年表示父親在家中最常罵人，母親次之，但亦占31.2%。中輟少年覺得同儕朋友及自己是他們最瞭解自己的對象。

(二) 少年對父母管教方式與期待

　　受訪少年皆認為其父母親對其管教方式大多以尊重少年的民主方式為主，如「會和我討論後再做決定」及「會以我的意見為主」，父親約占56.1%及母親約占65.8%左右。其次為放任式之管教方式。

　　受訪少年表示父親與母親皆較容易在生活習慣、交友人際問題，及課業升學問題上與他們起衝突；而當親子之間有意見不一致時，少年大都以堅持己見或用民主式的討論為解決方式。

（三）少年家庭衝突事件及家庭成員衝突處理經驗認知與心理反應

受訪少年覺知最會引起家人爭吵的事件分別為薪水、工作、子女交友、子女功課、干涉對方行動、限制對方行動，及家務分工等，約各占二成左右或以上；當家人相互衝突時，48.6%的少年會煩惱與擔心。而家人起衝突時，家人常出現非理性的情緒表達，如彼此生氣不說話、辱罵對方、用力關上房門、故意讓對方沒面子等。少年則表示他們對家人衝突事件感到沮喪、孤單、想對別人發脾氣、沒有人在乎自己等感受。

當遇到家人發生衝突時，少年常因缺乏外在資源而較多採取不求援，而會向同學、親戚長輩或其他家人尋求幫助的各約占二成。少年也表示最能立刻阻止衝突的方法是與對方講道理或採逃避的方式離開現場為主。

（四）少年視父母為學習對象與家庭生活經驗

受訪少年如以父母為學習對象，則明顯傾向與父母在一起「聊天」，但不與家人一起「郊遊」。相對地，不以父母為學習對象者，則只有與家人一起看電視的比例較高。

受訪少年不論是否視父母為學習對象皆表示他們傾向覺得家人不是很容易「彼此相互扶持」、「同心協力」、「彼此相處融洽」、「自在地說出彼此心中的感受」，但也不是容易「發脾氣」和「儘量避免與其他家人接觸」。

相對地，在負向覺知之表達，受訪少年不論是否視父母為學習對象，皆表示他們覺得家人不是很難「彼此相處融洽」、「充分表達自己的感受」，但會「儘量避免與其他家人接觸」，而且又以非父母為學習對象者比以父母為學習對象者有較負向之覺知。

（五）少年視父母為最瞭解心事之對象與家庭生活經驗

認為父母最瞭解自己心事的中輟少年較傾向與家人一起「聊天」、「看電視」，而不認為父母最瞭解自己心事的中輟少年則較不與家人一起從事活動。

在對家人正向覺知中，認為父母最瞭解自己心事的中輟少年認為家人不容易「同心協力」、「彼此相處融洽」、「自在地說出彼此心中的感受」，也不容易「發脾氣」，但覺得家人容易「彼此相互扶持」。相對的，覺得父母並不是最瞭解自己心事的中輟少年，則對家人的認知較傾向負向。

相對的，在負向覺知中，認為父母最瞭解自己心事的中輟少年傾向認為家人不是很難「充分表達自己的感受」。

二、討論與建議

（一）討論

1. 本調查研究發現少年最常向同儕及朋友學習思想行為，而不是以父母為認同之最主要對象。少年在社會化過程中需要學習有效參與社會所需的知識、技能和態度，以表現出社會所期許的個體，尤其少年階段更是延續兒童時期所發展出的利社會行為、攻擊行為、性別角色、人際互動。隨著生理快速成長與改變，父母、師長與社會的期許也都在改變，所以個體在尋求獨立、自主的同時更需要同儕的情緒支持，因此，對朋友的依賴及相互學習對青少年的身心發展愈來愈重要，也促使青少年社會化過程產生催化作用。

2. 受訪少年覺知父母親是家中最愛打人及最愛罵人之負向感受。親子之間的衝突發展表現在少年課業上、生活習慣和交友人際問題

上。顯然引起家庭和婚姻衝突的原因有許多，像是在傳統的家庭社會結構下強調「家」的重要性，與現代社會強調重視個人情感需求的對立，與其他家人的相處情形，家人對於家務分工與決策權力的不平衡，家庭經濟條件及工作性質對家庭生活的影響，個人心理適應狀況與適應彼此的人格特質等，都是引發家人衝突的因素（李良哲，1995；楊雅惠，1995；林松齡，1996；劉惠琴，1996）。青少年對其父母的態度是受相當多的因素所影響，如父母的婚姻適應、家庭凝聚力及合作關係和家庭的氣氛（Burman, John & Margolin, 1987）。同時，少年本身的適應情形也會影響其對父母的態度（Offer, et al., 1981, 1988），而少年的態度也會隨著他的成長及對生活之適應情形而有所改觀。尤其是中輟少年可能因其中輟行為而引發的親子衝突；逃避父母暴力或不當管教而形成中輟；因中輟而使得原本不和諧的家庭造成衝突更尖銳；因被迫承擔父母酗酒、生病，或失業所造成家庭困境而形成中輟；這些因素皆可能是形成中輟少年的家庭因素之內涵（許文耀，1998；蘇惠慈，1997；翁慧圓，1996）。本研究雖然發現台灣少年在親子之間意見不一致時，大多還是以採民主式的討論來尋求解決，但是當家人起衝突時，家人常出現以非理性之情緒表達，而且少年更表示對這些衝突事件感到沮喪、孤單等負向情感。此結果也與美國Steinberg（1993）的研究所證實相同：親子不和的情形在青春期逐漸增加。一直要到了十八歲以後才會逐漸減少。根據王淑俐（1990）對台北縣市國中生的調查研究顯示：90%左右的少年在日常生活中常有煩惱和快樂的情緒，有40%的學生常有焦慮、鬱悶和悲傷等情緒。該研究也指出：當少年感受到某種情緒時，最常見的反應多半是立即、外顯、有強烈表情動作的直接情緒表達，其次為壓抑或逃避的方式，而引發此情緒的主要原因依次為學校因素、個人及友伴因素和家庭因素。青少年的社會化是個體與環境複雜交互作用的歷程，青少年在此時期受到父

母、師長、同儕和社會環境的壓力與約束，逐漸學到社會期望的方式來表現行為（黃德祥，1994）。青少年想要追求與自主，即使想到與父母分開，但父母的影響力並未解除，仍需獲得父母之情緒之支持與讚許（approval），以獲得個人之心理社會幸福感（psychosocial well-being）（Kuo, 1988）。然而在追求獨立、觀念想法改變的同時，更會與父母產生衝突，所以父母必須改變對待青少年子女的教養方式，以更尊重的態度接納他們行為的改變，以避免雙方不愉快的發生（李惠加，1987）。不但如此，父母如能以開放及支持來回應少年，將有助少年澄清自我價值以幫助他們成為成人（Newman & Newman, 1997）。

3. 絕大多數的父母對子女之養育方式是採取民主式及放任式的教養風格，如常與子女討論後再做決定或會以少年的意見為主。此情形與Kelly及Goodwin（1983）針對美國高中一百位學生所做的調查相同，幾乎近四分之三之受訪者父母是採取較主權式（authoritative parenting）或放任式（permissive indulgent parenting）。此種民主式的養育方式會對少年傾向對父母較有正向態度及順從父母的規範，如此一來也可增進彼此之親子互動關係及日後的同儕關係（Hill, 1980），反之，如果父母較傾向用高壓控制的管教方式及家庭衝突，那少年較知覺到父母的拒絕而影響其日後產生低自尊、憂鬱及自殺行為（Roberson & Simons, 1989; Rosenberg, et al., 1989; Stivers, 1988）。家庭中的親子關係是雙方向的（bi-directional dimensions）及相對地，父母親的管教方式會影響到青少年的行為和發展，不過，青少年的反應和行為方式，也會左右父母親的管教方式和態度（劉安彥、陳英豪，1994；Kuo, 1988）。本研究發現受訪少年對父母之教養方式感受較為正向，認為父母採取尊重民主式及放任的管教方式，但同時受訪少年也表示家庭成員較少彼此表達內心心裡感受，而且家庭衝突處理也較為消極逃避。青春期的少年與父母之間的衝突增加，主要

是由於雙方經驗不同、觀念差異，青少年較富理想，父母則重實際。父母的管教與期望未配合青少年發展而調整，自然會發生衝突。不過爭吵與衝突還是以課業、家務、花錢、交友、約會及個人外觀等小事，而不是政治理念或宗教信仰（Montemayor, 1983；Steinberg, 1990）。所幸的是，過了青春期，特別是來自民主式之管教方式的家庭，由於彼此之良性互動使家庭成員習得解決衝突，直到青少年後期則有下降的趨勢（Atwater, 1990）。但是，如果不當使用賞罰的管教方式，如權威式的管教方式，反而造成子女不當的模仿，更形成缺乏社會技能，而間接增加孩子反社會之行為（曾華源、郭靜晃，1999：244）。除此之外，陳玉書（1998）研究也發現親子關係不良對少年負向情緒與偏差行為有正相關存在；王沂釗（1994）發現不論是生長於與父母共同生活的完整家庭，或是父母離異的家庭，青少年若能覺得被家人所愛、有安全感、被支持與鼓勵，便能增進青少年的自尊心而有良好的生活適應；相反的，感受到家庭經驗是負向的青少年會有急欲脫離家庭關係，出現與家人疏離或是漸漸形成一些不良的偏差行為習慣。這是因為子女對父母的依附關係愈強愈會顧及父母的意見與情感，接受父母之價值觀，進而控制青少年偏差行為的產生。同時本研究受訪少年表示他們最常與父母看電視、聊天、吃東西等淺層親子互動之活動層次，由此看來，相處時間多，並不代表親子溝通互動品質就必然是正向的。

4.研究結果顯示：受訪少年如以父母為學習對象，則較常與父母一起聊天，對家人有較正向及在對家人可「自在地說出彼此心中的感受」此項目有較少負向之覺知。當青少年對家人有較正向的覺知，他們也發展較高的幸福感（McMillan & Hilton Smith, 1982），此結果印證青少年對父母之依戀愈強，對父母之覺知感受程度愈正向。雖然如此，Newman及Newman（1997）也指出：少年與父母之間常有開放式的溝通，可以帶給雙方正向的關係，但是這也

不能代表此互動經常是正向的。此外，在本研究中，在視父母是否為最瞭解其心事之對象，少年則表示他們較少與父母一起活動，而選擇同儕朋友較多。此結果證實少年已開始對朋友講求忠誠、義氣、自我表白，發展類似之價值觀，所以在活動相處量增加，而且也認為朋友是最瞭解他們心態之對象，遠超於對父母的覺知。然而，本研究也表示，除了比朋友少相處之外，少年仍覺知家人還是容易相處融洽，也可充分表達自己的感受，也不會避免與他們接觸，而且也較容易對其發脾氣。

（二）建議

1. 父母應能有所反省，雖然與孩子之間有一些程度的親子衝突，但需瞭解這些狀況是暫時的、表面的，且正常的，因而刺激父母反省管教方式而做調整，以幫助少年的獨立及自主。父母應儘可能放棄權威的管教方式，消除少年對父母之負向感受，多與子女溝通與互動，宜對少年多一些關懷、給予溫暖感受及深層的心理互動，代替只是在一起的淺層生理互動層次，尤其對中輟少年，因為他們形成中輟更可能造成家庭親子衝突。

2. 要給予民主之管教，充分的溝通，並隨時保持溝通管道的暢通。多給予關愛與回應，真誠的傾聽，共同制定規則，並提供一致性的行為準則，適時給予子女支持、鼓勵與讚美，最重要確實執行賞罰分明之管教風格，一方面為子女確立身教，另一方面減少親子之間的衝突。

3. 青春期的情緒發展輔導與教育很重要，父母應接納他們正、負向之情緒，以耐心與關懷的態度代替冷漠與責罵，並幫助少年瞭解自己的情感、心情，學會管理情緒，調整心情及適當的表達，加強少年EQ管理，讓負向情緒得以適當紓解。

4. 加強親子互動之量與質，提供一些親職教育管道及親職技巧之資訊，以加增父母對自己管教子女之能力、知識和信心。並藉此提

增親子之間的社會聯結（social bonds）。

5.增進良好家庭互動，以增加父母之婚姻品質，降低少年因父母不良婚姻關係而影響其身心理發展，也預防因父母離婚或分居而對少年所導致之負面影響。同時，提供適當的支持與協助，降低父母之生活壓力，充實家庭功能之發揮並幫助少年在家庭之健全發展。

6.關心少年在家庭系統外之生活情形，尤其是其交友情形。友誼可讓少年獲得情緒需求上的滿足，建立自信心及積極的自我概念，但不當的友儕交往，缺乏團體的規範、依附，也可能因而造成其偏差行為產生。

7.政府應加強家庭支援系統之建立，適時給予家庭各種支持，如健全家庭結構、維持家庭關係的和諧，以避免家庭失去家庭聯結，進而造成少年偏差行為的產生。

參考書目

一、中文部分

王淑俐（1990），國中階段青少年情緒發展與問題及指導，國立台灣師範大學教育研究所博士論文。

王沂釗（1994），家庭結構、家庭關係與青少年生活適應之分析研究，彰化師範大學輔導研究所碩士論文。

李良哲（1995），婚姻衝突因應行為決定因素歷程模式之驗證研究，行政院國家科學研究委員會專題研究計畫成果報告（NSC-84-2413-H004-010）。

李惠加（1987），《青少年發展》。台北：心理。

林松齡（1996），家庭性別角色與婚姻衝突：經驗研究與抽象理論的聯結，行政院國家科學研究委員會專題研究計畫成果報告（NSC-85-2412-H029-004）。

洪莉竹（1996），逃學行為的形成原因及輔導策略——系統的觀點，《諮商與輔導》，125，6～13。

翁慧圓（1996），從家庭系統理論探討國中少年中途輟學行為，《社區發展季刊》，73，63～72。

張清濱（1992），中途輟學的社會學分析及其輔導策略，《教育研究雙月刊》，36，4～6。

許文耀（1998），《中輟學生因素之探討》。台北：以愛化礙——關懷中途輟學學生研討會，53～60。

郭昭佑（1995），台灣省各級學校中途輟學演變趨勢及相關因素之研究，國立政治大學教育研究所碩士論文。

陳玉書（1998），青少年偏差行為與心理不良適應之探討——以台灣地區為例，《中央警察大學學報》，33，213-236。

曾華源、郭靜晃（1999），《少年福利》。台北：亞太。

黃富源（1998），單親家庭對少年非行影響之研究——台北市之實徵研究，台北市政府社會局委託研究。

黃德祥（1994），《青少年發展與輔導》。台北：五南。

楊國樞（1985），家庭因素與子女行為——台灣研究評析，香港中文大學：「現代化中國文化」國際研討會論文發表。

楊雅惠（1995），婚姻衝突現象與因應歷程之研究，台灣師範大學教育心理與輔導研究所碩士論文。

劉安彥、陳英豪（1994），《青年心理學》。台北：三民。

劉惠琴（1996），社會變遷中的夫妻衝突與影響歷程，行政院國家科學研究委員會專題研究計畫成果報告（NSC-85-2417-H031-002-G6）。

蔡佳芬（1999），影響繼親家庭青少年偏差行家庭因素之相關分析研究，中國文化大學兒童福利研究所碩士論文。

蘇惠慈（1997），青少年逃學之成因與輔導策略，《諮商與輔導》，137，27〜31。

二、英文部分

Atwater, E.（1990）. *Adolescence*（3rd ed）. Englewood, NJ: Prentice Hall.

Barr, R. B. & Robert（1987）. An essay on school dropout for the San Diego Unified School District. ERIC: ED279733.

Bronfenbrenner, U.（1979）. *The ecology of human development: Experiment by nature and design.* Cambridge, MA: Harvard University Press.

Burman, B., John, R. S.& Margolin, G.（1987）. Effects of marital and parent-child relations on children's adjustment. *Journal of Family Psychology*, 1, 91-108.

Ekstrom, R. B. et al.（1986）. Who drops out of high school and why？Finding from a national study. *Teacher College Record*, 87（3）, 356-373.

Gottfredson, M. R. &Hirschi, T.（1990）. *A general theory of crime*. CA: Stanford University Press.

Hill, J.（1980）. The family. In M. Johnson,（eds）*Toward adolescence: The middle school years*（*Seventy-ninth yearbook of the society for the study of Education*）.Chicago: University of Chicago Press.

Kelly, C.&Goodwin, G. C.（1983）. Adolescents' perception of three styles of parental control. *Adolescence*, Fall, 567-571.

Kuo, J. H.（1988）. A multidimensional analysis of quality of communication and well-being in families with adolescents: A cross-sectional and longitudinal comparison. Dissertation of The Ohio State University.

McMillan, D. W.&Hilton Smith, R. W.（1982）.Adolescents at home: An exploratory study of the relationship between perception of family social climate, general well-being and actual behavior in the home setting, *Journal of Youth and Adolescent*, 11, 301-315.

Montemayor, R.（1983）. Parents and adolescents in conflict: All families some of the time and some families most of the time. *Journal of Early Adolescence*, 3, 83-103.

Newman, P. R.,&Newman, B. M.（1997）. *Childhood and adolescence*. New York: Brooks/Cole Publishing Company.

Offer, D., Ostrov, E.,&Howard, K. I.（1981）.*The adolescent*. New York: Basic Books.

Offer, D., Ostrov, E., Howard, K. I.,&Atkinson, R.（1988）. *The teenage* world: *Adolescents ' self-image in ten countries*. New York: Plenum Medical Book Company.

Robertson, J. F.&Simons, R. L.（1989）. Family factors, self-esteem, and adolescent depression. *Journal of Marriage and the Family*, 125-138.

Rosenberg, M., Schooler, C.&Schoenbach, C.（1989）. Self-esteem and adolescent problems: Modeling reciprocal effects. *American Sociological Review*, 54, 1004-1018.

Rosenthal, B. S.（1998）. Non-school correlates of dropout：An integrative review of the literature. *Children and Youth Services Review, 20*, 413-433.

Steinberg, L. D.（1990）. Autonomy, conflict, and harmony in the family relationship. In S. S. Feldman & G. R. Elliott（eds）, At the threshold: The developing adolescent. Cambridge, Mass: Harvard University Press, 255-277.

Steinberg, L.（1993）.*Adolescence*. New York: McGraw-Hill, INC.

Stivers, C.（1988）. Parent-adolescent communication and its relationship to adolescent depression and suicide proneness. *Adolescence*, 291-295.

Zastrow, C.（1994）. *Introduction to social welfare institutions: Social problems, services and current issues*（3ʳᵈ）. Taipei: Shuang Yeh Book Company.

15.台灣中輟生之處置與輔導

林武雄

中華兒童暨家庭扶助基金會高級專員

前言

教育是未來的工作。

《天下雜誌》在1998年的教育專刊中提到「未來世界的競爭或合作，都靠教育；下一個世紀國家的興衰、人民的幸福，也全靠教育」（殷允芃，1998）。可以想像一下，今年進入國一的新生，十年後即將長成二十三歲的青年，進入社會，成為社會的中堅分子；而剛進入國小的兒童，也將長成十七歲的青少年。因此，投資於教育，就如同投資於未來；解決目前的教育問題，也是解決未來社會可能產生的問題。

然而近年來青少年問題引起社會大眾廣泛的討論和重視，如逃學逃家、藥物濫用、中途輟學、公關陪酒以及飆車殺人等等，顯示青少年的偏差行為有越來越趨嚴重的傾向（林武雄，1996）。如產生一位少年犯的時間，從1985年的四十五分五十四秒產生一位，到1994年的十八分三十一秒產生一位（內政部，1994）。換言之，十年前每天有三十一位犯罪青少年產生，十年後每天則有八十五位犯罪青少年產生，在十年之間增加了2.7倍，而同時期的成年人犯只增加了2.1倍（周震歐、馬傳鎮，

1995）。另外，質的惡化也是日趨嚴重。在犯罪的性質上，趨向於集體性、多元性、暴力性、享樂性、墮落性以及低齡化，而在學學生犯罪人數激增，教師對其充滿無力感，更是我國教育上的隱憂（張德聰，1994；陳惠次、馬傳鎮，1994；周震歐、馬傳鎮，1995）。

這許多的問題是交互影響、相互增強，也會有同時產生的現象，不僅問題同時出現，而且很多人同時出現的問題，因爲交互影響的關係，更成爲共同的問題（王寶墉譯，1998），在這些犯罪少年中，根據研究有65％的犯罪青少年有輟學的經驗（商嘉昌，1995）；一項針對少年殺人犯罪之研究也指出大多具有輟學經驗（楊曙銘，1998），中輟生可以說是產生犯罪行爲的高危險群（穆仁和、蕭玉玲，1998）。

台灣地區的中途輟學是依據教育部「國民中小學中途輟學學生通報要點」所界定，凡在國民教育階段（國小、國中）的學生，未經請假三天未到校、轉學三天未轉入新校以及開學三天未註冊之學生，均需通報爲中途輟學生（鄭崇趁，1998）。依據教育部中途輟學學生通報系統之資料，1995、1996、1997三個學年度國民中小學中途輟學學生人數高達九千人至一萬人之間（教育部公報，1999），而這些中途輟學學生當中，國中生占了八成以上（翁慧圓，1996；張淑瑩，1998）。

中途輟學學生的問題是多元而且複雜的，不僅僅是個人學習上的中斷，影響其生涯發展，也是教育資源的錯置，而且也容易造成如失業、犯罪等等社會問題的產生。因此，學生中途輟學問題，不單單是學校、教育方面的問題，也是整個社會的問題（吳寧遠，1998）。本章將就這一方面討論中途輟學之輔導及相關問題，最後再提出建議方向。

中輟問題之定義

中途輟學也有人稱之爲中途離校（dropout），用詞差異雖不大，但在定義上仍未有定論（張淑瑩，1998），以下將各學者以及我國之界定

整理（見表15-1）：

表15-1　中途輟學之定義

界定者	中輟之定義
教育百科全書 （Carter, 1973）	中途輟學者係指在學的中、小學生在完成學業之前，除死亡、轉學外，因各種原故退出學生身分者。
聯合國教育、科學、文化組織（UNESCO, 1972）	中途輟學係指任一學程階段之學生，在未修完該階段課程之前，因故而提早離開學校。
Barr（1988）	任何一位學生在身心狀況尚具學習活動的能力之際，卻離開學校，而且沒有轉學，也沒有參加其它的教育計畫，即可視為是中途輟學。
Shafritz et al.（1989）	任何一位學生在畢業或學習計畫尚未完成之前，除了死亡的原因之外，因故提早離開學校，並且也沒有轉入其它的學校就讀。
梁志成（1993）	任何一個階段中的學生，在未畢業或未完成註冊程序或於學期中離開學校，除了死亡因素以外，因故在學期初未完成註冊程序或於學期中離開學校，並且沒有轉學至其它的學校，則為中途輟學。
郭昭佑（1995）	歸納出學生、狀態、原因及結果等四個中途輟學的要素，並依此四個要素將中途輟學定義為：「任一學程階段之學生，在未完成該階段課程前，除轉學或死亡原因外，因故暫停或終止與學校之關係」。
張人傑（1994）	認為狹義的中途輟學，應該是指「義務教育階段終止年以前的輟學」。
翁慧圓（1995）	任何一個求學階段的學生，在未完成該階段之學業之前，未經請假，未到校達一星期以上，或轉學而未向轉入學校報到者，是為中途輟學。
國民中小學中途輟學學生通報辦法	國民小學、國民中學發現有未經請假未到校達三天以上之學生，應即將其列為中途輟學學生追蹤輔導對象，未請假學生包括學期開學未到校註冊，或轉學時未向轉入學校報到之學生。

　　從表15-1中可以發現，中途輟學包含著時間、年級以及課程等條件。而離校的條件則有不同的要求，有些學者認為只要不在學校即是輟學，但也有學者認為將死亡、轉學等因素排除才是輟學。適用對象的範圍，從涵蓋所有的教育階段，也有只強調國民義務教育之階段的。輟學時間的計算，有以整個學期為標準，也有以天數為依據（翁慧圓，

1996；張淑瑩，1998）。

　　若以上述觀之，我國所採用的中途輟學學生的界定，是採取狹義之定義，特指國民義務教育的階段（國中及國小），三天內未到校（包含註冊報到、轉學報到及未經請假者）（鄭崇趁，1998），範圍及對象是相當明確及確定。

　　除了以上的定義之外，另外有些學者討論輟學與逃學之差異（翁慧圓，1996；張淑瑩，1998），從以上的定義中可以發現，逃學以及輟學之差異不大，但有學者認為逃學是暫時性，而輟學是長期性（彭駕騂，1994），但基本上兩者之間只是在離校時間上的差異，若逃學超過三天，即成為中途輟學者。

中途輟學之原因

　　在我國教育制度中，為貫徹義務教育之精神，國民中學已經廢除休學和退學規定，換言之，學生不會因為學業成績或操行成績不佳而被迫離校（翁慧圓，1996）。因此，任何中途輟學行為的產生，必定有其內外在因素，從探究中途輟學的原因，方能瞭解輟學原因，從中尋求適當的解決方針，並預防輟學問題的產生。

　　以下整理歸納出幾個有關輟學原因的研究或相關報告（見表15-2）：

　　許多相關研究也指出：學生中途輟學是多重因素交互作用所造成的結果（張淑瑩，1998），從表15-2的資料中，也可以瞭解個人、學校、家庭、同儕、社會種種因素，都是造成中輟行為之一。

表15-2　輟學原因相關研究與報告

何信助（1973）	國中生離校原因： 1.對國中課程不感興趣。 2.擔心自己能力不夠，可能留級，因此不想再讀下去。 3.成績跟不上同學，怕同學譏笑。 4.覺得到社會上工作比唸國中更有前途。 5.討厭學校的考試。 6.已找到合適的工作。 7.家庭需要學生賺錢貼補家用。 8.家庭負擔不起讀書費用。 9.覺得國中所學的東西對將來的就業沒有太大的用處。 10.家庭事務繁忙。
蔡崇振（1977）	高中生離校原因： 1.情緒困擾。 2.成績太差。 3.對功課不感興趣。 4.大專聯考壓力太大。 5.到補習班補習，準備大專聯考。 6.重新參加高中、高職或五專聯考。 7.學習能力太差。 8.對學校管理不滿。 9.需要賺錢養家。 10.師生衝突。
邱文忠（1994）	輟學原因： 1.個人因素 　指個人所具有的特質、性別、性向、人格特徵、學習能力與成就、興趣、價值觀等。 2.家庭因素 　指家庭結構、父母婚姻（是否為單親及重婚家庭）、父母親的管教方式、家庭社經地位等。 3.社會因素 　社會的風氣、都市化與工業化後的功利心態、社會的互動與溝通等都會影響青少年的價值觀。 4.學校因素 　學生在校主要學習來自教師、課程、同儕，另外學校的氣氛、管理方式、行政措施皆會對學生身心發展產生影響。
黃木添、王明仁（1998）	輔導中輟生的輟學原因調查： 1.個人因素 　對所有學科均無興趣、學業成就低落等。 2.家庭因素 　監護人對其教育期望低、家庭關係不正常、家庭漠視等。 3.學校因素 　對學校課程無興趣等。 4.同儕因素 　受不良同學影響或引誘、與同學關係不好等。

中輟問題之影響

如同前面所言，中途輟學問題所造成的影響，已經不只是個人、家庭的損失，同時也對學校、社區以及社會均有相當大的傷害。以下擬將其影響層面加以說明：

一、對於中輟學生本人生涯發展的影響

許多研究指出，中途輟學對於中輟生的未來生涯發展，較有不利的影響（黃政傑，1990；Morrow, 1990；梁志成，1993；卓秀冬，1994）。不論是國中或是國小階段的中斷，由於正規教育的中止，以致個人未來所需要的基本職業技能或是資格都無法具備，因此在未來的就業市場或是人生發展中的機會自然受到限制。

台灣地區人力運用調查報告有同樣的結果，教育程度越高，其所得越高（經濟部，1998）。而且教育與所得有以下的一些關聯：一、所得與教育呈現高相關；二、高教育程度所得增加的幅度比低教育所得者高（彭台臨，1998）。教育程度愈高，對於個人未來的職業發展與收入愈有助益，至少不致因謀職不易而流居社經地位的底層（卓秀冬，1994）。

二、對教育機會均等理想的影響

我國憲法第一百五十九條規定：「國民受教育之機會，一律平等。」而這樣的平等保障，不僅僅是教育的提供，更應該是教育機會障礙的掃除，在中途輟學學生的眼中，有許多是屬於環境、社會價值的問題，更應該在教育平等之下，克服這些障礙，讓每一個人都真正的享有平等。即是每一個人享有相等的機會，享受相同年限的基本義務教育，不因個

人、家庭背景、性別或地區等先天或後天上的差異而有所不同（吳寧遠，1998；黃怡如，1999），中輟學生人數愈多，距離「教育機會均等」的理想便愈遠。

三、就學校功能而言

在學校功能方面，中途輟學往往也是學校辦學績效的一種反應。中途輟學率偏高，也顯示學校教學的功能上有所缺陷，無法滿足學生的學習需求（翁慧圓，1995）。

四、從教育投資觀點而言

教育可視為一種人力資源的投資，對整個社會或是國家而言，都是在培養其人力，使整個社會能夠進步、能夠有較幸福之生活。我國每年投入教育的經費相當多，如果就初等教育而言，1998年的經費是每個人平均六萬七千七百二十八元，1997年是平均六萬四千四百三十二元（行政院主計處，1998），因此，每一個中輟學生的產生，即代表經費的浪費以及錯置（梁志成，1993；翁慧圓，1995）。

五、就少年犯罪層面

輟學少年亦較一般少年更易有偏差行為的產生（行政院青輔會，1997）。研究指出65%的犯罪青少年有輟學的經驗（商嘉昌，1995），近來有關雛妓的研究發現，少女首次進入色情行業年齡在十六歲以下者至少六成，其教育程度為國中肄業者也占一半以上（梁望惠，1993）。

因此，輟學生較容易受到社會不良誘因所引誘，若再加上社會價值觀念的混淆，更是容易造成社會問題的惡化和嚴重。

現行之輔導相關措施

從上述的討論中，可以瞭解中輟問題之嚴重性，其影響所及不僅僅是個人的問題、家庭的失常，更是社會、國家的損失，因此，各國均加以重視。台灣地區對青少年輔導工作發展甚早，但針對中途輟學之相關輔導措施，均包含在教育部各項輔導方案中，因此以下僅就現行相關輔導措施加以說明，並針對其相關問題加以討論。

一、國民中小學中途輟學學生通報及復學

依據「國民中小學中途輟學學生通報及復學輔導辦法」（教育部，1999），筆者簡單整理目前中途輟學通報及復學程序（見表15-3）：

學校及主管教育行政機關權責如下：

（一）學校

確實通報，建立中輟生檔案，配合強迫入學委員會督導復學，安排教師認輔中輟復學學生。

（二）當地主管機關

督導學校執行通報業務，結合民間團體追蹤輔導長期（多次）中輟生，籌設多元中途學校或班級，規劃適性教育課程。

（三）教育部

建置中輟生通報及復學資訊系統，定期出版中輟生資料分析，協調內政部、法務部、行政院原住民委員會跨部會權責事項及經費補助事項。

表15-3　中途輟學通報及復學程序

處理程序	說明
發現中輟生通報 建立資料	國小、國中學應將未經請假未到校上課達三日以上之學生，列為中輟生，加強追蹤輔導，積極查詢，並填通報單通報強迫入學委員會執行強迫入學及主管機關。 學校應建立中輟生檔案，詳細記載中輟生資料，包括輟學日期、通報及輔導紀錄、復學日期、再度中輟情形、追蹤輔導紀錄等，並定期檢討通報及復學輔導績效。
彙整資料	主管教育行政機關，接獲所屬學校通報之中輟生資料，應於三日內彙報教育部，教育部應於三日內將失蹤學生檔案資料函送內政部警政署。
協助尋找失蹤者復學	內政部警政署接獲教育部之學生資料後，立即透過其資訊設施系統傳送各地警政單位，配合查詢。
協助復學	國小、國中對通報之中輟生應依強迫入學條例規定辦理，並積極輔導其復學。對家庭清寒或家庭變故之中輟生，應通報當地社會福利主管機關，由社會福利主管機關指派社工人員調查並採取必要措施。 國小、國中對中輟生復學後，應配合學校認輔制度之推動，優先列為認輔對象。 主管教育行政機關對國小、國中經常中輟生及輟學後長期未復學學生，除函報強迫入學委員會執行強迫入學外，應和社會福利主管機關洽商民間機構、團體協助指派社工人員定期追蹤輔導復學。 主管教育行政機關對國小、國中中輟復學學生不適應一般學校常態教育課程者，應設多元型態中途學校或班級，提供適性教育課程，避免學生再度中輟。

二、中輟學生的追蹤輔導

　　台灣省政府教育廳於1997年3月起進行試辦中途輟學學生追蹤輔導工作，由各縣市政府教育局與中華兒童暨家庭扶助基金會各地家扶中心合作，由各校轉介中輟學生個案，由家扶中心的社工員進行家庭訪問、面談或電話諮商進行追縱輔導（見表15-4）。

　　各地家扶中心協助學校追蹤輔導中輟學生的執行方式如下：

表15-4　中輟學生追蹤輔導項目及內容

	服務項目	服務內容
中輟生復學輔導服務	1.中輟生個案追蹤輔導	以家庭訪視、會談、電話訪談諮商等方式，瞭解中輟學生之輟學原因、目前現況、家人態度，並協助消除輟學原因，輔導復學。年紀過大者輔導轉讀補校以完成義務教育。
	2.復學生及瀕臨輟學生成長團體、預防輟學校園宣導	以自我探索、價值觀、生涯規劃及職訓介紹等主題，運用社會團體工作方法，支持、輔導復學生及瀕臨輟學生，使其能安心就學。 編印宣導手冊，利用學校集會、活動時間或辦理假日營隊活動方式，分別對學校教師、學生，宣導相關的輔導技巧、法律常識、生涯規劃及職訓介紹等，與學校老師取得輔導共識，並協助學生建立正確的價值觀念，預防輟學行為發生。
	3.復學生校園適應輔導	與學校輔導室共同合作，以個別輔導、團體輔導等方式，追蹤輔導復學生在校園內的生活及學習適應情形。
	4.社會生活能力輔導	對於無意繼續升學的學生，提供生涯規劃諮詢、技職教育、職訓、求職管道及應徵禮儀等資訊或訓練，協助作好就業準備。
家庭支持服務	1.中輟生家長親職教育	邀請中輟生家長及關心子女就學的家長參加，透過講座、座談、討論、角色模擬等方式，教導家長如何支持學生安心就學。
	2.親子關係成長團體	針對因親子關係不良而導致學生有行為問題的家長，以小團體工作方式，讓家長學習情緒的發洩與控制，以及親子相處溝通技巧。
	3.家庭經濟支持	提供經濟協助，避免學生因家庭經濟因素輟學。
	4.短期安置照顧	針對家長無法提供適當照顧，致學生輟學者，提供寄養安置服務；如家中有須長期照顧或看護人口，致使學生需輟學照顧者，提供資源轉介，消除輟學因素。
社區教育及倡導	1.媒體宣導	運用各類媒體宣導中輟生的問題、需求，呼籲社會大眾加以重視、關懷，亦提供父母建立良好親子關係與支持孩子專心求學的資訊，以預防輟學的發生。
	2.社區義工組織動員，投入服務	招募並訓練義工，協助中輟生輔導及社區宣導相關活動的辦理及服務的推動。
	3.社區民眾觀念宣導	利用社區居民各式集會或活動時間，宣導服務的理念。
	4.學術與實務研討會	透過學術與實務研討會，結合學術界與實務機構，共同討論、研究中輟生的輔導及預防作法。

（黃木添、王明仁，1998）

（一）填轉介單

由教育局分配各校轉介名額，各校將符合轉介條件之中輟生資料填轉介單，送至家庭扶助中心，再由中心邀集有關人員及主管機關負責人審核後確定開案與否。

（二）送交轉介單

各校將符合轉介資料之中輟生資料填具轉介單送至中心學校，統一造冊彙整後交中心篩選開案。

（三）審核

各校將資料通報教育局，進一步審核、彙整後轉介家扶中心開案。

（四）工作內容

1. 接案：包括教育局或通報中心學校給予中輟學生名單、中輟生家長或本人求助、學校輔導室轉介等個案。
2. 資料蒐集：與學校聯繫蒐集相關資料、家庭訪問，初步瞭解學生狀況。
3. 問題診斷：建立個案資料及訪視紀錄，瞭解輟學原因。
4. 個案計畫：針對個案問題提供相關輔導計畫，包括經濟急難救助、心理暨行為輔導、生涯規劃輔導、保護安置服務、課業輔導及親職教育。
5. 復學輔導：包括與學校協調、提供復學時相關資源，作復學適應輔導。
6. 復學後的適應狀況追蹤：持續關心其復學之狀況。

三、中途學校

1995年，台北市政府教育局與南投縣民間鄉白毫禪寺合作，進行了「中途學校」（白毫學園）（白毫特刊，1996；蕭文，1996）之實驗，主要對象為台北市各國中品性不佳的中輟學生。

白毫學園屬於住宿性質，一天二十四小時，沒有上學、放學，沒有例假日、寒暑假。在課程的時間安排上有上午、下午及晚上等三個課程時段。學園為學生在生活上安排有生活輔導老師，直接參與學生的生活，除了幫忙調理生活作息，使生活有規律，還為學生安排課後的休閒活動，協助生活檢討，並且照顧生活起居。除了生活輔導老師之外，園方還為每位學生安排了一位認輔法師，擔任他們的心靈導師。

除了每天早上兩個小時的出坡時間（即老師與學生二人共同工作、彼此互動的會心時間）外，有以下三個部分為其主要內容：

（一）佛門功課

包括有每天的晚課，及每一星期一節課的拜八十八佛，與定期朝山的活動，藉以紓解情緒、攝心養定，以及學習大地無限包容的心量。

（二）佛法課程

1.高僧傳：希望藉此觸動人類與生俱來的向上向善的自性。
2.佛法名相介紹：建立對佛法基本的認識。
3.佛法與生活：從生活小故事說起，將佛法與生活結合。

（三）學校課程

1.一般學科：先經過一段時間的薰習，稍能定下心之後再開始漸進安排學科，先安排國文，而後加英文、數學。學科教師由附近之國中協助。

2.藝能學科：體能、美術、餐飲製作。

四、相關輔導措施

雖然目前中輟生的輔導，在學校中仍涉及幾個專案輔導措施，如下列（見表15-5）：

（一）朝陽方案

其輔導對象為犯罪有案返校就學學生以及嚴重行為偏差學生。

（二）璞玉專案

輔導對象為國中畢業生未升學、未就業之青少年。

表15-5　教育部專案輔導的對象與方法

名稱	輔導對象	輔導方法
朝陽方案	其輔導對象為犯罪有案返校就學學生以及嚴重行為偏差學生。	個別輔導。 團體輔導。 成長營活動。
璞玉專案	輔導對象為國中畢業生未升學、未就業之青少年。	追蹤輔導（主要）。 生涯輔導（次要）。
攜手計畫	輔導對象為國中、國小適應困難學生。	同儕輔導－以年齡、文化相近之大學生協助國中適應困難學生攜手走過人生狂飆期。
春暉專案	輔導對象為校園中用藥成癮之學生。	組織春暉小組協助勒戒。 濫用藥物防治之宣導。 各級學校學生尿液篩檢。
自我傷害防制小組	輔導對象為有自我傷害傾向之學生。	印送「防制校園自我傷害處理手冊」提供教師輔導參考。 發展「高危險群徵候量表」有效甄別學生。 成立諮詢小組支援各校。
認輔制度	輔導對象為適應困難及行為偏差之學生。	個別輔導。 團體輔導。

（鄭崇趁，2000）

（三）攜手計畫

輔導對象為國中、國小適應困難學生。

（四）春暉專案

輔導對象為校園中用藥成癮之學生。

（五）自我傷害防制小組

輔導對象為有自我傷害傾向之學生。

（六）認輔制度

輔導對象為適應困難及行為偏差之學生。

（七）國民中學試辦設置專業輔導人員實施計畫

除了上述的輔導方案之外，教育部亦實施「國民中學試辦設置專業輔導人員實施計畫」，目的為：

1. 推廣心理衛生理念，促進學校於教育活動中推展心理衛生工作。
2. 協助學校建構社區資源網絡，結合家庭及社區有關單位辦理各項輔導活動。
3. 提升輔導室專業功能，加強輔導行為偏差、適應困難學生，並提供學校師生及學生家長專業諮商輔導。

其專業輔導人員的工作執掌訂定如下（林家興等，2000）：

1. 針對行為偏差及適應困難學生，進行個案診治及團體輔導。
2. 實施學生特殊行為專案研究。
3. 辦理個案研討會。
4. 推廣心理衛生理念，結合家庭及社區有關單位，發展團隊合作之

輔導工作模式。

5.協助教師鑑定學生問題行為，研擬輔導策略。

6.提供輔導教師、導師、認輔老師及家長諮詢服務。

7.其他有關學生輔導事宜。

輔導困擾與問題

由於這些輔導相關措施，都是實施不久，單位與單位間的整合和聯繫，也是剛剛開始，因此，以下就各項討論其目前所遇到的困擾。

一、學校方面

大多數學校老師對協助中輟生復學往往呈現較被動的心態，以免中輟生回校後產生班級經營上的困難，以致中輟生被找回來的比率也相對的偏低。

由於學校常無足夠人力、經費以及社會資源來協助中輟生進行心理適應與學習輔導，故復學生再中輟的比例相當高。以現有缺乏彈性的教學系統，根本無法有效幫助這些中輟生，反而一般學生有樣學樣上課睡覺、要來學校就來學校，不來也無所謂，有的更嚴重造成班級經營系統的瓦解，產生教學無法正常實施的現象，對一般學生的受教權更是雪上加霜（江書良，1998）。

而在學校輔導室方面，目前學校輔導老師編制，為每十五班配置一位專任輔導老師，換句話說一位輔導老師需照顧將近七百五十位學生，由此可見，學校輔導老師的工作負荷量大。工作內容包括每周約二十節的輔導活動科班級教學、個別諮商、小團體帶領、舉辦輔導相關活動、兼辦行政事務工作、與導師及學生家長聯絡等等（賴念華，1999）。工作量相當的大，且由於輔導工作不易見到立即、有效果的功效，容易成

為挫折的來源。

二、中輟追蹤輔導方面

家扶基金會整理在服務的過程中，所遭遇的難題及社工員的心聲，整理出如下列之問題，摘要如下（黃木添、王明仁，1998）：

（一）學生的家庭破碎或功能不彰，輔導不易

中輟學生大部分均來自破碎或有問題的家庭，家長們不是漠不關心，就是缺乏親子管教技巧和知識，甚至是家庭剛生變故、父母失和，因此，在輔導過程中，增添許多的困難度和變數，加上部分家長的不配合，使困難度更加提高。

（二）缺乏有力的支援系統及資源

當中輟學生願意回校就讀時，卻常面臨中途回校適應的問題，學校現有體制較難為中輟學生提供立即的收留，及做好學生復學的調適。

（三）多重專業整合仍待加強

教育體系及學校與CCF社工人員輔導中輟學生的目標有些差距。學校希望學生在體制內回到學校上課，社工單位輔導雖以復學為前提，但仍評估中輟學生的興趣及需要，按個別的差異來輔導。因此，和教育局及學校主管單位有好的溝通，才能整合力量更有效協助中輟學生。

（四）短期試辦方案，工作壓力大

政府每年一簽的方案使人力調配，及錯過在暑期復學黃金期，而且中輟時間在「一學期以內」的復學生其學校生活適應較「一學期以上」的復學生較佳；且中輟時間越短復學後之學校生活壓力越輕微（陳秋儀，1998），這樣時間的壓力，使社工員在輔導上的成敗壓力甚大。

（五）學生中輟因素不易消除

當學生有逃學、離家的習慣，家庭結構不完整、不和諧，家長管教方式不當，在學校師生、同學關係不良、學業低成就甚至壓力、同儕不正常的關係，雖在短期內可做有效的介入，但要徹底根本協助並非容易。

三、相關輔導措施

目前學校推行的專案包括：春暉專案、朝陽方案、璞玉專案、認輔制度、技藝班、身心障礙資源班、潛能開發班等，這些專案的推動可能會因這些不同的專案，把全部心力投注於如何完成一份份的紙上作業，反而忽略了原本推動此方案真正的意義。

國內在推動每一個新方案之前，都十分審慎的先探幾所學校進行實驗，當結果十分成功時，再加以推廣並全國實施。但是每一個學校、每一個區域的文化特質、社經水準、學生問題或多或少都有一些差異性，有些活動適合該校的特質，有些活動卻無法套用，如果僅將一串串的活動依樣畫葫蘆時，其實就失去了輔導的內涵，忽略了個別差異（賴念華，1999）。

結論與建議

由上述的討論中可以得知，中途輟學學生的輔導工作，相關措施並不算是少，制度的設計上也相當的用心，但是所遇到的困難也不在少數。而其中共同的困難多集中在事權不一、資源分散等缺點。因此，本章以社會工作個案管理（case management），以作為處理中輟問題時，一個參考之方向。

一、個案管理的適用性

所謂個案管理是社會工作在處理個案時所發展出來的專業方法之一，但由於發展時間短，因此對其內涵或界定，有相當多不同之看法（高永興，1980）。在1970年代個案管理已經在人群服務中成為普遍的一個項目，而在1980年代大量的成長（NASW, 1995）。

NASW（1995）亦指出個案管理者主要的工作是在確認案主、診斷案主的需要、連結案主適當的服務、監督服務的過程和結果。個案管理是提供給處於多重問題且需要多種助人者同時介入案主的協助過程（王玠等，1998）。

從中途輟學學生的原因來看，其造成中輟之因素相當的多樣以及複雜（見表15-6），往往是多重因素以及相互影響之結果，更需要多重人士以及多重系統之介入，因此個案管理模式正適合中輟生的輔導。

二、服務過程的多元化

從所有的中輟生的輔導措施來看，其所涵蓋面是各有所長（見表15-7），但是主要集中於個人層面。而個案管理的功能，在案主層次上，強調服務的整合，重視個別照顧計畫的訂定與執行。在服務體系層次上，主要在資源分配和控制，包括行政上的安排、建立機構間的網絡、設置或改變服務輸送體系等（呂寶靜，1998）。

將所有個別的服務，以中輟生為主，整合成一個服務的體系，相互支援，以達事半功倍之效。

三、統整資源、創造資源

個案管理的一項功能即是將案主之需要及能力和環境的資源及要求

表15-6　中途輟學原因及需要介入之系統

中輟原因	需要介入之系統			
	個人	家庭	學校	社區
個人因素				
智能不足	●			
精神異常	●			
身體殘障	●	●		
意外傷害或重大疾病	●	●		
學業成就低落	●		●	
對所有學科均無興趣	●		●	
學習能力低（非智能不足，可改善）	●		●	
志願打工賺錢	●			
家庭因素				
家庭經濟須案主工作補貼	●	●		
在家照顧弟妹、幫忙家庭	●	●		
親屬失和、無法安心上學	●	●		
家庭關係不正常	●	●		
家庭發生重大變故	●	●		
家庭漠視	●	●		
監護人對其教育期望低	●	●		
居家交通不便	●		●	●
舉家躲債	●	●		●
家人限制其上學				
學校因素				
對學校課程無興趣	●		●	
考試壓力過大	●			
與教師關係不佳	●		●	
同儕因素				
受不良同學影響或引誘	●			
與同學關係不佳	●		●	
	●		●	
其他因素				
不明原因之失蹤或出走	●			
結婚	●	●		
離境（移民、旅遊）	●			

表15-7 中輟生輔導措施之涵蓋面

名稱	個人	家庭	學校	社區
通報系統	●	●		●
朝陽方案	●			
璞玉專案	●			
攜手計畫	●			
春暉專案	●			
自我傷害防制小組	●			
認輔制度	●			
中途學校	●			
中途輟學追蹤輔導方案	●	●		●
專業輔導人員	●	●	●	●

互相搭配起來（王玠等譯，1998）。對於像是中輟生這樣多重問題的案主，單一的服務是不夠的，必須有多重連結。

個案管理有五種策略來進行工作：連結（connecting）、協商（negotiating）、倡導（advocating）、監督（monitoring）以及協調（coordinating）。前三者之主要用途是維持案主及助人環境間合宜的連結。後二者之作用是確保服務沒有衝突及重複。

（一）連結

包括尋求資源、接觸提供者、教導案主、陪伴案主，以及監督服務。主要目的是克服低層級的障礙，如案主的資訊不足。

（二）協商

包括個別化服務、澄清各種福利、協商差異，以及調整要求。在連結服務之後，使案主需求及環境資源或要求間趨向一致。

（三）倡導

包括法律行動、運用外在權威、運用申訴程序、運用知識權威，以及提出果斷之要求。是當協商無法克服環境資源的限制。倡導可能需要

運用影響力或權力以迫使資源提供協助給案主。

　　中輟生在學校中由於種種因素，得不到肯定以至於逐漸脫離學校，是家庭學校以及社會的失敗之處，都需要負起責任來加以輔導和防制。因此如何提供適性的輔導，使得這些中輟生能夠發揮所長，重建對自己的信心與對學校的興趣，這些都是亟待努力。

　　現今是個講求績效的年代，企業如此，學校或是社會福利界也需要能證明其績效給社會大眾，因此，個案管理能確保扶助都能按計畫執行，讓所有服務的成效能有一客觀之標準。本章除了問題面之分析外，更提供社會工作個案管理之優點，提供中輟生輔導之方向。

參考書目

內政部（1994），《1994年台灣刑案統計》。台北：內政部警政署刑事警
　　察局。

王玠、李開敏、陳雪眞合譯（1998），《個案管理》。台北：心理。

王寶墉譯（1998），《新新人類五大危機──綜合輔導策略》。台北：心
　　理。

江書良（1998），面對中途離校學生學校應有的省思，《學生輔導雙月
　　刊》，55，50～57，台北：教育部。

行政院主計處（1998），《中華民國社會指標統計》。行政院。

何信助（1973），台北市國民中學輟學學生中途離校原因之調查研究，
　　政治大學教育研究所碩士論文。

吳寧遠（1998），〈高雄縣鳳山地區國中生中途輟學問題之研究〉。中山
　　大學學術研究中心。

周震歐、馬傳鎭（1995），第七章，犯罪與矯治，《青少年白皮書》，
　　125～162。台北：行政院青年輔導委員會。

林武雄（1996），偏差行爲青少年在輔導情境中抗拒行爲之研究，東海
　　大學社會工作研究所碩士論文。

林家興、洪雅琴、黃炤容、王明傳（1998），國民中學試辦專業人員實
　　施成效及可行推廣模式評估，《學生輔導雙月刊》，55，126～
　　143。台北：教育部。

殷允芃（1998），有海闊天空的老師、才有海闊天空的未來，《天下雜
　　誌1998教育特刊》，10～11。台北：天下雜誌。

翁慧圓（1995），影響國中少年中途輟學因素之探討，東海大學社會工
　　作研究所碩士論文。

商嘉昌（1995），中途輟學與青少年犯罪──以新竹少年監獄爲例，台

灣大學教育社會學研究所碩士論文。

張淑瑩（1998），偏差行為國中生復學契機之研究，東海大學社會工作
　　研究所碩士論文。

張德聰（1994），青少年偏差行為之探討，《社會科學學報》（空大），
　　2，25～59。

教育部（1999），國民中小學中途輟學學生通報及復學輔導辦法。1999
　　年3月31日修訂台（八十八）參字第八八〇三一三三五號。

教育部（1999），中途輟學學生通報及復學輔導方案，《教育部公報》，
　　291，22～26。

許文耀（1998），中輟學生輟學因素之分析，《中途輟學問題與對策》，
　　63～74。台中，中華兒童暨家庭扶助基金會。

陳惠次、馬傳鎮（1994），《防治青少年犯罪方案之評估》。台北：行政
　　院研究發展考核委員會。

彭台臨（1998），中輟學生的生涯規劃與輔導，《中途輟學問題與對
　　策》，207～232。台中，中華兒童暨家庭扶助基金會。

彭駕騂（1994），《國民中小學中途輟學復學輔導手冊》。台北：教育
　　部。

黃木添、王明仁（1998），中途輟學學生服務與輔導，《中途輟學問題
　　與對策》，21～62。台中：中華兒童暨家庭扶助基金會。

楊曙銘（1998），少年殺人犯罪之研究，中正大學犯罪防治研究所碩士
　　論文。

鄭崇趁（1998），輔導中輟學生的權責與方案，《學生輔導雙月刊》。
　　55，16～23。台北：教育部。

鄭崇趁（2000），青少年人格教育，《學生輔導雙月刊》，67，6～17。
　　台北：教育部。

穆仁和、蕭玉玲（1998），從新少年事件處理法之保護處分探討中輟犯
　　罪少年之司法保護服務，《中途輟學問題與對策》，75～102。台
　　中：中華兒童暨家庭扶助基金會。

賴念華（1999），台灣青少年學校輔導工作的困境初探，《輔導季刊》，
　　35～1，55-62。

陳秋儀（1998），國民中學中輟復學生所知覺的問題、因應方式與學校
　　生活適應之分析研究，彰化師範大學輔導論文。

16.不同休閒參與類型之少年在刺激尋求動機、休閒阻礙對其心理社會幸福感之探討

黃瓊妙

中國文化大學兒童福利研究所研究生

前言

　　隨著社會變遷快速，政治經濟結構的改變與提升，人民生活的富足及對生活品質的要求與重視，促使國人生活方式和型態上有了變化，最明顯的莫過於工作時數的減少、工作態度的改變及周休二日的制度實施，逐漸影響國人對休閒生活的重視。對少年而言，休閒更是生活中的可預期的經驗，根據Larson和Kleiber（1991）之實證研究顯示，休閒占少年日常生活中很大的比例，美國少年每周約有40%的時間運用在休閒方面；而國內根據行政院主計處1995年的〈中華民國八十三年台灣地區時間運用調查報告〉指出，我國少年（十五至十九歲）平均每日可自由運用的時間（free time）約為六小時十二分，相對於十小時十七分的必要時間（含睡覺、盥洗、用膳）及七小時三十一分約束時間（通勤、上學），我國少年的自由時間約占日常生活中26%的比例，這樣高的比例，顯示休閒是少年生活中的重要事件，其影響的深遠是不容忽視的。而近年來日益嚴重的少年心理、社會問題，如逃學逃家、瘋狂飆車砍人、藥物濫用、沈溺於賭博性電玩等偏差行為，更顯現出我們雖然身處

休閒時代,卻忽略了休閒環境、休閒風氣、休閒資源、休閒機會等對少年生活品質與發展的重要性,因此,如果能由占去少年生活三分之一時間之休閒經驗,來瞭解少年的生活品質更有其意義與重要性。

　　過去對於國民生活品質的評估,著重於外在物質、經濟、政治、文化等生活客觀因素外,忽略了應該重視個體主觀的精神感受,才能真正瞭解國民的生活品質,所以,歐美先進國家常將幸福感視為一種評估現代化社會及生活品質的精神指標之一;他們由各種層面(如婚姻狀況、工作、休閒等)來探索幸福感,嘗試建立起幸福感的理論模式;國內目前也有越來越多的學者投入幸福感研究領域(Kuo, 1988; Kuo, 1989;傅瓊慧,1988;翁樹澍,1990;郭俊賢,1994 ;郭怡伶,1995;翁玉珠,1995;林子雯,1996;胡中宜,1997;陸洛;1998a;陸洛,1998b;陸洛,1998c;顏映馨,1999),他們嘗試由各種不同的角度去探討與幸福感間的關聯,大部分針對成人的研究,在少年的方面,則側重少年與父母親間互動與幸福感的研究,較少涉及到休閒參與與幸福感的關聯,除了翁玉珠(1995)針對青少年的休閒活動傾向、凝聚力探討心理社會幸福感之關聯,但只著重情緒調適的部分,以情緒為心理社會幸福感唯一的指標,對於認知的部分則未多加探討。本研究嘗試由情緒面與認知面為心理社會幸福感的測量指標,以免造成只以短暫的情緒解釋幸福感的狀況;並且捨棄過去只由單一面向來解釋心理社會幸福感,忽略了短暫的人格特質與長期的生活事件之雙重影響,動力平衡論(dynamic equilibrium model)認為幸福感是由人格特質及生活事件所共同影響(Veenhoven, 1994);就特質理論而言,他們認為要瞭解幸福感,必須由穩定的人格特質部分進行研究;因為他們認為幸福感在大部分的時候,是受到人格特質因素的影響,而呈現穩定平衡的狀態,然而生活中發生特別或不同於過往經驗的事件時,個人的幸福感將隨之改變(Heady & Wearing, 1990)。本研究嘗試以一個動力平衡論的觀點,即以一種整合模式重視個人因素與環境因素的雙重影響,有相對穩定性,又兼顧外在環境的波動性,比較不會失之偏頗,兼顧人格特質(刺激尋求

特質）與生活事件（休閒阻礙）雙重角度來解釋個人幸福感的形成，以期更瞭解少年不同休閒參與類型之刺激尋求動機、休閒阻礙等是否能預測其心理社會幸福感，皆是本研究主要探討的核心。

　　刺激尋求動機為人格特質變項，它可視為一種內在動機，亦可視為一種特質，且少年為刺激尋求的高峰期（Zuckerman, 1979），少年對於冒險、變化、新奇、複雜的事物，皆比其他年齡層的人有更高的尋求，且每個人都在找尋「最適的激起程度」，少年不同休閒參與類型是否會因刺激尋求動機程度的不同而有所差異，而在休閒參與過程中，一個不能忽視的影響因素──休閒阻礙，又是如何影響在學少年的休閒參與類型的抉擇，其與刺激尋求動機的關聯性為何？兩者是如何影響不同休閒參與類型的少年之心理社會幸福感以及預測的情形。因此，在談及休閒參與時，是不能忽略在學少年的內在動機與外在休閒阻礙的影響，才能對於在學少年心理社會幸福感有更深入的瞭解，也希望透過這樣的研究結果，能提供未來在休閒輔導工作上的參考。

文獻探討

　　大部分對於幸福感的研究，大體上分為哲學與社會科學兩大範疇來探討。

　　以哲學思考為探討重點的研究者，對於幸福的評斷過度重視外在標準（如道德修養、社會規範、正義勇敢等），強調當個體達到某些特定的外在目標時，幸福感受才會出現；其忽略了個體主觀經驗到的幸福知覺與感受。而社會科學家所關注的幸福則是強調個人主觀（subjective）與正向的感受，此與哲學家所強調的外在客觀（objective）間有著非常不同的標準。直到Andrews和Withey（1976）提出定義：幸福感是個體對生活的滿意程度及所主觀經驗感受的正負向情緒強度之評價。幸福感的研究才真正進入一個較整合的階段，因其提出一個較完整及全面性的

探討，並且提出合理的解釋，能兼顧情緒在短期生活事件上的波動和個人認知所顯現出的長期穩定特質，因此，兼顧認知與情緒的定義也廣為被學術界所採用。

究竟幸福感是如何產生的呢？有相當多的理論探討此議題，並嘗試不同的角度來解釋幸福感的產生，較完整的理論包含有需求滿足、特質理論、判斷理論及動力平衡理論四大理論（Agyle, 1987; Veenhoven, 1994；施建彬，1995；林子雯，1996；胡中宜，1997；陸洛，1998a；顏映馨；1999）茲分述如下：

一、需求滿足理論

此理論強調幸福感的產生是來自個人幸福的滿足，只有需求滿足時，個體才會感受到幸福，反之，若需求無法滿足時，則會導致不幸福的產生。此理論強調幸福可能來自許多人生目標的達成，類似的理論包含Maslow的需求層級理論，本理論人生具有追求生理、安全、愛與歸屬、尊重、自我實現等不同的需求，只有當特定階段中達成特定的目標，幸福感才會產生。由於目標之間有可能彼此產生衝突，並不是由單目標的達成就可以解釋的，尤其需求是如何產生？各需求之間關係又是如何？都需要更多的實證研究來驗證。

需求滿足理論所強調的是某一件事的滿足後，對個體幸福感產生的影響，此理論對個體經歷某一件事後幸福感的增減情形，提出有力的解釋，但是卻無法對許多研究結果確實有比較傾向容易感受到幸福的人存在，是需求理論較大的缺點。

二、特質理論

此理論認為幸福是受到恆常的人格特質所影響的，他們認為幸福感是一種穩定的特質，幸福的人格特質可能是先天個人的氣質：個人擁有

容易誘發的愉悅神經生理機制，或是後天習得的結果（Veenhoven,
1994）。此外，學者也認為幸福感較高的人，可能擁有一個以幸福感為
核心的記憶網絡，當生活中有某一事件發生時，透過這個幸福記憶網絡
提取資料，也就比較容易誘發幸福感的產生。目前的研究，心理學家也
試圖找出與幸福感具有相關的人格特質，研究結果也顯示外向人格、自
尊、刺激尋求動機等人格特質與幸福感具有相關。此理論合理的解釋了
人格特質與幸福感之間的連結關係，但卻無法解釋生活事件對幸福感所
帶來的影響。有許多的研究結果發現，幸福感是由生活事件與人格特質
兩者共同影響所致，因此，由特質理論的觀點解釋幸福感，只能獲得一
部分的解釋。

三、判斷理論

　　判斷理論認為幸福是一種相對比較後的結果。他的基本假設是：
一、幸福感是比較後所得的結果；二、比較的標準是會隨著環境的改變
而有所變動；三、此標準是由個體自己所選取建構的。判斷理論依據參
照標準選取的不同，又可細分為：

（一）社會比較理論

　　幸福是來自與他人比較後所得的結果，如與家人、朋友或是不認識
的人為個體的參照標準，不過大部分的人會選擇與自己社經地位相近的
人作為比較參照的標準（Agyle, 1987；陸洛等人譯，1997b）。尤其是正
處於「自我認同」階段的少年，同儕朋友常是他們的參考團體及評斷的
標準之一，透過這樣的方式，也是尋求外在對自我的認同。

（二）期望理論

　　幸福是來自於個體過去所設定的理想目標與實際兩者相比較的差距
結果，參照標準為個體本身，當個體所希望達成的最佳境界與實際相距

太遠時，會消減個體的幸福感。

四、動力平衡理論

此理論以較整合思考的模式，綜合需求滿足及個人特質兩種不同的觀點，認爲幸福感的獲得不僅來自長期穩定的人格特質影響，同時也會受到短期生活事件的影響。因爲個體大部分時間受到人格因素的影響，因此幸福感多半可以保持在一種平衡的狀態，只有發生一些非常特別不同於過去經驗的事件時，才會威脅到幸福感的平衡狀態，改變個人的幸福感。

根據對幸福感相關理論的探討後發現，影響個人幸福感的因素很多，各派學者皆有其支持的論點，但亦無法全面而完整的解釋幸福感產生，因而產生限制。且各派學者對於幸福感界定之差異，也影響了不同內涵之各派幸福感理論，但大抵上影響幸福感之相關因素有個人需求滿足、個人天賦性格、氣質與人格特質、比較判斷後的結果、生活事件的影響等，由於各派理論分析皆有其優點與限制，無法完整地說明個人幸福感的產生與影響之因素。因此，本研究主要是考慮整合模式重視個人因素與環境因素的雙重影響，有相對穩定性，又兼顧外在環境的波動性，比較不會失之偏頗，故以整合模式的思考爲出發點，兼顧人格特質（刺激尋求特質）與生活事件（休閒阻礙）雙重角度來解釋個人幸福感的形成。以期更瞭解少年不同休閒參與類型之刺激尋求動機、休閒阻礙等是否能預測的心理社會幸福感。

由幸福感相關理論中之特質理論是「由上而下」（top-down theory）的思考模式，認爲個體的幸福是受到恆常的人格特質所影響的。並認爲個人會維持特定的心情，可能是因爲每個人都有特定的解釋或因應環境方式，也可能是個人傾向選擇或逃避相同種類的情境；每個人會依照自己的人格特質及動機去選擇情境，如外向的人會花許多時間在社交場合；而高社交焦慮的人，則會設法避免參加社交場合。有一些支持性的

研究，也指出有些人的幸福及樂觀得分比較高，對別人有更多的正向看法，在自由聯想中想更多的正向事件，並能回憶更多的正向事件，這些現象說明了人格特質與幸福感之間的連結（Argyle, 1987；施建彬，1995；陸洛等人譯，1997b）。目前研究出與幸福感相關最一致的人格特質是外向人格，外向人格特質與正向情感與滿意的關係高於負向情感（Argyle, 1987；陸洛譯，1997b；陸洛，1998）。Costa、McCrae和Norris（1981）此關係強到足以用來預測一個人十七年後的幸福程度；而Tolor（1987）高度的刺激尋求與外向人格存在相關，也會感受到較強的歡樂經驗，而擁有較高的幸福感（Argyle, 1987；陸洛等人譯，1997b）。目前針對刺激尋求動機與幸福感的研究較為缺乏，大部分的研究著重於外向人格、神經性人格、自尊等人格特質與幸福感之研究。不過相關研究如Dustin et al.（1986）提出冒險性的休閒者（adventure leisure），只有在體驗到最適的程度，他們才會認為活動有價值；即需透過一系列增加挑戰、複雜度和新奇的休閒環境，他們才能感受到成長和發展的機會。只有在適當程度的挑戰機會，參與者才能知覺到自我的能力，因而提升自尊（蔡佳容，1991）。本研究採用刺激尋求動機為人格特質變項，它可視為一種內在動機，亦可視為一種特質，且少年為刺激尋求的高峰期，由刺激尋求動機的特質來瞭解少年的心理社會幸福感，更具有深層的意義。如Corral和Alexandris（1997）由動機理論的觀點，休閒的內在動機可能比外在誘因要來得重要，因為內在動機可以為個體帶來更多的愉悅與滿足，且獲得適當的激發感。由此刺激尋求動機特質來探索其與休閒阻礙及心理社會幸福感之關聯，兼顧了動力平衡優點，因其兼顧了內在的人格特質與外在生活事件的雙重影響，在本研究中生活事件，即指少年在生活中占有一席之地的「休閒」事件，由雙向的層面瞭解在學少年心理社會幸福感，是較平衡與整合的思考模式，可解決過去從單一面向來解釋心理社會幸福感更整全。

在探討少年休閒參與的過程中，不能忽略的是休閒阻礙對少年的影響，休閒阻礙有許多不同的涵義，休閒阻礙可以指不參與休閒活動、中

斷參與休閒活動、不能達到自己的滿足程度、沒有足夠的時間去參與休閒活動或不使用休閒設施等，這些情形都可以是休閒障礙。Crawford與Godbey（1987）統整各類休閒阻礙之研究，將休閒阻礙定義為個體主觀知覺到影響個體不能喜歡或參與休閒的理由，並初次發展為休閒阻礙模式，經Raymore、Godbey、Crawford與 Von Eye（1993）實證研究後，驗證Crawford、Jackson與Godbey （1991）模式所定義阻礙的階層，說明內在、外在、結構性的三大阻礙階層如何開始影響這些優先的選擇與引導者參與的影響，也提出並認為強調休閒阻礙因素兼有層次的決策過程，三個層次分別敘述如下：

1. 個體內阻礙（intrapersonal constraint）：指個體因內在心理狀態或態度而影響休閒喜好或參與因素，如壓力、憂鬱、信仰、焦慮、自我能力及對適當休閒活動的主觀評價。

2. 人際間阻礙（interpersonal constraint）：指個體因為沒有適當或足夠的休閒夥伴影響其休閒喜好或參與之因素。

3. 結構性阻礙（structural constraint）：指影響個體休閒喜好或參與的外在因素，如休閒資源、休閒設備、時間、金錢、休閒機會、社會價值觀等。

一直以來，休閒阻礙與個體是否參與休閒課題，一直是休閒學者關心的焦點。Corral和Alexandris（1997）的研究發現，休閒內在動機與休閒阻礙有顯著的負相關，顯示休閒阻礙與休閒內在動機間確實有密切的關聯存在，而國內相關研究（陸光等人，1987；陳麗華，1991；王文水，1994；陳德海，1996），皆提出休閒阻礙對於休閒參與的結果有很大關聯性與影響力，但其皆提出休閒阻礙是由「匱乏」經驗、不滿足的感受，導致休閒參與的減少或不參與。但是Jackson、Crawford、Godbey與 Von Eye（1993）在克服休閒阻礙的研究中，也提出與以往不同的發現，結果顯示休閒阻礙乃使個體有休閒參與。而Samdahl和Jeckubovich（1997）關於休閒阻礙的研究亦指出，休閒阻礙未必絕對限制個體的休

閒參與，但卻會影響個體休閒選擇與經驗。Kay和Jackson（1991）的研究發現，具高休閒阻礙者可能參與少數的休閒或完全不參與，而有休閒參與者，因有較高參與休閒的意願與動機，比無休閒參與更容易面臨休閒阻礙的問題。這篇文章提出一個值得思考的地方，休閒阻礙並非絕對的阻礙休閒參與，其實，必須考慮休閒動機與意願，才能真正瞭解休閒阻礙與休閒參與類型間的關係。因此，對於少年內在動機──刺激尋求動機高低，對於休閒阻礙及休閒參與類型的影響應是息息相關、不可忽略的因素；如Weissinger和Bandalos（1995）曾將休閒內在動機定義為個體從休閒行為中尋求內在酬賞的傾向，以引發個體從事休閒活動的內在動力（張玉鈴，1998）。因為當個體的休閒內在動機高時，即使面臨休閒阻礙，其往往能克服這些阻礙問題，而參與休閒活動、獲得需求滿足。但若個體所遭受的休閒阻礙難度過高，則會影響個人的休閒選擇與經驗，因此，休閒內在動機與休閒阻礙是會相互影響的，且其認為在休閒參與過程中，休閒阻礙克服歷程中，阻礙的困難度及休閒內在動機的強度是影響個體是否能成功克服阻礙的重要因素。本研究基於動機理論的觀點，認為刺激尋求動機與休閒阻礙間有密切的關聯，且假設刺激尋求動機與休閒阻礙間呈現負相關的關聯性。因為當刺激尋求動機越高，個體可能會尋求新奇的、複雜的及經驗的需求，故當在學少年遇到休閒阻礙時會想辦法克服，但如果休閒阻礙過高，也可能會導致不參與休閒活動。

有關刺激尋求動機的探究開始於1650～1960年感覺剝奪（sensory deprivation）實驗研究而獲得注意。此實驗最大的發現為，人類對環境刺激有著極強的欲求，每個個體都有適當的激起程度，過多或過少的刺激經驗，都是不愉快的。Schneirla則認為當個體處於低強度的刺激時，便會傾向引起趨近的反應，而處於高強度的刺激時，則會產生逃避的反應（蘇素美，1989）。所以Zuckerman et al.（1978）認為刺激尋求乃是根基於適當程度的刺激與激起的概念。Zuckerman（1979）對刺激尋求動機的定義為：「刺激尋求（sensation seeking）乃是一種特質（trait），

它被界定爲需要變化的（varied）、新奇的（novel）和複雜的（complex）刺激及經驗，並且爲了獲得這些經驗，自願去做身體的或社會的冒險（risk）」。Wilde（1986）說明中央神經系統的適當激起乃是刺激冒險尋求的一個重要動力。根據Farley（1981）研究提出，有些人可能天生具有不平常的低激能力，他們對於生理的或心理的刺激並不敏感，因此，需要很高的刺激去加速他們達到適當的程度。而有些人正好相反，他們非常的敏感，所以選擇低刺激性的活動以便去平靜他們易興奮的神經系統。且每個個體其適當的激起程度有個別差異性存在，因此，對個體而言，刺激冒險尋求亦是存在個別的差異性，但每個人都在追求最適的激起程度，即維持一個中庸（medium）的狀態，在偏高或偏低的激起狀態下，個人無法產生最佳的表現（黃德祥，1992；蔡佳容，1991）。

根據Zuckerman（1979）的觀點，高刺激尋求強度的人，擁有較高的意願作生理與社會上的冒險，以獲得變化、新奇與複雜的經驗，並認爲個體的刺激尋求傾向是行爲與適應的重要指標。此與Iso-Ahola（1980）在休閒活動參與的模式裡，將生理特質、早期社會化經驗、自由感、能力及休閒需求與適當激起合併一起探討，他認爲個體會在休閒活動中找尋適當的激起，且知覺到的刺激程度也會影響休閒的偏好；可見適當的激起程度在休閒選擇過程中扮演重要的角色。

而相關實證研究方面，Iso-Ahola（1980）亦指出內在動機會控制休閒行爲，所以當個體在休閒的選擇與經驗過程，更可能因刺激尋求強度的不同而有所差異。Wahlers et al.（1985）的研究顯示刺激尋求強度高者，偏好的活動特性是獨特的、冒險的、新的、不照常規的、刺激的；而刺激尋求強度較低者則偏好的活動爲熟悉的、負責性的、計畫性的活動。而不同刺激尋求動機者其休閒參與抉擇也會有所不同，如Rowland, et al.（1986）針對大學生刺激尋求和運動參與的關係的研究指出，發現刺激尋求高者傾向投入多種類的運動，但是在每一項活動中低刺激尋求者會比刺激尋求高的人投入更長的時間；且刺激尋求強度高的人與冒險性活動具有正相關，結論中並提出刺激尋求高者在運動時有尋

求新經驗的需要且喜歡冒險性高的運動。國內相關實證研究有蔡佳容（1991）針對中部的國中生，研究刺激尋求動機與休閒活動取向之相關研究中指出，高刺激尋求動機者在十項活動的四項休閒活動（學習與智能、友誼與社交、成就與挑戰、休息與鬆弛）分布上有差異，十項活動分別是逛街、溜冰、看漫畫、賭錢、打電動、看展覽、跳舞、做手工藝、聽流行音樂、蒐集郵票貼紙等。若就各活動之參與動機分布的狀況來看，高刺激尋求動機以「友誼與社交」較高，低刺激尋求者參與的動機則以「休息與鬆弛」較高。此外，黃德祥（1992）的研究也提出高刺激尋求動機不能忍受平靜、不變的生活方式，較會從事冒險、具挑戰性，甚至社會禁止的活動，來滿足個體的內在動機。以上的研究皆指出，不同休閒參與類型與刺激尋求動機有關聯，由於個體有其最適的激起程度，因此，不同休閒參與類型少年在刺激尋求動機的程度也有所不同。

研究方法

本研究係採問卷調查法，針對就讀於台北市國中及高中（職）階段的在學少年為研究對象，並分別採用「個人基本資料調查表」、「刺激尋求動機量表」、「休閒阻礙量表」、「心理社會幸福感量表」等，來瞭解少年不同休閒參與類型之刺激尋求動機、休閒阻礙對其心理社會幸福感之關聯性，及瞭解刺激尋求動機、休閒阻礙對不同休閒參與類型少年心理社會幸福感的預測情形。調查時間由1999年7月開始，至2000年6月結束。

一、研究對象

本研究是以台北市之國中、高中（職）在學少年為研究的對象。採

分層比例隨機抽樣的方法，第一階段先抽學校；依照台北市十二個行政區分為東、西、南、北四區，隨機抽出一個行政區，分別為東區（南港區）、西區（大同區）、南（中正區）、北（士林區），再將抽出的四個行政區隨機各抽出一所國中及一所高中（職）。第二階段再從四個行政區的在學人口比例分別抽出一至三個班級。預估有效樣本七百二十份，有效樣本中依人口比例回收份數為：東區（南港區）約一百零八份、西區（大同區）約一百三十份、南（中正區）約一百五十八份、北（士林區）約三百二十五份。

調查時期為2000年3月至4月中旬間，過程皆由研究者親自施測。本研究正式問卷共發出八百一十五份，回收八百零九份，扣除五十二份填答不全之問卷，實得有效問卷七百五十七份，問卷回收有效使用率為92.87 %。有效回收樣本共七百五十七份，其中含男生四百五十九人（占60.6%）、女生二百九十八人（占39.4%）；國中生共有二百四十五人（占32.4%）、高中（職）為五百一十二人（占67.6%）；家庭社經地位分布由低至高，分別為三百五十九人（占47.4%）、二百四十二人（占32.0%）、一百五十六人（占20.6%）。

二、主要變項測量

(一) 不同休閒參與類型

休閒參與類型的分類方法，係綜合國內各學者對休閒參與分類情形經歸納、分析及比較後，採主觀分析法，將休閒參與依內容及性質分為六大類：刺激冒險型、運動型、玩樂型、觀賞消遣型、社交服務型、知識藝文型。請受訪者寫出五項目前生活中實際從事的休閒活動，並寫出每周各花多少時間在這五項休閒活動上；五項中若遇相同類型，則將其所花的時間予以相加，相加後以所花費的時間多寡決定其為哪一休閒參與類型的少年；如遇兩類型所花費的時間相同，則依其種類多寡為依據。

（二）刺激尋求動機量表

測量受訪者的刺激和冒險尋求、不為社會所接受的行為、人際和生活變化的追求等變項。本研究所使用的刺激尋求動機量表，係由吳靜吉、楊蕡芬（1988）根據Zuckerman（1978）編製之刺激尋求量表（sensation seeking scale, form V）所修訂而成。原量表有四十題，包含四個分量表，即「刺激和冒險尋求」（thrill and adventure seeking, TAS）、「經驗尋求」（experience seeking）、「放鬆」（disinhibition）和「對厭倦的感受性」（boredom susceptibition）。由於文化背景的不同，吳靜吉、楊蕡芬以我國在學少年為對象所修訂的量表，經因素分析後發現只有三個因素，「刺激和冒險尋求」、「不為社會所接受的行為」、「人際和生活變化的追求」，去掉因素負荷量未達0.25以上的題目後，中文修訂版只剩下二十三題。本研究經過預試的項目分析及相關係數分析後刪除不適合的題項，共剩二十題，內在一致性信度 α 值總量表0.72，三分量表 α 值為0.28～0.75。

（三）休閒阻礙量表

主要測量受訪者的個體內阻礙、人際間阻礙、結構性阻礙等變項。本研究休閒阻礙因素係指個體主觀知覺到影響不能喜歡或投入參與某休閒活動的理由。休閒阻礙量表（Leisure Constraints Statement），是由Raymore、Godbey、Crawford與Von Eye（1993）依據Crawford與Godbey（1987）及Crawford、Jackson和Godbey（1991）之休閒阻礙模式及參考相關領域之專家群，依據他們的意見編製而成。本研究贊同原量表編製者的觀點，認為休閒阻礙包含以下三大類：

1.個體內阻礙：係指個體因內在心理狀態與態度而影響其休閒喜好或參與的因素，如壓力、憂鬱、信仰、焦慮、自我能力，及對適當休閒活動的主觀評價等。

2.人際間阻礙：係指個體因爲沒有適當或足夠的休閒夥伴而影響其
休閒喜好或參與的因素。

3.結構性阻礙：係指影響個體休閒喜好或參與的外在因素，如休閒
資源、休閒設備、時間、金錢、休閒機會、社會價值觀等。

原量表共二十一題，計有個體內阻礙、人際間阻礙及結構性阻礙三
個分量表，每分量表七題，Raymore 、Godbey、Crawford與Von Eye
（1993）以十二年級學生在量表之答題反應的因素分析結果支持三個量
尺的向度，原量表與分量表相關在0.42～0.70之間。當三個分量表與總
量表分數越高，表示個體在各量尺及整體所受到的阻礙程度越高。本研
究基於文化因素的考量，及參考國內相關休閒阻礙因素的研究（劉文
菁，1993；李素馨，1997；許義雄等人，1992；青輔會，1997；張玉
鈴，1998；張玉鈴，1999）後，將原量表編修後有二十三題，預試後刪
除一題不適之題項，正式問卷共有二十二題；本量表內在一致性信度 α
值總量表0.82，三分量表 α 值爲0.45～0.73。

（四）心理社會幸福感量表

主要測量受訪者的勝任感、自主性、情緒統合等變項。本研究以
Chickering（1969）和Kuo（1988）對少年心理社會幸福感的界定，以
「勝任感」、「自主性」、及「情緒統合」做爲少年心理社會幸福感之指
標。在參考國內、外相關文獻後，修改自翁樹澍（1990）所編製的「心
理社會幸福感量表」，並委請專家進行內容效度後進行預試，根據預試
樣本之答題反應進行量表的信效度考驗，刪除不適之題項後，使本研究
工具更具嚴謹性。心理社會幸福感之指標包含有三部分：

1.勝任感
（1）知識方面的能力：包含一般的知識、批評思考和心智的能
力。
（2）運動和藝術技能。

（3）人際關係社會技巧的能力。

（4）整體性的自信技巧的能力。

2.自主性

（1）情緒性的獨立。

（2）獨立完成活動。

（3）做決定的能力。

3.情緒統合

（1）感受到被愛、被瞭解。

（2）情緒知覺的能力。

（3）彈性的控制情緒、有效的表達情緒。

（4）瞭解人和社會互賴的重要性表達情緒。

翁樹澍（1990）編製的量表原有六十題，經本研究修訂後，三個分量表「勝任感」為十五題；「自主性」為十四題；「情緒統合」為十六題，總量表共為四十五題。預試後經項目分析及相關分析法後刪除一題不適之題項，正式問卷共四十四題。本量表內在一致性信度 α 值總量表0.86，三分量表 α 值為0.70～0.78。

分析結果與討論

一、少年不同休閒參與類型之分布情形

表16-1資料顯示目前少年不同休閒參與類型之分布情況，為第一類型刺激冒險型：十三人（占1.7%）、第二類型運動型：六十一人（占8.1%）、第三類型玩樂型：一百九十一人（占25.2%）、第四類型觀賞消遣型：三百零三人（占40.0%）、第五類型社交服務型：八十人（占

表16-1　少年不同休閒參與類型之分布情況

排序	休閒參與類型	人次	百分比	休閒參與項目
排序一	第四類型 觀賞消遣型	303	40.0%	看電視、聽音樂、看電影、發呆（白日夢）。
排序二	第三類型 玩樂型	191	25.2%	玩電腦遊戲、玩電動遊樂器、逛街購物、KTV唱歌、演唱會、歌友會。
排序三	第六類型 知識藝文型	109	14.4%	漫畫小說、看雜誌、補習（含學習樂器）、上網蒐集資料。
排序四	第五類型 社交服務型	80	10.6%	參加社團、電話聊天、上網聊天（E-mail）、談戀愛（交男女朋友）。
排序五	第二類型 運動型	61	8.1%	球類運動（籃球）、跳舞、游泳、郊遊比例。
排序六	第一類型 刺激冒險型	13	1.7%	飆車、自慰、打架、釣魚。

10.6%）、第六類型知識藝文型：一百零九人（占14.4%）。可知目前少年的休閒參與類型偏向觀賞消遣型，大多仍是以看電視、聽音樂爲主；其次玩樂型，大部分則傾向玩電腦遊戲、電視遊樂器、KTV唱歌、演唱會等；再者，爲知識藝文型，以看漫畫、小說、雜誌、補習等，大部傾向靜態性、消遣性、玩樂性的爲主，尤其是電視及電腦、電玩幾乎與在學少年的生活密不可分；本研究結果與丁庭宇（1986）、陸光等人（1987）、許義雄等人（1992）、林東泰等人（1997）之研究的結果相符，根據研究調查結果顯示少年最常從事的休閒活動，主要是以看電視、看錄影帶、聽音樂、聽廣播、閱讀書報雜誌、聊天等，傾向靜態性、娛樂性及鬆弛性的活動爲主。此外，在郭靜晃等人（2000）針對〈台灣少年媒體使用之現況分析〉一文中，提出目前少年在媒體（電視、廣播、電影、KTV、電視遊樂器、電腦網路、電視頻道的開放等）使用頻繁，此與近年來媒體資訊獲得管道多元化與普及化有密切的關聯，更提出媒體常被視爲少年社會化的代理機構之一，因爲少年從中可以擁有更多機會獲得資訊，打發閒暇時間，或者提供一個與同伴相處的

話題與休閒的機會，更令少年樂此不疲；第四類環境（the fourth environment）相關的訊息對少年是相當具吸引力，所以，媒體對於少年第四類環境的傳播與報導也深受少年的喜好。郭靜晃（1991）也提及對兒童與少年而言，打電動玩具已是一項極為普通且流行的休閒活動，並且與兒童與少年的身心發展息息相關，尤其五花八門的電玩遊戲，如益智型、冒險型、競賽型、賭博性、色情性、暴力性等，不同的性質與功能的電動玩具，可能滿足了在學少年不同的心理需求。因此，電視遊樂器與電玩成為少年最喜愛或流行的休閒，並不令人驚訝。

二、少年刺激尋求動機之現況

少年刺激尋求動機之等級，分為三級，「1」表示 t 型人格——低刺激尋求動機者，分數為零至六分；「2」中間型——中刺激尋求動機者，分數為七至十三分；「3」T型人格——高刺激尋求動機者，分數為十四至二十分。在本研究中之七百五十七位少年，為t型人格者有一百六十一人（21.3%）、中間型者有四百八十四人（63.9%）、T型人格者有一百一十二人（14.8%）。顯示少年為中刺激尋求動機者，即為過半數以上為中間型者；其次為t型人格；人數最少為T型人格。就整體刺激尋求動機而言，總平均為9.65，表示可看出大多數少年為中間型——中刺激尋求動機者。進行N-K事後考驗法後，發現三組平均數共三對平均值，有三對的平均數差異皆達顯著水準，而由其平均值（M=1.71～4.14）可知，目前少年在「刺激和冒險追求」層面得分最高，其次，為「不為社會所接受的行為」，最後為「人際和生活變化的追求」得分最低。本研究結果發現，大部分的少年其刺激尋求動機程度為中程度刺激尋求動機，即為「中間型」居多，高刺激尋求動機與低刺激尋求動機則人數相去不遠。Zuckerman（1979）曾提出，少年是一生中刺激尋求動機的高峰期，但大部分的人仍屬中刺激尋求動機居多，此與本研究結果相符，大部分的少年追求冒險的、變化的、刺激的、複雜的動機尋求以中刺激

尋求動機（中間型）居多。

三、少年休閒阻礙之現況

少年在休閒阻礙量表「個體內阻礙」、「人際間阻礙」、「結構性阻礙」等三個層面中的高低有顯著差異。進行N-K事後考驗法後，發現三組平均數共三對平均數的差異中，有三對的平均數差異皆達顯著水準，而在「個體內阻礙」、「人際間阻礙」、「結構性阻礙」等三個層面的平均值（M=2.10～2.23），可看出「結構性阻礙」方面的阻礙最高，其次，為「人際間阻礙」，而在「個體內阻礙」方面最低。本研究之休閒阻礙量表，每題最高為五分，最低為一分，每題中間值為三分。就整體休閒阻礙及三層面而言，每題平均得分為皆低於每題的中間值三分，顯示目前少年主觀感受到的休閒阻礙低。可能是身處於資源可近性高及資源豐富的台北市，使得少年在阻礙上感受較低。但就台北市少年的休閒阻礙各層面來看，仍有其差異性存在，其感受到「結構性阻礙」最高，顯示少年在休閒參與中可能面臨休閒價值觀、資源、設備、時間、金錢及休閒機會（升學壓力、家務工作）等方面的阻礙較大，使其在「結構性阻礙」層面感受較大於「個體內阻礙」、「人際間阻礙」層面。

四、少年心理社會幸福感之現況

少年在心理社會幸福感量表「勝任感」、「自主性」、「情緒統合」等三個層面中的高低有顯著差異。表示三組三個平均數共三對平均數差異達顯著水準，進行N-K事後考驗法後，發現三組平均數共三對平均數的差異中，有三對的平均數差異皆達顯著水準，而少年在心理社會幸福感上的「勝任感」、「自主性」、「情緒統合」等三個層面中的每題平均得分在2.62至2.90之間。可看出「情緒統合」（M=2.90）方面的得分最高，而在「自主性」（M=2.62）的得分最低，但各層面的每題平均分數

皆高於中間值2.5，顯示少年之主觀感受到的心理社會幸福感高。表示可能在人格特質及生活事件（親子互動、學業、休閒等）方面狀況良好，導致少年能維持心理社會幸福感的良好狀態，並且在「情緒統合」層面的主觀感受更高，擁有更多的正向情緒。

五、少年不同休閒參與類型在刺激尋求動機、休閒阻礙及心理社會幸福感之差異情形

（一）不同休閒參與類型少年在刺激尋求動機上的差異

不同休閒參與類型之少年在「整體刺激尋求動機程度」及「刺激和冒險尋求」、「不為社會所接受的行為」兩個分層面皆達顯著水準，但在「人際和生活變化的追求」，則未達顯著水準。由Scheff'e法事後比較，發現在刺激尋求動機整體面及分層面上，呈現不同休閒參與類型其刺激尋求動機程度有顯著的差異（見表16-2）。誠如Zuckerman（1979）的觀點，高刺激尋求強度的人，擁有較高的意願作生理與社會上的冒險，以獲得變化、新奇與複雜的經驗，且Iso-Ahola（1980）亦指出內在動機會控制休閒行為，所以當個體在休閒的選擇與經驗過程，更可能因刺激尋求強度的不同而有所差異。因此，本研究的結果也支持Zuckerman（1979）與Iso-Ahola（1980）的觀點，不同休閒參與類型的抉擇與刺激尋求動機程度有很密切的關係，且刺激尋求動機高的人也有較高的願意做生理上與社會上的冒險，以獲得變化、新奇與複雜的經驗，表示少年休閒參與類型抉擇的不同，與其刺激尋求動機強弱有很大的影響，此可由表16-2法事後比較中看出。

（二）不同休閒參與類型少年在休閒阻礙上的差異

不同休閒參與類型之少年在「整體休閒阻礙」及「個體內阻礙」、「人際間阻礙」、「結構性阻礙」三分層面皆達顯著水準，表示不同休閒參與類型之少年在休閒阻礙整體面及分層面皆有顯著差異。由Scheff'e

表16-2　不同休閒參與類型少年刺激尋求動機之變異數分析表比較表

SSS層面 變項	刺激和冒險尋求		不爲社會所接受 的行爲		人際和生活變化 的追求		整體刺激尋求動 機程度	
	平均值	標準差	平均值	標準差	平均值	標準差	平均值	標準差
刺激冒險型	5.15	1.77	5.08	1.66	2.23	1.54	12.46	2.82
運動型	4.82	1.93	3.70	1.87	1.54	1.19	10.07	3.59
玩樂型	4.14	2.32	4.00	1.81	1.69	1.21	9.82	3.98
觀賞消遣型	3.84	2.16	3.63	1.77	1.65	1.20	9.12	3.74
社交型	4.31	1.99	4.53	1.75	1.93	1.25	10.76	3.42
知識藝文型	4.33	2.22	3.34	1.93	1.77	1.25	9.44	3.80
單變量F值 顯著水準	3.20 .007**		6.30 .000***		1.44 .209		4.36 .001***	
Scheff`e 法事後比 較	刺激冒險型〉 觀賞消遣型		社交型〉觀賞 消遣型 社交型〉知識 藝文型				社交型〉觀賞 消遣型	

註：**p〈.01 ***p〈.001。

法事後比較，發現在休閒阻礙整體面及分層面上可看出，不同休閒參與類型少年其在主觀感受到的休閒阻礙高低也有顯著的差異（見表16-3）。

　　本研究發現，運動型之少年其感受到的休閒阻礙皆較其他休閒參與類型要小，可能休閒參與類型爲運動型的活動，運動型少年能透過在運動的良好的表現，可能使他們體察到更高的自我功效，使他們覺得更有能力感，並增加整體自信感、覺得更有自主與獨立的能力，克服休閒阻礙；此外運動性質的活動，大多需要與人互動或合作的方式進行，過程中有許多的機會與人互動，並且培養良好的人際關係、社交技巧、自信心的建立等的機會，透過運動型的休閒參與，可能使少年有更好人際關係，及培養社交技巧、自信心的建立、穩定的正向情緒等，因此，其主觀感受到的阻礙則會比較小。

表16-3　不同休閒參與類型少年休閒阻礙之變異數分析比較表

休閒阻礙層面	個體內阻礙		人際間阻礙		結構性阻礙		整體休閒阻礙	
休閒參與類型	平均值	標準差	平均值	標準差	平均值	標準差	平均值	標準差
刺激冒險型	2.24	.72	2.52	.67	2.61	.72	2.46	.56
運動型	1.77	.53	1.97	.75	1.95	.64	1.90	.52
玩樂型	2.07	.59	2.22	.71	2.21	.71	2.17	.57
觀賞消遣型	2.19	.57	2.22	.68	2.29	.66	2.23	.54
社交型	2.03	.58	2.03	.70	2.16	.69	2.08	.56
知識藝文型	2.13	.58	2.25	.67	2.30	.65	2.23	.53
單變量F值 顯著水準	5.817 .000***		2.893 .013*		3.804 .002**		5.212 .000***	
Scheff'e法 事後比較	玩樂型〉運動型 觀賞消遣型〉運動型 知識藝文型〉運動型		組與組之間並未達顯著差異		觀賞消遣型〉運動型		刺激冒險型〉運動型 玩樂型〉運動型 觀賞消遣型〉運動型 知識藝文型〉運動型	

註：*p〈.05　**p〈.01　***p〈.001。

（三）不同休閒參與類型少年在心理社會幸福感上的差異

　　不同休閒參與類型之少年在「整體心理社會幸福感」及「勝任感」、「自主性」、「情緒統合」三分層面皆達顯著水準，表示不同休閒參與類型之少年在心理社會幸福感整體面及各分層面皆有顯著差異，尤其是在「勝任感」、「自主性」的層面上有更明顯的差異。由進行Scheff'e法事後比較，發現在心理社會幸福感整體面及分層面可看出，不同休閒參與類型少年在心理社會幸福感的感受高低有顯著的差異（見表16-4）。本研究證明不同休閒參與類型確實對於少年之心理社會幸福感有很大的影響。尤其是運動型之少年，無論在整體心理社會幸福感或「勝任感」、「自主性」分層面，皆較其它休閒參與類型要高。此與Wankel和Berger（1990）的研究發現相同，皆指出運動與體能性活動對於少年心理社會的發展具有重要影響。因為運動型的參與類型，可以增進在學少

年之體適能，及藉由休閒技能的良好表現，可能使他們體察到更高的自我功效，使他們覺得更有能力感、增加整體自信感、覺得更有自主與獨立的能力，甚至擁有更多正向的情緒（快樂等），使其在整體心理社會幸福感提升；且因為運動型的休閒參與，提供在學少年安全試探的環境，在運動休閒參與的過程中，在學少年可以學習如何解決問題，甚至自己做判斷與決定，發展出在學少年獨立自主的能力。再者，通常運動型的休閒參與，大多是團體活動居多，增加在學少年與他人互動（同儕團體、家人、新朋友等）接觸的機會，在學少年從中可以培養社交技巧及人際關係，都可能使在學少年培養親密的人際關係，或增加自己社會支持，而感受到心理社會幸福感的存在。因此，運動型少年無論是在「勝任感」、「自主性」、「整體心理社會幸福感」皆明顯高於其它休閒參與類型，是相當值得重視的。未來可以投入在運動型參與健康的研究，瞭解健康是否是運動型與心理社會幸福感的重要中介因素。

表16-4　不同休閒參與類型少年心理社會幸福感之變異數分析比較表

心理社會幸福感層面　休閒參與類型	勝任感		自主性		情緒統合		整體心理社會幸福感	
	平均值	標準差	平均值	標準差	平均值	標準差	平均值	標準差
刺激冒險型	2.82	.48	2.69	.36	2.86	.39	2.79	.35
運動型	2.93	.47	2.84	.44	3.03	.42	2.94	.36
玩樂型	2.71	.41	2.65	.39	2.89	.40	2.76	.32
觀賞消遣型	2.64	.42	2.53	.42	2.86	.41	2.69	.33
社交型	2.77	.47	2.61	.41	2.98	.40	2.80	.35
知識藝文型	2.73	.46	2.68	.44	2.88	.46	2.77	.36
單變量F值顯著水準	4.984 .000***		7.182 .000***		2.511 .029*		6.465 .000***	
Scheff'e法事後比較	運動型〉觀賞消遣型		運動型〉觀賞消遣型 知識藝文型〉觀賞消遣型				運動型〉玩樂型 運動型〉觀賞消遣型	

註：*p〈.05 **p〈.01 ***p〈.001。

六、不同休閒參與類型少年在刺激尋求動機、休閒阻礙、心理社會幸福感之相關分析

(一) 不同休閒參與類型少年在刺激尋求動機與心理社會幸福感之相關分析

全體少年在整體刺激尋求動機與整體心理社會幸福感之相關均達顯著水準，且顯示刺激尋求動機程度與心理社會幸福感各層面之間為正相關，表示當刺激尋求動機越高，其在心理社會幸福感的整體面及分層面「勝任感」、「自主性」、「情緒統合」則越高。而就少年刺激尋求動機分層面與整體心理社會幸福感的相關程度而言，「刺激與冒險尋求」與心理社會幸福感的整體面及分層面皆達顯著水準，表示「刺激與冒險尋求」越高，則在心理社會幸福感的整體面及分層面「勝任感」、「自主性」、「情緒統合」則越高。另就「不為社會所接受的行為」只顯示與「勝任感」有顯著的正相關，表示尋求「不為社會所接受的行為」的動機程度越高，則「勝任感」越高。但在「人際和生活變化的追求」與心理社會幸福感之相關，則皆未達顯著水準。不同休閒參與類型的少年刺激尋求動機與心理社會幸福感之間的關聯性（見表16-5）。

本研究結果顯示，整體刺激尋求動機與心理社會幸福感各層面之間確實存在顯著的正相關。此結果與幸福感相關理論中之特質理論強調，個體恆常受到人格特質的影響，且內在動機越高，可以為少年帶來更多的愉悅與滿足，且獲得適當的激發感，並且感受到整體心理社會幸福感的存在。本研究也提出不同休閒參與類型之少年，其刺激尋求動機與心理社會幸福感之關聯度，也有很大的差異，如第一類型——刺激冒險型其整體刺激尋求動機及分層面「刺激和冒險尋求」與心理社會幸福感之「自主性」層面有高度正相關，表示當參與刺激冒險型的少年在體驗到最適的激起程度，參與刺激冒險的少年，能擁有更高的「自主性」。此與Dustin et al.（1986）提出冒險性的休閒者，只有在體驗到最適的程

表16-5　不同休閒參與類型少年之刺激尋求動機與心理社會幸福感
　　　　相關分析

心理社會幸福感層面 參與類型 刺激尋求動機		勝任感	自主性	情緒統合	整體心理社會幸福感
第一類型n1	刺激冒險型13	刺激和冒險尋求	.245	.667**	.528	.541
		不爲社會所接受的行爲	.005	.001	-.078	-.030
		人際和生活變化的追求	-.035	.530	.412	.318
		整體刺激尋求動機程度	.138	.709***	.511	.497
第二類型n2	運動型61	刺激和冒險尋求	.365***	.365***	.401***	.461***
		不爲社會所接受的行爲	.011	-.025	-.113	-.052
		人際和生活變化的追求	-.080	.136	-.023	.004
		整體刺激尋求動機程度	.175	.228	.149	.222
第三類型n3	玩樂型191	刺激和冒險尋求	.339***	.173**	.200***	.305***
		不爲社會所接受的行爲	.142	.171**	-.031	.111
		人際和生活變化的追求	-.015	-.001	.009	-.003
		整體刺激尋求動機程度	.258***	.178**	.105	.228***
第四類型n4	消遣觀賞型303	刺激和冒險尋求	.218***	.119**	.090	.181***
		不爲社會所接受的行爲	.068	.041	-.050	.022
		人際和生活變化的追求	.004	.028	-.006	.010
		整體刺激尋求動機程度	.159***	.097	.027	.118**
第五類型n5	社交型80	刺激和冒險尋求	.217	.076	.162	.191
		不爲社會所接受的行爲	-.048	-.016	-.048	-.047
		人際和生活變化的追求	.175	.149	.115	.178
		整體刺激尋求動機程度	.165	.090	.112	.152
第六類型n6	知識藝文型109	刺激和冒險尋求	.103	.089	.114	.132
		不爲社會所接受的行爲	.151	.104	.087	.145
		人際和生活變化的追求	.044	-.012	.019	.024
		整體刺激尋求動機程度	.149	.099	.115	.156
樣本群N	全體少年757	刺激和冒險尋求	.259***	.171***	.168***	.251***
		不爲社會所接受的行爲	.087**	.070	-.017	.057
		人際和生活變化的追求	.019	.045	.021	.034
		整體刺激尋求動機程度	.197***	.147***	.095***	.183***

註：**p〈.01　***p〈.001。

度，他們才認為活動有價值；即需透過一系列增加挑戰、複雜度和新奇的休閒環境，他們才能感受到成長與發展的機會，只有在最適程度的挑戰機會，參與者才能知覺到自我的能力，因而提升自尊。

因此，不同休閒參與類型其刺激尋求動機與心理社會幸福感之間有顯著的關聯性，而不同休閒參與類型者只有在體驗到最適激起程度，可能可以提升心理社會幸福感的覺知。

（二）不同休閒參與類型少年在休閒阻礙與心理社會幸福感之相關分析

全體少年在整體休閒阻礙各層面與心理社會幸福感各層面之間有顯著的負相關，表示當休閒阻礙及分層面「個體內阻礙」、「人際間阻礙」、「結構性阻礙」越高，其在心理社會幸福感的整體面及分層面「勝任感」、「自主性」、「情緒統合」則越低。意即全體少年在感受到休閒阻礙越高時，其在主觀的心理社會幸福感之感受相對的會越低。不同休閒參與類型的少年其休閒阻礙與心理社會幸福感之間的關聯性（見表16-6）。本研究結果顯示，少年整體休閒阻礙及各層面與整體心理社會幸福感及各分層面之間，存在顯著的負相關，此可由需求滿足的觀點來看，當少年在休閒參與的過程中，受到各層面的阻礙，使其過程中沒有得到心理的滿足，導致在少年有更多的負向情緒、無法勝任的感受，並且感受到自己無法克服的感受，無法感受到整體心理社會幸福感。而由社會支持的角度來看，當少年各層面的休閒阻礙越高，表示社會支持較少，導致少年感受到無法自由運用與控制資源，覺得自己能擁有與掌握的太少，導致心理社會幸福感的下降。

此外，在本研究較特別的發現是，休閒阻礙對於不同休閒參與類型之在學少年具有不同的意義，甚至影響心理社會幸福感的情況。尤其是針對刺激冒險型之少年，「個體內阻礙」對於心理社會幸福感有高度負相關，但「人際間阻礙」、「結構性阻礙」兩分層面與心理社會幸福感雖未達顯著水準，但其間卻顯示出呈現正相關的關聯，可能刺激冒險型

表16-6 不同休閒參與類型少年之休閒阻礙與心理社會幸福感之相關分析

心理社會幸福感層面 參與類型 休閒阻礙層面		勝任感	自主性	情緒統合	整體心理社會幸福感
第一類型 n1	刺激冒險型 13				
	個體內阻礙	-.815***	-.412	-.523	-.729***
	人際間阻礙	-.034	.361	.338	.236
	結構性阻礙	.029	.048	.116	.077
	整體休閒阻礙	-.332	-.010	-.032	-.173
第二類型 n2	運動型 61				
	個體內阻礙	-.127	-.380***	-.154	-.257**
	人際間阻礙	-.356***	-.200	-.422***	-.407***
	結構性阻礙	-.236	-.215	-.224	-.275**
	整體休閒阻礙	-.312**	-.313**	-.346***	-.396***
第三類型 n3	玩樂型 191				
	個體內阻礙	-.344***	-.189***	-.271***	-.346***
	人際間阻礙	-.416***	-.239***	-.334***	-.425***
	結構性阻礙	-.309***	-.161**	-.335***	-.349***
	整體休閒阻礙	-417***	-.229***	-.373***	-.440***
第四類型 n4	消遣觀賞型 303				
	個體內阻礙	-.308***	-.285***	-.270***	-.365***
	人際間阻礙	-.312***	-.274***	-.332***	-.389***
	結構性阻礙	-.257***	-.160***	-.305***	-.310***
	整體休閒阻礙	-.344***	-.277***	-.361***	-.418***
第五類型 n5	社交型 80				
	個體內阻礙	-.477***	-.261**	-.276**	-.420***
	人際間阻礙	-.288***	-.235***	-.310***	-.340***
	結構性阻礙	-.401***	-.279**	-.374***	-.432***
	整體休閒阻礙	-.477***	-.301***	-.378***	-.462***
第六類型 n6	知識藝文型 109				
	個體內阻礙	-.234**	-.110	-.247***	-.260***
	人際間阻礙	-.335***	-.092	-.306***	-.325***
	結構性阻礙	-.170	-.073	-.200**	-.196**
	整體休閒阻礙	-.335***	-.109	-.303***	-.313***
樣本群 N	在學少年 757				
	個體內阻礙	-.341***	-.266***	-.279***	-.371***
	人際間阻礙	-.343***	-.224***	-.334***	-.381***
	結構性阻礙	-.278***	-.176***	-.301***	-.320***
	整體休閒阻礙	-.377***	-.258***	-.363***	-.421***

註：**p＜.01 ***p＜.001。

的少年因其刺激尋求動機高，如Samdahl和Jeckubovich（1997）指出，休閒阻礙未必是絕對限制個體，當個體休閒內在動機高時，即使面臨休閒阻礙，其往往能克服這些阻礙問題，而參與休閒活動，獲得滿足。因此，某些阻礙對於刺激尋求動機高的刺激冒險型之少年，在某種休閒阻礙的程度上，未必是限制他們，反而某種程度上可能是一種助力，甚至增加複雜度，使刺激尋求動機高者，覺得具有挑戰度與複雜度，故「人際間阻礙」、「結構性阻礙」對於刺激冒險型之少年具有增加複雜度及挑戰性的可能性，可供未來研究有更深入的探討。

（三）不同休閒參與類型少年在刺激尋求動機與休閒阻礙之相關分析

全體少年在整體刺激尋求動機程度與整體休閒阻礙之間有低度負相關，表示當刺激尋求動機越高，其在整體休閒阻礙則越低，意即全體少年刺激尋求動機程度越高時，其所感受到的整體休閒阻礙越低。而就少年刺激尋求動機分層面與休閒阻礙整體面及分層面的相關程度而言，「刺激與冒險尋求」與休閒阻礙的整體面及分層面「個體內阻礙」、「人際間阻礙」、「結構性阻礙」皆有顯著的低度負相關，表示「刺激與冒險尋求」越高，則在休閒阻礙的整體面及分層面「個體內阻礙」、「人際間阻礙」、「結構性阻礙」則越低。另就「不為社會所接受的行為」其間有低度負相關，表示尋求「不為社會所接受的行為」的動機程度越高，則整體休閒阻礙及分層面「個體內阻礙」越低。但在「人際和生活變化的追求」與休閒阻礙整體面之相關，並未達顯著水準，但「人際和生活變化的追求」與休閒阻礙分層面「個體內阻礙」呈現低度負相關，表示尋求「人際和生活變化的追求」的動機程度越高，則休閒阻礙分層面「個體內阻礙」越低。至於不同休閒參與類型的少年刺激尋求動機與休閒阻礙之間的關聯性有很大的不同（見表16-7）。

本研究顯示，少年的刺激尋求動機程度與休閒阻礙之間，確實有顯著的低度負相關，此與Corral和Alexandris（1997）的研究發現相同，皆

表16-7 不同休閒參與類型少年之刺激尋求動機與休閒阻礙之相關分析

參與類型 / 刺激尋求動機		休閒阻礙層面	個體內阻礙	人際間阻礙	結構性阻礙	整體休閒阻礙
第一類型 n1	刺激冒險型 13	刺激和冒險尋求	-.422	.230	-.103	-.134
		不為社會所接受的行為	-.256	-.319	-.138	-.289
		人際和生活變化的追求	.053	.281	.127	.186
		整體刺激尋求動機程度	-.387	.110	-.077	-.152
第二類型 n2	運動型 61	刺激和冒險尋求	-.205	-.178	-.245	-.259**
		不為社會所接受的行為	-.078	-.032	.002	-.039
		人際和生活變化的追求	-.265**	.003	-.079	-.121
		整體刺激尋求動機程度	-.239	-.111	-.156	-.200
第三類型 n3	玩樂型 191	刺激和冒險尋求	-.140	-.120	-.124	-.149**
		不為社會所接受的行為	-.031	-.001	.023	.000
		人際和生活變化的追求	-.063	-.002	-.109	-.071
		整體刺激尋求動機程度	-.115	-.071	-.095	-.109
第四類型 n4	消遣觀賞型 303	刺激和冒險尋求	-.175***	-.023	-.055	-.091
		不為社會所接受的行為	-.155***	-.053	-.010	-.077
		人際和生活變化的追求	-.069	.105	.051	.043
		整體刺激尋求動機程度	-.197***	-.005	-.021	-.075
第五類型 n5	社交型 80	刺激和冒險尋求	-.022	-.021	.035	.000
		不為社會所接受的行為	-.168	-.122	-.069	-.133
		人際和生活變化的追求	-.157	-.037	-.067	-.095
		整體刺激尋求動機程度	-.156	-.088	-.040	-.103
第六類型 n6	知識藝文型 109	刺激和冒險尋求	-.124	-.090	-.104	-.128
		不為社會所接受的行為	-.209**	-.057	-.034	-.113
		人際和生活變化的追求	-.103	.012	.009	-.027
		整體刺激尋求動機程度	-.209**	-.076	-.074	-.138
樣本群 N	在學少年 757	刺激和冒險尋求	-.165***	-.073**	-.095***	-.127***
		不為社會所接受的行為	-.132***	-.053	-.015	-.072**
		人際和生活變化的追求	-.088**	.045	-.012	-.017
		整體刺激尋求動機程度	-.187***	-.053	-.066	-.113***

註：*p <.05 **p <.01 ***p <.001。

顯示休閒內在動機與休閒阻礙有顯著的負相關，顯示其間有密切的關聯性。因此，本研究推測少年對刺激尋求動機越高，即表示其內在冒險、新奇、複雜的與經驗的動機需求越高，少年會追求冒險性、刺激性與變化性的休閒活動，甚至在過程中遇到休閒阻礙，刺激尋求動機較高的少年會想辦法克服，休閒阻礙克服的過程中，對於刺激尋求動機高的人或許是增加複雜度與困難度的挑戰，因此，其所感受到各層面的阻礙會較少。但是若個體休閒阻礙過高，情況可能就不同，雖然不一定是絕對限制少年的休閒參與，但少年可能改變其休閒參與的抉擇，就可能導致其在休閒參與的過程中，過多的阻礙或限制而帶來嚴重的挫折感，休閒無聊感的產生，會使得個體的無法滿足，甚至會有負向情緒及偏差行為的產生。故休閒阻礙的問題確實必須要有更深入的瞭解。

七、不同休閒參與類型少年在刺激尋求動機與休閒阻礙對心理社會幸福感之迴歸預測分析

全體少年刺激尋求動機與休閒阻礙各分層面中，對「整體心理社會幸福感」具有預測力變項共有四個，依次為「人際間阻礙」、「刺激與冒險尋求」、「個體內阻礙」、「結構性阻礙」。上述這四個變項共可解釋「整體心理社會幸福感」22.4%的變異量；而在「人際間阻礙」、「個體內阻礙」、「結構性阻礙」上的 β 值為負，而在「刺激與冒險尋求」上的 β 值為正，即表示低「人際間阻礙」、低「個體內阻礙」、低「結構性阻礙」、高「刺激與冒險尋求」之少年，將有高的「整體心理社會幸福感」。而少年不同休閒參與類型在刺激尋求動機三層面與休閒阻礙三層面對「整體心理社會幸福感」的迴歸預測分析結果如下（見表16-8）：

（一）第一類型——刺激冒險型

第一類型——刺激冒險型的少年在刺激尋求動機各分層面與休閒阻礙各分層面中，對「整體心理社會幸福感」具有預測力變項共有二個，為「個體內阻礙」、「人際間阻礙」，二變項共可解釋「整體心理社會幸

表16-8 不同休閒參與類型少年其刺激尋求動機與休閒阻礙對整體「心理社會幸福感」之迴歸預測分析表

類型		預測變項 進入順序	MultR	Rsq	Rsq增加量	F值	β值
第一類型 n1	刺激冒險型 13	個體內阻礙	.729	.532	----	12.494**	-.853
		人際間阻礙	.855	.731	.199	13.575***	.463
第二類型 n2	運動型 61	刺激與冒險尋求	.461	.213	----	15.936***	.401
		人際間阻礙	.567	.322	.109	13.747***	-.335
第三類型 n3	玩樂型 191	人際間阻礙	.425	.180	----	41.570***	-.394
		刺激與冒險尋求	.496	.246	.066	30.665***	.258
第四類型 n4	觀賞消遣型 303	人際間阻礙	.384	.148	----	51.987***	-.278
		個體內阻礙	.423	.179	.031	32.573***	-.182
		刺激與冒險尋求	.443	.196	.017	24.269***	.135
第五類型 n5	社交型 80	結構性阻礙	.432	.186	----	17.880***	-439
		刺激與冒險尋求	.479	.229	.043	11.445***	.207
第六類型 n6	知識藝文型 109	人際間阻礙	.325	.106	----	12.643***	-.325
樣本群 N	在學少年 757	人際間阻礙	.379	.144	----	126.456***	-.226
		刺激與冒險尋求	.439	.193	.049	89.988***	.197
		個體內阻礙	.467	.218	.021	69.969***	-.164
		結構性阻礙	.472	.222	.004	53.686***	-.083

福感」73.1%的變異量；而在「個體內阻礙」的 β 值為負、「人際間阻礙」的 β 值為正，即表示低「個體內阻礙」、高「人際間阻礙」之刺激冒險型少年，將有高的「整體心理社會幸福感」。

（二）第二類型──運動型

第二類型──運動型少年刺激尋求動機與休閒阻礙各分層面中，對「整體心理社會幸福感」具有預測力變項共有二個，依次為「刺激與冒險尋求」、「人際間阻礙」。上述這二個變項共可解釋「整體心理社會幸福感」32.2%的變異量；而在「刺激與冒險尋求」上的 β 值為正，而在「人際間阻礙」上的 β 值為負，即表示高「刺激與冒險尋求」、低「人際間阻礙」之運動型少年，將有高的「整體心理社會幸福感」。

（三）第三類型──玩樂型

第二類型──玩樂型少年刺激尋求動機與休閒阻礙各分層面中，對「整體心理社會幸福感」具有預測力變項共有二個，依次為「人際間阻礙」、「刺激與冒險尋求」。上述這二個變項共可解釋「整體心理社會幸福感」24.6%的變異量；而在「人際間阻礙」上的 β 值為負，而在「刺激與冒險尋求」上的 β 值為正，即表示低「人際間阻礙」、高「刺激與冒險尋求」之玩樂型少年，將有高的「整體心理社會幸福感」。

（四）第四類型──觀賞消遣型

第四類型──觀賞消遣型少年刺激尋求動機與休閒阻礙各分層面中，對「整體心理社會幸福感」具有預測力變項共有三個，依次為「人際間阻礙」、「個體內阻礙」、「刺激與冒險尋求」。上述這三個變項共可解釋「整體心理社會幸福感」19.6%的變異量；而在「人際間阻礙」、「個體內阻礙」上的 β 值為負，而在「刺激與冒險尋求」上的 β 值為正，即表示低「個體內阻礙」、低「人際間阻礙」、高「刺激與冒險尋求」之觀賞消遣型少年，將有高的「整體心理社會幸福感」。

（五）第五類型——社交型

第五類型——社交型少年刺激尋求動機與休閒阻礙各分層面中，對「整體心理社會幸福感」具有預測力變項共有二個，依次爲「結構性阻礙」、「刺激與冒險尋求」，此二個變項共可解釋「整體心理社會幸福感」22.9%的變異量；而在「結構性阻礙」上的 β 值爲負，而「刺激與冒險尋求」上的 β 值爲正，即表示低「結構性阻礙」、高「刺激與冒險尋求」之社交型少年，將有高的「整體心理社會幸福感」。

（六）第六類型——知識藝文型

第六類型——知識藝文型少年在刺激尋求動機各分層面與休閒阻礙各分層面中，對「整體心理社會幸福感」具有預測力變項共有一個，爲「人際間阻礙」，此變項共可解釋「整體心理社會幸福感」10.6%的變異量；而在「人際間阻礙」的 β 值爲負，即表示低「人際間阻礙」之知識藝文型少年，將有高的「整體心理社會幸福感」。

全體少年刺激尋求動機與休閒阻礙各分層面中，對「整體心理社會幸福感」具有預測力變項共有四個，依次爲「人際間阻礙」、「刺激與冒險尋求」、「個體內阻礙」、「結構性阻礙」。上述這四個變項共可解釋「整體心理社會幸福感」22.4%的變異量，歸納的結果，「整體休閒阻礙」是預測少年心理社會幸福感的最佳預測變項。雖然整體來看，刺激尋求動機與休閒阻礙對整體在學少年之心理社會幸福感的解釋力並不高，但由不同休閒參與類型之少年來探討，則可發現不同休閒參與類型之少年，其刺激尋求動機與休閒阻礙各層面對不同休閒參與類型的少年確實有不同的預測情形，尤其對於刺激冒險型的少年而言，「個體內阻礙」與「人際間阻礙」可以達70%以上的解釋力，因爲刺激冒險型少年的刺激尋求動機相當高，故在遇到休閒參與時，會想辦法克服休閒阻礙，並且其會將此複雜度與困難度視爲一種挑戰，在這克服的過程中，他們也同樣獲得心理的酬賞，獲得滿足。另外，「人際間阻礙」幾乎是

每一個休閒參與類型少年較佳的預測因素，此與顏映馨（1999）的研究結果相呼應，其針對大學生的研究指出，大學生的人際親密與幸福感之間有顯著的正相關。因此，由瞭解少年在休閒時所遇到的人際阻礙，對提升其心理社會幸福感有很大的幫助。

結論與建議

一、結論

由本研究發現，由內在人格特質、內在動機（刺激尋求動機）及外在休閒生活事件探討不同休閒參與類型少年之心理社會幸福感，確實可以兼顧內在的穩定性及外在的波動性，也瞭解到不同休閒參與類型少年具有不同激起程度、內在的需求層次，及感受到不同層面的休閒阻礙，對於不同休閒參與類型少年，不同的刺激尋求動機、休閒阻礙對於預測其心理社會幸福感有很大的不同，本研究歸結出以下幾點結論：

1. 少年之休閒參與類型以消遣觀賞型、玩樂型居多。
2. 少年以中刺激尋求動機者（中間型）居多。
3. 少年主觀感受休閒阻礙並不高，但結構性阻礙感受較高。
4. 少年主觀感受到心理社會幸福感佳，且情緒統合感受較高。
5. 不同休閒參與類型在刺激尋求動機、休閒阻礙、心理社會幸福感上有顯著差異；其中運動型少年感受到心理社會幸福感較高。
6. 不同休閒參與類型少年之刺激尋求動機與心理社會幸福感呈現顯著的正相關；其中「刺激和冒險尋求」是其心理社會幸福感高低的主要相關因素。
7. 少年不同休閒參與類型之休閒阻礙與心理社會幸福感有顯著的負

相關；而休閒阻礙是其心理社會幸福感高低的主要相關因素。

8.少年不同休閒參與類型其刺激尋求動機與休閒阻礙呈現顯著的低度負相關；而刺激尋求動機是休閒阻礙高低之主要相關因素。

9.少年不同休閒參與類型其刺激尋求動機與休閒阻礙對整體心理社會幸福感的預測力不同。

二、建議

（一）休閒教育課程

將休閒教育納入正式課程中，協助少年建立正確的休閒價值觀、態度與認知，並且從中強化少年的自我認識。

（二）休閒輔導應重視少年休閒的差異性與獨特性

休閒輔導應協助少年瞭解自我的內在動機需求及克服休閒阻礙，並依其不同的人格特質、內在動機協助其選擇適性的休閒活動，滿足少年個人不同的需求。

（三）加強少年的休閒輔導

休閒輔導工作者並須對於少年的休閒動態有更進一步的瞭解，以期能更貼近少年的休閒生活，並監控及評估少年的心理社會幸福感狀況，以反映出少年的生活品質。

（四）提供多樣化的休閒活動

政府單位除了休閒硬體設施的規劃外，更應加強休閒軟體的設施，如休閒資訊的提供與諮詢服務、休閒輔導員安排等，或是鼓勵民間單位提供更多元的休閒活動，尤其是在安全的環境下，提供刺激冒險的活動，以滿足高刺激尋求動機少年的心理需求。

（五）發展本土文化之心理社會幸福感量表

目前國內針對心理社會幸福感的量表，大多是參考國外學者所發展的心理社會幸福感量表為指標，事實上，中西文化對心理社會幸福感的觀點與認定是有很大的差異，不同的社會環境或傳統文化觀念將直接或間接影響個人生活方式、生活態度與價值觀、情感的表現方式，進而使個人對心理社會幸福感界定因為文化而有很大的差異。因此，建議未來研究能以台灣居民為心理社會幸福感的母群體，發展屬於本國文化之心理社會幸福感的測量工具。

參考書目

一、中文部分

王文水（1994），台南市國中生休閒活動之調查研究，國立體院學院教練研究所碩士論文。

行政院主計處（1995），〈中華民國八十三年台灣地區時間運用調查報告〉。

林子雯（1996），成人學生多重角色幸福感之相關研究，國立高雄師範大學成人教育研究所碩士論文。

林東泰等（1997），《青少年休閒價值觀之研究》。行政院青輔會委託研究。

李素馨（1997），都市女性休閒類型和休閒阻礙，《戶外遊憩研究》，10（1），43～68。

吳靜吉、楊賁芬（1988），刺激尋求量表之修訂，《教育與心理研究》，11，59～88。

胡中宜（1997），保護管束少年福利需求滿足、社會支持與情緒幸福感之相關研究，中國文化大學兒童福利研究碩士論文。

許義雄等人（1992），《青年休閒活動現況及其休閒阻礙因素之研究》。行政院青年輔導委員會。

翁玉珠（1995），青少年休閒活動傾向、凝聚力、與情緒調適之相關研究，中國文化大學兒童福利研究所碩士論文。

翁樹澍（1990），親子互動關係對青少年心理社會幸福感之影響研究，中國文化大學兒童福利研究所碩士論文。

郭怡伶（1995），青少年母子互動與婦女及其子女心理社會幸福感──

單親與雙親家庭之比較研究，中國文化大學兒童福利研究所碩士論文。

郭俊賢（1994），大學生快樂經驗及其相關因素之研究，國立政治大學教育研究所碩士論文。

郭靜晃（1991），青少年身心發展與電動玩具之應用，《青少年兒童福利學刊》，14，29～34。

郭靜晃等人（2000），台灣少年媒體使用之現況分析，《社區發展刊》。90（付梓中）。

陸光等人（1987），我國青少年休閒活動及其輔導之研究，青輔會委託明德基金會研究。

陸洛等人譯（1997b），《幸福心理學》。台北：巨流。（原著：Argyle, M.（1987）. *The psychology of happiness.*）

陸洛譯（1997b），工作、休閒與生活方式，《社會階級心理學》。台北：巨流。

陸洛（1998a），中國幸福感之內涵、測量及相關因素探討，《國家科學研究委員彙刊：人文及社會科學》，8（1），115～137。

陸洛（1998b），文化與幸福感：一項中因比較研究，行政院國科會專題研究計畫成果報告（NSC-87-2413-H-037-001）。

陸洛（1998c），中國人文化價值及社會網絡中的正負向社會互動之於幸福感之影響，行政院國科會專題研究計畫成果報告（NSC-88-2413-H-037-002）。

陳麗華（1991），台北市大學女生休閒運動態度與狀況之研究，國立體院學院體育研究所碩士論文。

陳德海（1996），《南區專科學校學生休閒活動阻礙原因之探討》。台灣體院，87，52。

黃德祥（1992），《青少年刺激尋求、社會能力及其相關因素之研究》。復文。

張玉鈴（1998），大學生休閒內在動機、休閒阻礙與其休閒無聊感及自

我統合之關係研究,高雄師範大學輔導研究所碩士論文。

張玉鈴(1999),無聊啊!談休閒無聊感對青少年自我統合發展之影
　　響,《學生輔導通訊》,60,68～79。

蔡佳容(1991),國中生刺激尋求動機與休閒取向之相關研究,國立彰
　　化師範大學輔導研究所碩士論文。

劉文菁(1993),台北市民家庭休閒生活之研究,國立台灣師範大學社
　　會教育研究所碩士論文。

傅瓊慧(1988),雙生涯及雙工作家庭妻子的生活幸福感及婚姻滿意度
　　之相關因素研究,國立政治大學心理研究所碩士論文。

蘇素美(1989),國中生刺激尋求動機、學校環境知覺偏差行為關係之
　　研究,國立高雄師範學院教育研究所碩士論文。

顏映馨(1999),大學生的生活風格、人際親密和幸福感關係之研究,
　　國立高雄師範大學教育學系碩士論文。

二、英文部分

Agyle, M.(1987). *The psychology of happiness*. London and New York:
　　Routedge.

Alexandris, k., & Carroll, B.(1997). An analysis of leisure constraints
　　based on different recreation sport participation levels: Result from a
　　study in Greece.*Leisure Sciences* , 19, 1-15.

Andrews, F. M. & Withey, S. B.(1976). *Social indicators of well-being*.
　　New York and London: Plenum.

Chickering, A. W.(1969). *Eduction and Identity*. San Francisco: Jossey-
　　Bass Publishers.

Crawford, D., & Godbey, G.,(1987).Reconceptualizing Barriers to family
　　leisure. *Leisure Science*, 9, 119-127.

Crawford, D., Jackson, E., & Godbey, G.,(1991).A hierarchical model of leisure constraints. *Leisure Sciences*, 13, 309-320.

Heady, B. & Wearing. A.（1990）. Subjective well-being and coping with adversity. *Social Indicators Reserch*, 22, 327-349.

Kay, T, & Jackson, G.,（1991）.Leisure despite constraints: the impact of leisure constraints on leisure participation. *Journal of Leisure Research*, 23（4）, 301-313.

Kuo, J. H.（1988）.A multidimensional analysis of quality of communication and well in family with adolescents: A cross-sectional and longitudinal comparison （Doctoral dissertation, Ohio State University）.Dissertation abstracts.

Kuo, J. H.（1989）.The relationship among moral judgment development , quality of parent-adolescent communication and well-being in families with adolescent: An interim report .*Hwa Kang Journal of Sciences* , 9, 105-180.

Iso-Ahola, S. E.,（1980）.The social psychology of leisure and recreation. *Dubuque*, IA: Wm C. Brown Company Publishers.

Larson. R., & Kleiber. D. A.（1991）.Free time activities as factors on adolescent adjustment. In P.Tolan& B. Cohler（eds）, *Handbook of Clinical Research and Practice with Adolescents*. New York: Wiley.

Raymore, L. A., Godbey, G. C., Crawford, D. W., & Von Eye, A.（1993）. Nature and process of leisure constraints: an empirical test. *Leisure Sciences*, 15, 99-113.

Rowland, G. L., Franken, R. E., Harrison, K.（1986）.Sensation seeking and participtior in sporting activities. *Journal of Sport Psychology*, 8, 212-220.

Veenhoven, R.（1994）. Is happiness a trait? Test of the theory that a better society does not make people any happier. *Socia Indicators Research*, 32, 101-160.

Samdahl, D. M., & Jeckubovich, N. J. （1997）. A critique of leisure constraints: comparative analysis and understandings. *Journal of Leisure Research*, 29, 430-452.

Wankel, L. M., & Berger, B. G.（1990）. The psychological and deviant behavior at school. *Psychological Reports*, 48 , 901-902.

Wahlers, R. G., & Etzel, M. J.（1985）. Vacation preference as a manifestation of optimal stimulation and lifestytle experience. *Journal of Leisure Research*, 17, 283-295.

Zuckerman, M., Eysenck, S. & Eysenck, H. J.（1978）. Sensation seeking in England and America: cross-cultural, age, and sex comparisons. *Journal of Consulting and Clinical Psychology*, 46, 139-149.

Zuckerman , M.（1979）. Sensation seeking: Byond the optimal level of arousal.New Jersey , Hiilsda: Lawrence Erlbaum Associates.

17.台灣青少年外展工作現況、轉折與展望

胡中宜

東海大學社會工作學系講師

前言

　　近十年來台灣由於現代化腳步的增快，傳統社會結構的解組，生活型態的改變，社會問題的惡質化與先進國家的社會發展歷史不謀而合，其中，最令人憂心之一的就是少年犯罪問題，除了量之增加外，犯罪性質更有惡質化、低齡化、集體化與預謀化的趨勢。

　　然而，傳統社會工作的服務介入一直以被動取向為主，加上這群高危險群少年的發展或群體特質，是游離的、反抗權威的。傳統機構被動提供案主服務的模式，已無法提供滿足或解決問題。加上歐美或鄰近地區（如香港）的福利擴散（welfare diffusion）現象，「外展社會工作」（outreaching social work）的理論與實施，逐漸受到台灣青少年服務工作者的引用，雖然在實務運用上，或名稱不同（街角外訪、中繼營、外展服務隊）；或方式不同（巴士、中繼站、商家合作、少年活動）；但都屬外展社會工作之架構與精神。

　　本章透過文獻分析、深度訪談與過去實務工作經驗中的參與觀察為研究方法，並於研究中立意選取勵馨基金會台北外展工作隊與台北市少年輔導委員會為訪談樣本，於2000年2月間進行深度訪談，以及同年3月

21日舉行之「台北市少年外展工作聯繫會議」之資料為分析依據。以瞭解近十年來台灣地區針對高危險群（high risk）少年運用外展社會工作的經驗。筆者試圖透過外展社會工作的沿革及轉變來說明外展社會工作的未來發展，因為，許多理論模式與方法的改變，是源自於學術（專業），有時候，則是來自學術界對既存理論的反省及修正，但更多是來自於實務工作者對其的反動（reaction）與指示（indication）。扣緊外展社會工作實施的發展與轉折脈絡，本章之主要論述焦點為台灣外展社會工作現況、外展工作模式、轉折因素與工作的績效與困境，據此，企圖尋找拼湊其修正模式，以期勾勒出二十一世紀台灣外展社會工作的展望與建議。

台灣少年外展社會工作現況

　　國內的少年社會工作傳統以治療的取向為主，而隨著青少年逃學、逃家、犯罪等問題日趨嚴重，預防工作就更具重要性。而從少年的社會支持面向觀之，經常性逃學、逃家、中輟或未升學就業等少年，通常不會主動尋求正式（專業機構）或非正式（家庭）社會支持，所以，傳統社會工作方法很難對其發揮功效，以致其標籤為較難處置的人口群。在這樣的背景之下，外展工作即是一種初探性的方法與手段，藉由主動尋找可能需協助的青少年，並在「去機構」（de-institutionalization）的情境下與少年建立關係，進而協助少年面對其遭遇的困難。

　　因此，所謂工作理念與方法，名稱界定眾多，如街角外訪、外訪工作、街頭輔導工作、外展工作、街頭少年服務隊等，本章稱之為外展社會工作 （outreaching social work）❶，外展社會工作係指社會工作人員或經訓練之志願服務人員，針對流連街頭之逃學、逃家、失依、無家可歸、偏差行為、虞犯行為等高危險群少年，在其主要聚集活動地區，透過主動接觸的方式，並運用個案、團體以及社區社會工作方法，結合當

地資源，提供服務案主緊急救援、立即性服務與長期性服務工作，以主動發現與服務潛在性案主的服務方法與過程，稱之。

鄰近地區中以香港為例，外展的出現，是針對香港社會60年代末的騷亂和青少年犯罪問題的一項回應（鄧惠雄，1990：15）。外展的發展早在1966年已有幾個志願組織以離散的工作方式或遊樂場活動安排的方式去為一些不到中心活動的少年提供服務，不過正式以「外展」這個概念來推行，是在1979年6月開始（吳夢珍，1990：15）。主要重點是由社會工作員主動到青少年經常流連和聚集地，與他們保持接觸與緊密，透過個人或團體輔導，協助他們處理生活上的困擾，合理滿足個人的需要及發揮個人的潛能，使他們身心得到均衡的發展（郭乃揚，1997：13）。因此，外展工作牽涉到如何識別需幫助的少年及工作手法的問題，以達到預防青少年犯罪的目的。

香港外展社會工作歷經一、二十年的努力，已發展出幾種工作方法：「外展隊」、「外展和中心結合模式」、「綜合服務隊」、「通用工作模式」等。外展隊由四名助理社會工作主任及六名社會工作助理組成，以團隊工作模式去推展服務，積極、主動到服務對象身處的地方，面向他們提供服務，而不是被動地等他們來中心接受服務。外展和中心結合模式是由外展隊和青少年中心合作，將在街頭發現的遊連青少年帶回青少年中心，透過中心的資源提供服務，帶回傳統的服務架構中。綜合服務隊主要是由青少年中心、外展隊及學校社工組成，因為服務手法的多元化正是綜合隊的優點，這使得青少年在學校、街上、娛樂場所及中心等不同的地方均得到同一機構及同一群社工的專業輔導（盧鐵榮，1997：9）。通用工作模式是將傳統的個案、團體及社區工作三種主要方法在有需要的案主或社區靈活運用（盧鐵榮，1997：9）。

在十年前香港外展風潮的引進，讓台灣青少年社會工作者有著很大的啟思，陸續有許多機構嘗試根據機構與地區的性質開始試辦此種方法，如最早救國團張老師的「街頭張老師」模式。到了晚近十年，由於國內非營利志願組織的發展，除了政府部門的社會局、警察局少輔會

執行此一方案外，更有許許多多的團體加入，讓這類少年工作方法更趨活躍。

如1996年天主教善牧社會福利基金會接受台北市政府社會局的委託，辦理「台北市萬華少年服務中心」，主要的目的是為十二至十八歲離家、逃學、流浪在外、行為偏差的少年提供行為輔導、緊急庇護與安置等福利服務。係透過外展的工作手法，協助行為偏差的少年解決其所面對的問題，以達預防青少年犯罪的目的。勵馨基金會自1997年台北成立外展中心，正式針對機構服務對象與一般少年，進行一連串的少年外展工作，晚近台中站陸續跟進。然而，政府部門部分，社會局東區少年福利中心亦委託民間單位承辦此一業務，結合中心資源以有效達到服務整合；台北市少年輔導委員會則源自北投地區開始進行少年犯罪集中區塊的防治工作中運用此一方法，現推廣至各個行政區域，透過街角外訪（street corner work）、少年活動、輔導活動的辦理及社區工作的推展，以達到犯罪防治的效果。另外，尚有青年服務協會與台北諮商輔導中心等加入其中。

然而，在服務的過程中，社會環境的變遷、各單位的異質性、本位主義的作祟、資源整合等問題，呈現而外的是在外展的工作方法、服務模式、接觸手段、地點、成員的變化、督導的系統、資源的整合、人員的培訓等都出現極大的轉變。然而其中工作模式之爭議由來已久，到底是展外（reach out）亦或外展（out reach）模式，兩者背後的價值意涵相去甚遠，不論何者皆會影響後續的實務工作實施取向之不同，這也正突顯出如何澄清外展社工之角色定位的重要性所在。本章就上述幾個重要的研究問題加以討論，因為如何在新世紀建構外展社會工作的途徑與願景，是值得專業社群的成員深深思索的議題。

外展工作的價值與模式

一、外展工作的價值

　　外展服務的目標極為重要，不再只是開發個案，辦理活動而已。因為，這些外展工作應視為一個工作方法，外展的目的與價值是哪些？才是值得深思的部分，若有其他方式可以取代外展工作？外展工作的運用價值將會不復存在，而外展存在之價值應有其特殊性，如深入少年生活系統之中，協助少年健全生活、發展潛能、尋找資源等。

　　外展工作的目的不在辦補習班，這根本是條死胡同，小朋友會參加是因為他們喜歡工作人員而參加，因為他們根本就不喜歡讀書，若工作目的是在教學，則會失去效果，瞭解個案的感覺與互動才是重要的，工作人員透過活動增強他們的信心（2：1）。

　　外展服務的價值不在發覺個案而已，因為若要開發個案，則有千萬種的方法可以達成此一目標，外展工作的過程，在進入少年生活環境，看見需求，發展其需求，以滿足其需求。到底是「展外」（reach out）還是「外展」（out reach）對少年來說似乎顯得沒那麼重要，因為少年本體的觀點是只要誰供給服務能滿足個體的需求即可，但對工作員或機構組織而言，則有其需要體認與分析之，展外與外展兩者是具有其差異性，若台灣的此項少年工作模式發展演變僅是 "reach out" 而已，也就是為走出去而走出去，便會流入為找案主而找案主的迷思，似乎會變成一件可惜的事。因為工作的最後目的非但只是 "reach out"，更不是「只為走出去而走出去」的狹隘思考，只為突破傳統接觸案主方法的限制，而去 reach out，這將會步入死胡同。也因於此，外展（out reach）的視野將

會更廣更寬，將少年的生活場域（life field）視爲共同工作的場域，如此才會深入重點提供服務，並發展始能（empower）少年之潛能或復原力（resilience），後而自行創造機會解決問題。如此少年工作才能有好的視野與願景，正如近來社區照顧領域中受到熱烈討論的community in、community by、community for等概念，其間隱藏意涵層面就存在差異，其概念精神有著異曲同工之趣。

我們機構有一個小孩很會釣魚，但其他的什麼都不會，但沒關係，既然這樣，我就特別辦一個釣魚比賽，讓他當教練，讓他覺得很高興，而且非常有價值感，這就是看到一個人的需求在哪裡，我們只是幫助他走出來，讓他找到自我而已（2：2）。

二、外展工作的實務理論模式

國內實施外展工作之經驗已有數十年的經驗，從實務經驗模式累積而成的實務理論（practice theory）已有一定質與量，但在質性訪談實務工作者中，大部分多不認爲其運用過任何理論模式。其中，弔詭的現象是，確實是在實務上未曾使用，亦或，是在社會工作養成訓練背景中實務理論的建構發生的困境，是值得深思的問題。

我們機構說實在的……應該沒有使用嚴格的理論模式，就是做就是了（2：1）。

你這樣問我好像覺得不太好意思……因為我們就是一股熱情……看看別人怎麼做我們也跟著做，從來也沒想到我們曾經用過什麼方法……所以囉！好像就是因為這樣，有時做起來覺得很心虛，常常有不知這樣做到底對不對的困境，因為這工作很難立即看的出成效（2：2）。

我們機構長期以來就是作區域性的少年犯罪預防工作，所以社區工作的方法就自然運用在少年工作上……還是必須透過長期以來工作人員跟社區建立起的關係作連結再施以不同的策略，而且成效就是做就是了

（2：3）。

但在實務過程中其實已發展出多種理論模式，本章簡單敘述危機干預模式、社區工作模式、外展中心工作模式等三種，其實務操作如何進行，分述如下：

（一）危機干預

傳統的工作價值是將街頭少年視為個人問題（individual problem）所造成，但從深層的角度反觀之，這群少年亦可能受到許多創傷（trauma）經驗而導致偏差行為，因此，若此假設成立，流連街頭的少年，極可能是在人生階段中正在面臨許多的危機事件，若不即時處理或處置不善，可能導致其發生的障礙，所以，在社會工作理論模式中，危機干預（crisis intervention）的模式，適合此一情境的處置。

Golan（1978）提供了解釋危機干預最佳的理論，他認為每一個人在其一生中都會遭遇危機，而危機事件（hazardous events）是促使危險發生的主要問題，危險事件是可預期的，當危險事件造成損失時，少年就會產生脆弱狀態（vulnerable states），人的能力足以應付事件時，便會達成平衡狀態（周玟琪，1997：109～110），街頭少年很可能隨時面臨人生發展的危機，而社會工作者若能在其最徬徨無助的時機，加以介入干預，協助其認識問題、發展潛能、解決危機，必能防止消除一些潛在或即將形成的少年問題。而其主要各階段任務與工作重點如下：

危機干預基本上受到系統理論（system theory）、適應論（adaptational theory）與人際論（interpersonal theory）之影響，Hartman、Erickson、Lindenmann等人的提倡運用，Hartman 認為佛洛伊德的理論亦可分析正常行為，因為人的行為受到他人經驗所影響，「自我」的獨特功能就是「適應」。Erickson更認為成長階段的危機是必經現象，稱為正常危機（normative crisis），然而，危機干預即在個體面臨危

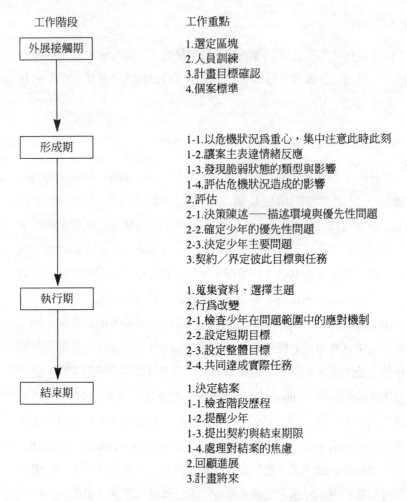

工作階段	工作重點

外展接觸期
1.選定區塊
2.人員訓練
3.計畫目標確認
4.個案標準

形成期
1-1.以危機狀況為重心，集中注意此時此刻
1-2.讓案主表達情緒反應
1-3.發現脆弱狀態的類型與影響
1-4.評估危機狀況造成的影響
2.評估
2-1.決策陳述——描述環境與優先性問題
2-2.確定少年的優先性問題
2-3.決定少年主要問題
3.契約／界定彼此目標與任務

執行期
1.蒐集資料、選擇主題
2.行為改變
2-1.檢查少年在問題範圍中的應對機制
2-2.設定短期目標
2-3.設定整體目標
2-4.共同達成實際任務

結束期
1.決定結案
1-1.檢查階段歷程
1-2.提醒少年
1-3.提出契約與結束期限
1-4.處理對結案的焦慮
2.回顧進展
3.計畫將來

圖17-1　危機干預模式的外展工作

機事件階段時，提供對抗壓力緊張情緒思考有效策略的一種工作方法。

　　Dixon（1979）界定危機之產生是由於某一事件被個人視為帶來危險，而個人通常的解決方式無效時，因而感到無助，並影響到個人的功能。

　　一般來說，危機大致有以下的特性：

1.危機事件帶來緊張和壓力。

2.事件通常是突發或不可預期的。

3.個人熟悉的處理方法已無法解決事件和減低壓力。

4.如果情況持續將會影響個人日常生活及其功能。

少年危機處理與創傷處置方法，以危機干預模式為例，其處置流程與方法如下：

1.瞭解主要問題：要達到有效的危機干預，工作人員需充分瞭解案主之危機的導因和問題之所在，運用一些開放性問題有助於尋找現階段的主要問題。

然而，根據一些生活事件，工作人員可以依下列層面加以診斷，因其事件均會對案主個人界定危機有著潛在之影響。

（1）工作／學業：工作史、學校生活、學業狀態、學習情況、與同事／學之關係、成就感、課業成績等。

（2）家庭生活：父母管教態度、父母婚姻狀態、父母對案主之價值觀等。

表17-1　危機干預的問題瞭解階段重點工作／訪談技巧說明

問題	探尋
是什麼促使你想跟我講話？ 什麼是導致事情的發生？	危機的導因 澄清案主遇見何種危機 案主對危機的看法
在事件發生前，你是從事什麼工作？ 事件對你的工作／課業有什麼影響？ 事件後你曾經怎麼處理？ 類似的事件你曾經發生過嗎？ 你當時怎麼處理？ 你認為處理的如何？ 事情發生後你覺得如何？ 你的家人或朋友知道這件事嗎？ 這件事您有告訴其他人嗎？ 你的家人朋友對這事情的看法如何？ 對你的反應，他們的看法是什麼？	案主過去和現在的生活功能 案主的壓力反應／防衛機轉與行為 案主的因應方式 案主的經驗 因應方式 案主經驗的自我狀態 案主對危機的情緒反應 案主的社會支持 案主的資源 案主的狀態是否處於易受傷害狀態 案主的資源

（3）人際關係：婚姻關係、異性關係、家人關係、同儕關係、手足關係等。

（4）成長背景：意外事件、成長經驗的重要事件、疾病、分離事件等。

（5）情緒控制：情緒狀態、壓力調適、衝動控制、暴力行為等。

（6）認知狀態：案主解決問題的方法、對事件評述的客觀性與一致性、對工作人員話語的理解程度等。

2.檢視危險程度：危機事件最常導致案主，發生許多意外事件或非理性的想法或行為，因此，案主的安全性成為工作人員在處理時，必須時時注意的，工作人員不可忽視案主之肢體或非肢體的語言，因這些動作將是傳遞案主內在意識的主要來源，不論案主試想表達求救訊息或想結束危機，工作人員應有高度的察覺能力，來判定案主在情緒、身體及行為上是否安全。若是案主呈現情緒低落、高度的無助感、沮喪，並且缺乏外界的社會支持時，便可能有自殺或自毀的行為。

在評估案主之危險程度（level of risk）時，可從下列層面來觀察：

（1）情緒：在處置過程中，許多的案主依其人格、信仰、成長背景、經驗等，可能出現許多正常或異常的壓力反應，如「傷心」、「害怕」、「退縮」、「絕望」、「焦慮」、「憤怒」、「怨恨」、「嘲謔」等心理反應，工作人員除了注意外，更需運用傾聽、同理、接納、陪伴技巧，處理情緒之發展。

（2）想法：在處置過程中，高危險群（high risk）的案主，可能會出現許多潛在意義的話語，如「都是我的錯！」、「我好想不如死算了！」、「媽媽根本都不關心我！」、「我真沒用，一點獨立能力都沒有！」，當這些語言的出現，隱現出案主即將可能會有非理性的意圖或行動，工作人員應適時處理案主之情緒，鬆動與澄清非理性之想法，並詢問「何時有

這念頭？」或「曾經想過怎麼做（自殺）？」等，以作爲預
防的工作，而後積極開發案主周邊的社會支持，以維持其安
全保障。

（3）過去經驗或意圖：過去的經驗或想法影響案主判斷甚鉅，挫
折的過去經驗會造成案主的惡性循環，此時阻止過去經驗的
對案主的影響是階段性任務，當然案主的抗拒在此階段亦會
發生，工作人員應鼓勵生存動機，並探討可能的社會支持資
源，同時提醒案主周圍之人注意其行動與安危。

3.處理情緒並給予支持：此時案主的負向情緒與失落感，需要工作
員的支持與同理，可以穩定案主之情緒外，更可增進專業的信賴
關係，此刻，可注意下列幾方面：

（1）工作員應對案主之情緒、價值有高度察覺，以同理、專注與
情感反應技巧處理案主情緒。

（2）澄清案主之期待，如希望獲得的服務，或工作人員的性別是
否會造成女性案主之困擾等。

（3）和案主宣示會與其一起面對與解決其問題。

（4）案主可能已多次尋求解決但無效，產生習得無助感（learn-
less），認爲誰都無法幫助他。

（5）就工作人員之專業判斷，提供案主有效、中肯與精簡的回應
或建議。

4.建立良好關係：在外展場所中，提供成長的會談氣氛（climate for
talks）是工作人員應努力營造的，讓案主在安全的情境下表達，
認識問題，對其是有正向幫助的，工作員此時應發揮專注聆聽、
無條件的積極接納，並協助案主瞭解自身危機 進而協助案主正視
自己的反應（facilitative response），確定（assurance）案主的反
應，以增加其自信心，如「相信你的問題一定會解決」、「現在
你這麼願意嘗試，我想很快可以找到答案」、「聽起來，你提出
一個非常好的意見，讓我們一起來分析它的優缺點」等。

5.研究可行的選擇：研究可行的選擇（examine alternatives），與少年案主共同評估選擇可行的問題解決方案，如復學選擇或謀職計畫。

6.訂定計畫：針對解決方案共同訂定詳細計畫，並分析可能遭遇之困難與資源之取得。

7.執行與追蹤：與少年共同評估執行之效果與困境。

（二）社區工作模式

由犯罪區位學理論中，Shaw和Mckay於1920至1940年，採用區位學的取向，分析少年犯罪與社區發展與社會環境變遷及其它社會病理現象的交互影響（胡中宜，1997a：25）。Shutherland提出差別結合論，提到青少年階段對同儕團體的歸屬需求相當強烈，當少年面臨偏差的習俗與傳統的習俗而不知取捨時，他／她是否成為少年犯，端視其所接觸的團體而定：假如他有充分機會與犯罪的朋友建立親密的接觸，則他們將過度表現支持違反法律與社會規範的行為，並學習犯罪技巧與犯罪動機，對犯罪行為作合理化的辯解，最後終於導致少年犯罪行為的發生。

由上述的理論中，我們可以發現，青少年經常生活的空間秩序為家庭、學校及社區，但若因家庭失去功能，則易使少年提早離開家庭而進入社區中；而在學校適應不良的少年，也常因低成就或學習挫折而提早離開學校而進入社區中，故社區環境物理及人文景觀，都深深地影響到青少年之偏差行為。有鑑於此，台北市少年輔導委員會，在全市少年犯案密集區塊中推動區域防治工作如少年街角外訪工作，期待透過對區塊的介入，能有效的達成少年犯罪預防工作之成效。其少年街角外訪工作規劃，從工作準備到工作執行與評估的各個階段與歷程都需計畫與評估。

首先選定重點區塊，先從少年相關資料蒐集與分析開始，依據刑事警察局提供之少年資料，列出少年犯案居住地與犯案發生地的斑點圖，首先依據犯案之密集程度，再依犯案類型、發生時段、犯案集中程度等

相關資料，犯案區塊內少年人數及其少年犯案人口率，作為選定區景觀勘察。進而，蒐集社區人文與地理景觀資料，同時與地區人士，如里長、社區發展協會成員、商家業者、訓輔導老師等加強溝通，瞭解該區塊社區組織辦理活動之性質及居民參與活動狀況。當選定區塊後開始準備，而工作之執行需要有充分人力之協助，外展人力來源有社區媽媽、學校家長團體、宗教團體、大專院校學生及志工等，依時間分組、分點、分地進行街角外訪工作。

其後，外訪人員的訓練工作也是決定外展工作成效的重要指標。透過招募相關青少年工作經驗之志工方式及鄰近大專院校相關系所學生，進行訓練。實施外展技巧訓練包括：

1. 機構介紹。
2. 訪談技巧。
3. 認識青少年次文化，如少年流行或習慣用語、流行服飾、喜好用品、星座、手相、籃球及撞球等。
4. 少年生理、心理特質。
5. 自我認識。
6. 服務動機澄清。
7. 挫折忍受度。
8. 與人建立關係的經驗。
9. 衝突事件處理及可能的突破與限制。
10. 觀察外訪社區特性。
11. 如何觀察和記錄。
12. 認識外訪工作。
13. 外訪工作的目的與功能澄清。
14. 如何介紹外訪工作。
15. 需要運用之時間與配合事項說明，如夜間工作等。
16. 記錄填寫訓練。

17.小組合作及接受督導。

一般而言，外展在介入社區層面時，可分爲三個時期，最開始爲外展工作直接主動企劃的社區計畫與服務，再尋求社區的參與，此階段目標爲引發社區之注意與共識，接著是外展工作隊的協助社區參與，工作以協助角色爲主，社區爲主導；最後，工作隊則以諮詢整合的角色爲主，可協助運用大眾媒體力量，推展社區進行外展工作。各階段任務不同，若社區已有能力解決社區少年問題，則筆者認爲外展隊此時應即時撤出，扮演好發展諮詢角色即可，社區中還有許多區塊是值得開發與運作的的地區。

（三）外展中心工作模式

外展中心工作（outreaching center work）係指外展服務藉用青少年服務中心的設施及其服務特色，使外展工作的服務對象群得以擴大，並將工作成效提升的一種方法模式（陳寶釧，1997：20）。青少年服務中心始終是外展服務的一種補充與延續，中心設施作爲引誘少年進入服務體系的因素，中心亦是少年服務與少年生活的集散地，將設施與方法結合，相輔相成，唯青少年中心應更具彈性與包容，如時間的延長和服務方式的開發，才能因應少年需求。

台灣外展工作模式的多元性，是源於台灣社會環境的變遷，少年特質的改變，與社會的認可，使得工作模式愈趨彈性，接觸的手法策略皆因各執行單位而各有其特色，唯在實際訪談的過程中，大多數的實務工作者皆不敢認爲其運用多少的理論模式，確實是未加使用，抑或，專業發展不足，還是根本地，台灣的社會工作理論體系的建構與認知，仍待加強，是值得再深入的一個有趣思考。

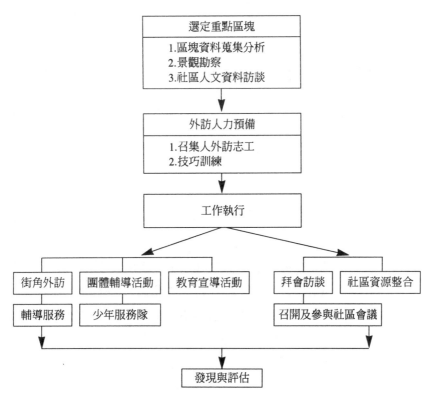

```
                    ┌─────────────────────┐
                    │      選定重點區塊      │
                    ├─────────────────────┤
                    │  1.區塊資料蒐集分析     │
                    │  2.景觀勘察           │
                    │  3.社區人文資料訪談     │
                    └─────────────────────┘
                              │
                    ┌─────────────────────┐
                    │      外訪人力預備      │
                    ├─────────────────────┤
                    │  1.召集人外訪志工       │
                    │  2.技巧訓練           │
                    └─────────────────────┘
                              │
                    ┌─────────────────────┐
                    │       工作執行         │
                    └─────────────────────┘
```

圖17-2 社區模式之外展社會工作

外展社會工作的轉折

　　台灣的青少年外展工作從早期70年代的救國團發展的「街頭張老師」，到現在台北市少年輔導委員會的「街角外訪」、「中繼營」；台北市社會局少年服務中心的「外展服務」；勵馨基金會的「喵－BUS外展工作隊」；天主教善牧基金會的萬華青少年中心的「中途輟學少年外展工作」；經過二十年的發展，工作過程中歷經許多衝突限制，其中存在許多的轉折因素，而發展至今日工作模式與策略，以期更加符合外展之

績效與青少年之福利需求。

一、台灣外展社會工作的發展階段

回顧台灣近二十年的青少年工作經驗中，運用外展社會工作方法的演進，筆者將其分類爲四個時期：

(一) 開創期 (1978～1981)

最早的開始，係70年代末期國內典型的青少年服務機構救國團張老師參照國外「街頭社會工作」的模式，首先提出類似外展社會工作的概念開始，「街頭張老師」開始於台北重要青少年聚集區域運作，對經常出入不良場所或鬧區遊蕩及發生急困少年提供街頭輔導工作。此時期的時空背景脈絡，由於民間志願團體發展尚未成熟，且多屬單打獨鬥的階段，在缺乏任何參考比較及支援的情況下，在九十位報名者中錄取三十名大專志工與社會人士進行工作，最後在因爲缺乏運作模式、後送系統及研究尚未累積的情況下，抱著初生之犢不畏虎的心情，開創了台灣的青少年外展工作。但也因服務方案模糊、組織間協調整合不易、服務對象與服務目標功能不夠明確及工作員挫折感，使得此項開創服務工作終告式微。

(二) 萌芽期 (1981～1996)

第二個時期，再經過一段約十年的空窗期之後，直至1994年開始，台北市政府的少年輔導委員會北投少輔組，有鑑於地區內某一公園爲重點犯罪區塊，加上傳統等待服務的方式無法突破，遂開始擬定計畫，結合社區，走出戶外，辦理少年活動，主動與少年接觸，並結合社區方法，主要目的仍爲少年犯罪之區域防治工作，開始一連串的地區傚仿與串聯。此時，仍屬混沌未明之萌芽時期，且戰且走，尚無一套標準模式與評估方式，「作何？何作？爲何而作？」的問題，仍在爭議，理論的

建構，在當時仍備受討論。

（三）戰國期（1996～2000）

到了第三個時期，則為1996年開始，台北市社會局有鑑於青少年工作的複雜性與多元性，加上民間組織的漸趨成熟與外展觀念的受到認可因素，開始委託民間團體進行各區域之外展工作。自此，開始進入一個百花齊放與百家爭鳴的階段，各服務單位的競爭合作，促使工作方法開始發展。唯單位間缺乏溝通整合的模式，本位主義過重，致使資源重疊或造成服務間隙的情況發生。

（四）整合期（2000以後）

最後，在未來的第四個時期，是在2000年以後，這個時期是整合的時期，未來的工作講究績效、信任與品質。因此，服務資源的整合與協調是趨勢所在，健全的服務輸送體系，完整的概念，知其然，知其所以然，瞭解外展之真正意涵，是未來的發展。

二、少年對外展服務需求的轉變

（一）未升學未就業的族群增加

根據內政部出版的《台閩地區少年身心狀況調查》（1999）指出，未升學的少年占9.8%，而其中未升學未就業者占其中的62%，許多的實證研究指出這群少年除健康狀況不良或準備考試求職等因素，大多是無所事事，因此這群高危險群的少年，一方面無學校的拉力與歸屬感，另一方面受到環境金錢的誘惑，極容易造成錯誤的價值，導致偏差行為，外展服務極需要發現此一族群。

（二）現實感的降低

環境變遷愈快速，少年價值認同愈艱辛，少年愈來愈多「活自當下」。很難思考後果或面臨的問題，如翹課多久會如何？將別人的紅茶店砸了會如何？八家將能跳到六十歲嗎？外展服務針對現實感的連結，即是今後外展服務的需求（黃雅玲，1999）。

（三）特殊族群的產生

根據勵馨基金會外展工作隊表示近五年的社會環境變遷，環境的「物慾化」，使得青少年價值的偏頗，造就許多所謂的「逃家少年」、「志願性從娼少女」（雖然未成年少女，社會工作社群認為其性自主尚未健全，而無所謂的志願性可言）的族群，外展工作的特殊目標也因應產生。

（四）社會變遷脈絡衝擊下的發展階段的問題

青少年發展的最大任務即在自我的認同，面臨獨立與環境依賴的兩相掙扎，常發生家庭關係不良、學校適應不良，以及交友與情感問題，而後，可能衍生出逃學逃家問題，外展工作若能即時發覺並處理相關問題，對往後社會成本的減少會有極大的預防功能。

也正因為上述許多少年需求隨著社會變遷轉型的因素，也產生質變與量變的效應，故此，機構之服務政策（service policy）或政府部門進行委託辦理時，更應注意新趨勢與新需求的供給，才能切中人口群的福利需求滿足，服務方案也才會有效益，更能避免發生資源錯置的現象。

三、價值理念的轉折

外展工作執行到現在以來已有較顯著之成果，機構或工作人員比起從前更清楚外展的使命（mission）及任務，而不只是單就認為其只是一

種「接觸方法」而已，擴大而及的是促進倡導資源與少年之間的落差，畢竟外展社工若只是一種接觸手法，其存在價值將必受到挑戰與爭議，必有其他另類的方法可取代之。也就是這樣目前比較清楚外展工作的面向，如以主動方式接觸少年、認識少年並建立關係；提供各類服務，協助青少年面對及處理各項身心問題並協助其發展；建立資源及服務網絡，預防青少年犯罪與發生脫序行為。

有許多執行外展的夥伴有著錯誤的迷思，總認為外展就是找到高危險群的小孩子就好了，這根本是大錯特錯，因此，形成上下交相賊的社會現象，從上到下只看這個月執行量到底夠不夠、多不多，總覺得找到愈多，成果愈好。殊不知，找到了又如何？若只是這目的，乾脆直接到少年觀護所每天就站在那，每天出所的個案不是成千萬個嗎？而且，還每個都是他們要找的標準個案呢，還不會發生一下午都沒小孩的尷尬場面（2：3）。

外展到底是一種服務還是方式？雖然仍有討論，但是我們的目標是幫助青少年，我們知道青少年在瞭解與利用社會資源仍是極端弱勢，青少年之所以不會使用資源，一方面是對資源的瞭解有限，一方面是對提供服務的人員陌生，困著陌生使他們更容易裹足不前，外展工作主動提供服務，進入青少年中間，和他們建立關係，協助青少年熟悉資源並進而使用資源，我們這樣做是為了幫助各方面有需要的青少年，讓他們不至於面對問題徬徨，進而產生脫序行為（3：4）。

外展社會工作的績效與困境

一、外展工作的績效

　　創新的少年服務方式使得少年的需求更易被發覺，也更易被滿足，一反傳統坐在辦公室等待提供服務的限制，積極與少年建立關係並協助少年自我成長，進而發展潛能，訓練這群高危險群少年成為「小幫手」，成立「少年服務隊」，參與社區服務工作，建立自我價值感，是此項服務最大之功效。另外，也因外展之介入，引發社區對少年福利服務之重視，進而，結合社區共識，讓社區自己動起來，發覺問題，解決問題。然而，外展社會工作的績效不外乎：

1. 解決高危險群少年之需求，適時主動發現，適時危機處遇。
2. 擴大少年工作組織之服務廣度與成效。
3. 促進社區之發展，凝聚社區對少年需求之共識與解決行動。
4. 多元服務人力之引薦。
5. 促進公、私部門共同協力注意少年福利需求。
6. 多元處遇方法的介入，不再局限單一個案方法或機構式被動的服務。
7. 培養少年自主意識與自我價值的提升。
8. 奠基國內外展工作之理論與實務基礎。
9. 建構一種以案主為導向（client oriented）的工作方法。
10. 透過外展工作的推展，逐漸建構、開發與整合一套有績效的少年服務後送系統。

　　另外，本章將在下段討論焦點置於目前實施之困難與限制，以期整

理出突破之途徑。

二、外展工作的困境

　　台灣外展服務實施至現在，各主事機構確實面臨許多的限制與困境，在人、事、經費、機構、環境等層面，存在許多的問題，茲整理分述如下：

(一) 個案開案標準難訂定

　　許多單位針對外展服務對象的選取各不一，常因機構特性與委辦目標而有不同，到底服務一般少年，抑或特殊少年，認知不一，個案開案標準難訂定，造成混淆的現象，使工作員常認為工作無所效率的窘境。

　　有時候我們在街上常會發生一些兩難狀況，這是那是我們要外展的個案嗎？他有需要嗎？一般的小孩要和他們接觸嗎？……（1：4）。

(二) 人員流動率高

　　外展服務是極具挑戰性之工作，並非所有人都適合此一工作，若人格特質過於內向，溝通技巧過於生疏，在開放性場所與少年建立關係即容易遭遇挫折，加上運用志願服務人員，若情感支持不加注意，工作人員極因倦怠感而流失，抑或工作員尚不清楚「為何而戰？」，也容易出現「有作就好！」的反彈與消極反應。

　　我有時候觀察我們的一些工作人員，他們其實對外展好像有一點排斥，有時候出去外訪好像很累的樣子，而且志工參與的情形也呈現兩極化的現象，有些很高興，有些不知怎麼搞的，好像都沒辦法接觸小孩子，日子久了就離開了……（3：6）。

（三）志工訓練不足

外展服務在國外以及台灣皆運用大量的志願服務人員，但志工擁有不同背景與動機，在專業訓練上就顯得相當重要，而國內志工訓練針對外展服務上又未見成熟，常發生品質不足的現象，而有趕鴨子上架的情況，這也是造成人員流動率影響的遠因之一。

我們機構作外展幾乎都是運用志工較多，因為專職工作人員人力有限，多是邀請我們機構的個案志工，或是另外招募外訪員，較多是大學生，也有許多社會人士，或教會師兄姐，但幾乎是倉促成軍，馬上就上陣，大多會有許多問題……（3：6）。

（四）督導系統缺乏

運用大量志工的結果，督導的體系就需發揮極大的功能，否則服務團隊將會解組與渙散，國內常發生一對多的督導系統，造成剛下海的外展工作員在無所依靠的情況下，為所欲為，而督導系統卻全然未知，此即造成對個案權益的嚴重傷害。

我們單位多為志工出去外展，雖然行前會有幾次的訓練，但第一次的外展是我最擔心的，因為專任工作人員實在不足，實在沒有辦法一個跟一個，有時候志工如何與少年接觸都不太清楚，真怕他們會有許多失控的狀況，一般來說我們大概是一個專任帶五位志工出去……（1：5）。

（五）「專業」社會工作員特質的潛在問題

在許多機構中，不可諱言的，存在許多專業社工對外展服務的認知仍有成長的空間，以致產生為何要這樣做？真的有效嗎？加上工作方法一反傳統被動提供服務的方式，需主動在開放場所與少年接觸的特質，許多工作員缺乏此一特殊之人格特質與專業訓練，此現象筆者認為，與機構主管人員普遍認知有關，大部分之督導或行政主管認為只要是經過

養成訓練之社工，理應無所不能，而直接歸納其應具備外展工作之能力，而發生「不適任」之社工抱持應付之思考，致使服務品質無法提升。

　　我發現實際上我們單位的社工，我說的是專職社工，不是志工，都會發生不能接受的現象，因為我發現有一些來這部門的工作員有時候是派任來的，但其實他的人格特質根本就不適合作外展，初期開始會抗拒，後來沒辦法經常發生應付了事的現象，跟他們談過後，才知道這事，所以沒準備好的工作員很容易就陣亡了……（2：5）。

（六）本位主義過重，資源整合尚未建立

　　工作執行單位過多且本位主義濃厚，無法訂出整體之外展方案，與福利輸送體系，造成資源重疊與漏洞的窘境，如台北地區就發生一個少年聚集重點區域，就有無數個單位實施外展服務工作，許多少年皆會受到眾多單位的「照顧」，造成少年的混淆。為此，各服務單位為此更提出「地盤劃分」與「時段劃分」的可議措施，缺乏整體性的服務整合方案。而且機構之間的傳承效果太差，服務擴散作用無法達成，以致新機構無法也不知如何著手，只能落入再一次錯中學，學中錯的傳統工作循環。

　　我們因執行外展工作的時間不長，因此經驗較不豐富，實在期待各單位及相關機構提供資源及資料可供我們參考，不然有時候我門連自己做的對不對，工作方向有時都不是很確定，希望已經執行很久的資深單位可以經常辦理相關的會議或研習，大家一起討論，相信對我們這群新手會較有幫助……（3：2）。

（七）後送服務系統缺乏

　　在外展工作形成的同時，與少年接觸的過程中，會發現許多急待救援或協助的個案，如離家、逃學、未婚懷孕、藥物濫用、精神疾病、情

感困擾、偏差行為等，後續需要一些專業機構的介入，但資訊的缺乏與資源的分配不均，將造成少年無法立即受到有效的服務。

我們現在透過外展的過程中發現許多個案是中輟的個案，其實有許多小朋友是想回校的，而不是他們都不想回去，他們往往在返校的過程中遇到無比的困難，使得他們放棄回去，像這樣中輟生的例子裡，在後送及轉介方面，有時候我們需要教育局的協助，但有時狀況並不那麼樂觀……（3：4）。

（八）政府部門與非政府部門之服務整合與服務區隔問題

政府部門與非政府部門之間角色不清，造成志願組織常抱怨資源不足，而政府部門資源過剩的有趣現象，同樣區塊，做同樣事窘境顯而易見，各單位的服務整合（service interlocking）與服務區隔（service divide）是刻不容緩的問題。

說實在的有一個現象我不知道該不該講，就像我們現在這在做的區塊，告訴你，總共好幾個單位在做，彼此各作各的，互不交流，我們有時候在外展的過程中，少年告訴我們，昨天有一位阿姨，好像是哪一個單位的我不知道，小孩還說今天怎麼是你們，你說奇怪不奇怪。後來，竟然有人提議說以後××路以東歸××單位，以西歸××單位，上午歸××，下午××去，晚上就歸我們，這不是亂七八糟嗎？……（2：8）。

（九）評估方法之缺乏

目前各單位在評估外展工作時，常以「量」為主要之依據，全靠個案量為評估指標，而第一線的工作人員，只能以全力以赴的狀態，加以開發個案，殊不知，此根本違反外展工作之真正意涵，行政主管人員及委辦單位的錯誤，與尚未建構一套清晰評估指標，是問題的根源。若只為開發個案，可以採取其他方式，如對即將離開觀護所或輔育院的個案

加以追蹤，不是更多更有效嗎？而主管機關或委託機關亦是需透過問卷，來限制與少年的接觸關係，難道一定要做完問卷才是具有績效，抑或背後隱含了政府部門在委託機構的同時，仍對其專業信託關係仍不太信服？而需要透過傳統的「刻板」方式來監督管控，殊不知外展工作竟是如此「彈性」的工作模式！

我們發生一個現況的困境就是社會局委託的問卷內容青少年不願回答，以致與少年接觸不易……（3：3）。

（十）實務理論模式缺乏建構

目前實務工作者普遍的認知，不知現行的方案做對做錯，且無法認知有何理論模式正在進行，但事實是否確實如此，不得而知，經過數十年的發展，外展之實務理論模式，理應建構完成，清晰的理論才能指導實務的進行，此為嚴重的問題。

我們機構說實在的……應該沒有使用嚴格的理論模式，反正做就是了……（2：1）。

（十一）相關法規之限制

在執行外展工作的同時，常常遇到許多少年一直存在著的複雜問題，而外展社工員必須加以設法解決，但在處理的時候，許多法規與政策經常與少年之需求產生衝突，以致工作人員欲振乏力，不知如何是好，因此，相關法規如少年福利法與兒童福利法是否合併、少年事件處理法、勞動基準法等修正是值得討論的地方。

外展工作中發現未滿十五歲的少年尤其是中輟，他們大多有打工的需求，但年齡未符合相關法規規定，因此容易被剝削與利用，我們最近就有一例，期待勞工局可以協助，開發就業種類，以及與商家合作提供青少年就業機會……（3：14）。

在我們外展工作中發現有許多兒童有虞犯行為，但少年事件處理法不罰的，社工員是否通報社會局，並作後續處理……（3：14）。

展望與建議

有時候我們會捫心自問，到底外展工作在做什麼功？有什麼效？外展社會工作如果要在台灣深根成功，需要完整的少年服務體系之支持以及整體配套措施之後盾，才能看到真正的成效。然而，如何讓外展工作「光顯」，使社會大眾認可並支持這樣的服務手法，工作人員建構本土化的少年外展服務模式，比討論量化的個案數成效要來得重要，最後，本章提出對未來少年外展社會工作之幾點建議：

一、強化外展工作的技術方法與工作人員的服務價值

外展社工需要清楚知道，面對少年的複雜環境與問題，工作人員能否提供有效的後送資源服務，需要透過定期不斷的據點接觸、更多元化的服務包裝手法，提高外展服務的能見度，並善用資源學習各種創新的青少年服務手法，使不同的服務對象看見你的使用價值願意接受你的服務。當工作人員使用彈性化的接觸手法（如戲劇、街舞、撞球等），就越容易融入外展少年對象的生活次文化，更能顛覆青少年傳統對外展員的刻板印象。

二、外展社工員需要強而有力的支持與鼓勵

外展工作者是我們街頭社會工作行銷的先鋒，案主權益的倡導者，亦是社區內的問題與需求發現者。當外展工作員愈認識問題，會發現不可能憑一己之力完成任務，需要瞭解機構內部與外部可能提供的資源，

透過少年福利的支持網絡，使其順利獲取資源。因此對外展社工的增強與鼓舞，如規劃多元在職訓練、透過督導系統給予專業與情感的支持、允許發展各自的專業自主性，並為他們爭取應有及最佳的福利，才是發展專業與留住人才的最佳途逕。

三、釐清外展工作的角色與功能定位

外展工作者在街頭工作，時常會面臨角色的衝突與倫理困境，因此，釐清外展工作員的功能與定位就顯得重要。但不同機構之外展服務的使命與動機存在差異，因為畢竟外展服務只是一種服務手法，機構需清楚掌握外展服務的目的與使命，才能扣緊其角色定位與服務功能的發揮。

四、外展服務的本土化與涵化

國內有關外展實務理論模式建構與認知，仍嫌不足，如何將國外經驗有效引入國內學習的過程是值得研究與發展，本土化（indigenization）係指將重要外展概念轉換成適合台灣的情況，而涵化（authentisation）則是將本土的外展概念與國外的理論結合發展出一個新的理念架構，進而推展出去。著力於外展工作本土化到涵化的過程，是第一線實務工作者與研究者應努力之處。

五、公私部門之服務整合與區隔模式共識的建立，定期舉行協調會報

定位出公私部門與各單位之權責與角色是未來服務方案整體規劃上必須著力的，加強彼此溝通協調，建立互信基礎，才能有效整合。

六、績效評估指標之建構

非營利組織或政府部門單位,在實施新興工作方法時,缺乏一套評估指標,以衡量相關效度,研究建構出完整質量並重的評估方式,以利修正服務限制,提升品質,使少年服務工作不致落入形成「有做就好」的弔詭現象(郭靜晃、胡中宜等,1999)。

七、建立清晰與彈性的督導系統

創新一套在彈性與靈活工作中,而能保有鮮明且不失散渙的行政與教育督導系統是值得實務界與學術界值得深思的一個問題。

八、外展服務的整合工作勢在必行

與其他社會資源的連結,與社工機構的整合與聯繫,與社區的共識,共同建立一個安全網絡,才是解決複雜多元的少年問題的有效方法。注意工作方法,目前各單位各施本領與工作方法,能夠互相交流,定期性辦理研討,發展出一套完整由實務發展出來的實務社會工作理論與方法,是值得進行的一個工作。

九、實務單位需經常蒐集少年最新資訊如黑話口語、行為情緒特質、學校狀況等,並提供決策單位參考,以利有效擬定解決少年問題之參考

十、以個案管理模式提供少年完整與持續的服務

在眾多機構與資源的協助下,往往會發生資源不足或重複的現象,

因此一個具有品質的服務輸送過程，應以一個個案管理模式進行服務，統一事權，焦點目標管理導向，較能發揮其功能。

十一、以社區工作為基礎的外展社工模式

外展工作最後的方式仍應在社區紮根，從社區做起，紮實地經營社區，結合當地資源，倡導地方重視青少年問題，鼓勵當地社區開發資源，主動工作，讓社區服務社區，才不致落入80年代的外展危機，工作人員亦不會疲於奔命，而事倍功半，否則只會落入外展工作的死胡同之中。

注釋

❶係因此項工作方法以往未受台灣社工界重視,而國內出版之《社會工作辭典》亦未提及,香港中文大學社會工作學系編譯的《中譯社會工作學詞彙》中明文提及外展社會工作(outreaching social work)一詞,唯可惜未加以詮釋。

參考書目

一、中文部分

王玟琳等（1999），區域少年犯罪防治工作，《台北市少年防治更生研討會手冊》，59～73，台北市少輔會。

外展刊物委員會（1990），《香港外展社會工作實錄》。香港：集賢社。

朱亮基等（1997），危機介入，《個人工作與家族治療》，129～175。香港：中大。

何紀瑩（1999），東區少年服務中心外展工作，《台北市少年防治更生研討會手冊》，43～58。台北市少輔會。

呂民璿（1990），《青少年的社會參與與社會適應》。台北：巨流。

李增祿（1995），矯治社會工作，《社會工作概要》。台北：巨流。

周玟琪等譯（1995），危機干預與任務中心模式，《當代社會工作理論》。台北：五南。

侯榮蘭（1999），居住地少年犯罪區域防治行動，《台北市少年防治更生研討會手冊》，43～58。台北市少輔會。

姜朔中、李慧玲、廖靜薇（2000），危機干預理論對於重大創傷者的運用，東海大學社工所專題討論。

胡中宜（1997a），談青少年福利社區化──以犯罪青少年為例，《社區發展季刊》，77，93～101。

胡中宜（1997b），保護管束少年福利需求滿足、社會支持與情緒幸福感之相關研究，文化大學兒童福利研究所碩士論文。未出版。

胡中宜（1997c），更生保護與青少年庇護制度，《社區發展季刊》，79，235～249。

胡中宜（2000a），少年校園幫派文化與社會工作處遇，《東海大學社會工作系系刊》，2～4。

胡中宜（2000b），性侵害加害人輔導教育與矯治社會工作處遇策略，《性侵害犯罪加害人輔導教育教學研討會》。台北：內政部。

胡中宜（2000c），中輟生問題與福利服務，《社會問題與適應》。台北：揚智。

張英陣（1998），《社會福利與社會工作》。台北：洪葉。

郭乃揚（1992），《邊緣青少年服務──剖析香港外展社會工作》。香港基督教服務處。

郭靜晃、胡中宜（1997），更生保護與青少年庇護制度，《社區發展季刊》，79，235～249。

郭靜晃、曾華源、王順民、胡中宜（1999），《台閩地區少年身心狀況調查》。台北：內政部統計處。

郭靜晃、黃志成、劉秀娟、胡中宜（1999），《少年福利機構因應少年事件處理法轉向制度之研究》。台北：內政部社會司。

陳淑芬（1999），外展之路路迢迢──台北市萬華少年服務中心外展工作回顧，《台北市少年防治更生研討會手冊》，75～88。台北市少輔會。

陳寶釧（1997），《香港外展社會工作縱橫》。香港：集賢社。

曾華源、郭靜晃（1999），少年教育輔導之福利需求，《少年福利》，152～176。台北：亞太。

曾華源、郭靜晃、曾滕光（1996），《強化不幸少年教養輔導方案之研究》。台北：內政部社會司。

黃雅鈴（1999），邊緣青少年對外展服務需求之探討，《台北市少年防治更生研討會手冊》，113～129。台北市少輔會。

萬育維譯（1997），《社會工作實務手冊》。台北：洪葉。

葉大華（1999），從西門町外展工作談外展如何發酵，《台北市少年防治更生研討會手冊》，89～97。台北市少輔會。

趙雍生（1997），《社會變遷下的少年偏差與犯罪》。台北：桂冠。

鄧應標（1998），司法系統及犯罪康復中社工的角色。香港：青年研究學報，2，42～51。

闞漢中譯（1999），兒童青少年工作實務評估，《兒童青少年社會工作》，317～357。台北：洪葉。

闞漢中譯（1999），兒童青少年的成長與發展，《兒童青少年社會工作》，29～61。台北：洪葉。

闞漢中譯（1999），服務整合與個案管理，《兒童青少年社會工作》，301～316。台北：洪葉。

二、英文部分

Brandon N Richard（1994）. Outreach for Entitlement Programs: Lessons from Food Stamps Outreach in Washington State. *Social Service Review,* March.

Hearn, L.（1994）.Working with Irban Youth: Experiences from Medellin, Colombia. *Community Development Journal*, Vol.29 4 October ,337-345.

Narx, J. D.（1988）. An Outdoor Adventure Counseling Program for Adolescents. *Social Worker*, November.

Newbery, Peter（1996）.Youth Outreach-A Crisis Service for Marginal Youth. *Executive Director of Youth Outreach*, March.

R. Bronstein, Laura（1996）. Intervening with Homeless Youths: Direct Practice Without Blaming the Victim. *Child and Adolescent Social Work Journal*, MA: Auburn House Pubilshing Company, 13（2）: 127-138

Roux, Johann L.（1994）. Street-Wise: Towards a Relevant Education System for Street Children in South Africa. *Education and Society*, 12:

2, 63-68.

S. Ellenbogen & C. Chamberland （1997）. The peer relations of dropouts: a comparative study of at-risk and not at-risk youths. *Journal of Adolescence*, 20 （4） : 355-67.

18. 台灣不幸少女安置輔導措施與檢討

沈俊賢

中華兒童暨家庭扶助基金會高級專員

前言

　　在1985年到1987年間，台灣的婦女運動就已開始倡導反色情宣導及運動，當時，幾個民間從事雛妓救援工作的團體和機構，一方面實際參與救援被賣或被迫從事性交易少女脫離火坑，另一方面積極呼籲政府儘速立法有效防制此一惡性對待的問題（余漢儀，1995）。綜觀國內對於從事性交易行為之未成年人的因應措施發展，最早期乃依據「少年事件處理法」對於從事性交易少年施予司法矯治；1989年通過的「少年福利法」對於未成年的兒童及少年從事賣淫或營業性猥褻行為者，規範處以適當的保護安置（第22條）；至1995年時，才在婦女救援基金會、勵馨基金會、終止童妓協會、花蓮善牧中心等民間團體及機構的推動下，通過「兒童及少年性交易防治條例」，較周延地規範相關的救援、處遇，及預防有從事性交易或有從事性交易之虞的兒童及少年等相關事宜。而促成立法的民間團體及機構，更持續地透過各種管道，監督法律規範的各項執行狀況（劉淑翎，1999）。

　　在因應與從事性交易或有從事之虞的兒童及少年相關的法令變遷

中，至少揭露了兩項特色：一、政府對於保護未成年人免於「兒童惡待」的決心與行動，是可以透過社會運動的路線加以促成；二、將從事性交易或有從事之虞的兒童及少年，與一般觸犯少年事件處理法的行為偏差未成年人，在處遇的理念上加以區隔，更偏重於福利及保護取向。然而，法律所規範的相關救援及預防措施是否落實執行？所採取的防制行動是否能產生預期的功能？服務網絡與處遇的措施是否能因應不幸兒童及少年的特質與需求，以使整體的立法目標得以達成，值得社會各界進一步加以關切。

依據「兒童及少年性交易防治條例」的規定，為防範及因應從事性交易的兒童及少年，應提供宣導、救援、加害者處分，及安置保護等防制工作。依據內政部公布的「八十八年度兒童及少年性交易防制工作成果報告」內容可知（內政部社會司，2000），就執行的預防面而言，教育宣導活動、中輟學生通報與追蹤輔導、原住民鄉認養及相關活動的辦理，與流浪兒童少年保護服務，均有相當多的辦理場次與服務人數；在執行救援方面，牽涉到檢警救援任務編組、設置通報專線、社工員陪同偵訊等，在各級地方政府的執行上，均依據條例加以設置或運作；至於處遇的執行面，依規定需包括緊急安置、短期安置、中途學校、其他適當處遇安置，以及追蹤輔導等五項保護安置措施，除基隆市與台北市藉由公立的教養機構安置外，其他各縣市均採公辦民營或委託民間團體、機構辦理緊急短期，或是關懷中心的安置輔導。

隨著「兒童及少年性交易防治條例」的通過與施行，各級政府雖大致已依據條例的規範，建構各項有關的預防宣導、救援體系、安置處遇，以及追蹤輔導的諸多措施及網絡，期待這些因應的措施能有效地防制有從事性交易的未成年少女，再度從事性交易的可能，並期使他們能重返社會。其中條例實施至今，經法院裁定安置於中途學校或是兒童、少年福利機構的不幸少女，其接受的處遇、輔導內容，在因應不幸少女個人與家庭的需求上有何落差？是本章所欲探索的核心問題。基此，本章將藉由瞭解收容輔導不幸少女的關懷中心與中途學校所提供的處遇措

施現況，比對不幸少女從事性交易或有從事性交易之虞的成因、個人特質、社會環境因素等，佐以現有對於不幸少女安置處遇的實證研究結果，探索相關的處遇措施是否能夠因應不幸少女個人與家庭的需求，並參考國外的處遇經驗，以檢討現行處遇措施的優缺點，並提出修正、變革之建議。

台灣不幸少女安置輔導措施現況

依據「兒童及少年性交易防治條例」第十八條規定，法院認定兒童或少年有從事性交易者，除罹患愛滋病、懷孕、外國籍、來自大陸地區、智障者，及適宜由父母監護者或不適合中途學校特殊教育者以外，應裁定安置於中途學校施予兩年之特殊教育；至於有從事性交易之虞者，依情況分別裁定安置於社政主管機關委託之兒童、少年福利機構、寄養家庭或其他適當醫療或教育機構。各級地方政府在回應此一規定之作為方面，依據內政部公布的資料顯示：目前各級地方政府（內政部社會司，2000）共計設置包括台北市立廣慈博愛院、內政部少年之家，以及雲林教養院等三處收容輔導不幸少女的中途學校，以及十二所關懷中心，這些較長期安置處遇設施的設置概況如表18-1及表18-2所示。

由表18-1及表18-2的資料整理可看出，目前僅有三所特定安置不幸少女的中途學校，其服務的共通項目包含了教育服務、心理及行為輔導、職業訓練、技能培養與醫療照顧等五大類。在教育服務方面，因是教育部核定的中途學校性質，故在義務教育的處理上能與鄰近學校合作，以在機構內進行教育方式，佐以補習教育及志工的課業輔導，協助不幸少女完成義務教育。醫療及健康照顧方面，除一般性的健康維護外，亦有因應不幸少女特性之性病治療的處遇。

在諮商輔導的方面，各機構的介紹內容便有較大的差異，但不外乎是運同個案及團體工作方法，提供個別或小團體的諮商與輔導，但在具

表18-1　現有中途學校安置處遇情形一覽表

機構名稱	性質	處遇內容	機構其他服務項目
廣慈博愛院婦職所	台北市立	教育服務：義務教育、補習教育、課業輔導。 心理輔導：個案、團體輔導及心理測驗。 生活輔導：知能教育及文康活動。 技藝訓練：美容、美髮、縫紉、手工藝、打字、西點烘焙。 醫療照顧與性病治療。	緊急、短期收容安置。該院為綜合救濟院所，尚有老人安養、不幸兒童照顧等。
內政部少年之家	內政部直屬	教育服務：義務教育、補習教育、課業輔導 生活及心理輔導、行為輔導：個案及團體工作方案。 職業陶冶。 生涯輔導。 醫療及保健。 職業訓練：電腦文書處理、美容美髮兩個職訓班。	原核定為緊急短期收容及中途學校，目前二百床位均屬裁定安置中途學校者。
雲林教養院	內政部直屬	教育服務：義務教育、補習教育、課業輔導。 心理輔導：專責輔導教師、院外專業輔導人員帶領團體輔導。 身體照顧：性病治療與醫療保健。 技藝訓練：美容、電腦、編織、拼布、插花、音樂及繪畫等。 職業重建：美容美髮職訓班、庇護就業 文化陶冶休閒活動。	智障婦女教養職訓、緊急短期收容安置。

資料來源：整理自各機構1999年業務簡報，以及網際網路上各機構網頁。

表18-2　現有關懷中心設置情形一覽表

機構名稱	性質	承辦單位	收容量	所在縣市別
台北市希望家園	公設民營	更生少年關懷協會	24床	台北市
台北市綠洲家園	公設民營	私立忠義育幼院	40床	台北市
台北市萬華少年服務中心	公設民營	善牧社會福利基金會	不詳	台北市
台北市東區少年服務中心	公設民營	台北靈糧堂	不詳	台北市
高雄市政府關懷中心（馨苑）	公設民營	世展會南區辦事處	15床	高雄市
苗栗縣關懷中心	公設民營	苗栗家扶中心	12床	苗栗縣
台中縣兒童少年關懷中心（靜海之家）	公設民營	世界展望會	13床	台中縣
屏東縣政府	委託	世展會南區辦事處	20床	屏東縣
台中市政府（向陽兒童中心）	公設民營	勵馨基金會	29床	台中市
嘉義市政府	委託	私立修緣育幼院	10床	嘉義市
台南市政府	委託	台南家扶中心	2床	台南市
金門縣政府	委託	金門縣大同之家	2床	金門縣

資料來源：內政部社會司（2000），八十八年度兒童及少年性交易防制工作成果報告。

體的輔導目標上，則未見於機構的介紹中。依據鄭麗珍、陳毓文（1998）〈發展台北市兒童及少年性交易防制工作模式〉研究中對廣慈博愛院的資深工作人員進行的焦點團體的討論結果顯示，廣慈博愛院對於不幸少女的輔導理念及目標是在於提供少女良性互動經驗、增強自我能力、就學就業能力，並為獨立生活而準備。內政部少年之家的社工員編制五名，實際在職二名，面對二百名不幸少女的輔導工作負荷，遠超過社工員的工作負荷，其輔導重點及目標雖設定在處理身心創傷、偏差行為改善、自我保護能力提升、社會資源運用以及生涯輔導，但依研究者在訪問該機構時與機構人員的訪談瞭解，實際上可落實執行的，多半在個案問題的協助與機構內人際關係的處理。廣慈博愛院的輔導工作特色係藉助外在的其他學術機構與專業輔導人員，參與院內不幸少女的輔導，並藉此提升工作人員的專業能力，其輔導的重點則較著重於不幸少女的自我概念與生涯規劃的方面。

在職業與工作技能相關的輔導措施方面，職業訓練班是共同的特徵，其目標在於協助學員經由職業訓練取得國家丙級技術士檢定的資格。電腦文書處理、美容美髮兩類職業訓練是共同的項目，雲林教養院的特色則是另外協助庇護就業。至於其他如編織縫紉、手工藝、打字、西點烘焙、插花、音樂及繪畫等藝能活動的安排，則有技能訓練、職業陶冶、技藝訓練等不同的歸類，究竟這些活動的安排目的是在於職業探索、培養技能，或是著重休閒功能、怡情養性？或僅是爲塡充義務教育空檔？抑或是就資源的便利而設計，則是可進一步探究的模糊地帶。

美國兒童福利局（1991）對居住處遇設施所規範的標準中規定，安置機構至少應在以兒童及家庭爲中心，全能增強爲前提的原則下，爲安置照顧的兒童及少年提供以下的服務，並有詳細的服務目標訂定，以及執行參考資訊：

1.諮商服務：含個人、家庭、團體、同儕及職業的諮商。

2.教育服務：特殊教育、專長教育、職業教育等。

3.休閒服務：休閒治療。

4.健康服務：健康教育及諮商。

5.營養照顧：食物的準備及遞送。

6.日常生活經驗：生活技巧與常規性工作。

7.行爲管理服務：選擇適當行爲的教導。

8.獨立生活技能的建立。

9.家庭重整服務。

10.離院後的服務等。

台灣在「性交易防治條例」中雖規定有相關的防制與安置輔導措施，但在各項措施的目標上則尚未見主管機關、實務界或是學界出面加以整合討論，遑論有最低的服務標準。

就機構安置的對象上來看，目前除了內政部少年之家實際的安置少女均爲從事性交易裁定特殊教育者外，其他兩個機構均兼辦緊急、短期

安置業務，以及其他的服務對象。三種不同性質的安置收容對象，在同一個機構內執行處遇，恐無法凸顯不同階段安置少女的需要，而少女生活在期間彼此相互學習影響，原來安置輔導的目標是否能順利達成，亦令人質疑。

關懷中心是因應有從事性交易之虞的不幸少女收容的設施，依據內政部的的資料顯示，當前十二所關懷中心中，有三分之二係由地方政府採公辦民營方式，委由民間社團經營及安置不幸少女，此部分的安置機構係因條例的實施而設置，在收容的少女上較爲一致，而受委託的機構亦少同意收容非依據條例裁定安置的個案，充其量是兼收容緊急、短期不幸少女個案，在個案性質上較爲一致，處遇工作實施的環境亦較爲單純。但其中有兩所受委託機構的性質係屬於緊急短期收容性質，兼辦較長期的關懷中心安置；另兩所受委辦機構係爲育幼院所，與前述中途學校的兼辦情形相似，在輔導目標與相互影響上，均有待進一步的商榷。

另就機構的地緣分布來看，台北市擁有四所關懷中心與一所中途學校，在資源的分配上具有較大的優勢。其他縣市則最多僅有一所，尚有十四個縣市需仰賴鄰近縣市機構的支援安置。此一現象除了凸顯區域的不均外，若在當前的安置設施不足限制下，又無法形成緊密的服務支援網絡與個案管理模式，則在救援後的安置輔導與後續的追蹤措施上，恐有銜接上的漏洞，對於服務目標的落實將是一大危害。

綜觀台灣地區對於不幸少女安置處遇的措施上，大抵以能依據「兒童及少年性交易防治條例」設置各式的緊急短期、關懷中心以及中途學校的設施。在服務面向上，提供的服務內容除生活照顧與保護安置外，尚提供教育服務、心理及行爲輔導、職業訓練、技能培養與醫療照顧等五大類的輔導措施。惟除了義務教育可藉由鄰近學校支援依國民教育相關辦法實施外，在諮商輔導的目標均有不同的重點或偏倚，職業訓練也選擇在美容美髮、電腦文書處理兩大類科，技藝或技能的項目雖多樣化，但其設計的目標尚模糊不確定。在設施的規劃面來看，不同性質對象的安置處遇在同一個機構內執行，恐無法凸顯不同階段安置少女的需

要，機構的分布亦存在區域上的不均衡，使得服務網絡建構的嚴密度與適當性受到挑戰。

不幸少女從事性交易的原因與變遷

由於未成年人從事色情活動，為一般社會和法律所不容許的偏差行為，使得有關的實證研究因樣本取得不易，資料相當有限，而這些資料又多以安置機構或使用服務的從事性交易少年為主要訪問對象（鄭麗珍、陳毓文，1998）。近十年內台灣探討未成年人從事性交易相關的研究與論文，如陳慧女（1992；1998）、伊慶春（1993）、蕭建民與曾平鎮（1993）、陳皎眉（1994）、傅世賢（1994）、蘇娉玉（1994）、陳宇嘉（1995）、李孟珍（1995）、蕭建民（1995）、游淑華（1996）、鄭麗珍與陳毓文（1998）、吳孟蓉（1999）等，多以雲林教養院、台北廣慈博愛院婦女職業輔導所所安置輔導的不幸少女為主要研究對象，少部分涉及到新竹仁愛習藝中心（現為內政部少年之家），及少數民間收容安置機構。而在研究的主題上，大致探討未成年人從事性交易的個人特質與社會文化面的促成原因；另方面則探討防制未成年人從事性交易的因應措施與輔導策略。綜合這些資料，研究者將由不幸少女的個人特質與促使從事性交易活動的社會文化因素兩個層面，來檢視近十年間從事性交易的不幸少女，在個人特質與環境因素兩面向上的變遷情形，藉以比對及檢視目前現有的因應措施。

在不幸少女個人特質與態度方面，台灣地區在1980年代所從事的雛妓救援行動中主要是針對遭質押而從事性交易者，其中原住民少女被質押或販賣從娼是關注的焦點。天主教善牧基金會的輔導經驗中發現：「被押賣而從娼的少女人數有逐漸下降的趨勢」（天主教善牧基金會，1996），代之而起的是「結構性被迫自願從娼」的不幸少女增多（游淑華，1996）；1990年代的研究統計則發現，非原住民少女從事性交易的

比率約占75%～80%間（李美盈，1992；吳孟蓉，1998），且非原住民少女自願從娼的比率較高（伊慶春，1993；蕭建民、曾平鎮，1993）。蕭建民（1995）研究不幸少女淪落色情行業主要是由友人介紹，但吳孟蓉（1998）的研究則以自己找報紙或詢問而進入色情行業為主。

伊慶春（1993）發現：國內最早進入色情行業的少女大約七歲左右，最高為十八歲，其中以十四至十六歲開始進入色情行業的比例最高；蘇娉玉（1994）的研究亦發現安置的不幸少女年齡以十五至十六歲為最多，且大多未完成義務教育。

國內的研究顯示，不幸少女在進入色情行業之前大多已有性經驗。陳皎眉（1993）調查廣慈博愛院收容的不幸少女發現65%的少女在從事性交易行為前有性經驗。約有半數的不幸少女初次性經驗是自願的（蕭建民、曾平鎮，1993），其他的性經驗則來自家庭亂倫（陳慧女，1992；游淑華，1996），或是被強暴（陳皎眉，1994；蕭建民，1995）。伊慶春（1993）的研究則指出：早年被強暴或與人發生過性關係的少女，較傾向於非被賣的從事性交易行為。然而吳孟蓉（1998）的研究發現童年受性虐待的經驗不再是普遍現象。

由以上的對於不幸少女個人特質與態度的文獻檢視中可知，在不幸少女成因的變遷脈絡中，不幸少女已由被質押販賣的特質，轉變為受引誘或自行接觸色情行業；原住民少女為從事色情行業高危險群的特色不再，取而代之的是過早有過性經驗的少女。吳孟蓉（1998）認為：輔導不幸少女的相關人員對少女的認知不應再設限於被迫從娼、失去自由、有童年受虐經驗，以及原住民身分等特質。

就不幸少女從事性交易工作前的個人偏差行為面來看，Seng（1989）指出：從事性交易前的虐待經驗並非少女從事性交易的主要原因，而是逃家、逃學對從事性交易行為較具有決定性影響。國內相關的實證研究亦顯示，約有九成的不幸少女有逃家輟學經驗（陳慧女，1992），逃家後的少女有七成從事色情行業（陳宇嘉、姚淑芬，1995），推究其因常是少女逃家後需設法解決生存的民生問題，或有物質上的擁有慾望（陳

慧女，1992），因無一技之長，再加上友人的介紹、鼓勵、慫恿，而投入低階且逸樂性環境的服務工作（陳宇嘉、姚淑芬，1995），倘若又經常出入不良場所，耳濡目染之下，對於從娼便不以爲意（陳皎眉，1994；蕭建民，1995）。鄭麗珍、陳毓文（1998）發現有些少女也提到自己是爲了維持優渥的生活方式而從事性交易，有的則提到因爲離家在外，需要金錢維持生活，而選擇從事性交易，因爲其報酬快速而優厚。吳孟蓉（1998）的研究亦發現不幸少女在從事性交易工作前，行爲上有吸菸、飲酒、不回家、出入不良娛樂場所、風化場所，以及輟學的經驗。

偏差行爲與環境推拉作用，在不幸少女在決定從事性交易行爲的過程中扮演極重要的角色。國內的研究發現不幸少女在行爲與工作價值的層面已然受到誤導，形成認知上的偏誤，需仰賴安置處遇的輔導過程加以重新調整，使其在離開安置機構時，有較佳的適應與能力，避免再度回流成爲不幸少女。

在不幸少女的家庭背景狀況層面，從事性交易少女多來自小康及清寒者，很多少女從事性交易的動機，是爲協助紓解家庭的經濟壓力（伊慶春，1992；蕭建民，1995；陳慧女，1992），但吳孟蓉（1998）的研究則發現僅少數安置於保護機構的不幸少女來自清寒、貧苦的家庭，經濟影響力不若先前的研究明顯。在家庭結構方面，不幸少女的原生父母離異比例頗高，雖然父母再婚或同居者亦多，但顯示多數的研究顯示不幸少女曾經生長於單親家庭中（伊慶春，1992；蕭建民、曾平鎮，1993；蘇娉玉，1994；傅世賢，1994）。國內的研究發現，雖然許多機構安置的從事性交易少女曾經生長於單親家庭中，但主觀認爲自己和家人感情甚佳，甚至願意爲了家庭犧牲而進入色情行業，以提供家庭經濟上的支持（鄭麗珍、陳毓文，1998）。吳孟蓉（1998）的研究亦指出：部分的不幸少女雖有親子溝通無交集的情況，導致少女與家人關係的交惡，以致於有逃家的行爲，但仍有甚多的少女，與同住父母的親子關係較好，但間接往來的親友有行爲問題，導致偏誤觀念養成。

國內稍早的研究發現家庭經濟因素是少女受到質押從娼的重要因素，但其後的研究結果顯示，從事性交易行爲的家庭因素，**轉變爲**家庭結構不健全或是親子關係的不良，但新近的研究則顯示家人及親友對於物質的偏誤觀念才是影響少女從事性交易行爲的主因，因此，安置機構在輔導不幸少女的過程中，如不將家庭的處遇列入服務的範圍，則對安置少女日後離院返家後的環境干擾，恐將影響機構對少女的輔導成效。

　　學習經驗方面，根據蕭建民與曾平鎭（1993）的調查，從事性交易的少女成績較佳者，只占4.6%。未曾逃學者只占21.5%，而非常喜歡學校生活者，只占10.8%，在在都顯示其對學校的負向適應。即使在接受機構的收容安置時，大多數少女的學習動機亦不強，課業學習依舊沒有成就感；識字或知識水準在程度上也偏低；在某些個案中少女的家庭也不鼓勵用功唸書、努力表現，反而希望少女少讀書才能及早出外賺錢（胡慧嫈，1996）。

　　教育部雖以條例核定三所專門收容教育不幸少女的「中途學校」，實施「特殊教育」，但在實際的內容方面，仍以協助義務教育的完成爲目標，充其量是在基礎課程時數外，增多藝能科的教學活動，在相關的文獻資料與研究者實際的接觸過程中，特殊教育的目標與特色，仍是十分的模糊，有待各界進一步的研商訂定一套適當的標準。

　　至於社會因素方面，在社會發展過於快速，社會上瀰漫一種金錢主義的誘因，少女受此影響形成偏差或扭曲的價值觀，而追逐高經濟報酬的色情行爲，加上公權力的執行不力，即使條例通過後，已明定對業者及嫖客的處罰，但文獻資料指出，對業者和嫖客的取締及處罰不力，未能有效阻斷需求的層面，是促成少女從事性交易盛行之故（鄭麗珍、陳毓文，1998）。

　　綜合上述因素來看，少女從事性交易的成因，涵蓋了不幸少女的個人內在因素、學習與家庭、社會等環境因素。包括個人的失調，如偏差行爲、學校不適應、同儕朋友影響、逃家、輟學等。家庭失功能和社會因素，如家庭經濟不利條件或物慾的追求、破碎的家庭結構、父母再

婚、家庭疏離與親子關係不良、近親友人的偏誤觀念傳遞等等，社會層面則有社會價值誤導、少年公權力的執行不力等因素，均有賴實際輔導不幸少女的工作者，作為處遇及服務設計的考量，方能確實因應不幸少女的需求。

國外經驗的借鏡

　　國內防制兒童及少年性交易的因應行動才剛起步發展，可供參考的知識與經驗並不多，綜觀國內近十年與不幸少女安置輔導相關的實證研究文獻中，由處遇機構規劃的角度著手者，有陳宇嘉、黃玲玲（1993）進行之〈台灣省少年處遇服務與處遇機構需求評估研究〉；萬育維、顧美俐（1994）〈高雄市不幸少年教養機構之設置規劃研究〉。探討服務體系規劃的有鄭麗珍、陳毓文（1998）〈發展台北市兒童及少年性交易防制工作模式〉。由處遇設計面探討的有：陳皎眉（1994）〈機構工作模式──雛妓的團體輔導〉；胡慧嫈〈社會工作者協助未成年從娼少女之途徑──未成年從娼少女之認知處遇方案探討〉等。由於國情及文化的不同，台灣發展出的性交易防制工作取向與其他國家並不相同，未能對台灣的運作經驗加以比對參考，本章亦引用他國的經驗長處做為借鏡，檢討國內所發展出的防制模式。

　　鄭麗珍、陳毓文（1998）在進行〈發展台北市兒童及少年性交易防制工作模式〉的研究中，整理出美國預防與治療模式、紐西蘭家庭中心處遇模式、新加坡鉅視干預模式等三國的經驗。依其研究的探討，美國預防與治療模式的特色在於透過積極的外展服務，深入青少年經常出入的「性交易地帶」，提供個別化與需求的適切評估，在建構妥善的社區資源網絡、流動醫療服務、義務住宿家庭以及獨立生活方案的支持下，預防少年性交易行為的發生。紐西蘭家庭中心處遇模式是基於該國原住民族的家族網絡系統精神，引進「家庭參與決策模式」，使家庭成員與

兒童、少年在福利機構代表監督協助下，協商出以案主利益為前提的「家庭協約」，俾使父母增強合作意願，並擴大近親的親職責任，在兼顧兒童、少年與父母需求的前提下，增強家庭功能與案主權能行使，藉以有效地協助兒童及少年，乃至於其家庭。新加坡鉅視干預模式則強調嚴刑峻罰，以及執行的落實，透過強力的取締與管理，杜絕未成年人從娼。

外展服務的預防模式在國內已有勵馨基金會等少數團體或機構嘗試援用辦理，藉以推展預防性的服務，而家庭式的住宿照顧與獨立生活方案，則是國內採取封閉式集中式照顧與輔導安置不幸少女模式外，值得進一步嘗試推展的方向。至於前文的分析發現，國內不幸少女與家人的關係並不如刻板印象般的疏離或交惡，紐西蘭的「家庭參與決策模式」或許是可進一步瞭解其設計意涵，並移植於本土推展的可行方向。

在鄰近的香港與日本，雛妓被視為行為偏差的未成年人。香港地區主要是以外展服務來進行一些預防性的干預，一旦從事性交易活動，便需納入法庭的感化裁定，責付家長管訓或是施以住院輔導。黃成榮（1992）將香港青少年住院服務的模式區分為四類：一、審判模式，懲教署的勞役中心與教導所屬之，與國內的少年監獄性質接近，屬於隔離教化的社會控制機制；二、感化福利模式，社會署的工藝院、感化院及志願服務機構的男／女童院屬之，其目的在於行為治療與福利服務，與國內少年輔育院的設立精神相近，目前香港已有家舍式的照顧處遇型態設施；三、家舍福利模式，服務的目標在於補償院童因失去家庭溫暖而缺乏適當人格發展的機會，採取開放式設計，求學、就業、社交活動與社會服務參與，均在院外的鄰近社區中，此類的男／女同宿舍的功能在於提供生活照顧與專業輔導，與國內的育幼院所較為接近；四、則是所謂的社區模式，採開放式的小型家舍設計，座落於一般住宅區或公寓，由一對夫妻擔任工作人員，照顧八至十五名少年，藉以提供近似家庭的關懷與專業輔導。日本依據「兒童福祉設施最低標準」所設立的兒童自立支援機構，如父寮或母寮與香港的社區模式相同，依規定提供學科指

導、生活指導、職業指導及家庭環境調整等服務。國內目前的寄養家庭因屬義務性質,與夫妻共同擔任服務機構工作人員,而子女亦與安置少年一同生活的型態截然不同。

港日的安置照顧設施分類,提示了安置處遇的規劃設計,因應不同的個案特質、形成背景,提供多樣化、可供選擇性的照顧處遇設施。反觀國內不幸少女的安置處遇設施,緊急短期收容中心與部分的關懷中心屬較少床位的小機構規劃,較有機會布置成接近家庭生活空間的設施,三所中途學校級的照顧設施均採集中式住宿管理,甚至兼收容性質不同的緊急短期個案,除外甚少有其他的選擇,對於個案的個別化需求的滿足,自然有所限制,亦與去機構化、社區化的福利照顧發展趨勢,顯有理念上的差異。

國外的經驗雖與現行台灣本土的防制工作模式並不相同,但其中家庭式的社區照顧、獨立生活訓練、家庭參與輔導,以及可依個案個別化需求選擇的安置處遇型態,均是值得加以省思。

結論與建議

一、結論

兒童及少年性交易防制條例通過後,顯示政府對於保護未成年人免於「兒童惡待」的決心與行動,社會的理念亦將從事性交易或有從事之虞的兒童及少年視為保護的對象,政府部門與民間機構再回應條例的相關服務與設施興建上,亦有具體的成果。然而在缺乏足夠可參考的工作模式下,服務設計僅能依賴工作者逐步摸索經驗累積而成,但也成就本土化的服務的一個範例。

服務模式形成的過程雖已有初步的模型,亦有許多的研究參與其間

探討各種設施規劃、工作模式、處遇方法。受限於時間與能力,研究者整理近十年與不幸少女相關的文獻資料後,發現目前的服務設計與執行面仍存有下列的問題:

1. 「性交易防治條例」中雖規定有相關的防制與安置輔導措施,但在各項措施的具體操作目標上,未見有整合性的處理,各個安置機構仍自行摸索與規劃設計,僅見少數機構在學術界的協助下探詢有利的處遇策略,對於安置處遇的整體規劃設計仍待加強。

2. 機構安置的對象混淆,長期的安置機構,兼辦緊急、短期安置業務,甚至有其他的服務對象。三種不同性質的不幸少女,在同一個機構內實施處遇,無法凸顯不同階段安置少女的特殊需要,而彼此相互學習影響,恐影響原機構設計上的輔導目標與取向。

3. 機構的地緣分布區域不均,需仰賴委託位於鄰近縣市的機構安置,由各地方政府直接洽談與競爭資源,在當前的安置設施不足限制下,加上未協調出緊密的服務支援網絡與個案管理模式,則在救援後的安置輔導與後續的追蹤措施上,恐有銜接上的漏洞,對於服務目標的落實將形成威脅。

4. 特殊教育的目標除協助完成義務教育外,與正規學校的課程設計差異的部分,其目標旨在增進學習興趣?或有其他目的?是否應有基礎的課程標準?均尚待進一步釐清。

5. 不幸少女從事性交易行為的個人特質、家庭背景與家人關係已與推動條例立法當時的情形有所轉變,惟目前服務工作的方法與處遇取向上,仍少有實驗性的方案介入,執行輔導者的適用性評估亦少見發表,有賴進一步整合知識體系與經驗成果。

6. 不幸少女原生家庭的重建與否,關係少女是否返家,在實際的安置個案中,家庭不適宜照顧少女的因素,往往是法官裁定安置輔導的重要考量因素。然而實際的家庭重建工作或親子關係調整,安置機構多半透過電話溝通,或藉由家長前來會面時加以晤談,

未見有積極的家庭重建方案的支持，對少女日後返家的可能性令人擔憂。

7.當前台灣不幸少女的照顧設施均採集中式住宿管理，甚至兼收容性質不同的緊急短期個案，此外少見裁定其他的處遇選擇，難以滿足個案的個別化需求，亦與機構化、社區化的福利照顧發展趨勢，顯有理念上的差異。

二、建議

基於上述的探討發現，研究者提出以下的建議：

1.為落實防制工作的成效，主管機關應邀集學術與實務單位，針對各項安置處遇的措施，訂定最低的服務基準，確立目標與工作原則，並積極開發與評估處遇服務方案。

2.進行區域資源的整合：安置機構除緊急及短期中心有必要各地自行設立外，在現今未確立是否朝向社區化、家庭化安置設施規劃之前，應先將現有安置資源進行區域歸屬，並依區域需求增設少女關懷中心與中途學校，依少女性質安置，並著手建立個案管理的機制與服務網絡的建構。

3.社政部門應與教育單位重新檢視中途學校的信念與功能，包括不幸少年的定義與特殊性，規劃、建立合宜的特殊教育課程標準。

4.在不幸少女特質與家庭環境變遷後，原有服務停留在提升少女自我概念，社會資源提供與支持，強化親子關係等輔導策略，宜重新進行實況的再瞭解。因應高社會欲求的心態，提供目標追求、金錢、職業價值觀念重塑等，以及家庭功能重建、親屬關係重整等新的處遇方向。

5.對於親生家庭功能重建困難的不幸少女，宜將家庭治療概念置於生涯規劃中實施輔導，並搭配獨立生活訓練，以使少女離院後能

自我照顧，避免再淪入性交易的行業。

6.進行防制工作模式的檢討與評估，並探討其他可行的安置取向，採取多元化的服務選擇設計，以因應個別性的需要。

本研究受限於研究者的能力與時間，僅就現有實證研究與相關論著文獻，針對不幸少女的安置現況與處遇措施加以探討，文中分析了安置機構設施現況，特別著重於處遇面的合宜性探討，並引用現有文獻的肯定與批評，對照國外經驗的長處，針對台灣自行發展出的本土化性交易防制工作模式加以解析與評估。期待研究的發現能對現存的問題加以暴露，並獲得重視，引起適當的討論與因應。

參考書目

一、中文部分

天主教善牧基金會（1996），《善牧的台灣經驗》。台北：善牧基金會。

伊慶春（1992），《雛妓問題防制途徑之研究》。台北：行政院研考會委託研究。

余漢儀（1995），《兒童虐待》。台北：巨流。

吳孟蓉（1999），收容機構不幸少女生涯期許相關因素之探討，暨南國際大學社會政策與社會工作學系碩士論文。未出版。

李孟珍（1995），從娼少女個別諮商歷程之探討，政治大學心理研究所碩士論文。未出版。

胡慧嫈（1996），社會工作者協助未成年從娼少女之途徑——未成年從娼少女之認知處遇方案探討，《社區發展季刊》，76，102～112。台北：內政部。

陳宇嘉（1995），〈不幸少女逃家原因、逃家行為與資源運用之研究〉。台中：台中生命線協會專題研究。

陳宇嘉、黃玲玲（1993），〈台灣省少年處遇服務與處遇機構需求評估研究〉。南投：台灣省政府社會處。

陳皎眉（1994），「機構工作模式——雛妓的團體輔導」研究成果報告〉。台北：內政部社會司。

陳慧女（1992），從娼少女之個人及家庭特質與其逃家行為之分析，東吳大學社會工作研究所碩士論文。未出版。

陳慧女（1998），不幸兒童、少年後續追蹤服務之初探——從兒童及少年性交易防治條例談起，《社區發展季刊》，81，213～220。台北：

內政部。

傅世賢（1994），從娼少女對處遇之需求研究——以廣慈博愛院婦女職業輔導所爲例，東吳大學社會工作研究所碩士論文。未出版。

游淑華（1996），從事色情工作雛妓生活現況之分析，東海大學社會工作研究所碩士論文。未出版。

黃成榮（1992），青少年住院服務模式初探。香港社會服務聯合會兒童及青年部編，《青少年服務模式新探》，17～25。香港：香港基督教服務處。

萬育維、顧美俐（1994），〈高雄市不幸少年教養機構之設置規劃研究〉。台北：內政部。

劉淑翎（1999），兒童及少年性交易防治條例第四年監督行動，《勵馨》，第28期，台北：勵馨基金會。

鄭麗珍、陳毓文（1998），發展台北市兒童及少年性交易防制工作模式，《東吳大學社會工作學報》，第4期，239～284。

蕭建民（1995），不幸少女淪落色情行業之行爲研究——以省立雲林教養院收容對象爲例。南投：台灣省政府社會處委託研究。

蕭建民、曾平鎭（1993），不幸少女對機構需求之研究——以雲林教養院習藝學員爲例。雲林：省立雲林教養院。

蘇娉玉（1994），機構安置之從娼少女對追蹤服務的需求之探究——以台北市爲例，東吳大學社會工作研究所碩士論文。未出版。

二、英文部分

Child Welfare League of American（1991）.*Standards of Excellence for Residential Group Care Service* . Washington DC: Child Welfare League of American.

Seng, M.（1989）. Child Sexual Abuse and Adolescent Prostitution: A Comparative Analysis. *Adolescence, 26*（95）, 665-675.

19.社工處遇對青少年自殺防治之探討

胡慧嫈

中國文化大學社會福利學系副教授

從歷年來的資料顯示，青少年自殺死亡人數呈現下降的趨勢。但是從自殺的人口群與事件的探討，顯示青少年仍舊在心理和社會適應上，存在著危機。本章將分成幾個部分來探討社會工作處遇與青少年自殺。首先，從理論和實證研究的整理，歸納出青少年自殺行為受到環境與個人兩大因素影響。其次，依據所歸納出的自殺影響因素，提出社會工作實務者應將一般青少年與有自殺意念之青少年，視爲未來自殺防治工作的主要服務目標人口。同時，應以建立網絡的方式來進行防治青少年自殺的工作。最後，本章並嘗試提出社會工作者介入自殺防治工作的途徑，以及說明家庭、學校、社區和社會福利機構在自殺防治網絡中所應發揮的角色功能，供欲從事自殺防治工作之社會福利機構參考。

前言

在一般人對生命的價值觀念裡，青少年的自殺常被視爲不能理解的行爲。一旦發生青少年的自殺事件時，便常會被傳播媒體大肆報導，引起社會上對於自殺青少年個人、家庭與學校的議論。在過去，因爲青少

年自殺事件呈現增加的趨勢，使得青少年自殺問題被認爲是有必要處置和防範的工作。近幾年來，由於青少年的自殺事件間或出現，青少年自殺的議題再度被重視和討論。然而，整理國內的統計資料（台閩地區人口統計及衛生統計），我們也發現台灣地區的青少年自殺死亡人口數在逐年統計中雖有所增減，卻整體呈現遞減的趨勢（見表19-1）。比較衛生署近五年來的青少年死因之自殺死亡百分比，也可以得到相類似的結果（見表19-2）。導致在倡議防制青少年自殺之際，也開始令人起疑：

表19-1　台灣地區歷年青少年自殺人口數統計一覽表

年 度	1971	1972	1973	1974	1975	1976	1977	1978	1979
14歲以下	35	28	26	16	23	11	8	17	21
15～19歲	230	197	179	153	138	120	146	142	175

年 度	1980	1981	1982	1983	1984	1985	1991	1992	1993	1994
14歲以下	12	16	7	8	11	13	8	13	4	5
15～19歲	133	147	158	134	120	111	51	51	44	54

註：1.1971至1985年爲十四歲以下之自殺人口總數，1991至1994年則爲五歲年齡組十至十四歲之自殺人口數。
　　2.資料來源：行政院衛生署衛生統計。

表19-2　台灣地區1991～1995年青少年自殺死亡百分比一覽表

年齡組	年度	該年自殺死因總百分比	該年死因排行	男性		女性	
				自殺死亡百分比	該年死因排行	自殺死亡百分比	該年死因排行
10～14	1991	1.21	8	0.96	6	1.62	9
	1992	1.95	7	2.42	7	1.18	10
	1993	0.57	10	--	--	0.78	9
	1994	0.80	9	1.03	7	--	--
	1995	1.90	5	1.02	5	3.32	4
15～19	1991	3.13	3	3.18	3	3.00	4
	1992	3.00	3	2.91	3	3.26	3
	1993	2.40	3	2.31	3	2.70	4
	1994	2.91	3	2.84	3	3.14	4
	1995	2.55	3	1.98	4	4.11	3

資料來源：行政院衛生署衛生統計。

青少年自殺問題，眞有其急迫性和重要性嗎？我們是否會因爲少數個案而過度渲染了青少年自殺的嚴重性和誇大了青少年自殺防治的需求程度？

　　事實上，許多學者的觀點恰恰相反。他們以爲由於死亡原因的歸類方式，使得自殺問題的嚴重性被低估（Wadorski & Harris, 1987；張平吾，1987；孫敏華，1995）。如一些自殺個案可能因缺乏證據（如遺書），而將自殺行爲視爲意外（如實爲自殺卻解釋爲失眠服用過多安眠藥，或是跳樓自殺解釋爲意外墜樓）。也有可能因爲親友認爲自殺是不名譽的事情，隱匿自殺事實。由於資料記錄過程中的種種誤差，因此以自殺死亡人口的統計資料來解釋自殺問題嚴重性與否，實有低估的不眞確性存在。

　　其次，由犯罪學辭典、Shneidman（1976，引自張平吾，1988）、Durkheim等對自殺行爲的定義，可以得知自殺是一種行爲，但要產生該行爲之前則需先有自殺的意念（或動機），同時行使自殺行爲並不代表一定能夠成功，因此在討論自殺問題時，若光僅以自殺死亡來說明自殺的嚴重性或趨勢，並不合理。世界衛生組織便認爲那些在官方文件上的自殺死亡事件只能被視爲是自殺當中「完成性自殺」（completed suicide）的人口統計，並無法代表所有產生自殺行爲的人口統計資料。一份研究則指出以平均數而言，10～15%非致命自殺未遂者最後是死於完成性自殺（Roy & Linnoila , 1990，轉引自孫敏華，1995）。Maris在1981年所做的研究則將自殺未遂與完成自殺者之間的關係作了數據及圖形上的呈現：10～15%自殺未遂者最後完成自殺而死亡，而有30～40%完成自殺的人至少有一次自殺未遂紀錄。若以人數來說，自殺未遂是完成自殺者的8～15倍（Maris, 1981，轉引自孫敏華，1995）。與前述相比，此兩個比值的人數比例差距很大，以前者的計算方法，則自殺未遂者大約是完成自殺者的2～4倍，而後者居然可高達8～15倍。此外，Wadorski和Harris（1987）整理實證性研究發現將自殺未遂與完成自殺的情形作比較，則顯示相對於每一個完成的自殺，便約有五十至一百五十次的自殺

未遂事件。因此，以1994年為例，該年十至十九歲的青少年共有五十九人死於自殺（衛生統計，1994），則實際可能的自殺人數至少應有一百一十八人（以2倍計算），至多可能有八百八十五人（以15倍計算）；自殺事件則至少有二千九百五十件，至多可能有八千八百五十件。而這些都還不包括青少年人口中，因為各種原因有自殺意念的危險群。顯見，在自殺死亡人口背後所隱藏的青少年自殺行為人口與事件實有其不可忽視的情形存在。

再者，雖然青少年的自殺死亡人口確實在下降當中，但比較歷年來的統計資料，則不論青少年的死亡因素排名如何轉變，自殺都在十大死亡原因之內，特別是十五至十九歲組在近六年內的自殺死亡原因依然穩居前三名。即使往前推至十年前，結果仍然相同（衛生統計，1986、1990～1995）。同時，再以性別作進一步分析，也發現近五年來的自殺死亡百分比，不論男性或女性幾乎都在前十大排行裡，十五至十九歲組更從未低於第四名（見表19-2）。是以，自殺仍為值得重視之青少年問題。

由此可知，青少年自殺仍是社會工作者應當重視且努力提供處遇服務的青少年問題。我們不禁要問，在青少年發展階段中，影響其自殺行為產生的因素是什麼？社會工作者對青少年自殺的防治工作應有哪些認識？工作中應規劃哪些服務方向與內容？乃為進行青少年自殺防治工作所必須思考的重要課題。本章將以理論和實證研究結果討論影響青少年自殺的因素，企圖整理出社會工作者對防治青少年自殺提供服務的方向與工作重點，社工員可介入之途徑，供青少年自殺處遇工作者之參考。

青少年自殺問題之探討

一、青少年身心發展與自殺

由兒童期進入青少年期之後，不論在生理、心理、認知、社會及性發展上，青少年有著許多明顯的變化。當青少年在此階段的發展上，發生不適應與遭遇挫折時，往往對青少年的心理、情緒以及對環境事件的認知解釋，產生負面的影響。較常見的情形是青少年的偏差行為，而嚴重者則可能是自殺行為。從青少年階段的身心發展可能遭遇的發展影響與挫折，可由下列幾方面來思考青少年自殺問題：

（一）生理發展

青春期的青少年在身高、體重和聲音，由於腦下腺分泌生長激素的影響而快速變化，同時性腺激素分泌的影響，第二性徵逐漸浮現。生理上的改變使得青少年除了對自己的外觀有所注意，也會在意他人的反應。因此，身體儀容的美醜、高矮胖瘦，甚至乳房發育、性器大小、夢遺等問題，均可能成為青少年困擾的來源，影響其心理社會發展歷程，包括對自己的期待等。這些負面的影響包括對自己外表的自卑感、對自我形象的否定評價等。

（二）心理發展

心理分析論認為青春期的生理變化會觸動內在心理平衡失調，導致情緒波動。卻因為人格尚未成熟的易受傷害特質，因此，面對周遭環境的生活及人際相處事件，常運用非適應性的心理防衛來因應本能和焦慮。然而許多心理學家並不同意生理發展影響心理發展的觀點，認為人

際互動、個人認知能力、評價系統與信念才是決定情緒反應的關鍵。所以，青少年對社會期望具有高度敏感，很在意外界的評價。而且透過與外界的互動來建構一套個人對自己各方面的態度、情感或看法的參考架構，並以此來行為。一旦社會環境對少年的評價是負向多過於正向時，則少年所建構的自我也是負向的，並會伴隨著許多負面情緒、偏差行為和對環境不滿的合理化認知。當青少年過分控制情緒，逃避面對情緒，或認為無能力解決時，不僅影響人際關係及課業學習，導致許多偏差行為，甚至產生自殺行為。

（三）認知發展

Piaget（1972）以為青少年期的認知發展任務是培養形象操作思考能力，分析自己的想法和建構理論。但是青少年的生活經驗不足、思辨分析能力未臻成熟，所建構的理想與現實常有差距，以致心生不滿或成為困擾。此時，青少年可能會產生理想境界無法達成，而現實世界又不完美，對周遭環境有過於偏激的認知，憤恨不平。也可能因為理想與現實的差距過大，產生困惑、迷惘，以致對於生存、生命產生悲觀想法。當這類的挫折事件越來越多時，青少年極可能以偏差的言論和行為來表達，嚴重者則可能產生自殺。

（四）社會發展

青少年階段的社會發展，乃以心理認同的形成與滿足親密需求的獲得為主要核心（曾華源，1995）。因此，青少年個人相當敏感他人的需求與人際安全，而他們也對友誼的需求最大，擔心付出以後被拒絕，也就容易在人際關係上受到傷害。為求受到同輩團體的認同，青少年也會極力地學習團體中的行為、言論，認同團體中的價值觀，表現出自己也是團體中的一分子。然而，如果青少年所認同的次團體文化過於偏激、悲觀，勢將影響青少年對人、事、物的想法和解釋；至於無法獲得團體的認同與建立良好的支持性關係者，將會造成青少年在人際互動上的退

縮，感覺自己是孤單的、被遺棄的，甚至是沒有價值的，影響其自我與人際事物的解釋。而在沒有適當的社會心理支持及發生挫折事件時，青少年便容易走上極端。

(五) 性發展

性發展對青少年來說，首要的任務即是學習社會規範中的性別認同和性別期望。因此，心性的發展與行為將會受到青少年成長經驗中對性的態度、歸因和價值觀，與社會期望和限制，二者的交互影響。最常見的例子就是青少年在求學的階段可不可以結交有親密情感的異性？當青少年的個人內在心理慾求和外在社會規範與限制嚴重衝突時，為情甚至殉情自殺的類似事件便可能發生。

二、青少年自殺影響因素

從青少年身心發展階段的討論，可以發現青少年發展將面臨許多的學習任務與挑戰，當青少年在學習與發展上適應不良時，可能導致自殺行為。以下則由不同的理論觀點，配合實證研究結果，探討青少年自殺的影響因素與內容：

(一) 社會學觀點

社會學者對自殺的解釋首推Durkheim，他認為人之所以自殺乃由於人將社會制度（social institution，如家庭、教會、政治體系）與社會規範的整合程度不佳而產生的。這當中又可以分為自我中心自殺（egoistic suicide），如無子女者自殺比例較高；利他自殺（altruistic suicide），如殉夫自焚或是日本的切腹自殺；脫序自殺（anomie suicide），如突然喪失親人，和宿命自殺（fatalistic suicide）等四類。還有次文化理論也被運用來解釋青少年的自殺行為。次文化理論認為次文化是一存於他人所施加的直接或間接的社會壓力，因此，青少年自殺往往與其所處之小團

體、同輩團體間的關係緊密程度、共享之價值觀有一定的相關。如同輩團體對於自殺的討論偏向唯美、是一種解脫等正面評價，則青少年遭遇挫折，或是要好朋友自殺，將對青少年造成不小的心理影響。

從社會學的觀點，青少年自殺可能是由於社會環境所給予的壓力太大（如脫序自殺），或感受到自己對世事的無能為力（如宿命自殺），或個人缺乏強而有力的支持系統（類似自我中心自殺），或是三者同時兼具。在個人所處環境接收到的訊息負向多過正向時，則可能產生自殺意念，更可能真的自殺。實證研究也支持這樣的觀點：當環境因素愈正向，青少年的自殺傾向愈低；負面生活事件愈多，失落感愈多，青少年的自殺傾向愈高（胡淑媛，1992）。

根據統計（青少年白皮書，1996），青少年對於生活中的不滿意包含有「家人不夠關心或瞭解我」、「家人相處不融洽」、「自己或家人身體不健康」、「學校、課業問題」、「交友不順利」等❶。所以，瞭解青少年在生活中可能面臨的壓力來源，如課業、學校表現、同輩團體相處，甚至生活當中不可預知的急遽變化（父母死亡、家庭經濟發生困難、突然罹患重病、與好朋友的決裂等），將是社會工作者在防治青少年自殺工作上的重要參考警訊和指標。

（二）社會心理學觀點

社會心理學強調人與所處社會環境的互動，將對個人產生一定程度的影響。因此，青少年自殺行為的情境因素便顯得相當重要。首先，社會學習論對青少年自殺行為，提供了「自殺之青少年是由於模仿身邊重要他人行為而來」的解釋。如當家庭成員自殺時，青少年可能認為自殺是一種暫時擱置（逃避）困擾或得到他人注意之可接受手段（Hawton, 1986），而學習並行使自殺行為。這或許可以解釋為什麼有家族性自殺的案例（即家族中有成員自殺，而之後的家族成員也陸陸續續發生自殺的案例）。然模仿行為的行使與否，還須牽涉到仿同對象對欲自殺者的影響力有多大。另外，社會學習論常被引用解釋傳播媒體對學習自殺行

為（即仿同作用）的重要影響性。但這種說法在國內並未具備有利的證實，如張平吾（1983）曾蒐集國內三大報紙報導自殺事件的內容，如自殺原因、自殺手段之分析，當事人是否留有遺書和篇幅的大小來與自殺率做相關性的研究分析，卻無明顯的相關性。

其次，家庭系統理論則假設社會團體或體系的病症、問題，常常是透過體系中之部分個人來表現，因此青少年的自殺被認為是家庭體系失功能的症狀（Speck, 1968，轉引自歐素汝，1996）。一些研究也證實當家庭氣氛不好（如緊繃或冷漠）、家庭成員關係不佳、家庭結構不完整（如單親家庭）、親子管教等所衍生的種種家庭互動狀態，均有可能影響青少年自殺（歐素汝，1996、日本文部省，1975～1978，轉引自馬友群，1989）。

從社會心理學的觀點來看青少年自殺，則自殺對其具有特殊的意義，如家庭環境及家庭成員對青少年自殺有重要影響力。此外對於青少年接收到以自殺處理困擾，與如何詮釋自殺意義的訊息傳遞管道，尤其是青少年的同儕團體、崇拜的對（偶）像，均需要特別加以注意。依據統計資料顯示（青少年白皮書，1996），現在的青少年以觀看電視及錄影帶為主要休閒活動，約占61%，並非如十年前所注意的平面媒體，因此，如電視等的傳播訊息及內容有無影響青少年自殺行為的產生，仍值得注意❷。

（三）心理衛生與適應的觀點

在心理衛生與適應方面有下列幾個關於自殺的觀點：

1. 內在和外在因素影響的觀點：林憲（引自張平吾、葉毓蘭，1987）以為當個人內在不快樂因素或外在環境（特別是人際關係）衝突因素達到令人無法容忍程度時，則易產生自殺行為。如當個人認為自己失去應該擁有的事物，如健康、愛戀的對象、自尊心、成就等等。

2.潛意識和情緒影響的觀點：有學者以爲自殺行爲是被潛意識所推動或情緒上的不平衡所影響，如持續性的焦慮感、罪疚感、失敗感或無望感、無價值感、恐怖感、發狂或憤怒、無助、羞恥、自我怨懟及憂鬱等情緒感受（徐錦峰，1973；Kalafat,1990）。

3.挫折忍受力的觀點：張平吾（1988）的研究指出具有自殺意念或自殺企圖的人，其生活適應（如家庭適應、生理健康適應、情緒適應及社會適應）較一般人差。而且其挫折忍受力也較一般人差。而挫折忍受力差的原因極可能是當事人的需求受阻經驗太少，以致遭受挫折時不知應該如何應對；也有可能是需求受阻經驗過多，使其挫折忍受力降低之故（張平吾，1988）。

4.自我勝任感與信心的觀點：Fever（轉引自李賢祥，1988）認爲對人生均抱有希望或希望程度越高，則自殺的可能性越低，而自我的能力感越大時，則自殺的可能性也就越低，反之則自殺可能性越高。他以f爲常數係數、I表示對生活狀況的威脅或當事人的困擾、C表示對自我的能力感或信心、Hope則表示當事人的希望水準。所以自殺可能的公式爲：

$$Suicide = f\ (I／Hope) = f\ (I／C)\ ❸$$

　　從心理衛生與適應的觀點來看，具有自殺意念或企圖之青少年可能較一般人對所處環境的各種人、事、物的相處感到緊張、焦慮、自卑、憂鬱、沮喪嫉妒或是不安全感、缺乏信心，在行爲上較爲退縮，或避免引起別人注意。而從挫折忍受力的討論，似乎也顯示自殺者較一般人可能具有較弱的自我功能，因爲自我無法產生有效的功能，使得自殺者不能以適當的防衛機轉來降低壓力所帶來的挫折感，而選擇自殺。

（四）對青少年自殺影響因素的綜合整理

　　根據上述的觀點，整理出可能促成青少年自殺的影響因素大致上分爲兩類：

1.環境方面：可以至少分為家庭環境、學校生活適應、同輩團體、
社會環境等：

（1）家庭環境方面：自殺者可能其家庭結構不完整，或是家庭中
的成員間溝通不良、親子關係不佳，也可能管教失當，甚或
有虐待情況出現。當青少年受到外界過大的壓力，卻又無法
在家庭獲得支持，或是與家庭有嚴重衝突，極有可能產生因
自殺行為或意念。

（2）學校生活適應方面：自殺者在學校的生活適應上可能出現的
是認為功課繁重、考試更多，同時對於學習科目缺乏興趣或
成就感，而升學壓力又大；也可能與同學、老師的關係不
佳，使得青少年在學校適應上產生過多的挫折感，造成對自
我的評價低，產生無望感而自殺。

（3）同輩團體方面：如前所述同輩團體所傳遞的次文化訊息，或
同輩團體中的要好朋友自殺，均對於青少年造成不小的心理
影響；或是缺乏同儕團體支持，產生生活上的寂寞感而自殺
（劉安真，1992）。

（4）社會環境方面：特別指的是青少年透過大眾傳播媒體對自殺
行為產生較為正向認知與意義的訊息，同時也包含傳播的管
道等。

2.個人方面：至少包含自我功能、情緒表現，及對事物價值認知
等：

（1）自我功能方面：產生自殺行為的青少年在自我評價較低，自
我價值和滿足感較一般青少年差，比較無法信任、喜歡自
己，也比較無法自我認同（吳金水，1989，轉引自歐素汝，
1996）。也有可能青少年脆弱的自我功能在平時仍能運作，
然一旦遭遇突發的重大變故，則自我喪失功能，而產生自
殺。

（2）在情緒表現方面：有自殺傾向之青少年比較容易產生挫折

感、緊張、焦慮、自卑、憂鬱、沮喪、嫉妒、寂寞或是不安
全感。

(3) 在對事物的價值認知方面：有自殺傾向之青少年對事物的解
釋或認知比較消極，認為有或無都無所謂，也可能是由於太
過在乎事情的結果，在過高期望之下，未達自殺者的預期，
因產生挫折感而自殺。

另外，值得注意的是，過去有研究運用人口統計資料比較自殺在性
別上的差異，認為男性人數多過於女性，以1991～1995年的青少年自殺
人數而言，確實有此種現象。但若將自殺人數與該性別的死亡人口數相
比較，則女性的自殺死亡百分比均高過於男性（見表18-2）。

自殺處遇與防治工作之理論依據

一、自殺處遇模式之討論——危機調適

自殺防治最常被討論的處遇理論模式首推危機調適（crisis
intervention）模式。許多的專家學者也認為當自殺者產生自殺行為時，
需要運用危機調適來對自殺者提供服務。然而筆者認為若以危機調適模
式對危機的基本看法，則二級與三級自殺防治人口均可運用危機調適服
務的範疇中。因危機調適模式認為人的成長過程本來就充滿著許多「發
展性危機」（developmental crisis）和「意外性危機」（accidental crisis）。
前者所指乃是個人在生長過程中必須面對的轉捩點階段，如入學、異性
交往、結婚、生產、聯考、更年期、退休等，而後者指的是無法由一般
生長過程所能預料的危機，如疾病、意外事件、車禍、失業、離婚等。
當個人或群體在正常的生活中遭遇嚴重擾亂事件，以其過去所運用的方

法無法解決時，便陷入所謂的危機狀態。處於危機狀態的人可能會獲得轉機，但也可能無法掙脫危機事件所帶來的困擾。

以此觀點，則可將青少年自殺視為是青少年對於處在危機狀態之下，無法掙脫危機困擾的一種處置態度或行為的反應。而這些危機至少有一大部分是自殺防治協助者可以預先設想到的──發展性危機。而且依危機調適理論的看法，倘若協助者能對自殺的青少年者提供增強處理危機的能力，則該青少年可以將危機變為轉機，獲得新的適應狀態。

二、自殺防治工作理論依據之討論 ── 生態觀點

生態觀點（ecological perspective）是社會工作和其他專業的一種取向。它強調人們運作的環境脈絡。重要的概念包括了人們和他們的環境之間的適應、處理，以及適當符應（fit）的原則，相互作用和相互關係。在專業中，是以個體（如團體、家庭或社區）和相關環境接觸面為治療單元（unit of attention）的考量（Baker, 1988: 46）。生態觀點是以一個特定文化和歷史的脈絡來將人與環境視為一個單一系統，並由此將其中的需求清楚地呈現出來。生態觀點強調「人：環境」符應（person: enviroment fit）與適應（adaptation）的概念，認為人們維持或提升他們自己和環境之間符應層次的，是一個連續的、改變取向的、認知的、敏銳覺察的和行為的過程。它包含著改變環境的行動（包括遷移至新環境），或改變他們自己，或是二者，然後在一個持續不斷的過程中，適應這些改變，而且在改變的過程中，環境也製造改變（如自然災害，或是新的社會期待）。這是一個主動的歷程，而非被動地調節。

由此角度出發，則社會工作應當以人與環境的整體觀，透過預防或減除個人和環境不利因素（也就是產生改變）的方向，來考量青少年自殺防治工作的規劃。實務工作者可以採用將焦點放在案主和環境接觸面的介入方式，讓青少年的個體和整體釋放潛在能力，降低環境壓力和恢復有益成長事項，來執行青少年的自殺防治工作，使青少年獲致更健全

與妥適的生活適應。

防治青少年自殺實務工作之探討

一、自殺防治對象與工作階段重點之討論

　　從服務人口的概念來討論，則生活環境或個人因素均可能影響青少年產生自殺意念。但是，由於服務工作的性質、內容以及提供服務的方式，常需要考量案主的實際狀況、程度，方能儘可能地提供案主適切性的服務。所以，即使是有同一類問題困擾的案主，也可以在實務工作中依不同的程度和需求，劃分服務實施的階段性。在此，我們以青少年的總人口為總人口，以具有自殺意念之青少年為危機人口，而以自殺未遂與可能自殺死亡之青少年為目標人口（圖19-1統稱為有自殺行為之人口）。而自殺防治工作之對象則可能多於目標人口。此關係以圖18-1表示：

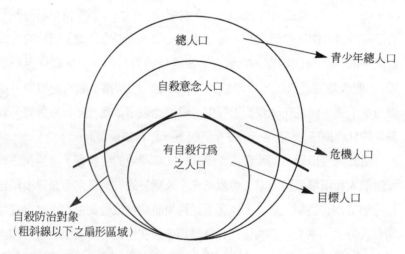

圖19-1　青少年自殺之危機人口、目標人口及服務人口關係圖

我們可將所有的青少年視為初級防治工作的服務對象。而具有自殺意念的人在環境壓力及個人狀態的交互作用之下，一旦遭遇催化的事件或情境，則可能產生自殺行為。因此，這一群人將是防治自殺中的二級防治工作重點人口。另外，已經產生自殺行為之人口，應將之視為三級自殺防治工作的對象。Katsching（1980）曾對自殺提出三大預防階段的類似看法，但他將自殺行為與防治階段作了更加詳細的區分（見圖19-2）。

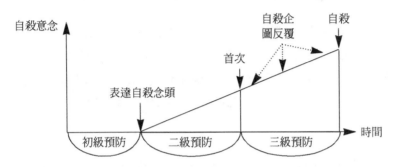

圖19-2　自殺行為與三級預防（Katschning,1980）

這些防治工作的重點則分述如下：

（一）初級自殺防治工作

研究指出自殺未遂者在自殺意念萌發時曾對生命的意義產生懷疑，不知道自己生存在世界上有何意義？所以應該將人生命的意義、對生死較具健康、正向的認知觀點傳達給青少年，幫助其建立對生命、生存的正確認知，減少萌生自殺意念的可能性（歐素汝，1996）。另外，危機調適觀點認為人在每一個發展階段均有可能面臨危機，此危機可能消除或增強。因此，對於存有自殺意念的青少年，也極可能因為時間的延長、身處情境，甚至自己嘗試解決問題能力的強化，降低甚至消除自殺意念。研究結果（歐素汝，1996）也支持上述的主張。

基於上述，則初級自殺防治工作的重點便在於培養青少年的危機調適能力，而此種調適能力的培養是預防性的，而非治療性。這些預防性

的防治工作包括健全青少年的自我功能、教導其學習如何紓解負向的情緒，同時提供其學習良好的人際溝通方法，以及培養青少年的問題解決能力。這將是未來社會福利機構在進行青少年自殺防治工作時的主要工作重點。以目前台灣地區的社會福利機構體系，救國團張老師中心及生命線協會均應有足夠的能力來提供這類的服務。

（二）二級自殺防治工作

二級自殺防治工作的對象為具有自殺意念的青少年，也就表示其在生活中確實面臨危機的挑戰與困境。所以，從危機調適的觀點來思考自殺防治工作的重點時，則以能夠強化青少年危機調適能力為原則。此階段對於危機調適能力的強化，乃具有治療性的意味，有別於前一階段的預防性：

1.在應用的理論及方法上：可以認知行為療法裡的自我教導訓練法（self-instructional traininmg）幫助青少年，重新看待遭遇種種挫敗事項所衍生的負向認知。在情緒的控制上，則可考慮運用理性情緒治療法（RET），對青少年提供協助。此外，參考人際溝通分析理論（TA）設計人際溝通技巧的成長團體等，均有助於青少年增強在生活中的適應能力，進而對自我產生信心，漸漸提高對自我的評價，也有助於具自殺意念之青少年獲得解決嚴重困擾的態度與能力。另外，研究指出自殺未遂者在自殺意念萌發時曾對未來產生質疑（歐素汝，1996），不知道自己未來可以做些什麼？因此，社會工作者也應提供青少年對未來生涯規劃問題的服務。

2.在提供協助的方式上：可視青少年的自殺意念程度，分別給予個案處遇或是團體處遇。

（三）三級自殺防治工作

在三級防治工作方面，由於自殺者已經發生自殺行為，因此除了醫

療上的緊急救助之外，工作者可以照會精神科醫生給予心理上的診斷與復健。此時，工作者便需要運用危機調適模式的協助步驟，診斷青少年產生自殺的原因，對其困擾的問題有哪些？困擾的程度又如何？困擾產生的時間有多久？可以助其度過心理頹喪危險期的社會資源或是支持系統又是哪些？自殺青少年過去處理該危機所嘗試的方法有哪些？因危機事件所產生的認知是什麼？均是協助自殺青少年進行危機調適時的重要參考資料。社會工作者並依據上述資料來擬定處遇的計畫。大致在自殺者的情緒較為穩定、願意與人溝通時，則二級防治工作中的處遇服務均可考慮提供給案主，但前提必須是該服務的內容必須能對自殺未遂的案主確實提供有效的協助並消除二度自殺之可能性，如此才能達到防治之目的。

表19-3　青少年自殺防治工作、方向與可運用之理論方法一覽表

防治工作階段	對象	防治工作方向	可運用之理論或方法
初級防治	一般青少年	協助建立對生命、生存的正確認知。 健全危機調適能力。	講習會、團體活動
二級防治	具自殺意念之青少年	強化自我功能、自我肯定訓練。 紓解情緒、壓力。 學習有效人際溝通。 增強問題解決能力。 生涯發展與規劃。 加強家庭親子溝通、管教之父母效能。	可運用之理論： 危機調適模式 自我教導訓練法 理性情緒治療法 人際溝通分析 自我效能（社會學習論） 可運用之方法： 個案工作 團體工作 個案管理 環境干預
三級防治	具自殺企圖之青少年	協助案主尋求一個健康性的適應狀態。 強化案主的支持系統。	危機調適模式、個案管理、環境改變技術

二、社工實務人員介入途徑之討論

（一）防治青少年自殺之社會工作現況與困境

　　目前台灣地區並沒有專職從事青少年自殺防治的社會福利機構。以防治自殺為主要服務宗旨的生命線協會為例，生命線亦未針對青少年設定自殺防治的處遇計畫。又如處理青少年問題知名的救國團張老師諮商中心，自殺防治雖為其服務項目之一，但近年來除了在其義工儲備課程中有所安排外，也未針對此一主題舉辦過任何活動或課程的訓練。倒是在與學校輔導單位相關的刊物上，如諮商與輔導月刊，常有關於學校自殺防治工作或策略討論的文章。

　　這些現象顯示社會工作人員對青少年自殺問題的討論較為缺乏，其原因可能是因為有較多機會接觸青少年自殺問題的是學校的老師，而非社工人員。且青少年在學校的時間多，不論具自殺傾向之青少年是主動求助或是學校老師由其他管道得知，學校老師比社工人員均具掌握訊息的優勢。以美國近年來的青少年自殺防治模式，亦是以學校為主體，來進行自殺防治工作協調與網絡的整合。有人主張應儘快設立學校社工員，以學校社會工作方法著手自殺防治工作，但在推行上，有幾個困境：

1. 在方法上，學校社會工作在國內仍僅留在概念的討論。雖有社會福利服務機構或組織嘗試推行，亦未有具體成型的學校社會工作模式與步驟。

2. 在專業人力上，牽涉到體制問題，目前沒有任何學校社會工作員產生。或有人以為既然學校輔導工作與學校社會工作有重疊之處，不妨將學校輔導視為學校社會工作來討論。但二者在專業養成訓練及方法上的運用有所差異，將之視為相同，仍有不妄之

處。

　　如此看來，似乎社會工作者對於青少年自殺防治工作可著力之處與可介入之途徑實在少之又少。

（二）防治青少年自殺之社工員介入途徑

　　思考社工員介入青少年自殺防治的途徑，需要注意介入的身分與介入方式兩個課題。由於社工員受僱於社會福利機構，在介入防治工作時，有代表機構專業權威與機構功能之身分正當性，卻未具備法定授權（如兒童虐待個案）的身分正當性。因此，青少年及家庭是否認知社工員的專業權威，勢必影響其接受社工員協助與否的態度。筆者以爲由相關的社會福利機構主動引薦社工員的專業身分給社區和學校，透過積極整合社區資源，連結學校輔導人員的管道，讓青少年和家庭認識社工員和所屬機構的專業性，將可降低此類的抗拒，也可對學校、社區、青少年及其家庭確立社工員介入處遇的身分正當性。

　　在介入方式部分，三級的自殺防治工作仍有許多值得努力之處：

1.青少年方面：在初級的預防上，社工員仍然可以主動和學校的輔導室合作，進入學校提供服務，也可以由福利機構在學校所屬的社區以活動或營隊，引導學生思考生命的意義，瞭解人的無限可能性，幫助青少年肯定自己生存於世的價值。又如對一些已經存有自殺意念的青少年，機構可請學校老師轉介，邀請學生參與機構在社區所舉辦的各種具有治療性的團體，如自我肯定、人際溝通、問題解決、情緒調適等等。以邀請青少年參加團體活動方案爲途徑，和青少年建立關係，進而更深入瞭解青少年的個人心理適應與社會環境情形，及早擬定個別的自殺防治處遇計畫。甚至在青少年的自殺意念強烈至可能產生自殺行爲時，社工員也必須考慮進行環境的干預，照會學校輔導人員和青少年的家庭，以求達到自殺防治及危機處理的處遇目標。

2.在青少年家庭方面：社會工作者可由預防的觀點著手，以社區為單位，針對有青少年子女的父母舉辦親子溝通相處、管教等等的講習會、團體方案，對青少年的家庭環境進行預防性的處遇工作，使青少年有一個更能幫助自己健康成長的家庭環境和支持系統。也可以透過活動，讓父母親學習瞭解如何評估子女有無自殺傾向，如果有，應該如何協助子女度過危機。特別是對於自殺未遂青少年的家長，機構應考慮設計這類的處遇計畫，幫助家長發揮家庭支持系統的功能。

如此一來，社工員不僅建立了介入途徑，也可以在防治工作中，扮演協調者、溝通者、倡導者與服務提供者的多重角色。

三、建立青少年自殺防治網絡

在自殺防治工作的方向上，社工員不僅只是提供自殺者本身的防治服務，從生態觀點來看，更應由環境干預著手。在對象上，不再局限於嚴重自殺傾向或是自殺企圖的青少年個案上，亦可擴大為對一般青少年進行社會環境健全發展的環境干預。是以，如何整合家庭、學校、機構與社區之間聯繫管道的確立，以達成建立處遇青少年自殺的防治網絡，形成有利於青少年的社會環境，正是防治青少年自殺之社會福利機構需要努力的重點。綜合上述的各項討論，筆者以社會工作的觀點，嘗試說明家庭、學校、機構與社區在青少年自殺防治網絡中可發揮之功能與扮演之角色：

（一）家庭應有之功能與配合

家庭是青少年生活最久的環境，對青少年而言，家庭中的氣氛、人際互動、親子關係對於子女的人格形成、自我認知、心理情緒有最基本的影響。是以，在家庭方面，父母應提供青少年一個具有高度支持性、

接納性的環境，主動建立良好的親子關係，使青少年瞭解家庭永遠是自己可以坦露心事、尋求支持與關懷的地方。如此，將可化解青少年在發展階段中可能遭遇的危機事件。

（二）學校應有之功能與配合

學校對青少年自殺的防治功能至少可以分為兩個部分來思考：

1. 教育的功能：學校在課程活動的安排上可以加強對於人生價值與意義的探究，使青少年肯定生存與生命的價值和意義，願意對未來付出努力。
2. 輔導的功能：特別是學校的輔導人員從青少年的學校生活中，輔導青少年學習如何面對挫折，強化解決問題的能力，導正偏差的價值認知，以及學習良好的人際溝通技巧，幫助青少年調適因為團體生活（尤其是同輩團體）和課業所帶來的壓力，降低自殺因素的影響力。而針對具自殺傾向的青少年，則應聯繫青少年的家庭，並適時地加以個別輔導，消除自殺危機的影響來源。

（三）社會福利機構應有之功能與配合

社會福利機構在自殺防治網絡中，可以扮演的角色與功能討論如下：

1. 資源的提供者：針對家庭、學校功能欠缺的部分，提供服務性的資源，補強家庭及學校的功能。至於可提供哪些服務，則在前面已詳細討論，不再贅述。
2. 服務的提供者：當青少年來機構求助時，社會福利機構便是服務的提供者，社工員直接協助青少年度過自殺的危機。
3. 資源整合的倡導者與協調者：結合社區（會）資源，與學校、家庭共同構成自殺防治的服務網絡。

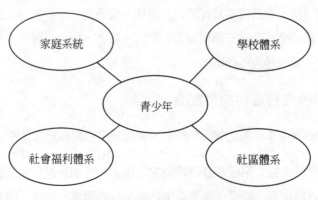

圖19-3　青少年自殺防治網絡圖

家庭系統

學校體系

青少年

社會福利體系

社區體系

（四）社區應有之功能與配合

　　社區應與學校、社會福利機構配合，扮演主動的資源提供者，以社區資源支持和支援防治青少年自殺工作的推展。

結論

　　青少年自殺死亡人數雖有下降的趨勢，然其中所隱藏的自殺人口與事件之狀況，實有其不可忽略之重要性。本章由青少年自殺問題的探討，以十至十九歲爲青少年人口，提出社會實務工作者的青少年自殺防治工作重點。筆者認爲未來的青少年自殺防治工作重點有二：一、設定初級與二級防治的青少年人口爲未來主要的服務對象，致力於此二階段防治工作之規劃與執行；二、將防治工作的範圍拓展至青少年的社區（會）、學校及家庭，協助青少年獲得有效的社會支持網絡。文中並嘗試提出社會工作介入青少年自殺防治之途徑，與自殺防治網絡中家庭、學校、機構和社區所應發揮之角色功能，供欲從事自殺防治之社會福利機構參考。

注釋

❶為1994年的統計資料。

❷同註❶。

❸李賢祥文中的公式為Suicide= f （ I / Hope ）＝f（ T /C），由於李氏並未解釋T所代表的含意，筆者以為以I（困擾）也可以解釋，故在本文中將T也改為I。

參考書目

一、中文部分

王文秀（1993），自殺個案的評估與處理，《諮商與輔導》，86，2〜4。

行政院內政部（1991〜1994），《中華民國台閩地區人口統計》。台北：
　　行政院內政部。

行政院青年輔導委員會編（1996），《青少年白皮書》。台北：行政院青
　　年輔導委員會。

行政院衛生署編（1986、1990〜1995），《衛生統計》。台北：行政院衛
　　生署。

吳芝儀（1995），從認知層面探討生涯決定的問題，《諮商與輔導》，
　　110，14〜19。

李賢祥譯（1988），從少年企圖自殺病例論其社會心理背景，《警學叢
　　刊》，19（1），203〜208。

林民雄（1993），青少年自殺行為，《諮商與輔導》，86，13〜17。

林彥好、郭利百加、段亞新譯（1991），《心理衛生：現代生活的心理
　　適應》。台北：桂冠。

林家興（1992），如何處理青少年的自殺行為，《諮商與輔導》，75，2
　　〜6。

林蔚芳（1989），大學生認知發展階段與生涯確定程度，《諮商與輔
　　導》，46，6〜8。

林蔚芳（1993），心理學理論對青少年自殺行為的看法，《諮商與輔
　　導》，85，4〜6。

林蔚芳（1993），學校的自殺防治策略，《諮商與輔導》，86，5〜12。

邱淑妶（1996），台中市生命線個案自殺意念之分析，東海大學社會工作系所第六屆社會工作論文發表會論文集。台中：東海大學社會工作學系。

俞筱鈞編譯（1990），《適應心理學——人生周期之正常適應》。台北：中國文化大學出版部。

段秀玲（1994），理性——情緒ABC，《諮商與輔導》，99，27～30。

胡淑媛（1992），青少年自殺傾向相關因素之研究，文化大學兒童福利研究所碩士論文。台北：文化大學。

孫敏華（1995），青年自殺的類型，《諮商與輔導》，112，9～12。

徐錦峰（1973），自殺統計資料分析自殺問題，《警光雜誌》，194，20。

秦　燕（1988），自殺企圖患者之社會心理分析研究，東海大學社會工作所碩士論文。台中：東海大學。

馬友群（1989），青春期子女自殺行爲的防範，《諮商與輔導》，47，44～47。

張平吾、葉毓藍（1987），台灣地區自殺率與幾個社會指標相關程度之研究，《警政學報》，11，227～274。

張平吾（1987），台灣地區歷年來自殺現況及趨勢之探討，《警政學報》，11，167～226。

張平吾（1988），台灣地區自殺企圖者，自殺意念者及一般人生活適應性之比較研究，《警政學報》，14，349～374。

張平吾（1988），報紙報導自殺事件之探討，《警政學報》，13，181～190。

張　耐（1996），結合家庭、學校、社區——共同防治青少年自殺，《社區發展》，73，81～84。

許臨高（1995），青少年福利工作，李增祿主編，《社會工作概論》。台北：巨流。

陳海倫（1989），自殺傾向的臨床意義，《諮商與輔導》，46，13。

陳素眞編譯（1988），青少年自殺的影響因素及防範之道，《社區發展》，62，86～91。

陳錫銘（1994），校園自我傷害之預防與處理（上），《諮商與輔導》，105，5～9。

陳錫銘（1994），校園自我傷害之預防與處理（下），《諮商與輔導》，106，10～15。

曾華源（1995），《青少年福利政策之研究》。台北：行政院內政部社會司。

童伊迪、陳美婉、許嘉儒（1995），《大學生自殺原因與自殺行為傾向之研究──以東海大學學生為例》。未出版。

黃郁文（1994），自我效能概念及其與學業成就表現之關係，《諮商與輔導》，106，39～41。

楊美慧譯（1991），學生自殺後之補救輔導，《諮商與輔導》，65，28～30。

楊淑萍（1995），自我效能在認知技巧學習和生涯發展上的應用（上），《諮商與輔導》，110，20～25。

楊淑萍（1995），自我效能在認知技巧學習和生涯發展上的應用（下），《諮商與輔導》，111，14～18。

廖榮利（1987），《社會工作理論與模式》。台北：五南。

廖鳳池（1989），自我教導訓練，《諮商與輔導》，38，2～9。

劉安眞（1985），自殺意念者之腳本分析──採用溝通分析取向與自殺意念者進行諮商，《諮商與輔導》，114，44～45。

劉安眞（1992），大學生活事件、寂寞感與自殺意念之相關研究，彰化師範大學輔導研究所碩士論文。彰化：彰化師範大學。

劉念肯（1992），「情緒障礙」的基本認識及其輔導，《諮商與輔導》，75，7～10。

劉焜輝（1995），危機調適的理論與實施（一），《諮商與輔導》，110，26～30。

劉焜輝（1995），危機調適的理論與實施（二），《諮商與輔導》，111，
　　39～42。

劉焜輝（1995），危機調適的理論與實施（三），《諮商與輔導》，112，
　　38～41。

歐素汝（1995），談青少年自殺——現況與理論，《社區發展》，72，
　　172～188。

歐素汝（1996），生命不能承受之重？——青少年自殺意念發展之探
　　討，台灣大學社會學研究所應用組碩士論文。台北：台灣大學。

蕭鴻銘主編。（1988），《自殺問題面面觀》。台北：國際生命線協會中
　　華民國總會。

二、英文部分

Bandura, A. & Walters R. M. （1964）. *Social Learning and Personality
　　Development* . New York : Holt, Rinehart & Winston.

Coleman, J. C. （1980）. Friendship and the Peer Group in Adolescence. in
　　J. Adelson （eds）, *Handbook of Adolescent Psychology*. New York :
　　John Wiley & Sons.

Durkheim, Emile （1951）. *Suicide: A Study in Sociology.* Glencoe, Illinois:
　　Fress Press.

Hawton, Keith （1986）. *Suicide and Attempted Suicide Among Children
　　and Adolescents.* Beverly Hills: Sage Publications.

Katsching, H. , Sint, P. & Robertin, F. G. （1980）.Suicide and Parasuicide :
　　Identifaction of High and Lower-risk Group by Cluster Analysis with 5-
　　year Follow-up. in Farmer, R. & Hirsch, S. R.（eds） , *The Sciuide
　　Syndrome.*

Maris, R. W. （1992）. The Relationship of Nonfatal Suicide attempted to
　　Completed Suicides. in R. Maris, A. Berman, J. Maltsberger, & R. Yufit

（eds）. *Assessment and Prediction of Suicide*. New York.

Wadorski, J. S. & Harris, P. （1987）. Adolesent Suicide: A Review of Influences and the Means for Prevenion. *Social Work*, November-December , 477-481.

Weiss, James M. A. （1966）.The Suicide Patient. *American Handbook of Psychiatry* , 1, 116-120.

20.原住民青少年福利需求與措施

全國成

台灣世界展望會中區主任

前言

您對台灣或者原住民的處境瞭解多少？在十六世紀初，當各帝國在海上航權探索時，世界地圖對小如豆粒般的台灣島還沒有明確的標識，甚至道聽塗說成二、三塊島（Bartholomeu Velho, 1561）。連中國歷史文獻一開始就戲稱台灣島稱為蠻荒南夷之地。從台灣卑南遺址及曲冰遺址出土的骨骸文物驗證具有一千年時間推算，台灣早在一千年就有土著住民居住了。西元1624年，荷蘭人進占台灣，開啓了台灣被世界強權及外來政權蹂躪及影響台灣土著（原住民）逐漸消失的厄運。

1624～1661　荷蘭人統治台灣，把基督教文化帶進台灣土著。

1662～1685　鄭成功接替荷蘭人統治台灣，把台灣土著驅趕至山區。

1685～1875　清朝統治台灣，把用理蕃政策隔離土著於山區，並派男丁屯墾台灣。

1875～1946　清朝台灣割讓給日本，日本軍權把台灣視爲鸎欐，把土著皇民化。

1849～1999　國民政府白色恐怖及漢化政策，扼殺了台灣多元文化的發

展。

2000～? 新政府的原住民政策，台灣原住民還有一段等待黎明的煎熬時期。

這三百多年來，台灣原住民的稱謂都是帶有鄙視（discrimination）之意，如南蠻、生番、熟番、高砂族、山地人，直到1993年聯合國推動國際原住民年，台灣政府才在三年後（1996年）修法正名爲台灣原住民。

台灣原住民現況，官方統計爲九大族，分別爲阿美族、泰雅族、排灣族、布農族、卑南族、鄒族、賽夏族、魯凱族、雅美族，總人口四十萬左右，只占台灣總人口的1.8%。他們的土地權早年被政府侵占，至今仍無法像台灣人自主地使用土地所有權！因爲沒有文字，所以被政府強迫學漢文化、草率地賜漢姓，使原住民文化傳承被壓制，致使原住民新生代對自身文化有認同的困惑與危機！

工作權在自由經濟體制下被外勞大量取代，導致攀高的失業率4.7%（官方）（民間社團統計爲10～12%），打擊了原住民家庭功能而發生家庭暴力與離婚率普遍比都市台灣人整體社會高30～40%。去年九二一大地震，震央就在台灣中部山區正是原住民山林生活區，重建一年的過程中，總是把偏遠山地擺在最後一位考量！曾經是台灣山林生態的守護者──原住民，在台灣已面臨生存權的威脅危機。台灣原住民族自十七世紀起，凡與外來政權接觸受統治時，其權益一直是被漠視犧牲。我國進入二十一世紀，如果我們還是用上一世紀誤解的思維來管理原住民的福利需求，對原住民新新人類兒童及青少年將是一種更徹底的同化，終會使原住民的因語言流失、文化的認同消失，有可能在本世紀末段後其族群有消失危機，成爲夕陽族群（孫大川，2000）。台灣原住民如果消失，整個台灣的山林生態將隨著貪婪經濟人的搜刮掠奪而永遠被破壞，把台灣（Formosa美麗島之稱）推向大地災難連連的萬劫不復之地，九二一災難、土石流、地層下陷、淹水災、斷橋只是警訊的開始。台灣不能沒有原住民守護土地。

圖20-1　台灣原住民分布圖

資料來源：行政院原住民委員會。

　　談到福利服務的規劃與輸送（social welfare planning & delivery），
我們常用的程序是先探討受益群（beneficiary）的真正處境與真正的需
求，再研擬福利服務的措施與輸送方式。

　　我們先界定「青少年的定義」：青少年是介於童年和成年之間的一
個人生階段，逐漸擺脫依賴性的兒童而蛻變為獨力自主的成人，各國立

法對此階段年齡的界定也有不同。我國「少年事件處理法」，稱「少年」
為十二歲以上未滿十八歲之人（李增祿，1995）。本章所談的「原住民
青少年」相關各種內容，並未在年齡上做嚴格之劃分，其大約為年滿十
二歲至未滿二十歲之未成年人，或為中學與大專院校之在校學生。

評論原住民青少年福利

　　針對表20-1「台灣原住民青少年目前面臨的問題」，政府在福利提
供是有提出因應之法令、規定、優惠辦法來服務原住民青少年，筆者在
蒐集資料中整理出表20-2「台灣原住民青少年目前可用的福利辦法」：

　　青少年福利可以廣義地認為：為促進青少年生理、心理、情緒、智
能和社會等方面之良好和健全發展之所有措施，換言之，從積極面來
談，青少年福利是社會福利的一部分，旨在保障青少年福祉、強化青少
年的發展，並充分運用一切能促成青少年成長的個人和環境的資源。其
內容包括：

1.能增進青少年健全發展的各種措施。
2.能產生任何足以危害青少年發展的預防和保護。
3.能保障青少年權利的措施。
4.能協助青少年處理各種成長和適應過程中的困難和挫折。
5.能促進青少年潛能發展的功效。

此外青少年福利可狹義地指出：對於家庭或父母無能力撫養管教，
或遭不適任父母濫用親權之不幸少年，所做的一些救助或保護措施。換
言之，消極面來說，對遭遇以下各種不幸情況的補助措施。如貧困、失
依、被虐、被忽視及行為偏差的少年等，提供補助或矯治性的社會福利
措施。
　　以下為執行福利服務之困難：

表20-1　台灣原住民青少年目前面臨的問題

問題	原因癥結	外表現象	造成結果與困境
受教育環境城鄉差異大	1.原住民村落70%離最近的國中學校距離超過十五公里。有50%村落最近的國中學校距離超過三十公里。 2.有三個山地鄉鄉內未設立國中學校。 3.全省三十個山地鄉鄉內僅有一所高農。 4.師資不足、校外資源不足。	1.很多的原住民學子必須爬山涉水、在山林中騎機車一個小時花在上學途中。 2.三五成群賃租屋於近學校的城鎮。 3.慶幸者有宿舍住宿，每周六或長假才回山林部落的家。 4.舉家遷住都市，家長謀生、子女就學，形成新族群都市原住民離鄉負笈。	1.就學意願低。 2.中途輟學。 3.中途逃學。 4.功課成績不如同學。 於是一社會大眾就論斷原住民青少年普遍： 1.不喜歡讀書。 2.功課不好。 3.教育水準低於都市。
文化認同之迷失感	1.原住民族群：據官方公布爲九大族光復初期在漢文化優越感的作崇壓抑下禁教、禁說母語。 2.「吳鳳的故事」教科書誤導山地人是落後番夷代名詞。 3.早期強迫的賜漢姓忽視同宗親賜同漢姓。	1.文化活動變成流於形式、附帶被冠上觀光價值、熱鬧有餘之豐年祭。社區族群教育功能式微。 2.「番人」一詞根深蒂固地在平地與山地青少年族群中莫名其妙的造成鴻溝（GAP）。 3.同宗族近親竟有不同漢姓。	1.造成原住民青少年外表有原住民之特色內心有文化認同迷失？優美多元化的原住民文化正快速消逝於「寶島」。 2.山地青少年之自卑羞怯。 3.造成原住民青年在異性交友中困擾於近親表兄妹甚至近姻親悲劇。
社會誘惑與傷害	1.媒體資訊快速傳遞。 2.社會亂象、價值觀物質化。 3.色情人口販子誘拐。	1.色情廣告氾濫、安非他命毒品之濫用。 2.追求以物質、名牌享受成就感。 3.曾有七個山地鄉被社政主管單位列爲雛妓高發生率危險鄉。	1.在原住民社區中造成青少年提早性行爲及偷偷好奇食用毒品。 2.很容易淪爲色情人口販盯上的獵物。 3.不幸少女事件（雛妓）悲劇不斷演出。
福利措施不足	1.原住民鄉普遍缺乏青少年活動中心，相關福利資訊取得困難。 2.原住民鄉內也普遍缺乏長期提供福利服務之專業團體資源。	1.措施與設備無可近性。 2.福利服務無整體性，常有短期的山服社實驗性服務。	1.休閒娛樂活動無充足空間設備，轉而看電視錄影帶，玩電玩。 2.想尋求個案諮商服務的青少年，困境與壓力無法獲得正確的輔導。
經濟家庭因素結構迫改使變	一般而言原住民社會謀生不易，青壯年、中年人紛紛湧向都市工作，而把子女及老弱祖父母留在山林老家。	1.家庭的親職教育功能減弱。 2.有60～65%原住民青少年在家中沒有自己的書桌。	1.青少年對家庭的向心力消退。 2.家庭教育的權益與機會被迫忽略之。 3.沒心情作功課。

表20-2　「台灣原住民青少年目前可用的福利辦法」

福利需求	相關法令、辦法	特別針對原住民青少年優惠的福利措施
改善教育環境，提升原住民青少年就學意願及成就；縮短城鄉教育水平差距。	1.原住民族教育法。 2.中輟生通報制度。 3.獎勵師資偏遠教學津貼。 4.證照制度。	1.原住民族籍學生升學加分優待。 2.學雜費減免，減輕負擔。 3.專科生減免學費。 4.長庚、慈濟、明志專技招生獎勵。 5.補助社區舉辦課後輔導（教育部）。 6.獎勵職訓津貼。 7.考取國家考試證照獎金（原民會）。
增加文化傳承機會；減緩原住民青少年文化認同迷失的危機。	1.鄉土教學（行政命令）。 2.原住民族教育法。	1.各年級教學課本都有把認識原住民納入教材。 2.把鄉土母語列入教材。 3.城鄉交流教學，增加多元文化的學習與彼此尊重。
制定保護法令；確保原住民青少年安全健康成長發展。	1.兒童福利法、少年福利法。 2.兒童及少年性交易防制條。 3.少年事件處理法。 4.兒童保護原住民認養鄉計畫。	1.加強自我保護預防教育。 2.少女家庭全面家訪，減少人口販子乘虛而入。 3.建立社區保護網絡，及鄉村保護委員會。
加強福利服務方案；落實福利社區化於原住民地區。	1.推動社區福利化實施要點。 2.推動社區總體營造。 3.成立社區發展協會。 4.兒童保護原住民認養鄉計畫。	1.家戶訪視做為個案工作服務之基礎。 2.補助辦理親子活動及營會活動。 3.補助辦理社區團康節慶活動。
支持原住民家庭功能與保護教育，使原住民青少年保有受家庭教育、養育的權益。	1.社會救助法。 2.家庭暴力防治法。 3.寄養辦法。	1.醫療健保之補助。 2.急難救助。 3.試辦原鄉社區安置（寄養）。

1. 空間限制：原鄉距離福利服務規劃者、供應者普遍甚遠。規劃者、供應者常犯一廂情願的想法編列設計原住民青少年想要的服務方案。但使用的人不如預期的好。

2. 人力不足：在原鄉要從事社會服務之社會工作員幾乎沒有專業人員願意常駐之，人力不足，服務方案及措施自然就乏善可陳。

3. 設備不足：即軟硬體設備嚴重落後於平地城市的規模。

4. 資源不足：原鄉社區資源比山下社區之資源不足。

5. 政府行政支援被分割不全：意指主導原住民福利政策與經費分配之政府系統現階段支援被分割不全，有行政院原住民委員、兒童局、各縣市政府等統整協調不易。使福利輸送在原住民地區是斷斷續續不全的。

結論

　　青少年福利服務之性質，不同於兒童福利或老人福利。兒童福利本質主要在「保」，老人福利本質主要在「養」，而青少年本質主要在「教」，因此為青少年謀福利應該考慮積極面與長遠性，著重輔導與發展，在規劃上可依青少年不同性質的群體，各依其問題與需要提出不同的服務重點與做法，進而實現青少年服務的教養目標，培養青少年的社會服務精神，對人群及國家的參與感和責任心。以下說明提供青少年福利服務宜具有之理念：

一、運用多元化的工作方法，在鄰舍社區層面提供服務

　　按個別社區的特質，根據年齡分布、家庭結構、青少年休閒型態等，做評估及適當服務方案的設計，更靈活地提供服務。

二、重視且促進社區人士參與青少年福利工作

　　爲落實以青少年需要爲本位和服務社區的信念，增加社區居民參與實乃必要，期容納更多不同人士的觀點和意見，提高服務品質，使之能更適切配合社區及青少年需要，其亦有助於凝聚社區人士的力量，和加強青少年對社區的歸屬感。

參考書目

行政院原住民委員會（1998），《原住民族社會福利體系之規劃》。行政院原住民委員會。

行政院原住民委員會（1998），《原住民權益手冊》。行政院原住民委員會。

行政院原住民委員會（1998），《台灣原住民生活狀況調查報告》。行政院原住民委員會。

行政院原住民委員會（2000），《行政院原住民委員會補助作業要點手冊》。行政院原住民委員會。

行政院勞委會（1997），生活與就業，《原住民權益參考手冊》。行政院勞委會。

李增祿（1995），《社會工作概論》。台北，巨流，增訂二版。

季紅瑋（1997），都會區原住民國中生壓力因應歷程之初探——以優勢觀點分析，東吳大學社工研究所碩士論文。

全國成（1996），原住民青少年問題與因應對策，《青輔會青年輔導年報》。

21.舊媒體、新媒體、新新人類——多媒體環境下台灣青少年媒體使用現況

湯允一

中國文化大學大傳系系主任

二十世紀末，台灣經歷了政治民主化、經濟自由化、社會多元化的過程，加上傳播科技的廣泛運用，已經形成了媒體豐富的環境（rich media environment）。台灣的閱聽大眾不但可以選擇不同種類的媒介；即便於同一類型媒體中，也可以選擇不同之頻道以及不同之內容。於此媒體豐富的環境中，閱聽大眾的媒體使用行為為何？特別是青少年的媒體使用情形為何？此乃是本研究所想回答的問題。

青少年仍處於發展的過程中，其生理、心理狀況仍屬於不成熟之狀況，但不像兒童處處受到成人的保護與限制，故較易受外界環境之影響，而大眾傳播媒介於青少年的生活環境中處處可見。因之，青少年的媒體使用情形一直為傳播學者所重視的課題。

相關文獻

相對於其他受重視的研究，青少年似乎並未受到台灣傳播學者的重視（湯允一、莫季雍、王旭，2000）。郭貞（1993）研究青少年消費知識來源與消費技巧之關係；之後，郭貞（1993、1996）又擴大她的研究範圍，分別比較台灣與美國以及中國大陸青少年之消費行為。其他類似

青少年消費行爲之研究有蔡美瑛（1993、1997）之電視廣告與青少年之消費以及大陸北京青少年直銷之行爲。

除了消費行爲之研究，台灣之傳播學者也針對青少年的某一特定媒體使用進行研究。蘇衡（1994）討論青少年閱讀漫畫之動機與行爲；黃葳葳（1997）則針對青少年對電視益智節目回饋的行爲進行研究。另外青少年大衆傳播行爲與人際傳播行爲間之互動也是學者研究的對象（郭貞，1994；孫曼蘋，1997）。

綜觀以上台灣青少年傳播研究，研究方法與研究問題雖有不同，但其樣本皆有地域性之特色。換言之，這些研究對於台灣整體青少年傳播行爲之解釋有其局限性。雖然羅文輝、鍾蔚文（1991）亦曾針對全台灣之青少年進行抽樣調查，但目前傳播媒介之環境又迴異於十年前之情境。本研究試圖爲台灣青少年之傳播行爲做一完整之描繪，故進行大規模之全台抽樣調查，冀望能瞭解於此媒體豐富環境中之台灣青少年媒體使用之狀況，和媒體使用之目的。

「使用與滿足取向」最早出現於1972年Elihu Katz在以色列的研究。1974年Katz與Blumler已經明確指出使用與滿足研究的邏輯步驟：①源自社會及心理的 ②需求，產生對 ③大衆傳播媒介或其他來源的 ④期望，進而出現 ⑤不同型態的媒介暴露（或從事其他活動），導致 ⑥需求的滿足和 ⑦其他的結果（Katz, Blumler & Gurevitch, 1974: 20; Palmgreen, Wenner & Rayburn, 1985: 14）。

McQuail、Blumler及Brown（1972）則更系統地將閱聽人與媒介互動歸納成四種類別：

1. 移情作用（diversion）：逃避問題及鬆弛情緒。
2. 人際關係（personal relationships）：作伴效用及社交效用。
3. 個人認同（personal identity）：決策參考、訊息探索。
4. 環境守望（surveillance）（Rubin, 1983: 37-38; Katz, Blumler, & Gurevitch, 1974: 23）。

另一方面Blumler（1979）認為媒介使用動機有三個面向：

1.認知功能（cognitive）：包括環境守望及資訊蒐集。

2.移情功能（diversion）：包括逃避、娛樂及激勵。

3.個人認同（personal identity）：包括社會互動及社會傳承（Palmgreen, Wenner & Rayburn, 1980: 167）。

Greenberg（1974）在一篇研究英國兒童與青少年收視動機報告中指出，收看電視之動機可區分：

1.已成習慣。

2.鬆弛情緒。

3.作伴感覺。

4.打發時間。

5.學習事物。

6.尋求刺激。

7.逃避問題。

Rubin於1979年依循Greenberg的研究發現，美國兒童及青少年也有六類收視動機：

1.學習。

2.打發時間／習慣。

3.作伴。

4.逃避。

5.刺激。

6.鬆弛。

同年，Rayburn和Palmgreen發表公共電視的七種收視動機：

1.鬆弛。

2.學習事物。

3.溝通效用。

4.消遣。

5.打發時間。

6.作伴。

7.娛樂（Rubin, 1983: 37）。

方法

　　本次報告之資料是根據1999年台閩地區青少年狀況之調查報告中所摘錄，樣本是以台灣地區年滿十二歲未滿十八歲之青少年爲母群體，運用隨機抽樣抽取自1998年12月31日前年齡滿十二歲至十八歲之青少年三千五百名（1999年台閩地區之青少年身心狀況調查報告，內政部統計處，1999），爲了配合青少年媒體使用狀況之分析，問卷回收後，經統計得有效樣本計二千一百七十六名，有效比率爲62.17%。

　　本次調查之樣本中，男生一千零三十名，占47.3%；女生一千一百四十六名，占52.7%。抽樣年齡分布在十二至十七足歲之間，各年齡層樣本數分別爲十七足歲四百零九名（18.8%）；十六足歲三百六十四名（16.7%）；十五足歲三百四十六名（15.9%）；十四足歲四百四十六名（20.5%）；十三足歲三百五十六名（16.4%）；十二足歲二百五十五名（11.7%）。樣本中青少年居住地區以城鄉化之程度區分，居住於城市中（包括院轄市以及省轄市：基隆市、台北市、新竹市、台中市、嘉義市、台南市、高雄市）有六百八十四名（31.4%）；居住於鄉鎮中（台北縣、桃園縣、新竹縣、苗栗縣、台中縣、南投縣、彰化縣、雲林縣、嘉義縣、台南縣、高雄縣、屏東縣、宜蘭縣、花蓮縣、台東縣，以及外島的澎湖縣、連江縣、金門縣）有一千四百九十二名（68.6%）（見表21-1）。

表21-1　青少年之性別、年齡和居住地區之分布

	性別		年齡						居住地區	
	男	女	17	16	15	14	13	12	城市	鄉村
人數	1030 (47.3)	1146 (52.7)	409 (18.8)	364 (16.7)	346 (15.9)	446 (20.5)	356 (16.4)	255 (11.7)	684 (31.4)	1492 (68.6)
小計	2176									

註：括弧內爲百分比。

青少年媒體使用情形

　　受訪青少年在電視節目觀看情形方面，蠻高比例（69.4%）的青少年表示他們每天都收看電視，而從來不看電視的只有1.5%；平均看電視的時間是30分至二小時，占53.6%，花二至四小時看電視的占25.4%；所收看的電視節目內容以劇集（連續劇、單元劇等）（42.0%）、卡通（41.5%）和歌唱綜藝節目（40.2%）爲主，其次爲體育節目（33.3%）、MTV頻道（31.6%）和時事評論與新聞氣象（24.7%），其他類型節目皆在一成以下。受訪青少年看電視之主要目的爲娛樂（77.8%），其他爲獲取新資訊（56.1%）、打發時間（46.9%）和增加與同儕談話之題材（41.1%）（見表21-2、21-3、21-4）。

　　使用報紙之傳播媒體的情形方面，一成的青少年表示他們從不看報紙，也有三成的青少年每天都看，而一周看一、二次的有34.1%；每次看報紙的時間並不長，大多在十五分鐘以內或十六至三十分鐘，分別占

表21-2　青少年使用電視行為之分布

	每周看電視次數					每次看電視時間				
	0	1~2	3~4	5~6	每天	0	30m↓	31~120m	121~240m	241m↑
人數	33 (1.5)	224 (10.3)	239 (11.0)	169 (7.8)	1511 (69.4)	33 (1.5)	134 (6.2)	1167 (53.6)	553 (25.4)	289 (13.3)
小計	2143									

註：括弧內爲百分比。

表21-3　青少年觀看電視之內容

	時事評論與新聞氣象	消費理財	衛生保健	社教	劇集	體育	歌唱綜藝	競賽	古典音樂舞蹈
人數	528 (24.7)	42 (2.0)	37 (1.7)	38 (1.8)	899 (42.0)	713 (33.3)	861 (40.2)	191 (8.9)	55 (2.6)
	民俗藝術	其他藝術性目	談話性/CALL IN	卡通	命理風水	購物頻道	MTV頻道	其他	
人數	22 (1.0)	33 (1.5)	63 (2.9)	889 (41.5)	20 (0.9)	69 (3.2)	677 (31.6)	86 (4.0)	
小計	2143								

註：1.括弧內爲百分比。
　　2.此問項爲複選題，總加百分比不等於100%。

表21-4　青少年觀看電視之目的

	獲取新資訊	娛樂目的	增加與同儕談話的題材	打發時間	老師指定	別人在看時順便	其他
人數	1196 (56.1)	1659 (77.8)	876 (41.1)	1000 (46.9)	137 (6.4)	385 (18.1)	79 (3.7)
小計	2143						

註：1.括弧內爲百分比。
　　2.此問項爲複選題，總加百分比不等於100%。

37.5%、38.4%；而閱讀內容以影視娛樂版爲主，占76.8%，其次爲體育版（34.7%）及社會版（33.4%），再其次爲漫畫（20.2%）、家庭生活版（19.3%）、資訊科技版（13.8%）、政治版（11.7%），及文學小說版（11.3%），其餘類別所占百分比皆在一成以下。青少年看報紙之目的主要在於獲取新資訊（67.2%）及娛樂（55.6%），其次爲打發時間（32.2%）與增加與同儕談話的題材（29.0%）（見表21-5、21-6、21-7）。

對於廣播節目,有24.4%的受訪青少年表示他們從不聽廣播,每天聽的有21.2%,而每周聽一、二次的有32.5%;平均每次聽廣播的時間約一至三個小時,占33.3%,而少於一小時的也有31.1%;所收聽的廣播節

表21-5　青少年閱報行為之分布

	每周閱報次數				
	0	1～2	3～4	5～6	每天
人數	227 (10.4)	742 (34.1)	353 (16.2)	192 (8.8)	662 (30.4)
小計	2176				

	每次閱報時間							
	0	15m↓	16～30m	31～60m	61～75m	76～90m	90～120m	121m↑
人數	227 (10.4)	817 (37.5)	835 (38.4)	241 (11.1)	27 (1.2)	9 (0.4)	5 (0.2)	15 (0.7)
小計	2176							

註:括弧內為百分比。

表21-6　青少年閱讀報紙之內容

	政治	社會	大陸	影視 娛樂	體育	消費 理財	衛生 保健	家庭 生活	觀光 旅遊	資訊 科技
人數	228 (11.7)	651 (33.4)	36 (1.8)	1497 (76.8)	676 (34.7)	83 (4.3)	156 (8.0)	376 (19.3)	151 (7.8)	269 (13.8)

	地方 報導	廣告	藝術 文化	文學 小說	學術 思想	宗教	命理 風水	漫畫	其他
人數	122 (6.3)	109 (5.6)	178 (9.1)	221 (11.3)	37 (1.9)	18 (0.9)	49 (2.5)	394 (20.2)	40 (2.1)
小計	1949								

註:1.括弧內為百分比。
　　2.此問項為複選題,總加百分比不等於100%。

表21-7　青少年閱讀報紙之目的

	獲取新資訊	娛樂目的	增加與同儕談話的題材	打發時間	老師指定	別人在看時順便	其他
人數	1312 (67.2)	1085 (55.6)	567 (29.0)	628 (32.2)	338 (17.3)	265 (13.6)	72 (3.7)
小計	1949						

註：1. 括弧內為百分比。
　　2. 此問項為複選題，總加百分比不等於100%。

目內容以綜藝歌唱節目為主，占70.4%，其次為談話性／call in節目（29.6%）與輕音樂（29.0%），再其次為空中教學節目（17.4%）、體育節目（15.6%）、古典音樂節目（12.5%）、及時事評論與新聞氣象（12.0%），其餘類型節目所占比例皆在一成以下。青少年使用廣播媒體之主要目的為娛樂（55.8%）、獲取新資訊（41.7%）和打發時間（39.5%），其次為增加與同儕談話之題材（24.4%）（見表21-8、21-9、21-10）。

在網際網路使用方面，半數以上的受訪青少年表示他們從不上網，占57.2%，每周上網一、二次的有28.7%；每次平均上網的時間在二小時

表21-8　青少年收聽廣播行為之分布

	每周聽廣播次數				
	0	1～2	3～4	5～6	每天
人數	530 (24.4)	708 (32.5)	318 (14.6)	159 (7.3)	461 (21.2)
小計	2176				

	每次聽廣播時間					
	0	60m↓	61～180m	181～300m	301～420m	421m↑
人數	530 (24.4)	676 (31.1)	724 (33.3)	154 (7.1)	45 (2.1)	47 (2.2)
小計	2176					

註：括弧內為百分比。

表21-9　青少年收聽廣播之內容

	時事評論與新聞氣象	空中教學	衛生保健	法令服務	交通服務	綜藝歌唱節目	輕音樂
人數	197 (12.0)	286 (17.4)	65 (3.9)	22 (1.3)	107 (6.5)	1159 (70.4)	477 (29.0)
	古典音樂	體育	廣播劇	民俗藝術	其他藝術性節目	談話性 / call in	其他
人數	205 (12.5)	257 (15.6)	57 (3.5)	21 (1.3)	17 (1.0)	487 (29.6)	42 (2.6)
小計	1646						

註：1.括弧內為百分比。
　　2.此問項為複選題，總加百分比不等於100%。

表21-10　青少年收聽廣播之目的

	獲取新資訊	娛樂目的	增加與同儕談話的題材	打發時間	老師指定	別人在看時順便	其他
人數	701 (41.7)	937 (55.8)	410 (24.4)	663 (39.5)	1267 (7.5)	310 (18.5)	929 (5.5)
小計	1646						

註：1.括弧內為百分比。
　　2.此問題為複選題，總加百分比不等於100%。

之內（三十分至一小時占18.7%，一至二小時占10.8%），而使用的網站類型以搜尋引擎為主，占76.2%，其次為電玩網站（32.0%）和媒體網站（29.9%），再其次為電腦資訊介紹網站（17.5%）和圖書資料查詢網站（11.1%），而不適合未成年者觀看的成人網站，有7.8%的受訪青少年曾經進入。青少年上網的主要目的為獲取新資訊（58.0%）、娛樂（48.3%），再者為增加與同儕談話的題材（28.8%）和打發時間（28.5%）（見表21-11、21-12、21-13）。

表21-11　青少年使用網路行為之分布

人數	每周上網次數				
	0	1～2	3～4	5～6	每天
	1243	625	177	66	65
	(57.2)	(28.7)	(8.1)	(3.0)	(3.0)
小計	933				

人數	每次上網時間					
	0	30m↓	31～60m	61～120m	121～240m	241m↑
	1243	206	407	235	61	24
	(57.2)	(9.5)	(18.7)	(10.8)	(2.8)	(1.1)
小計	933					

註：1.括弧內為百分比。
　　2.此問項為複選題，總加百分比不等於100%。

表21-12　青少年上網之網站類型

	搜尋引擎	媒體網站	成人網站	電玩網站	政府機關網站	圖書資料查詢網站	電腦資訊介紹網站	其他
人數	709	278	73	298	37	103	163	72
	(76.2)	(29.9)	(7.8)	(32.0)	(4.0)	(11.1)	(17.5)	(7.7)
小計	933							

註：1.括弧內為百分比。
　　2.此問項為複選題，總加百分比不等於100%。

表21-13　青少年使用網路之目的

	獲取新資訊	娛樂目的	增加與同儕談話的題材	打發時間	老師指定	別人在用時順便使用	其他
人數	621	517	308	305	129	82	126
	(58.0)	(48.3)	(28.8)	(28.5)	(12.1)	(7.7)	(11.8)
小計	933						

註：1.括弧內為百分比。
　　2.此問項為複選題，總加百分比不等於100%。

青少年媒體使用與其性別、年齡和居住地區相關情形

　　針對青少年之性別、年齡和居住地區是否會影響其觀看電視之頻率和時間而言，青少年之居住地區不會影響其收看電視之頻率與時間之長短，但性別會影響每周看電視之頻率（$\chi 2$=18.693, p<.01）；而年齡與看電視時間之長短有關（$\chi 2$=41.158, p<.01）（見表21-14）。

　　至於青少年之性別、年齡與居住地區是否會影響其收看電視節目之內容。性別之差別會影響青少年是否會觀賞時事評論與新聞氣象（$\chi 2$=21.885, p<.01）；家庭生活節目（$\chi 2$=13.803, p<.01）；觀光旅遊（$\chi 2$=4.327, p<.05）；資訊科技節目（$\chi 2$=35.761, p<.01）；MTV節目（$\chi 2$=25.278, p<.05）；戲劇節目（$\chi 2$=52.908, p<.01）；體育節目（$\chi 2$=378.857, p<.01）；歌唱綜藝節目（$\chi 2$=39.261, p<.01）；競賽性節目（$\chi 2$=8.962, p<.01）。而年齡之不同則會影響青少年觀看藝術性（如國劇）節目（$\chi 2$=11.235, p<.05）；卡通節目（$\chi 2$=41.615, p<.01）；MTV節目（$\chi 2$=14.309, p<.05）；消費理財節目（$\chi 2$=12.867, p<.05）；歌唱綜藝節目（$\chi 2$=16.199, p<.01）；競賽性節目（$\chi 2$=17.312, p<.01）。青少年居住地區之不同會影響其觀看MTV節目（$\chi 2$=9.877, p<.05）以及體育節目（$\chi 2$=4.686, p<.05）（見表21-15）。

　　青少年觀看電視之目的與其觀看電視節目內容之關係如下：是否以獲取新資訊為目的者會影響其觀看時事評論與新聞氣象節目（$\chi 2$=28.043, p<.01）；以及購物頻道之觀看（$\chi 2$=11.691, p<.01）。是否以

表21-14　看電視之時間與青少年之性別和年齡比較

	性別	年齡
每周看電視之頻次	18.693[a]	
每次看電視之時數		41.158[a]

註：a. A two tailed Chi-square test at significant level ＜ .01

表21-15　收看電視節目內容與青少年之性別、年齡和居住地區比較

	性別	年齡	城鄉
時事評論與新聞氣象	21.885[a]		
藝術性（如國劇）		11.235[b]	
家庭生活	13.803[a]		
觀光旅遊	4.327[b]		
資訊科技	35.761[a]		
卡通		41.615[a]	
MTV	25.278[b]	14.039[b]	9.877[b]
消費理財		12.867[b]	
戲劇節目	52.908[a]		
體育	378.857[a]		4.686[b]
歌唱綜藝	39.261[a]	16.199[a]	
競賽	8.962[a]	17.312[a]	

註：a. A two tailed Chi-square test at significant level $< .01$

　　b. A two tailed Chi-square test at significant level $< .05$

打發時間為目的者亦會影響其觀看時事評論與新聞氣象（$\chi 2=18.19$, $p<.01$）；以及購物頻道之節目（$\chi 2=8.835$, $p<.05$）。是否以娛樂為目的者會影響其收看觀光旅遊節目（$\chi 2=6.014$, $p<.05$）；購物頻道節目（$\chi 2=8.806$, $p<.05$）；戲劇性節目（$\chi 2=6.332$, $p<.05$）；歌唱綜藝節目（$\chi 2=7.907$, $p<.05$）；以及古典音樂舞蹈節目（$\chi 2=6.462$, $p<.05$）。是否為了增加與同儕間之話題會影響青少年收看購物頻道（$\chi 2=13.614$, $p<.01$）；歌唱綜藝節目（$\chi 2=14.869$, $p<.01$）。是否由老師指定者則對青少年收看購物頻道節目（$\chi 2=8.809$, $p<.05$）有所影響。最後是否因為別人正在收看而看者亦會影響其收看購物頻道（$\chi 2=9.011$, $p<.05$）（見表21-16）。

　　青少年閱報之頻率與閱報時間與其性別、年齡以及其居住地區之關聯性而言，其居住地區不會影響其閱報頻率與閱報時間之長短。但是性別會分別影響其每周看報之頻率（$\chi 2=14.935$, $p<.01$）；以及每次看報之時數（$\chi 2=16.42$, $p<.05$）。而受訪者年齡之差異會影響其每周看報之

表21-16　青少年觀看電視之內容與目的比較

	獲取 新資訊	打發 時間	娛樂 目的	增加同 儕話題	老師 指定	別人在看 時順便
時事評論與新聞氣象	28.043[a]	18.19[a]				
談話性節目						
觀光旅遊			6.014[b]			
命理風水						
購物頻道	11.691[a]	8.835[b]	8.806[b]	13.614[a]	8.809[a]	9.011[b]
戲劇節目			6.332[b]			
歌唱綜藝			7.907[b]	14.869[a]		
古典音樂舞蹈			6.462[b]			

註：a. A two tailed Chi-square test at significant level ＜ .01

　　b. A two tailed Chi-square test at significant level ＜ .05

表21-17　看報紙之時間與青少年之性別和年齡比較

	性別	年齡
每周報紙看之頻次	14.935[a]	42.24[a]
每次看報紙之時數	16.42[a]	

註：a. A two tailed Chi-square test at significant level ＜ .01

　　b. A two tailed Chi-square test at significant level ＜ .05

頻率（$\chi 2=42.24$, p<.01）（見表21-17）。

　　青少年閱報之內容會因為其性別、年齡、以及居住地區而有所差異。青少年之性別會影響其閱讀政治新聞（$\chi 2=18.457$, p<.01）；衛生保健新聞（$\chi 2=20.361$, p<.01）；社會新聞（$\chi 2=4.478$, p<.05）；家庭生活新聞（$\chi 2=117.254$, p<.01）；資訊科技（$\chi 2=59.965$, p<.01）；文學小說（$\chi 2=48.349$, p<.01）；宗教（$\chi 2=5.248$, p<.05）；體育新聞（$\chi 2=288.435$, p<.01）；藝術文化（$\chi 2=25.403$, p<.01）；命理風水（$\chi 2=10.734$, p<.01）；及影視娛樂（$\chi 2=19.078$, p<.01）。青少年之年齡會影響其閱讀社會新聞（$\chi 2=27.433$, p<.01）；家庭生活新聞（$\chi 2=16.202$, p<.01）；漫畫（$\chi 2=54.978$, p<.01）；藝術文化（χ

2=13.535, p<.05）；命理風水（$\chi 2$=13.131, p<.05）等內容。而居住地區的不同則會影響其閱讀體育新聞（$\chi 2$=5.723, p<.05）（見表21-18）。

　　青少年閱報之目的與其閱報內容之關係如下：是否以獲取新資訊為目的者會影響其閱讀社會新聞（$\chi 2$=21.457, p<.01）；衛生保健新聞（$\chi 2$=6.159, p<.05）；觀光旅遊（$\chi 2$=6.599, p<.05）；資訊科技新聞（$\chi 2$=6.245, p<.05）；廣告（$\chi 2$=12.265, p<.01）；以及漫畫專欄（$\chi 2$=25.067, p<.01）等內容。是否以娛樂為目的者會影響其閱讀政治新聞（$\chi 2$=7.672, p<.05）；社會新聞（$\chi 2$=6.743, p<.05）；影視娛樂新聞（$\chi 2$=36.267, p<.01）；及體育新聞（$\chi 2$=7.008, p<.05）等內容。關於是否以打發時間為目的者亦會影響其閱讀政治新聞（$\chi 2$=13.222, p<.01）；社會新聞（$\chi 2$=6.196, p<.05）；廣告（$\chi 2$=12.431, p<.01）；以及漫畫專欄（$\chi 2$=6.316, p<.05）等內容。是否由老師指定者則對青少年閱讀社會新聞（$\chi 2$=6.331, p<.05）有所影響。最後是否因為別人正在閱報而閱讀者亦會影響其閱讀政治新聞（$\chi 2$=7.105, p<.05）；以及廣告（$\chi 2$=9.65, p<.01）等內容（見表21-19）。

表21-18　看報紙內容與青少年之性別、年齡和居住地區比較

	性別	年齡	城鄉
政治	18.457[a]		
衛生保健	20.361[a]		
社會	4.478[b]	27.433[a]	
家庭生活	117.254[a]	16.202[a]	
資訊科技	59.965[a]		
漫畫		54.978[a]	
文學小說	48.349[a]		
宗教	5.248[b]		
體育	288.435[a]		5.723[b]
藝術文化	25.403[a]	13.575[b]	
命理風水	10.734[a]	13.131[b]	
影視娛樂	19.078[a]		

註：a. A two tailed Chi-square test at significant level ＜ .01
　　b. A two tailed Chi-square test at significant level ＜ .05

在不同年齡、及居住地區青少年之聽廣播頻率與時間的關聯方面，年齡不同之青少年，其聽廣播的時數明顯不同（$\chi 2=35.171$, $p<.01$）。居住地區的不同亦影響青少年聽廣播的頻率（$\chi 2=9.668$, $p<.01$）（見表21-20）。

在不同性別、年齡、及居住地區青少年之收聽廣播內容差異性方面，青少年之性別會影響其收聽談話性節目（$\chi 2=22.846$, $p<.01$）；民俗藝術節目（$\chi 2=5.529$, $p<.05$）；體育節目（$\chi 2=159.638$, $p<.01$）；及歌唱綜藝節目（$\chi 2=23.125$, $p<.01$）。青少年之年齡差異會影響其收聽談話性節目（$\chi 2=12.692$, $p<.05$）；空中教學節目（$\chi 2=11.974$, $p<.05$）；及歌唱綜藝節目（$\chi 2=14.84$, $p<.05$）。而居住地區的不同則會影響青少年收聽談話性節目（$\chi 2=7.079$, $p<.01$）。不同居住地區之青少

表21-19　青少年閱讀報紙之內容與目的比較

	獲取新資訊	娛樂目的	打發時間	老師指定	別人在看時順便
政治		7.672^b	13.222^a		7.105^b
社會	21.457^a	6.743^b	6.196^b	6.331^b	
影視娛樂		36.267^a			
體育		7.008^b			
衛生保健	6.159^b				
觀光旅遊	6.599^b				
資訊科技	6.245^b				
廣告	12.265^a		12.431^a		9.65^a
漫畫	25.067^a		6.316^b		

註：a. A two tailed Chi-square test at significant level ＜ .01

　　b. A two tailed Chi-square test at significant level ＜ .05

表21-20　聽廣播之時間與青少年之年齡和居住地區比較

	年齡	城鄉
每周聽廣播之頻次		9.668^a
每次聽廣播之時數	35.171^a	

註：a. A two tailed Chi-square test at significant level ＜ .01

年，其收聽廣播之目的明顯不同（$\chi 2=12.254$, p<.01）（見表21-21、21-22）。

　　青少年收聽廣播之目的與其收聽廣播內容之關係如下。是否以獲取新資訊為目的者會影響其收聽歌唱綜藝節目（$\chi 2=6.132$, p<.05）。是否以打發時間為目的者亦會影響其收聽談話性節目（$\chi 2=11.134$, p<.01）；及歌唱綜藝節目（$\chi 2=18.359$, p<.01）。是否以娛樂為目的者會影響其收聽談話性節目（$\chi 2=6.871$, p<.05）；及歌唱綜藝節目（$\chi 2=27.39$, p<.01）。是否由老師指定者則對青少年收聽空中教學節目（$\chi 2=22.055$, p<.01）有所影響（見表21-23）。

　　在青少年性別、年齡及居住地區與上網頻率的關聯方面，只有性別

表21-21　收聽廣播內容與青少年之性別、年齡和居住地區比較

	性別	年齡	城鄉
談話性	22.846[a]	12.692[b]	7.079[a]
民俗藝術	5.529[b]		
空中教學		11.974[b]	
體育	159.638[a]		
歌唱綜藝	23.125[a]	14.84[b]	

註：a. A two tailed Chi-square test at significant level ＜.01
　　b. A two tailed Chi-square test at significant level ＜.05

表21-22　收聽廣播目的與青少年居住地區之比較

	城鄉
獲取新資訊	12.254[a]

註：a. A two tailed Chi-square test at significant level ＜.01

表21-23　青少年收聽廣播節目內容與目的之比較

	獲取新資訊	打發時間	娛樂目的	老師指定
談話性節目		11.134[a]	6.871[b]	
歌唱綜藝	6.132[b]	18.359[a]	27.39[a]	
空中教學				22.055[a]

註：a. A two tailed Chi-square test at significant level ＜.01
　　b. A two tailed Chi-square test at significant level ＜.05

不同之青少年，會影響其上網的頻率（$\chi 2=30.065$, p<.01）。在不同性別、年齡及居住地區青少年之上網內容差異性方面，青少年之性別會影響其進入媒體網站（$\chi 2=9.538$, p<.01）；成人網站（$\chi 2=4.885$, p<.05）；電玩網站（$\chi 2=77.119$, p<.01）；及電腦資訊介紹網站（$\chi 2=18.942$, p<.01）。青少年之年齡差異會影響其進入搜尋引擎網站（$\chi 2=14.067$, p<.05）；及電玩網站（$\chi 2=21.323$, p<.01）。最後，居住地區的不同則會影響青少年選擇媒體網站（$\chi 2=5.972$, p<.05）（見表21-24、21-25）。

在青少年性別、年齡與其使用網路目的之比較方面，不同性別之青少年，其是否以娛樂為目的有明顯不同（$\chi 2=6.467$, p<.05）；不同年齡之青少年，其是否以打發時間為目的者有明顯不同（$\chi 2=18.679$, p<.05）（見表21-26）。

青少年上網之目的與其使用網站內容之關係如下：是否以獲取新資訊為目的者，會影響青少年使用搜尋引擎網站（$\chi 2=8.253$, p<.05）；圖書資料查詢網站（$\chi 2=6.294$, p<.05）；電腦資訊介紹網站（$\chi 2=6.259$, p<.05）。是否以娛樂為目的者，會影響其使用媒體網站（$\chi 2=6.564$,

表21-24　青少年上網之時間與年齡比較

	年齡
每周上網之頻次	30.065[a]

註：a. A two tailed Chi-square test at significant level ＜ .01

表21-25　青少年上網之網站與其性別、年齡和居住地區比較

	性別	年齡	城鄉
搜尋引擎		14.067[b]	
媒體網站	9.538[a]		5.972[b]
成人網站	4.885[b]		
電玩網站	77.119[a]	21.323[a]	
電腦資訊介紹網站	18.942[a]		

註：a. A two tailed Chi-square test at significant level ＜ .01
　　b. A two tailed Chi-square test at significant level ＜ .05

表21-26　青少年上網之目的與性別和年齡比較

	性別	年齡
娛樂目的	6.467[b]	
打發時間		18.679[b]

註：a. A two tailed Chi-square test at significant level ＜ .01
　　b. A two tailed Chi-square test at significant level ＜ .05

表21-27　青少年上網之內容與目的比較

	獲取新資訊	打發時間	娛樂目的	老師指定
搜尋引擎	8.253[b]			
媒體網站			6.564[b]	6.826[b]
電玩網站		7.285[a]		
政府機關網站			6.097[b]	
圖書資料查詢網站	6.294[b]			
電腦資訊介紹網站	6.259[b]			

註：a. A two tailed Chi-square test at significant level ＜ .01
　　b. A two tailed Chi-square test at significant level ＜ .05

p<.05）；及政府機關網站（$\chi 2=6.097$, p<.05）。是否以打發時間爲目的者亦會影響其使用電玩網站（$\chi 2=7.285$, p<.01）。是否由老師指定者則對青少年使用媒體網站（$\chi 2=6.826$, p<.05）有所影響（見表21-27）。

結論

　　總結以上資料，本研究發現接近七成的青少年每天都收看電視，而有四分之一以上的青少年每次花二至四小時看電視；所收看的電視節目內容以劇集（連續劇、單元劇等）、卡通和歌唱綜藝節目爲主，其次爲體育節目、MTV頻道、時事評論與新聞氣象。受訪青少年看電視之主要目的爲娛樂，其次爲獲取新資訊、打發時間和增加與同儕談話之題材。

青少年之性別會影響每周看電視之頻率；而其年齡與看電視時間之長短有關。至於青少年之性別之差別會影響青少年是否會觀賞時事評論與新聞氣象、家庭生活節目、觀光旅遊、資訊科技節目、MTV節目、戲劇節目、體育節目、歌唱綜藝節目與競賽性節目。而年齡之不同則會影響青少年觀看藝術性（如國劇）節目、卡通節目、MTV節目、消費理財節目、歌唱綜藝節目、和競賽性節目。青少年居住地區之不同會影響其觀看MTV節目以及體育節目。

　　青少年觀看電視之目的以獲取新資訊為目的者會影響其觀看時事評論與新聞氣象節目、以及購物頻道之觀看；以打發時間為目的者亦會影響其觀看時事評論與新聞氣象、以及購物頻道之節目；以娛樂為目的者則會影響其收看觀光旅遊節目、購物頻道節目、戲劇性節目、歌唱綜藝節目、以及古典音樂舞蹈節目；為了增加與同儕間之話題會影響青少年收看購物頻道與歌唱綜藝節目；是否由老師指定者則對青少年收看購物頻道節目有所影響；最後是否因為別人正在收看而看者亦會影響其收看購物頻道。

　　使用報紙之傳播媒體的情形方面，有三成的青少年每天都看，而一周看一、二次的有三成多；每次看報紙的時間並不長，大多在三十分鐘內，占七成以上；而閱讀內容以影視娛樂版為主，其次為體育版、社會版及漫畫。青少年看報紙之目的主要在於獲取新資訊及娛樂，其次為打發時間與增加與同儕談話之題材。

　　青少年之性別會分別影響其每周看報之頻率以及每次看報之時數；而其年齡之差異也會影響其每周看報之頻率。青少年之性別會影響其閱讀政治新聞、衛生保健新聞、社會新聞、家庭生活新聞、資訊科技、文學小說、宗教、體育新聞、藝術文化、命理風水及影視娛樂。青少年之年齡會影響其閱讀社會新聞、家庭生活新聞、漫畫、藝術文化和命理風水等內容。而居住地區的不同則會影響其閱讀體育新聞。

　　青少年閱報之目的以獲取新資訊為目的者會影響其閱讀社會新聞、衛生保健新聞、觀光旅遊、資訊科技新聞、廣告以及漫畫專欄等內容；

以娛樂爲目的者會影響其閱讀政治新聞、社會新聞、影視娛樂新聞及體育新聞等；以打發時間爲目的者亦會影響其閱讀政治新聞、社會新聞、廣告，以及漫畫專欄等內容；是否由老師指定者則對青少年閱讀社會新聞有所影響；最後是否因爲別人正在閱報而閱讀者亦會影響其閱讀政治新聞以及廣告內容。

對於廣播節目，接近四分之一的受訪青少年表示他們從不聽廣播，每天聽的有二成以上；而青少年平均每次聽廣播的時間約一至三個小時，占三分之一，而少於一小時的也有三成以上；所收聽的廣播節目內容以綜藝歌唱節目爲主，其次爲談話性／call in節目與輕音樂。青少年使用廣播媒體之主要目的爲娛樂，其次爲獲取新資訊、打發時間，和增加與同儕談話之題材。

年齡不同之青少年，其聽廣播的時數明顯不同；居住地區的不同亦影響青少年聽廣播的頻率。青少年之性別會影響其收聽談話性節目、民俗藝術節目、體育節目及歌唱綜藝節目。青少年之年齡差異會影響其收聽談話性節目、空中教學節目及歌唱綜藝節目。而居住地區的不同則會影響青少年收聽談話性節目。不同居住地區之青少年，其收聽廣播之目的明顯不同。

青少年收聽廣播之目的以獲取新資訊爲目的者會影響其收聽歌唱綜藝節目；是否以打發時間爲目的者亦會影響其收聽談話性節目與歌唱綜藝節目；是否以娛樂爲目的者會影響其收聽談話性節目及歌唱綜藝節目；是否由老師指定者則對青少年收聽空中教學節目有所影響。

在網際網路使用方面，半數以上的受訪青少年表示他們從不上網，每周上網一、二次的接近三成；每次平均上網的時間在二小時之內，而使用的網站類型以搜尋引擎爲主，其次爲電玩網站和媒體網站。青少年上網的主要目的爲獲取新資訊與娛樂，其次爲增加與同儕談話的題材和打發時間。

在青少年性別之不同會影響其上網的頻率，也會影響其是否進入媒體網站、成人網站、電玩網站及電腦資訊介紹網站。青少年之年齡差異

會影響其進入搜尋引擎網站及電玩網站。最後,居住地區的不同則會影響青少年選擇媒體網站。不同性別之青少年,其是否以娛樂爲目的有明顯不同。不同年齡之青少年,其是否以打發時間爲目的者亦有明顯不同。

　　青少年上網之目的以獲取新資訊爲目的者,會影響青少年使用搜尋引擎網站、圖書資料查詢網站、電腦資訊介紹網站;是否以打發時間爲目的者亦會影響其使用電玩網站;以娛樂爲目的者,會影響其使用媒體網站及政府機關網站;是否由老師指定者則對青少年使用媒體網站有所影響。

參考書目

一、中文部分

孫曼蘋（1997），青少年新電視使用與其家庭人際關係之研究，《新聞學研究》，54，211～350。

郭貞（1990），國內青少年消費知識及技巧之學習，《新聞學研究》，42，187～210。

郭貞（1993），中美青少年消費行爲之跨文化研究，《廣告學研究》，1，67～91。

郭貞（1994），認同形成、家庭溝通型態以及青少年媒介使用：一個整合模式，《新聞學研究》，48，99～121。

郭貞（1996），中國大陸都會區青少年消費行爲初探，《廣告學研究》，7，1～30。

湯允一、莫季雍、王旭（2000），台灣閱聽人研究現況——1989到1999，論文送交中華傳播學會2000年年會「傳播研究2000：回顧與願景」。

黃葳葳（1997），青少年對電視益智節目的回饋：一個次文化的觀察，《廣播與電視》，3，1，25～69。

蔡美瑛（1993），電視廣告、人際互動與青少年的衝動性購買，《廣告學研究》，2，157～185。

蔡美瑛（1997），北京、台北青少年運用直銷行銷管道情形之比較，《廣告學研究》，9，51～86。

羅文輝、鍾蔚文（1991），電視新聞對青少年政治知識的影響，《新聞學研究》，45，81～99。

蘇衡（1994），青少年閱讀漫畫動機與行為之研究，《新聞學研究》，
48，123〜145。

二、英文部分

Katz, E., Blumler J. G. and Gurevitch（1974）. "Utilization of Mass
　　Communication by the Individual." In Katz, E. and Blumler, J. G.
　　（eds）.The Uses of Mass Communication: Current Perspectives on
　　Gratification Research, Beverly Hill, CA:Sage.

McQuail, D. Blumler, J. G. and Brown, J. R.（1972）. "The Television
　　Audience: A Revised Perspective." In Daniei McQuail（eds）.
　　Sociology of Mass Communication Review Yearbook: Penguin Book,
　　Ltd: 136-165.

Palmgreen, P., Wenner, L. A. and Rayburn, J. D.（1980）. "Relations
　　between Gratification Sought and Obtained: A Study of Television
　　News.", *Communication Research*, 7（2）, 161-192.

22.原住民新聞的「主體性」

娃丹・巴色爾

公共電視媒體工作者

動機

　　本章試從鑑別學方法論的角度，來鑑別原住民新聞的「原味」（urspruenglich）。由於首次嘗試將此方法論運用在「新聞」動態上，必會有不成熟和誤判之處，尚祈先進指正和指教。

方法

一、批判學方法論

　　早期鑑別學方法論的研究發展，是爲鑑別古希臘經文本（text）的原始與否，而後成爲德國鑑別學者發展其方法論，其中鑑別過程包括有文本批判、形式批判、傳統批判、資料來源批判、過程批判、文學批判和編輯批判等方法論立下基礎。關於古抄本或古經文鑑別學成學術性研究的源始，原是與鑑別荷馬史詩有關係，吟詩者在公衆前朗誦《伊里亞

德》（*Iliad*）和奧德賽（*Odyssey*）時，偶爾會改變文句以表達自創的構想，形成荷馬史詩出現官方和民間兩個不同版本，而展開荷馬史詩「原始」眞僞的大辯論。因此，以科學的方法來鑑別荷馬史詩的原始文本，始於希臘化的時代。而這種鑑別的研究，在聞名的亞歷山大圖書館進行，該圖書館的管理員介薩多（Zenodutus, 274BC）爲要回復《伊里亞德》（*Iliad*）和《奧德賽》（*Odyssey*）的原始文本，他將荷馬史詩的文本，做了四種修正：

1.去掉他覺得是僞造的。
2.圈出可疑的異文。
3.更動文本的次序。
4.引入當時不常用的新異文。

德國鑑別學者Georg Strecker、Udo Schnelle 等介紹「文本批判」指出：「要鑑別一個文本是否爲原始，必須要衡量各異文和文本本身的外證及內證。」

在外證上需要考慮文本的因素：

1.文獻的年代。
2.是否同區域的年代，對異文的記載是否一致。
3.文本系譜與抄本家族的關係。

在內證上關係著文本的兩個可能性：

1.抄傳可能性，必須考慮的是：
（1）難懂的異文比較可取，雖然表面看來有錯誤。
（2）通常短異文可取。
（3）將分歧的文本和協化。
（4）把冷僻的詞字替換成常見的同義字。
（5）把文法欠通順改成漂亮優雅。

（6）增加代名詞、連接詞及潤飾的文本。

2. 抄本本身的可能性，作者用法及文體風格，或文本形成及流傳的
  影響。

二、文本批判

就以古典希臘經文記載於Lukas 16、19這個文本為例來做「文本批
判」，在這「文本」本身 "Ανθρωποσ δε τισ ηνπλο
υσιοσ" 之後，出現了一個「異文」："Ανθρωποσ δε
τισ ην πλουσιοσ ονοματι Νευησ"，而支
持這個異文讀法的抄本證據，包括第三世紀的抄本和古埃及沙土地譯
本。從上述這兩個不同的「文本」和異文，只要從外證的支持和年代的
文獻，應該容易判斷，何者經文為原始的讀法。

按「文本批判」這個方法論運用媒體上，類似與新聞媒介在可信度
的研究有三種取向：

1. 比較不同媒介的可信度。
2. 探討媒介可信度的面向。
3. 分析影響媒介可信度的因素。

就以電視、廣播、報紙和雜誌對同一個「新聞」的報導不一樣，對
這四種不同的報導，閱聽人會相信哪一種報導？是電視、廣播、報紙或
雜誌？而新聞學界接受的方法，卻是專業知識和多面向的概念。

王嵩音教授曾接受公視委託專案，以焦點團體訪談方式，蒐集目標
觀眾群的收視意見，參與座談的原住民人士必須是看過「原住民新聞雜
誌」（1998年7月正式開播）和「部落面對面」（1999年7月另闢製作談話
性節目）這兩個節目。針對原住民新聞雜誌的評價，多數原住民焦點團
體認為最喜歡看的單元是「專題報導」，而印象最深刻的節目內容是：
「高砂義勇隊」、「試管中的原住民」、「原住民血液中的密碼」和「莎

韻之死、迷思之鐘」等。

就以「莎韻之死、迷思之鐘」這個專題報導來看，記者採用「文本批判」的方式來呈現，把加諸在莎韻身上的「編輯」（剝掉莎韻身上的迷思）刪掉。同時，「莎韻事件」也可用「資料來源批判」來鑑別「文本」的真偽。

就以「莎韻落水事件」來說，在1938年9月27日來自宜蘭南澳村和利有亨社的泰雅少女莎韻‧哈勇，在風雨中協助背載該社教育所老師田北正記的行李下山，行至武塔南溪上架設的獨本橋失足墜河。

1938年9月29日《台灣日日新報》刊載新聞標題是：「蕃婦跌落溪中，行方不明」。

1941年1月《台灣愛國婦人新報》（第112號）則添加莎韻是女子青年團副團長的事蹟，以及她的愛國心。

1941年第十八任總督長谷川清，為表彰莎韻的愛國事蹟，特頒刻有「愛國少女」和「昭和16年4月台灣總督長谷川清」的鐘給利有亨社，而改稱為「莎韻之鐘」。

同年，《理蕃之友》（第1117號）的一篇報導，添加了莎韻落水時持著「日丸旗」的部分。

1941年5月起，日籍畫家鹽月桃甫以莎韻為題材作畫。10月9日《台灣日日報》報導另一位畫家堀田清治以「莎韻」為題材作畫獻給總督長谷川清。

同年六月，哥倫比亞唱片公司以「莎韻」為題，而灌製「莎韻之鐘」歌曲。

另外，台灣人文學者吳曼沙以創作小說《莎韻的鐘》，添加莎韻落水時奮力守著恩師的日本刀，獲救後在「日丸旗」上寫下自己的名字，而後死去。

從「莎韻事件」這個text，不但可作很好的文本批判的材料，同時又可作編輯批判和動機批判。

戰爭結束後，曾經轟動全台的愛國女子莎韻事蹟，開始進入消音和

沈寂：先是「莎韻之鐘」下落不明，而後破壞位於武塔路旁的「莎韻碑文」，並將刻有「愛國少女沙鴦遭難之地」碑文中的「愛國」與「沙鴦」磨掉。同時，還將「莎韻之鐘」愛國少女歌曲，改編中文版的「月光小夜曲」來替代。

1991年周婉窈撰寫〈沙鴦之鐘的故事及其波瀾〉，1994年宜蘭縣史館舉辦「沙鴦之鐘的迷思——揭開一段塵封的原住民歷史」為主題。

1993年日本NHK電視台面對莎韻的歷史實相，確實不敢直接將「莎韻新聞」做資料來源批判和編輯批判，反而將「莎韻新聞」選擇採用詮釋學（hermeneutic）的方式，重新改編「莎韻新聞」變成一「尊師重道」的故事，添加現代日本人對「莎韻事件」的新詮譯。

然而，若從過程批判和經文批判的限制，將「莎韻」重新詮釋為「尊師重道」，仍是脆弱的證據力。筆者深信泰雅族人的新詮釋，必會定位在「莎韻」的「鞠躬盡瘁」這個角度。因此，「莎韻之鐘」是最適合做資料來源批判、編輯批判和動機批判的好材料。

三、形式批判

德國的批判學者Georg Strecker / Udo Schnelle 提出有關「形式批判」的類型：

1.Der historische Rahmen der Uberlieferung:

（1）Verknupfung durch $\kappa \alpha \iota$.

（2）kurze historische Notizen.

（3）formelhafte Zeitangaben.

（4）stereotype Ortsangaben.

2.Die Trennung von Resaktion und Tradition:

（1）Der Sprachgebrauch / Vocabelstatistik.

（2）Sprachstil.

（3）Kompositionstechnjl.

3.Die mundliche Uberluierfung: Der Sitze im Leben.

就以公視「原住民新聞雜誌」節目的形式為例，在1998年7月開播後所呈現的節目形式是：

1.主持人開場白。

2.一周新聞掃瞄。

3.部落文化事典。

4.現場人物專訪。

5.專題報導。

6.下周活動預告。

7.主持人結尾。

1999年9月後，該節目呈現的形式是：

1.焦點新聞。

2.深度報導。

3.專題報導。

從公視「原住民新聞雜誌」節目形式來看，從過去的七個形式縮減至三個形式，幾乎沒有考量原住民青少年或兒童的節目。 同時，原住民兒童在部落的活動也很少，除非原住民的國小和平地的國小有建教合作，原住民記者才有機會去報導。

隔年後，公視又開關另一個「部落面對面」原住民的節目，它是一個論壇性的節目。在議題的選擇上也幾乎觸及不到原住民青少年或兒童的問題。到目前為止，還沒有辦過原住民青少年的節目，真是遺憾！

根據王嵩音教授對原住民焦點團體研究的結果分析，原住民喜歡看的節目單元是「專題報導」、「部落事典」、「人物專題」和「一周新聞掃瞄」等。然而，從王教授的分析結果，卻是看不到任何有關原住民青

少年或兒童節目的評論。

四、文學批判

學者Georg Strecker／Udo Schnelle 認為文學批判必須要觀察文本中的相同點和相異點：Textkritik rekonstruierten Urfassung eines Textes. Sie fragt nach der ausseren Abgrenzung, dem Zusammenhang（Kontext）, dem Aufbau sowie der Einheitlichkeit, Schichtung des Textes und versucht die Veranderungen aufzuzeigen, die er erfahren hat.

文學批判包括有：

1. Bei der Abgrenzung eines Textes sind der Anfang und das Ende einer Sinneinheit festzustellen.

2. Eine Kontextanalyse ist erforsdlich.

3. Die Analyse des Textaufbaus umfasst der Nachvollzug des Handlungsablaufs（z.B. Beachtung der handelnden Personen, Wechsel in der Anrede）, eine Untersuchung der Textverkunpfung（durch Konjunktionen, Wiederholungen, Fragen, Partikel, Zeitadverbien）, die Beobachtung des Texttempus（Tempuswechsel）und eine Gliederung des Textes.

4. Bei der Einheitlichkeit geht es um die Frage, ob ein Text auf der Ebene der Sprache und des Handlungsablaufes in sich konsistent ist.

就以 "Textkritik von I. Thessalonicher3, 2" 為例，可做很好的文學批判。

就以公視原住民新聞雜誌過去播出「原住民血液中的密碼」這個專題報導為例，在採訪過程中，記者為獲取受訪者的答案，嘗試連接與受訪者間的對話，先是受訪者給予「假答案」，或「藉口」，而後經由採訪者提出「評鑑報告」後，雙方才正式在「共同認知基點」上應答互動。

原住民歌手張惠妹在陳水扁總統就職典禮上唱國歌這個text為例,來比較新任總統在呼「口號」這個text,從這兩個text可做文學批判和動機批判。

五、編輯批判

檢視原住民和傳播媒介間的內容及取材,有人提出大多偏重原住民的社會問題、娛樂圈、體育界、奇風異俗和傳統文化等層面,而將傳播媒介的編輯取向歸納下列三點:一、問題取向的新聞;二、成就取向的新聞;三、文化取向的新聞。這並非編輯批判上的角度,而應是類型批判上的歸納與分類。

從王嵩音教授的《台灣原住民與新聞媒介——形象與再現》一書中提出一個編輯批判的好材料。她不但把時間拉長到二十六年,同時還把「主題」、「方向」和「類型」依據量化的結果,可看出原住民的報紙形象。

在50年代,原住民的報紙形象,偏重在「原住民行政」的比較多,「原住民文化」次之;以直述新聞和特稿居多;正面和中立均衡,負面次之。

70年代後,原住民的報紙形象開始偏重在「原住民的問題和行政」,並且以直述新聞最多,特稿次之;中立較多,負面次之。

六、過程批判

過程批判,以原住民「三次還我土地運動」為例,該運動分別在1988年8月25日、1989年9月2日和1993年12月10日,其運動的標題分別訂定為「台灣原住民還我土地運動」、「還我土地運動」和「反侵占、爭生存、還我土地」。

第一次還我土地運動提出「五個訴求」,第二次還我土地運動提出

「五個訴求」，第三次還我土地運動提出「五個宣言」。另外，第三次還我土地運動出現一個「異文」（1993年9月3日），提出「兩個訴求」、「三個爭生存」和「三個還我土地」。

根據王嵩音教授在其著作《台灣原住民與新聞媒介——形象與再現》中，採用兩種研究方法：一、量化資料分析；二、本文分析。研究的範圍從1988年起至1996年5月，凡有關「還我土地運動」的消息全部納入分析範圍，總共蒐集有一百六十八篇報導，涵蓋了十二份報紙。

王教授在量化內容分析類目上，區分為「主題」、「稱謂」、「消息來源」、「方向」及「報導」。

王教授再把主題類目細分為：

1.運動動員。

2.土地問題。

3.運動成因。

4.運動組織。

5.運動人士。

6.政府因應。

7.組織內部。

8.運動策劃。

9.抗爭活動。

10.請願活動。

11.運動檢討。

12.運動影響。

13.運動訴求

14.與政府協商。

15.其他。

消息來源類目包括：

1.運動者。

2.官員。

3.運動組織。

4.學者專家。

5.原住民民代。

6.政府機關。

7.一般原住民。

報導類型類目包括：

1.純新聞。

2.新聞分析、特稿。

3.專訪。

4.社論。

5.福利。

稱謂類目包括：

1.原住民。

2.山胞。

3.原住民與山胞混合。

從王教授量化資料分析還我土地分析結果，以「主題類目」在時間上（自1988年至1995年）的變化來看：

1.土地問題：10次（1988年），4次（1989年），3次（1993年）。

2.運動人士：2次（1988年），0次（1989年），0次（1993年）。

3.政府回應：12次（1988年），7次（1989年），0次（1993年）。

4.請願活動：4次（1988年），0次（1989年），0次（1993年）。

5.抗爭活動：12次（1988年），12次（1989年），10次（1993年）。

6.活動訴求：6次（1988年），2次（1989年），4次（1993年）。

7.活動影響：1次（1988年），1次（1989年），0次（1993年）。

「稱謂」在時間上的變化來看：

1.原住民：61次（1988年），25次（1989年），23次（1993年）。
2.山胞：25次（1988年），7次（1989年），1次（1993年）。
3.原住民與山胞混合：7次（1988年），2次（1989年），0次（1993年）。

歸納「第一次還我土地運動」的媒體再現：

1.顯著頭條加圖片報導：像嘉年華，上街頭好像同樂會。
2.遊行過程衝突出現：情勢緊張、氣氛火爆、激烈衝突等字眼。
3.新聞特稿，質問：原住民要什麼？
4.引證：引用官方說法，專家匿名。
5.缺乏說明：訴求及原住民上街頭的理由。
6.否定及辱罵：懶惰成習，坐吃山空。
7.動機：教會及政治因素涉入，成為有心人利用的工具。

歸納「第二次還我土地運動」的媒體再現：

1.偏重衝突場面出現：激烈衝突、頭破血流、火爆對打、流血衝突、血流如注等字眼。
2.恐嚇：出現配蕃刀見李院長，蕃刀非刀？

歸納「第三次還我土地運動」的媒體再現：

1.強調衝突緊張性：民眾與警方對峙，原住民街頭遊行警方把關等標題。
2.缺乏說明：活動影響、活動訴求和政府回應。

依據過程批判的衡量準則，不但要做好資料來源批判，同時還要配

合類型批判，才會把過程批判做得好。

依據德國學者Klaus Berger教授提出類型批判的要點：

1. Jeder Text besitz nicht eine Form, sondern gehort auch einer Gattung zu.

2. die Frage nach der Gattung, der ein Text zugehort, ist etwas anderes als die Frage nach seiner Vorgeschichte etwas im Bereich mundlichen Traditions.

3. Aufgrund ihrer diachronen Dimension（Gattungsgeschicte） ist die Erwartung von Horern und Lesern gegenuber einem Text wesentlich an Gattungen gekunpft.

4. wiel mit der sprachlichen Gestaltung eines Textes（Form） nicht immer nur ein Ziel verfolgt werden muss, diese daher mehrere Schwerpunkte besitzen kann, ist es auch moglich, einen Text mehreren Gattungen zuzuordnen.

5. Obwohl Inhalt und Form zusammengehorten, ist die form stets Ausgangspunkt der Gattungskritik.

6. Die Besiehungen zwischen Gattungen und Geschichte durfen nicht einfach nur postuliert werden, sondern sind in einem exegetischen Methodenverbund sorgsam zu rekonstruieren. Dazu liefert die Formgeschichte durch Formkritik, Gattungskritik und Gattungsgeschichte den Initialbeitrag und die Fragestellungen die Fragestellungen.

從王教授在上述這三個「還我土地」運動的訴求內容，並沒有做好資料來源批判，事實上「第三次還我土地運動」的訴求是偽造的。因此，王教授在「主題類目」中的活動訴求，1993年有四次是次要的，是編輯的。

另外，王教授在這三個「還我土地運動」的訴求，不但缺乏文學批

判、形式批判和編輯批判。若僅採用資料來源批判和類型批判這兩個方法論，在動機批判也就缺乏說服的證據力。

除了「莎韻落水」事件做經文批判外，其他像「義人吳鳳」的故事，或是「唐山過台灣」為例，都可做很好經文批判的材料。

從新聞事件的再現觀點來看，報導的「事實」，基本上是透過媒體組織及立場、新聞專業判斷、記者對社會之共識判斷或價值觀，以及外在的影響等因素。根據張錦華教授對於「再現事實」提出下列兩模式：

1.事實→人（意識＋動機）→社會（語言、制度、價值觀）。
2.新聞→記者（採訪報導）→社會及媒體環境（專業、立場、個人價值觀、社會共識）

綜觀上述各批判法來試評公視「原住民新聞雜誌」這個節目，若要「原住民新聞」的主體性（subject）忠於「原味」，幾乎是不可能做到。文本就是文本，沒有所謂「詮釋」的問題，只有對text事實的專業判斷問題。一個「事實」變成「新聞」，經由「記者」（專業立場價值觀社會認知和共識）的「採訪報導」（新聞選擇和編輯），似乎在原住民的青少年或兒童節目的「報導」或設計上是非常的缺乏，這是非常遺憾及應重視的事。因為聯合國原住民工作組（United Nations Working Group on Indigenous People）已把原住民兒童的健康和教育正式擺上會議議程，期望能引起有關教育單位對於原住民青少年或兒童節目的重視。

七、釋義和附錄解說

1.「新聞」是什麼？
從新聞處理的專業過程（採訪、寫作、編輯、呈現），將「新聞」視為傳播媒體所炮製的一項成品。
2.何謂「客觀」（objective）？
指所蒐集得到、能夠觀察，又能夠查證的種種事實，試圖去瞭解現

實的一種方式。

　　3.如何達成「客觀」（objective）？

　　「客觀」是包含符合事實和保持公正（平衡和中立）。

參考書目

一、中文部分

臧國仁（1994），《新聞學與學術的對話》。政大新聞所。

王嵩音（1998），《台灣原住民與新聞媒介──形象與再現》。台北。

王嵩音（2000），《原住民新聞節目觀眾評估》。淡大大傳系。

周婉窈（1991），莎勇之鐘的故事及其波瀾，《歷史月刊》，（46）。

周婉窈（1993），《理蕃之友》。台灣總督府警務局理蕃課編。

二、英文部分

Nestle-Aland（1979）. Novum Testament Graece, Stuttgart.

Strecker, Gerog／Schnelle, Udo（1985）. Einfuhrung indie neutestamentliche Exegese, Gottingen.

Zimmermann, Hernich（1982）. Neutestamentliche Methodenlehre, Darstellung der historisch- kritischen Methode, Stuttgart.

當代台灣地區青少年兒童福利展望　　社工叢書 15

著　　　者☞ 中國文化大學社會福利學系

出 版 者☞ 揚智文化事業股份有限公司

發 行 人☞ 葉忠賢

責任編輯☞ 賴筱彌

執行編輯☞ 吳曉芳

登 記 證☞ 局版北市業字第 1117 號

地　　　址☞ 台北市新生南路三段 88 號 5 樓之 6

電　　　話☞ （02）23660309　（02）23660313

傳　　　真☞ （02）23660310

郵撥帳號☞ 14534976

戶　　　名☞ 揚智文化事業股份有限公司

法律顧問☞ 北辰著作權事務所　蕭雄淋律師

印　　　刷☞ 偉勵彩色印刷股份有限公司

初版一刷☞ 2002 年 6 月

Ｉ Ｓ Ｂ Ｎ ☞ 957-818-385-2

定　　　價☞ 新台幣 550 元

網　　　址☞ http://www.ycrc.com.tw

E-mail ☞ tn605541@ms6.tisnet.net.tw

國家圖書館出版品預行編目資料

當代台灣地區青少年兒童福利展望／中國文化
大學社會福利學系主編；郭靜晃等著.-- 初
版.-- 臺北市：揚智文化, 2002[民 91]
　　面；　公分.--（社工叢書；15）
含參考書目
　ISBN　957-818-385-2（平裝）

　1.兒童福利 2.少年福利

548.13　　　　　　　　　　　　91004159